NA LUZ DA VERDADE

NA LUZ DA VERDADE

MENSAGEM DO GRAAL

de

ABDRUSCHIN

Volume 3

ORDEM DO GRAAL NA TERRA

Título do original em língua alemã:
IM LICHTE DER WAHRHEIT
Gralsbotschaft von Abdruschin
(obra escrita entre 1923 e 1937)

Traduzido sob responsabilidade da
ORDEM DO GRAAL NA TERRA
Rua Sete de Setembro, 29.200
06845-000 – Embu das Artes – SP – BRASIL
www.graal.org.br

8ª edição: 2022
Revisada

Dados Internacionais de Catalogação na Publicação (CIP)
(Câmara Brasileira do Livro, SP, Brasil)

Abdruschin, 1875 – 1941.
   Na Luz da Verdade: Mensagem do Graal, volume 3 / de Abdruschin. – 8ª ed. – Embu das Artes, SP: Ordem do Graal na Terra, 2022.

   Título original: Im Lichte der Wahrheit.
   Vários tradutores.
   ISBN 978-85-7279-028-4

   1. Espiritualidade 2. Filosofia de vida 3. Pensamentos 4. Reflexões I. Título.

22-96834   CDD-113.8

Índices para catálogo sistemático:
1. Filosofia de vida 113.8

Eliete Marques da Silva - Bibliotecária - CRB-8/9380

NA LUZ DA VERDADE
Mensagem do Graal de Abdruschin
Obra em 3 volumes

Direitos de tradução: ORDEM DO GRAAL NA TERRA
Registrados sob nº 21.851 na Biblioteca Nacional

AMPLIA TEU SABER!

**A SABEDORIA DE DEUS
GOVERNA O UNIVERSO!
LUTAI, SERES HUMANOS, PARA
PRESSENTIR NO RECONHECIMENTO
A SUA GRANDEZA!**

NO PAÍS DA PENUMBRA

Deixa-te guiar, alma humana, um passo para dentro do reino da matéria fina! Percorramos o país das sombras, sem parada, pois dele já falei. É *aquele* país onde têm de permanecer *os* que ainda são demasiadamente broncos para se utilizar corretamente do seu corpo de matéria fina. Exatamente todos aqueles que aqui na Terra se consideravam excepcionalmente sagazes. No reino da matéria fina são mudos, cegos e surdos, porque o raciocínio terreno, como produto de seu corpo de matéria grosseira, não pôde chegar junto até aí, mas sim permaneceu nos limites restritos que ele, por ser preso à Terra, jamais pode transpor.

A primeira consequência de seu grande erro nisso se tornará logo evidente a uma alma humana depois da morte terrena, por ser imprestável no reino da matéria fina, desamparada e fraca, muito pior do que uma criança recém-nascida na Terra de matéria grosseira. Por isso, são chamadas *sombras*. Almas, que ainda intuem sua existência, mas não conseguem ficar conscientes dela.

Deixemos para trás esses tolos, que nesta Terra, querendo saber tudo melhor, tagarelavam sobre coisas insignificantes e agora têm de ficar calados. *Entramos na planície da penumbra!* Um sussurro chega a nossos ouvidos, bem consentâneo com a pálida luz da penumbra que nos rodeia, deixando reconhecer, de modo impreciso, contornos de colinas, prados e arbustos. *Tudo aqui é sintonizado de modo lógico à penumbra, podendo* acarretar um despertar. Mas somente *pode,* não acaso obriga!

Aqui não é possível nenhum som livre e alegre, nenhuma visão clara. Apenas um semidespertar ou um permanecer enclausurado,

consentâneo com o estado das almas que aqui se encontram. Todas elas têm um movimento lânguido, deslizando cansadamente, apáticas, com exceção de um incerto impelir a uma direção de onde parece emergir, ao longe, um tênue róseo, anunciando luz, que atua como doce encantamento sobre as almas aparentemente tão cansadas. Almas apenas *aparentemente* cansadas, pois são *indolentes* no espírito e, *por isso,* seus corpos de matéria fina são *fracos.* —
O vislumbre róseo na distância longínqua acena promissoramente! Despertando esperanças, incentiva à movimentação mais ativa. Com o desejo de atingir esse vislumbre, os corpos de matéria fina se aprumam cada vez mais, em seus olhos surge a expressão de mais forte conscientização e, cada vez mais firmes, seguem naquela direção. —

Caminhamos juntos. O número de almas ao nosso redor aumenta, tudo se torna mais móvel e mais nítido, o falar se torna um pouco mais alto, transformando-se num forte murmúrio, de cujas palavras depreendemos que os que avançam proferem orações incessantemente, de modo apressado, como que em estado febril. As massas tornam-se cada vez mais densas, o avançar transforma-se num empurrar, grupos se aglomeram diante de nós, são compelidos para trás pelos dianteiros, para novamente pressionarem para frente. Assim, verifica-se um ondular sobre as massas aglomeradas, das orações sobressaem gritos de desespero, palavras de medo suplicante, de medrosas exigências, e num ou noutro lugar também sufocado lamento de extrema desesperança! —

Passamos rapidamente por cima da luta de milhões de almas e vemos que diante delas se encontra de modo rígido e frio um obstáculo ao prosseguimento, contra o qual investem em vão, banhando-se inutilmente em lágrimas.

Grandes e fortes barras, próximas umas das outras, impõem de modo inexorável uma parada ao seu avanço! —

E mais forte clareia o róseo vislumbre ao longe, mais ansiosos se arregalam os olhos daqueles que o escolheram como alvo. Suplicantes são estendidas as mãos, que tenazmente ainda se agarram aos rosários, deixando correr por entre os dedos as

1. No país da penumbra

contas, uma após outra, balbuciando! As barras, porém, permanecem inabaláveis, rígidas, separadoras do belo alvo! Passamos por densas filas. É como se não tivessem fim. Não centenas de milhares, mas milhões! São todos aqueles que na Terra se julgavam rigorosos "fiéis". Quão diferente haviam imaginado tudo! Acreditavam que seriam aguardados de modo alegre, respeitosamente bem-vindos.

Bradai-lhes: "De que vos valem, fiéis, as vossas orações, se não deixastes a Palavra do Senhor se tornar ação, naturalidade, *em vós próprios!*

O vislumbre róseo ao longe é a saudade do reino de Deus, que arde dentro de vós! Tendes dentro de vós a saudade dele, mas obstruístes o caminho para lá com formas rígidas de concepções erradas, as quais vedes agora diante de vós como barras que impedem igual a uma grade! Deixai cair aquilo que assimilastes de concepções erradas durante a existência terrena, aquilo que construístes para vós próprios nesse sentido! Lançai fora tudo e ousai levantar o pé livremente em prol da Verdade, *como ela é,* em sua grande e simples naturalidade! Então estareis livres para o alvo de vossa saudade!

Mas vede, não ousais devido ao constante medo; talvez pudesse estar errado o que assim fazeis, porque até aqui pensastes diferentemente! Com isso vos tolheis e tendes de permanecer onde estais, até ser demasiado tarde para o prosseguimento e terdes de sucumbir com a destruição! Nisso nada vos poderá ser auxiliado, se *vós* próprios não começardes a deixar o errado para trás de vós!"

Bradai, pois! Bradai a essas almas o caminho para a salvação! Vereis que é tudo em vão, pois somente recrudesce o ruído das infindáveis orações, *impedindo que esses rogadores escutem* qualquer palavra que lhes permitiria caminhar para diante, ao encontro do vislumbre róseo e da luz. Assim, têm de ficar perdidas agora, não obstante alguma boa vontade, como vítimas de sua indolência que não as deixou reconhecer *mais,* nem deixou assimilar *mais* do que as *exterioridades* de suas igrejas, templos e mesquitas. —

Entristecidos, prossigamos. — Mas ali, diante de nós, está uma alma de mulher, sobre cujo rosto, subitamente, se espraia uma serenidade cheia de paz; novo brilho surge em seus olhos, que até agora olhavam cismadoramente e com temerosa reflexão; conscientizando-se, ela se apruma, torna-se mais clara... forte vontade da mais pura esperança faz com que erga o pé... e respirando aliviada, encontra-se *além* das barras! Para essa alma de mulher as barras não constituíam mais nenhum impedimento, pois na profunda reflexão, intuindo com sensibilidade, chegou à convicção de que tudo aquilo quanto imaginava tinha de ser errado, e corajosamente, com alegre fé no amor de Deus, lançou fora esse errado.

Surpresa, vê agora quão fácil isso foi. Agradecendo, ergue seus braços, e uma inenarrável intuição de felicidade quer se manifestar jubilosamente; no entanto, isso lhe sobreveio demasiadamente grande, intensamente poderoso; os lábios permanecem mudos, sua cabeça se inclina com leve estremecer, os olhos se fecham e pesadas lágrimas correm vagarosamente pelas suas faces, enquanto suas mãos se juntam numa oração. Numa oração *diferente* das de até então! Num agradecimento! Numa grande intercessão em favor de todos aqueles que ainda se encontram atrás daquelas rígidas barras. Por causa das próprias concepções, que não querem abandonar como erradas.

Um suspiro de profunda comiseração lhe enche o peito, e com isso se desprende dela como que uma última algema. É agora livre, livre para o caminho rumo ao alvo por ela interiormente almejado!

Erguendo o olhar, vê diante de si um guia e alegremente lhe segue os passos para o novo e desconhecido país, ao encontro do vislumbre róseo que cada vez se torna mais intenso! —

Assim, desprendem-se daquelas massas outras almas que, atrás das barras das concepções erradas, têm de esperar por sua própria resolução, por sua própria decisão, que as pode conduzir adiante, ou as reter até a hora da destruição de tudo aquilo que não pode animar-se para abandonar o errado antigo. Somente poucas ainda se salvarão dos liames das concepções erradas. Estão nisso demasiadamente emaranhadas. Tão rígido como o seu agarrar a isso são também aquelas barras que lhes impedem um prosseguimento ascensional. Estender-lhes as mãos para vencer esse impedimento é impossível, porque para isso se faz necessária absolutamente a *própria* decisão das almas. O *próprio* vivenciar dentro de si, que proporciona movimento a seus membros.

Desse modo, pesada maldição recai sobre todos aqueles que ensinam ideias erradas aos seres humanos a respeito da vontade de Deus na Criação, a qual outrora podia ser encontrada na Palavra do Salvador, mas não permaneceu pura no texto da Bíblia e menos ainda nos esclarecimentos terrenos.

Deixai-as, pois, em sua obstinação, continuar a recitar monotonamente orações, na ilusão de que a quantidade destas lhes possa e deva ajudar, porque a igreja assim ensinou, como se a vontade de Deus se deixasse mercadejar.

Prosseguimos pelo país da penumbra. Interminável parece a fortaleza de barras, atrás da qual, a se perder de vista, empurram-se os retidos por ela. —

São, porém, outros. Grupos que, ao invés de rosários, seguram Bíblias nas mãos, nelas procurando desesperadamente. Aglomeram-se em redor de algumas almas, que doutrinando querem dar informações, ao mesmo tempo que leem trechos da Bíblia sempre de novo. Exigindo, várias almas exibem num ou noutro lugar suas Bíblias; de joelhos, muitas vezes elas são erguidas como em oração... contudo, as barras persistem, impedindo-as de prosseguir.

Muitas almas insistem em seu conhecimento da Bíblia, algumas no seu direito de entrar no reino do céu! Mas as barras não oscilam!

Eis que uma alma de homem abre passagem entre as filas, sorrindo. Vitorioso, acena com a mão.

"Ó tolos", brada, "por que nao quisestes ouvir? Gastei a metade de minha existência terrena estudando o Além, ou seja, para nós agora o Aquém. As barras, que vedes diante de vós, desaparecerão depressa por um ato de vontade; elas são criadas pela ilusão. Segui-me apenas, eu vos guio! Tudo isso já é familiar para mim!"

As almas em seu redor dão-lhe passagem. Avança para as barras, como se não existissem. Com um grito de dor, contudo, recua cambaleando subitamente. O choque foi duro demais e convence-o bem rapidamente da existência das barras. Com ambas as mãos ele segura sua testa. As barras diante dele continuam inabaláveis. Com um acesso de cólera ele as agarra e as sacode impetuosamente. E grita com raiva: "Então fui enganado pelo médium! E gastei anos e anos nisso!"

Não se lembra de que foi *ele* quem gerou os erros e os propalou pela palavra e pela escrita, após ter interpretado as imagens dadas pelo médium segundo *suas* concepções, sem primeiro estudar as leis de Deus na Criação.

Não procureis ajudar esse homem ou outros, pois todos estão tão convencidos de si, que nem querem ouvir algo diferente do que a própria intuição. Primeiro terão de se cansar disso, conhecer ou reconhecer a impossibilidade, no que, unicamente, está ancorada a possibilidade de ainda escapar desse emaranhamento de convicções erradas, após longo vagar pelo país da penumbra.

Não é que se trate de pessoas ruins, mas sim daquelas que pura e simplesmente apenas se aferraram a concepções erradas no seu pesquisar, ou que foram demasiado indolentes para pensar profundamente a respeito de tudo, ao invés de examinar com cuidadosíssima pesquisa intuitiva se aquilo que foi recebido pode ser considerado como certo ou se contém lacunas, que numa sadia reflexão intuitiva não são mais capazes de se manter como naturais. Deixai, portanto, cair as vazias exterioridades!

Tudo quanto é místico, o espírito humano afaste de si, uma vez que jamais pode trazer-lhe proveito. Somente o que ele mesmo examina intuitivamente de modo nítido, levando assim ao próprio vivenciar dentro de si, será de proveito para ele no amadurecimento de seu espírito.

A palavra *"Desperta!"* que Cristo empregou com frequência, quer dizer: *"Vivencia!"* Não passes pela existência terrena dormindo ou sonhando. "Ora e trabalha" significa: "Faze do teu *trabalho* uma oração!" Espiritualiza aquilo que crias com tuas mãos! Cada trabalho, em sua execução, deve tornar-se uma adoração respeitosa a Deus, como agradecimento pelo que te é outorgado por Deus, de realizar algo de extraordinário entre todas as criaturas desta Criação posterior, *bastando que o queiras!*

1. No país da penumbra

Principia em tempo com o despertar, com o próprio vivenciar interior de tudo, o que equivale à pesquisa intuitiva de modo consciente, inclusive do que lês e ouves, para que não tenhas de permanecer no país da penumbra, do qual hoje esclareci apenas uma bem pequena parte.

CISMADORES

A PESSOA que passa os seus dias terrenos cismando a seu próprio respeito jamais poderá ascender, pelo contrário, permanece tolhida.

Tantas pessoas, porém, vivem na opinião de que exatamente esse cismar e auto-observar sejam algo extraordinariamente grande, com o que progridem rumo ao alto. Empregam muitas palavras para isso, as quais escondem o verdadeiro núcleo. Um cisma no arrependimento, o outro na humildade. Ainda há aqueles que, cismando intensamente, procuram descobrir seus defeitos e o caminho para evitá-los, e assim por diante. Permanece um constante cismar, que raramente ou nunca lhes permite chegar à verdadeira alegria.

Assim, não é desejado. O caminho é errado, não conduz nunca aos reinos luminosos e livres. Pois com o cismar o ser humano se *ata!* Dirige o seu olhar forçosamente apenas para si, ao invés de voltá-lo para um alvo elevado, puro e luminoso!

Um riso alegre, cordial, é o maior adversário das trevas. Só que não deve ser um riso malicioso!

Ao contrário disso, o cismar deprime. Só nisso já reside um esclarecimento de que ele retém *embaixo* e também puxa para baixo. —

O verdadeiro núcleo do constante cismar também não é uma vontade boa, mas tão só vaidade, ambição e presunção! Não é saudade pura da Luz, mas sim a própria presunção, que dá o motivo para o cismar, incentivando-o sempre de novo e nutrindo-o continuamente!

Atormentando-se a si mesma, tal pessoa pensa sempre e sempre de novo a seu próprio respeito, observa com afinco os

2. Cismadores

prós e os contras que se alternam no processo de sua alma, irrita-se, consola-se, para finalmente, com um profundo suspiro de repousante autossatisfação, verificar ela mesma que mais uma vez conseguiu "superar" algo, tendo avançado mais um passo. Digo aqui, propositalmente, *"verificar ela mesma"*, pois realmente só ela verificará a maior parte, e essas verificações próprias são sempre apenas autoilusões. Na realidade, não progrediu passo *algum*, pelo contrário, comete sempre de novo os mesmos erros, não obstante julgar que *não* sejam mais os mesmos. Mas *são* eles, sempre os antigos, apenas se altera a forma.

Assim, tal pessoa jamais progride. Contudo, com a auto-observação julga superar um erro após o outro. Com isso, gira sempre em círculo em redor de si própria, enquanto o mal fundamental, nela inerente, cria apenas novas formas, permanentemente.

Uma pessoa que sempre se observa e cisma a seu próprio respeito é a corporificação do lutador contra a serpente de nove cabeças, para a qual cresce de novo cada cabeça, tão logo ela seja decepada, pelo que a luta não chega a um fim, e nem se nota vantagem alguma do lado do lutador.

Assim é realmente o fenômeno de matéria fina, na atuação do cismador, o que na Antiguidade as pessoas ainda podiam ver, quando outrora consideravam tudo quanto não fosse de matéria grosseira como deuses, semideuses ou demais espécies de entes. —

Apenas quem visa a um alvo elevado, livremente, com vontade alegre, portanto dirigindo os olhos *na direção do alvo,* sem mantê-los, porém, sempre baixados sobre si próprio, *esse* progride e ascende rumo às alturas luminosas. Nenhuma criança aprende a andar sem levar muitos tombos, mas quase sempre se levanta novamente sorrindo, até adquirir firmeza nos passos. *Assim* tem de ser o ser humano no caminho através do mundo. De forma alguma desanimar ou queixar-se de modo lastimoso, se cair uma vez. Levantar-se corajosamente e experimentar de novo! Apropriar-se ao mesmo tempo dos ensinamentos da queda, porém na *intuição,* e não com o raciocínio observador. Então chegará também o momento, inteiramente repentino, em que não é de se temer mais nenhuma queda para ele, por ter assimilado tudo o que assim aprendeu.

2. Cismadores

Assimilar, porém, ele só pode pelo próprio *vivenciar*. Não pela observação. Um cismador nunca chega ao vivenciar, pois pela observação se coloca sempre *fora* de cada vivência, olhando para si próprio como para um estranho, dissecando e decompondo, ao invés de intuir plenamente a respeito de si próprio. Mas, se ele *olha* para si, *tem* de ficar *ao lado* da intuição; isso já está na expressão: olhar para si, observar-se!

Com isso também fica explicado que ele somente serve *ao raciocínio,* o qual não só tolhe, mas sim exclui totalmente o verdadeiro vivenciar *na intuição.* Ele não deixa que o efeito de cada fenômeno externo da matéria ultrapasse além do cérebro anterior, o qual é o primeiro a recebê-lo. Aí é retido, presunçosamente dissecado e decomposto, de modo que não alcança o cérebro da intuição, somente através do qual o espírito poderia assimilá-lo para um vivenciar.

Portanto, atentai nas minhas palavras: assim como o espírito humano tem de canalizar sua atividade de dentro para fora, de modo lógico, através do cérebro da intuição para o cérebro do raciocínio, do mesmo modo fenômenos externos somente podem atuar retroativamente pelo mesmo caminho, se tiverem de ser recebidos pelo espírito humano como vivências.

A impressão de fenômenos externos da matéria tem de passar, portanto, sempre vinda de fora, através do cérebro anterior do raciocínio, pelo cérebro posterior da intuição até o espírito. Não diferentemente. Ao passo que a atuação do espírito tem de seguir o mesmo caminho em sentido inverso, em direção para fora, porque só o cérebro da intuição possui a capacidade de recepção das impressões *espirituais.*

O cismador, porém, retém tenazmente a impressão de fenômenos externos no cérebro anterior do raciocínio, dissecando-a e decompondo-a aí, e não a retransmite integralmente ao cérebro da intuição, mas apenas em parte, e essas partículas ainda são transmitidas adulteradas, devido à atividade mental forçada; portanto, não mais tão verdadeiro como era.

Por isso, também não pode advir-lhe nenhum progresso, nenhum amadurecimento espiritual, que só o verdadeiro vivenciar de fenômenos externos propicia.

2. Cismadores

Sede, nisso, como as crianças! Assimilai integralmente, e vivenciai-o em vós, instantaneamente. Então refluirá de volta através do cérebro da intuição para o cérebro do raciocínio, podendo daí, ou sair trabalhado para uma eficaz e vigorosa defesa, ou atuar para uma ampliada capacidade de recepção, segundo a espécie dos fenômenos externos, cujas irradiações se denominam influências ou impressões de fora.

Para o aprendizado nisso servirá então também o reino do Milênio, que deverá ser o reino da paz e da alegria, o reino de Deus na Terra. Com isso, os seres humanos entendem, novamente, algo errado com seus *exigentes desejos,* porque devido à sua presunção nada mais pode formar-se de modo certo e sadio. Com a expressão reino de Deus na Terra, surge um alegre estremecer pelas fileiras de todos aqueles que o esperam. Imaginam com isso, realmente, um presente de alegria e de felicidade, que corresponda plenamente a seu anseio de uma vida tranquila e folgada. Será, porém, a época de absoluta obediência para toda a humanidade!

Hoje ninguém quer admitir que haja nisso uma exigência! Que a vontade dos seres humanos e seu desejar *tenham,* finalmente, de se orientar inteiramente de acordo com a vontade de Deus!

E surgirá paz, alegria, porque tudo quanto perturba será removido da Terra *à força* e mantido afastado no futuro. A isso pertence agora, em primeiro lugar, o ser humano. Pois unicamente ele trouxe a perturbação na Criação e na Terra. Mas, de determinada hora em diante, um perturbador não mais conseguirá viver nesta Terra.

Isso será realizado pela alteração das irradiações, que chegará a efetivar-se através da estrela do Filho do Homem. A paz será *imposta,* não presenteada, e a manutenção da paz, então, exigida de modo rigoroso e implacável!

Assim será o reino da paz e da alegria, o reino de Deus na Terra, no qual o ser humano terá de ser *destituído* do domínio de *sua* vontade, que até agora lhe foi permitido, uma vez que ele, como espiritual entre os desenvolvidos nesta Terra, como a criatura mais elevada, também tem de dominar, correspondendo incondicionalmente às leis primordiais da Criação.

Somente *esse* ser humano ainda poderá subsistir no futuro, e toda criatura que voluntariamente orientar-se pela vontade de Deus! Portanto, que vive, pensa e atua segundo essa vontade! *Isso,* unicamente, oferece a possibilidade de vida no vindouro reino de Mil Anos!

MÁRTIRES VOLUNTÁRIOS, FANÁTICOS RELIGIOSOS

REPUGNANTES são as pessoas que voluntariamente se impõem dores físicas e privações, para assim se tornarem agradáveis a Deus! Todas elas jamais alcançarão o reino do céu! Ao invés de se alegrarem com a bela Criação, como agradecimento pela sua existência, martirizam e torturam da maneira mais criminosa o corpo anteriormente muitas vezes sadio, ou prejudicam-no com uma carga intencional de múltiplas privações, renúncias, somente... para nisso parecerem grandes diante *dos seres humanos* ou perante si mesmas, para satisfação própria e enaltecimento próprio, na ilusória consciência de uma ação toda especial.

Tudo isso é, sim, apenas a má e repugnante excrescência de uma grande presunção da mais baixa espécie! A vontade de sobressair a todo custo. Trata-se aí, quase sempre, de pessoas que estão convencidas de que de outro modo jamais conseguiriam se pôr em evidência. Que, portanto, intuem exatamente que são incapazes de realizar algo de grande e, com isso, sobressaírem. São as convictas de sua própria pequenez.

Enganando-se a si próprias, imaginam como humildade a convicção de sua pequenez! Mas não o é, pois logo comprovam isso pelo desejo de se evidenciar. Só a presunção e a vaidade é que as impulsionam para coisas tão repugnantes. Não são devotas ou humildes servas de Deus, não se deve considerá-las como santas, mas sim apenas como *pecadoras* petulantes! Como tais, que ainda esperam admiração por seus pecados e recompensa por sua preguiça de trabalhar!

Mesmo que esse grande pecado nem chegue à consciência de muitas delas, porque não querem considerá-lo como pecado diante de si mesmas, para próprio "enaltecimento", isso em nada altera o fato de que no efeito permanece sempre apenas aquilo que *realmente* é, não, porém, como o ser humano pretende fazer crer a si mesmo e a outros.

Esses seres humanos são diante de Deus apenas *pecadores*, visto que se opõem às Suas leis primordiais da Criação, com procedimento petulante e teimoso, porque não alimentam nem tratam os corpos a eles confiados assim como é necessário, a fim de desenvolver nos corpos aquela força que os torne aptos a proporcionar um solo forte ao espírito na Terra, um instrumento sadio e vigoroso para a defesa e a assimilação, a fim de poder servir, poderosamente e ao mesmo tempo, como escudo e espada para o espírito.

Querer investir contra as leis da natureza é apenas uma consequência da doença dos cérebros, para deste modo se destacar e se exibir, pois uma pessoa sadia jamais imaginará ser capaz de desviar ou melhorar, sequer pela espessura de um fio de cabelo, a vontade de Deus nas leis primordiais da Criação, sem prejuízo para si mesma.

Como parece tolo, pueril e caprichoso, ou ridículo, quando uma pessoa se instala, durante o seu tempo de vida, numa árvore oca, ou deixa enrijecer completamente um membro do corpo, ou se dilacera, ou se suja!

O ser humano pode esforçar-se como quiser para descobrir um motivo que resulte numa justificativa, ou mesmo apenas um sentido para isso; é e permanecerá um crime contra o corpo a ele confiado e, portanto, um crime contra a vontade de Deus!

A isso pertencem também os inúmeros mártires da vaidade e da moda!

Não presteis mais atenção a tais pessoas! Vereis como se modificarão depressa, quão pouco profunda é a convicção.

Um fanático perece por sua própria obstinação! Não vale a pena entristecer-se por ele, pois tal espírito humano jamais tem *valores* a apresentar.

E como milhares pecam dessa maneira gravemente contra o seu corpo terreno, voltando-se com isso criminosamente contra a vontade de Deus, exatamente assim se procede milhares de vezes também contra a alma!

3. Mártires voluntários, fanáticos religiosos 23

Grande é, por exemplo, o número daqueles que vivem permanentemente sob a pressão, por eles mesmos criada, de serem os desprezados no mundo. Deserdados da felicidade, desconsiderados pelos seus semelhantes e tantas coisas mais. No entanto, são eles próprios que aí apresentam pretensões totalmente injustas aos seus semelhantes, atuam de modo desintegrante sobre seu ambiente, cheios de inveja, carregando-se com isso somente de culpa sobre culpa, como pesado fardo. Constituem os vermes que têm de ser esmagados no Juízo, para que finalmente possa haver entre os seres humanos paz serena, alegria e felicidade.

Contudo, não só atormentam seu próximo com caprichos, mas sim ferem com isso os *próprios* corpos da alma, da mesma forma como os fanáticos religiosos causam danos a seu corpo de matéria grosseira. Desse modo transgridem, *especialmente*, a lei divina, ao ferirem, inconsideradamente, todos os invólucros indispensáveis confiados a seu espírito, de maneira que eles não podem ser utilizados pelo espírito com saúde vigorosa e força plena.

Longe vão, pois, as consequências de tal atuação dos violadores de seus corpos terrenos ou anímicos! Atinge os espíritos, tolhendo-os, prejudicando o seu inadiável e indispensável desenvolvimento, podendo mesmo levar à decomposição eterna, à condenação. Mas todos eles, mesmo na queda, ainda terão a ilusão de com isso sofrer uma injustiça!

No fundo, são apenas seres desprezíveis, indignos de poderem alegrar-se!

Portanto, não lhes presteis atenção e evitai-os, pois não merecem sequer uma boa palavra!

SERVOS DE DEUS

De modo completamente infundado, muitas pessoas têm suposto até agora que os servidores das igrejas, templos, aliás, de todas as práticas religiosas, devam ser considerados como servos de Deus. Esse conceito foi semeado outrora, na época do início e do estabelecimento dos cultos de todas as espécies, pelos servos desses próprios cultos, que assim se empenharam em conseguir um prestígio que, pessoalmente, apenas de modo difícil poderiam ter conseguido. E ele foi conservado, sem que alguém tivesse aí procurado tornar-se ciente de que nisso havia dano em vez de proveito para a humanidade e, o que é o principal, uma incompreensão em relação a Deus!

Uma pessoa que esteja com espírito desperto na Criação, que não se mantenha fechada ao sutil vibrar intuitivo de sua alma, jamais conseguirá reconhecer como verdade, que se possa, realmente, servir ao grande e vivo Deus pelo exercício de cultos, pelo mendigar, a que os seres humanos chamam de "orar", ou pelas mortificações! Com isso, no entanto, nada *dais* ao vosso Deus! Com isso, nada Lhe ofertais! Que pretendeis, na realidade, com isso? Vós próprios não sabereis responder, quando estiverdes diante do trono do julgamento de Deus. Tereis de ficar calados, pois fizestes tudo isso apenas *para vós!* Para a *vossa* tranquilização íntima e para vosso enaltecimento, ou no desespero, na aflição.

Eu vos digo: somente *aquele* ser humano que estiver direito na Criação de seu Deus, reconhecendo-se como uma parte da Criação e *vivendo de acordo,* esse é o verdadeiro servo de Deus, pouco importando de que maneira ele trabalhe para o seu indispensável sustento terreno. Ele se esforçará nisso sempre, como

4. Servos de Deus

parte da Criação, a adaptar-se também *àquelas* leis, que atuam na Criação *beneficiadoramente*. Dessa forma, ele beneficia a própria Criação e serve assim ao seu Deus da única maneira certa, porque pela adaptação certa *somente* felicidade e alegria, bem como desenvolvimento progressivo, podem originar-se! *Mas, para tanto, evidentemente, tem de aprender a conhecer a Criação.*

Eis o que vos falta! *Reconhecer* a vontade de Deus, que repousa na Criação e nela se efetiva contínua e automaticamente. Exatamente a esse respeito, porém, nunca vos ocupastes até agora de modo certo. Contudo, não acontece de maneira diferente com todos vós; é como se estivésseis dentro de uma gigantesca engrenagem, na qual deveríeis movimentar-vos, sem jamais poder alterá-la ou melhorá-la.

Mas, se não estiverdes e não andardes *direito* nela, correreis perigo por toda parte, tereis que vos chocar, podeis também cair e ser dilacerados. Exatamente como numa gigantesca casa de máquinas, onde inúmeras correias em contínuo movimento, perturbando a visão, deslizam entrelaçando-se, as quais ameaçam gravemente cada leigo, por toda parte, a cada passo, porém ao entendido somente servem e são úteis. Diferente não é com o ser humano na Criação!

Aprendei, finalmente, a conhecer direito essa engrenagem; podeis e deveis utilizá-la então para a vossa felicidade! Mas para isso tendes de ser antes aprendizes, como em todo lugar! E nisso também não faz exceção a maior de todas as obras, esta Criação; pelo contrário, é exatamente como nas obras humanas. Mesmo o automóvel só dá prazer ao *entendido*. A quem não sabe dirigi-lo, traz a morte!

Tendes, no entanto, de modo palpável, milhares de exemplos diante de vós em coisas pequenas! Por que ainda não aprendestes com eles?

Tudo isso, no entanto, se reconhece de modo simples e natural! Mas exatamente nisso estais como que diante de um muro! Broncos, indiferentes, com uma teimosia que não é explicável. Afinal, isso diz respeito, sim, justamente aqui, à vossa vida, a toda vossa existência!

Somente o próprio construtor pode explicar-vos um mecanismo, ou aquele a quem *ele* instruiu! Assim é aqui na Terra, e não diferentemente na Criação! Mas, exatamente aí querem os seres humanos, que propriamente são apenas uma parte da Criação, saber por si tudo melhor do que o Mestre; não querem nenhuma instrução para a utilização da engrenagem, pelo contrário, eles mesmos querem ensinar as leis básicas, as quais procuram estabelecer apenas por observação superficial de bem fracas derivações daquilo que é grande, verdadeiro, para cujo *pressentir* sempre se mantiveram fechados; por isso, de saber, jamais se pode falar.

Contudo, a possibilidade de um reconhecer já vos foi oferecida com todo amor pelo Filho de Deus, que procurou transmiti-la para vós em parábolas e imagens.

O conteúdo, porém, não foi reconhecido, mas sim muito desfigurado, obscurecido e torcido pelo querer saber melhor humano.

Agora vos é dada mais uma vez oportunidade de ver claramente as leis de Deus na Criação, para que os seres humanos possam tornar-se verdadeiros servos de Deus, de modo plenamente consciente, em alegre e jubilosa ação, conforme exige o verdadeiro serviço a Deus!

Alegria e felicidade podem existir em toda a Criação. Miséria e aflição, doença e crime, vós, seres humanos, sozinhos os criais, porque até hoje não *quisestes* reconhecer onde se encontra a incomensurável força que vos foi outorgada no caminho através de todos os mundos, pelos quais tendes de peregrinar para o desenvolvimento, por vosso próprio desejo.

Se vos sintonizardes direito, então a força vos trará, obrigatoriamente, luz do Sol e felicidade! Como sois hoje, porém, vos encontrais desamparados e minúsculos nessa imensa engrenagem, contudo sempre vos vangloriais, com pomposas palavras, de vós mesmos e de vosso saber, até que finalmente tereis de cair devido a esses vossos erros, que só se originaram da ignorância e da má vontade de aprender.

Acordai finalmente! Tornai-vos primeiro *aprendizes* para receber o *saber*, pois do contrário isso jamais ocorrerá.

Perante o Criador sois agora muito menos do que um inseto. Este cumpre fielmente a finalidade que tem por cumprir, ao

4. Servos de Deus

passo que vós, na condição de espírito humano, falhais! Falhais devido ao vosso vaidoso querer saber, que não é saber algum. As escolas que erigistes, construídas sobre esse falso saber, são correntes que vos mantêm firmemente presos, que sufocam qualquer ascensão espiritual já na tentativa, porque vossos próprios mestres não podem segui-la!

Agradecei ao Senhor por vos tirar agora à força a possibilidade da continuação de uma existência tão vazia e unicamente prejudicial a tudo; do contrário, jamais poderíeis chegar ao reconhecimento da indignidade que hoje vos circunda por toda parte, fazendo-vos parecer ridículos na Criação inteira, como bonecas vazias e grotescamente enfeitadas, que trazem em si espíritos adormecidos!

INSTINTO DOS ANIMAIS

MUITAS vezes as pessoas ficam admiradas ante os atos instintivos dos animais. Atribuem aos animais um sentido especial, que aos seres humanos falta por completo ou deixaram que se atrofiasse.

Aos seres humanos é inexplicável se, por exemplo, observam que um cavalo, um cão ou qualquer outro animal, habituado talvez a percorrer diariamente um caminho, de repente, em determinado lugar, se recuse a prosseguir e se, depois, vêm a saber que logo após, exatamente naquele lugar, ocorreu um acidente.

Desse modo a vida de uma ou mais pessoas foi muitas vezes salva. Há tantos desses casos, conhecidos em geral por todos, que não é especialmente necessário entrar aqui em pormenores.

A humanidade denominou instinto, pressentimento inconsciente, essas características do animal. Tão logo ela tenha um nome para uma coisa, geralmente já se dá por satisfeita, forma qualquer ideia a respeito e se contenta com isso, pouco importando se seu pensar sobre isso seja certo ou não. Assim, também aqui.

O motivo para tais ações do animal é, no entanto, totalmente diferente. O animal não possui a característica e nem a capacidade daquilo que o ser humano entende por instinto! Nesses acontecimentos apenas obedece a uma advertência que lhe é dada. Essas advertências o animal consegue *ver* muito bem, ao passo que apenas por poucas pessoas elas podem ser notadas.

Conforme já esclareci numa dissertação anterior, a alma animal não provém do espiritual, como o ser humano, mas do enteal. Da parte enteal da Criação originam-se também os seres elementares: gnomos, elfos, ondinas, etc., que têm sua atuação naquela parte a que os seres humanos sempre chamam de natureza, portanto, água, ar, terra, fogo. Do mesmo modo, aqueles que se ocupam com o desenvolvimento e o crescimento das pedras, plantas e outras coisas. Esses todos, porém, originam-se de uma parte do enteal, diferente daquela das almas animais. No entanto, sua mútua afinidade na igual espécie de origem acarreta a possibilidade de maior reconhecimento recíproco, de forma que um animal tem de reconhecer categoricamente melhor essas criaturas enteais, do que o ser humano o conseguiria, cuja origem se encontra no espiritual.

Os seres elementares sabem, pois, muito bem onde e quando ocorrerá uma alteração na natureza, tais como desmoronamentos, avalanches, queda de uma árvore, o ceder do solo motivado pela ação erosiva das águas, ruptura de diques, irrompimento de águas, erupções vulcânicas, inundações, terremotos e tudo o mais que a isso pertença, uma vez que eles próprios se ocupam com isso, preparando e realizando tais alterações, as quais os seres humanos denominam acidentes e catástrofes.

Se for de se esperar tal acontecimento imediatamente, pode suceder que um animal ou uma pessoa que se aproximem sejam advertidos por esses seres elementares. Antepõem-se no caminho, procurando, por meio de gritos e gesticulações, ou mesmo por repentinas impressões sobre os sentidos, provocar o retorno; o animal se assusta, eriça o pelo e se recusa energicamente a prosseguir, contrariando completamente o seu costume normal, de modo que, muitas vezes, mesmo o animal mais bem adestrado nega, excepcionalmente, obediência ao seu dono. *Esse* o motivo do estranho comportamento do animal em tais casos. Mas o ser humano não vê esses seres elementares e por isso segue, muitas vezes, ao encontro do perigo, no qual perece ou fica gravemente ferido.

Por isso, o ser humano devia observar mais os animais, a fim de aprender a compreendê-los. O animal se tornará então realmente amigo do ser humano, pois consegue preencher lacunas e com isso tornar-se ainda muito mais útil ao ser humano do que até agora.

O BEIJO DE AMIZADE

MUITO se tem falado disso no mundo todo. Em poesias o beijo de amizade foi embelezado e erguido bem alto nos mundos dos pensamentos. Tudo isso, porém, é apenas uma configuração de fantasia, que se distancia muito do solo da naturalidade.

É um manto bonito que o próprio ser humano terreno, como em tantas coisas, confeccionou, para nele se admirar ou outros o admirarem. Entretanto, a admiração é absolutamente inadequada, pois na realidade é hipocrisia, nada mais. Uma tentativa vergonhosa de alterar as leis da Criação, desviá-las, privá-las de sua maravilhosa e simples naturalidade, de modo deformador!

Certamente diversa é muitas vezes a intenção de um beijo; isso, porém, não modifica em nada o fato de cada beijo ser sempre um beijo, portanto um contato corporal que, naturalmente, provoca um sentimento que jamais poderá ser diferente do que apenas corporal! Quem conhece a minha Mensagem já sabe disso. O ser humano não deve encobrir-se sempre de covardia, querer negar o que *realmente* faz, mas deve sempre estar consciente disso de modo bem claro! Um hipócrita é ainda pior do que um malfeitor!

A expressão "beijo de amizade" já pressupõe, bem determinantemente, a idade madura.

O beijo entre dois sexos, na idade madura, mesmo com intencionada pureza, está sujeito às vibrantes leis primordiais da Criação! Ridículas são nisso as evasivas. O ser humano sabe muito bem que as leis da natureza não indagam a sua opinião. O beijo do amigo, do irmão, do pai a uma jovem ou a uma mulher, continua sempre, apesar da mais forte autoilusão, um beijo entre dois sexos, não diferentemente o beijo da mãe para o filho, tão

6. O beijo de amizade 31

logo este tenha idade madura. As leis da natureza não conhecem nem concedem nisso nenhuma diferença. Por isso, cada pessoa deve conservar muito maior reserva!

Só a mania do ser humano de querer adaptar as leis da natureza aos seus desejos é que estabelece ideias tão *contrárias* às leis naturais, como os beijos de amizade, bem como as carícias entre parentes e os inúmeros excessos que há nisso. Sob o manto da maior hipocrisia, o ser humano muitas vezes procura pecar até *intencionalmente!*

Nada se altera no fato de tais contrariedades às leis da natureza, só porque muitas pessoas se consideram realmente inocentes nessas transgressões, imaginando-se estar aí completamente puras! É e continua sendo uma desfiguração das mais puras leis da natureza, quando estas devam ser despidas de sua bela simplicidade por interpretações erradas! E aí só se origina, sempre, algo doentio, porque cada abuso e cada desvio só desvaloriza, conspurca e rebaixa o originalmente sadio que se encontra na lei!

Fora, portanto, com essa hipocrisia! Honrai finalmente as leis da natureza em sua grandiosidade simples e por isso mesmo sublime, conforme elas realmente são! Sintonizai-*vos* nelas e vivei de acordo; orientai também de acordo com elas vosso pensar, vosso atuar, vossos costumes, dentro e fora de vossas famílias; tornai-vos, portanto, naturais no mais puro sentido, então sereis também felizes! A vida doentia fugirá então de vós. Sinceridade recíproca se estabelecerá entre vós, e muitas inúteis lutas de alma vos serão poupadas, uma vez que só resultam de ilusões erradas para, frequentemente, atormentar-vos e molestar--vos durante toda a vida terrena!

O doentio dessas brincadeiras nocivas, dessas carícias erradas, que apresentam, sem exceção, bases puramente de matéria grosseira, vedes vós próprios, de modo mais nítido, em crianças imaturas e ingênuas de *tenra* idade. Crianças que são excessivamente cobertas de carícias pelos parentes, digamos simplesmente "importunadas", têm sempre aspecto doentio. Também quase toda criança manifesta, intuitivamente, uma defesa contra tais carinhos importunos, jamais vontade, porque a criança é na realidade "naturalmente ingênua"! De início precisa sempre ser ensinada, para suportar e corresponder aos carinhos!

O ensinamento para tal, no entanto, é apenas desejo de adultos que, devido à maturidade de seu corpo de matéria grosseira, sentem de modo instintivo a necessidade para tal! A criança, não! Tudo isso fala bastante claro da perigosa violação a que uma criança é criminosamente submetida! Contudo, pouco a pouco, finalmente, ela se habitua a isso e, por hábito, sente necessidade disso depois, até que no próprio corpo, em amadurecimento, desperte o instinto!

É vergonhoso que a humanidade procure acobertar repetidamente suas cobiças e próprias fraquezas com hipocrisias! Ou cometa aí atos impensados.

O ser humano deve *saber* que o legítimo amor só vem da alma! E tudo o mais é apenas instinto! O amor da alma, porém, não tem nada a ver com o corpo de matéria grosseira e nem pede por isso, uma vez que a separação de todas as espécies da Criação permanece sempre perfeita. Espiritual é espiritual, anímico é anímico, e corporal é e permanece sempre exclusivamente corporal!

Com a morte do corpo, não morrerá um só átomo da alma. Isso mostra com toda a simplicidade que cada um existe por si só, não ocorrendo nenhuma mistura.

Um beijo cheio de alma, por exemplo, existe apenas na imaginação, porque qualquer beijo é e permanece exclusivamente um ato de matéria grosseira. O que a pessoa animicamente sente aí, de modo intuitivo, é coisa inteiramente à parte. O amor da alma caminha ao *lado* do instinto corporal, e não com ele nem dentro dele.

Qualquer outra ideia é uma grosseira autoilusão, por não corresponder às leis da natureza. Unicamente o raciocínio inventou aí diversidades para desculpa própria, a fim de visar a uma nova caricatura para mutilação da Verdade, que em forma pura teria de levar os seres humanos ao despertar, ao reconhecimento e com isso à pureza e à veracidade de seus conceitos e, por fim, à ascensão em direção à Luz.

Ó ser humano, tem finalmente coragem de ser *verdadeiro* em tudo quanto fazes! Também no beijo. Rompe as configurações enganadoras que a tua vaidade e sensualidade te criaram! Desperta!

A FERRAMENTA TORCIDA

O MAIOR fardo com que a alma humana se sobrecarregou, e que a impedirá de qualquer possibilidade de ascensão, é a vaidade! Trouxe destruição para a Criação inteira. A vaidade tornou-se o mais forte veneno da alma, porque o ser humano acabou por apreciá-la como escudo e manto para todas as suas falhas. Qual entorpecente, ela ajuda sempre de novo a passar facilmente pelos abalos da alma. Que seja apenas ilusão, isso não representa papel algum para os seres humanos terrenos, contanto que aí sintam satisfação e atinjam, com isso, um alvo terreno, mesmo que frequentemente sejam apenas poucos minutos de ridícula presunção. Não precisa ser legítimo; a aparência basta aos seres humanos.

Fala-se dessa vaidade, da presunção, da arrogância espiritual, da alegria maliciosa e de tantas características de todos os seres humanos terrenos, de modo benevolente e enfeitado, como sendo armadilhas do princípio de Lúcifer. Tudo isso, porém, é apenas uma fraca autodesculpa. Lúcifer nem precisou esforçar-se tanto. Bastou-lhe ter levado os seres humanos ao cultivo unilateral do raciocínio terreno, com a tentação de se deleitarem com o fruto da "árvore do conhecimento"; portanto, de se entregarem ao prazer do conhecimento. O que sucedeu depois disso, o próprio ser humano o fez.

A vaidade, que traz em seu séquito tantos males, como a inveja e o ódio, a difamação, a ânsia por prazeres terrenos e bens de toda espécie, deve ser considerada como a maior excrescência do dominante raciocínio preso à Terra. Tudo quanto é feio neste mundo está ancorado propriamente na vaidade, que se apresenta de tantas maneiras.

A ânsia pela aparência externa criou a "caricatura do ser humano" hoje predominante! O fantoche, que nem merece ser chamado de "ser humano", porque em sua vaidade, por causa da aparência, solapou a possibilidade para a indispensável ascensão espiritual, amuralhou obstinadamente todos os caminhos naturais de ligação que lhe foram dados para atuação e amadurecimento de seu espírito e soterrou-os completamente e de modo injurioso, contra a vontade de seu Criador.

Só o fato de elevar o raciocínio preso à Terra a ídolo foi o suficiente para mudar todo o caminho do ser humano, que o Criador lhe designou em Sua Criação.

Lúcifer registrou para si, como triunfo, o fato de ter a alma do ser humano terreno ousado uma intervenção no corpo terreno de matéria grosseira, que tornou totalmente impossível a atuação desejada das almas na Criação. A fim de aguçar o raciocínio, entrou em atividade febril o cultivo unilateral *daquela* parte do cérebro que só deve atuar para a matéria grosseira: o cérebro anterior. A parte espiritual *receptora* do cérebro humano ficou dessa maneira automaticamente reprimida e impedida em sua atividade. Com isso, ficou também dificultada qualquer compreensão do espiritual e, no decorrer de milênios, uma percepção *espiritual* até completamente perdida para o ser humano terreno.

Este se encontra agora solitário, *imprestável* na Criação. Desligado da possibilidade de reconhecimento espiritual e de ascensão e, com isso, desligado também de Deus!

Essa é a obra de Lúcifer. Ele não precisou fazer mais. Pôde então deixar o ser humano terreno entregue a si mesmo e vê-lo cair de degrau em degrau, distanciando-se assim cada vez mais de Deus, em consequência daquele passo.

Observar isso, então, nem é difícil para as pessoas que se esforçam sinceramente, pelo menos uma vez, em *pensar* objetivamente. É facilmente compreensível que a atividade do raciocínio encerre também um querer saber melhor, a obstinada persistência em tudo o que tal atividade considere certo, pois a pessoa com isso "pensou" o que era capaz de pensar. Atingiu *seu* limite supremo no pensar.

7. A ferramenta torcida 35

Que esse limite seja *baixo*, devido ao fato de o cérebro anterior estar preso à Terra, e que, por isso, o ser humano não *pode* ir além com o raciocínio, ele não consegue saber e, por *esse motivo*, sempre pensará e afirmará haver atingido o *certo* com *seu* limite. Se alguma vez ouvir algo diferente, colocará então sempre em lugar mais elevado aquilo por *ele* pensado, considerando-o certo. Essa é a característica de cada raciocínio e, com isso, de cada ser humano de raciocínio.

Conforme eu já disse uma vez, cabe a uma parte da massa cerebral a tarefa de *captar o que é espiritual, como uma antena*, ao passo que a outra parte, que gera o raciocínio, transforma então o captado para utilização na matéria grosseira. Da mesma forma, em sentido inverso, deve o cérebro anterior, que gera o raciocínio, captar da matéria grosseira todas as impressões, transformá-las para uma possibilidade de recepção do cérebro posterior, a fim de que as impressões deste possam servir para o desenvolvimento progressivo e amadurecimento do espírito. Ambas as partes, porém, devem efetuar trabalho *em comum*. Assim está nas determinações do Criador.

Como, porém, pela intervenção do cultivo unilateral do cérebro anterior, este acabou tornando-se desmesuradamente dominante em sua atividade, assim ficou perturbada a harmonia indispensável do trabalho conjunto de ambos os cérebros e, com isso, o atuar sadio na Criação. A parte receptora do espiritual ficou para trás no desenvolvimento, enquanto que o cérebro anterior, com sua atividade cada vez mais intensa decorrente do aprendizado, já desde muito não recebe mais, através do cérebro posterior, as vibrações puras das alturas luminosas para o seu trabalho e para a retransmissão à matéria grosseira, mas absorve a substância para sua atividade, na maior parte, apenas do ambiente material e das formas de pensamentos, para retransmiti-las transformadas como produto próprio.

São apenas poucos os seres humanos em quem a parte *receptora* do cérebro se encontra *mais ou menos* em colaboração harmoniosa com o cérebro anterior. Essas pessoas sobressaem do costumeiro padrão, destacando-se por grandes inventos ou por impressionante segurança em sua capacidade intuitiva, que permite captar rapidamente muita coisa a que outras só podem chegar mediante penosos estudos.

São aqueles dos quais se diz, com inveja, que "recebem durante o sono", e que constituem a confirmação do dito: "Aos Seus o Senhor dá durante o sono!"

Com os "Seus", entende-se pessoas que ainda utilizam suas ferramentas assim como devem ser usadas, segundo a determinação do Criador; portanto, pessoas que ainda estão de acordo com a Sua vontade e que, como as virgens prudentes, conservaram em ordem o óleo de suas lâmpadas, pois só essas podem "reconhecer" o noivo quando ele vier. Apenas essas estão realmente "acordadas". Todas as outras "dormem" em sua autorrestrição, tornaram-se incapazes para o "reconhecer", porque não mantiveram em ordem as "ferramentas" indispensáveis para isso. Qual uma lâmpada sem óleo é o cérebro anterior, sem a colaboração *harmoniosa* da parte receptora do espiritual.

Não se deve incluir entre essas, sem mais nada, as pessoas dotadas de faculdades mediúnicas. Certamente nelas também a parte receptora do cérebro deve trabalhar mais ou menos bem; contudo, durante a recepção, nessas pessoas mediúnicas, o cérebro anterior, destinado a retransmissões terrenas, cansar-se-á, porque esse processo, devido à determinada vontade de alguém do Além, pressiona o cérebro receptor de modo especialmente forte e, por isso, torna-se necessário aí, por parte deste, um maior dispêndio de contrapressão. Isso subtrai, automaticamente, sangue do cérebro anterior, isto é, calor de movimentação, pelo que ele, por sua vez, se torna inativo parcial ou totalmente. Trabalha apenas indolentemente ou nem um pouco. Essa subtração de sangue não seria necessária se o cérebro receptor não tivesse sido tão enfraquecido pela opressão.

Eis o motivo por que a retransmissão de um médium, pela palavra ou pela escrita, não se evidencia *de tal maneira* moldada à compreensão terrena como teria de ser, se devesse ser compreendida *exatamente* com noções terrenas e cálculos de espaço e tempo.

Nisso está também o motivo de muitas vezes os médiuns divisarem acontecimentos que se aproximam da Terra, catástrofes

7. A ferramenta torcida 37

ou algo semelhante, e sobre isso falarem ou escreverem, contudo raramente acertando a época terrena.

Um médium recebe a impressão de *matéria fina* e a retransmite, por escrito ou verbalmente, pouco ou até nem transformada, para a matéria grosseira. Isso deve então acarretar erros para aquelas pessoas que aí contam exclusivamente com a matéria grosseira. A impressão de matéria fina é diferente do efeito de matéria grosseira, que se apresenta depois. Pois na matéria fina os contrastes se mostram bem mais nítidos, mais variados e efetivam-se correspondentemente. Acontece com frequência o fato de médiuns descreverem inalteradamente apenas o que é de matéria fina, porque o cérebro anterior não pode aí acompanhar, em sua atividade transformadora, e fica inativo. Então, tanto a *imagem* de um acontecimento como as *épocas* são diferentes, visto que também os conceitos de tempo da matéria fina são diferentes dos da Terra.

Assim, as descrições e as previsões de uma mesma coisa serão diferentes em quase todas as pessoas mediúnicas, segundo a possível coparticipação, menor ou também maior, do cérebro anterior, que apenas em casos raríssimos pode proporcionar uma transformação completa para os conceitos terrenos.

Quando os do Além, contudo, se empenham em restabelecer a ligação, interrompida pelos seres humanos terrenos, entre a matéria fina e a matéria grosseira, não deve mais ser tolerada nenhuma exigência e nenhum ridículo julgamento de ignorantes e de seres humanos de raciocínio; pelo contrário, esses trabalhos exigem absoluta seriedade, para que seja restabelecido o que por presunçosa vaidade foi estragado.

Devem ser excluídos dessa colaboração, no entanto, todos os fantasistas, entusiastas e místicos, que na realidade são ainda mais nocivos nisso do que os seres humanos de raciocínio.

Se ambas as partes do cérebro dos seres humanos terrenos pudessem trabalhar juntas, de modo harmonioso, conforme está nas determinações do Criador, as transmissões dos médiuns seriam então dadas em conceitos de tempo adequados à matéria grosseira. Assim, porém, ocorrem alterações e desfigurações, devido à maior ou menor subtração de sangue do cérebro anterior. Para corrigi-las, torna-se necessário um cuidadoso estudo na observação; não merecem, porém, ser ridicularizadas ou mesmo supostas como motivos desonestos, conforme sucede com predileção por parte de pessoas espiritualmente indolentes.

Naturalmente, sempre haverá também aí, como em todas as coisas, pessoas que, dando-se por entendidas, flutuam nessas coisas com uma sensação de bem-estar e, assim, realmente se tornam ridículas, bem como aquelas que visam a pretensões desonestas. Isso, porém, encontra-se por toda parte e não há justificativa alguma, por essa razão, de conspurcar de maneira tão visível a coisa em si, ou aqueles que sinceramente com isso se ocupam.

Essa conduta, de conspurcação de tudo aquilo que ainda não pode ser compreendido, é, por sua vez, apenas uma expressão de ridícula vaidade, um sinal de irresponsável estupidez que tomou vulto entre esses seres humanos. Não existe, aliás, nada de grande, nada de sublime, que no início *não* tenha sido hostilizado pela humanidade terrena! Mesmo com aquilo que Cristo Jesus falou outrora, e com ele próprio, não se passou, pois, diferentemente.

Tais zombadores apenas mostram com isso, bem nitidamente, que caminham às cegas pela vida ou então com visível ignorância.

Olhemos a nossa volta: quem hoje segue seu caminho zombando das anunciações e previsões de acontecimentos terríveis, que aumentam por toda parte, não querendo ver que muito daquilo já está se realizando, e que se avolumam de semana para semana as catástrofes naturais, esse *é* ignorante, ou por algum medo nada quer reconhecer ainda!

São ignorantes ou covardes, que não ousam encarar os fatos! Em todos os casos, porém, nocivos.

E aquele que ainda não quer reconhecer como sendo um sinistro golpe do destino a imensa calamidade econômica que aumenta irresistivelmente em todos os países desta Terra, e a confusão e o desamparo daí decorrentes, só porque ele talvez ainda disponha do suficiente para comer e beber, tal ser humano não merece mais ser chamado de ser humano, pois deve estar corrompido por dentro, embotado perante o sofrimento alheio.

7. A ferramenta torcida

"Tudo já aconteceu!" é o seu leviano dizer. Sem dúvida, tudo já aconteceu *isoladamente!* Mas não nas circunstâncias de hoje, não com esse saber que hoje é vangloriado, não com os recursos de que hoje se pode lançar mão! Essa é uma diferença como o dia e a noite!

Antes de tudo, porém, jamais houve *aglomeração* de acontecimentos. Anteriormente se passavam anos entre as catástrofes naturais, falava-se e escrevia-se durante meses sobre tais fenômenos que alvoroçavam todos os povos civilizados, ao passo que hoje logo se esquece tudo horas depois, no meio de danças e tagarelices cotidianas. É uma diferença que não se quer ver devido ao medo, o qual se mostra na leviandade! Num nefasto não querer compreender.

"A humanidade não deve inquietar-se!" é a ordem de hoje. Não, porém, por amor à humanidade, pelo contrário, apenas por medo de que os seres humanos pudessem apresentar exigências, as quais ninguém mais seria capaz de enfrentar!

Muitas vezes, sim, as tentativas de tranquilização são toscas, de forma que apenas uma humanidade *apática* pode ouvir isso silenciosamente, num embotamento como hoje impera. Que isso, porém, seja um trabalho hostil contra a excelsa vontade de Deus, ninguém se esforça por reconhecer e dizer.

Deus *quer* que os seres humanos reconheçam essas advertências que, falando nitidamente, se encontram nos acontecimentos progressivos! Eles *devem* acordar do seu leviano cochilo espiritual, a fim de que, refletindo, tomem ainda em tempo o caminho de volta, antes de se tornar necessário que todo o sofrimento, que atualmente ainda podem ver em seu próximo, tenha de atingi-los também. Revolta contra Deus se dá por parte de todos aqueles que queiram impedir isso mediante pronunciamentos tranquilizadores!

Infelizmente, porém, a humanidade é susceptível demais a cada palavra que a dispense da própria atividade do espírito e de bom grado permite, por isso, que se lhe diga as mais esquisitas coisas; aceita-as credulamente, sim, *quer* tê-las, e até as divulga e defende somente para não ser despertada de sobressalto de seu sossego e comodismo.

7. A ferramenta torcida

E a querida vaidade dá aí o seu compasso; é a melhor favorecedora de toda aquela erva daninha que, igual a ela, cresce como fruto do domínio do raciocínio hostil a Deus.

A vaidade jamais quer que se reconheça a Verdade, pouco importando onde ela se encontre. O que nisso ela se permite, mostra a disposição desta humanidade terrena já em relação à existência terrena do Filho de Deus, que em sua verdadeira e grande simplicidade não basta ao vaidoso sentido humano. O fiel quer ter o "seu" Salvador apenas segundo a *sua* interpretação! Por isso ornamenta o caminho terreno do Filho de Deus, Cristo Jesus, com acontecimentos imaginados.

Apenas por "humildade" perante tudo o que é divinal, esse Salvador tem de ser também, segundo o sentido humano, incondicionalmente "sobrenatural", como Filho de Deus. Não refletem aí que o próprio Deus é a *perfeição do natural* e que a Criação se desenvolveu dessa Sua naturalidade perfeita, através de Sua vontade. Perfeição, porém, também traz consigo imutabilidade. Se fosse possível uma exceção nas leis da Criação, que são de acordo com a vontade de Deus, haveria nisso uma falha, teria faltado perfeição.

A humildade humana, porém, eleva-se acima de tudo isso, pois espera, sim, *exige,* numa existência terrena do Filho de Deus, alterações das leis vigentes na Criação, portanto, violação. E exatamente por aquele que veio, pois, para cumprir todas as leis de seu Pai, conforme ele próprio declarou! Espera dele coisas que tinham de ser simplesmente impossíveis segundo as leis do desenvolvimento natural. E exatamente *com isso* deve apresentar-se a sua divindade, o divinal, que traz em si, de modo vivo, a base das leis da natureza!

Sim, a humildade humana é capaz de muita coisa. Mas a sua face autêntica é *exigência,* e não verdadeira humildade. A máxima arrogância, a pior presunção espiritual! A querida vaidade põe sobre isso apenas um manto, que se assemelha à humildade.

É apenas triste que também muitas vezes pessoas realmente bem-intencionadas, inicialmente com legítima humildade, se excedam de modo inconsciente, em seus entusiasmos, até as coisas mais impossíveis.

7. A ferramenta torcida

Surgiram imaginações cuja transmissão trouxe grandes danos. Assim, já o menino Jesus teria que ter feito as maiores maravilhas. Até nas infantilíssimas brincadeiras, às quais se dedicava como toda criança, quando sadia e espiritualmente atenta. Os pequenos pássaros que, brincando, plasmava em simples barro, tornavam-se *vivos* e voavam cantando alegremente no ar, e muito mais coisas semelhantes. São fenômenos *simplesmente impossíveis, porque contradizem todas as leis de Deus na Criação!* Então Deus-Pai também poderia ter colocado Seu Filho, já *feito,* na Terra! Para que foi necessária uma mãe humana! As desagradabilidades do parto! Não podem os seres humanos pelo menos uma vez raciocinar de modo *simples?* Deixam de fazê-lo por vaidade própria. Segundo sua opinião, a passagem terrena do Filho de Deus *tem* de ser diferente. *Eles* querem assim, para que "seu" Salvador, "seu" Redentor, não tivesse sido submetido às leis de Deus na Criação. Isso, na realidade, segundo o seu pensar, aliás, não teria sido muito pouco para *ele,* o Filho de Deus, mas para todos aqueles que querem reconhecer nele o seu Redentor! Vaidade humana, e nada mais!

Não raciocinam que para Jesus foi muito mais grandioso ainda ter-se submetido, voluntariamente, a essas leis através de sua encarnação, somente para trazer a Verdade na Palavra para aqueles seres humanos que, injuriando, devido à torção de sua ferramenta terrena, tinham-se tornado incapazes de ainda assimilar por si próprios a Verdade, e reconhecê-la. Eram demasiado vaidosos para verem como cumprida na própria Palavra a missão de Cristo. Para eles, os vaidosos seres humanos, tinha de acontecer *algo mais grandioso!*

E quando o Filho de Deus sofreu a morte terrena na cruz, morrendo como qualquer pessoa na cruz morreria, por corresponder assim às leis de Deus na Criação, quando o corpo humano não pôde simplesmente descer da cruz, ileso, então para a vaidade humana não restou outra coisa senão a suposição de que o Filho de Deus teve de morrer assim, *não quis descer da cruz,* para através disso tirar os pecados dos pobres homúnculos, a fim de que estes fossem então recebidos jubilosamente no reino dos céus!

E assim surgiu a base para a ulterior concepção da *necessidade* da morte na cruz, o que trouxe o triste e grande erro entre os cristãos de hoje, resultante apenas da vaidade humana.

Se nenhuma pessoa mais quiser chegar ao reconhecimento de que tal pensamento só é capaz de brotar da desavergonhada presunção, para regozijo de Lúcifer, que deu ao ser humano a vaidade para sua destruição, então a humanidade também não pode mais ser ajudada e tudo é em vão; mesmo as maiores e mais fortes advertências da natureza não podem acordá-la do sono espiritual. Por que o ser humano não pensa mais longe!

Se Cristo pudesse ter ressuscitado carnalmente, seria também absolutamente lógico esperar que ele tivesse a possibilidade de descer a esta Terra também já pronto em carne, de lá, para onde ele, na ressurreição, teria subido carnalmente. Que isso, porém, não tenha acontecido; que ele, pelo contrário, desde o começo, teve de vivenciar os caminhos como qualquer corpo humano a partir do nascimento, com todas as pequenas e grandes penúrias, fala, juntamente com muitas outras necessidades de sua existência terrena, bem claramente contra isso, sem considerar que só assim podia ser e não de outro modo, visto que também o Filho de Deus tinha de se adaptar às leis perfeitas de seu Pai na Criação.

Na Criação, quem quiser chegar até a Terra está sujeito às leis imutáveis da Criação.

O contrário é fantasia formada pelos próprios seres humanos, proveniente do entusiasmo, e depois legada como verdade. O mesmo se deu com todas as tradições, pouco importando se estas tiveram a sua transmissão oral ou por escrito. A vaidade humana representa aí um grande papel. Raramente sai algo da mão humana, da boca humana e até do cérebro humano, sem que seja adicionada alguma coisa. Anotações de segunda mão jamais constituem provas em que a posteridade devesse basear-se. O ser humano precisa apenas observar bem o presente. Tomemos somente um exemplo, que se tornou conhecido em todo o mundo.

Os jornais de muitos países publicaram *relatos* sobre o misterioso "castelo" de Vomperberg, cujo proprietário seria eu! Chamaram-me de o "Messias do Tirol", ou também de "Profeta de Vomperberg"! Com manchetes de grande destaque, até nos

7. A ferramenta torcida 43

maiores jornais, que pretendem ser levados a sério. Houve reportagens de espécie tão estarrecedoramente misteriosa sobre inúmeros caminhos de ligação subterrânea, templos, cavaleiros com armaduras negras, bem como de prata, um culto inaudito, também sobre vastos parques, automóveis, cavalariças e tudo o mais que pertence a um cérebro doentio, capaz de relatar tais coisas. Citaram-se particularidades, às vezes fantasticamente belas, às vezes, contudo, asquerosas de tão inaudita imundície, que cada um, refletindo um pouco, teria logo que ver nisso a mentira, a intenção maldosa. — E em tudo isso *não* havia *uma palavra verdadeira!*

Se, porém, daqui a séculos, ou mais fácil, em milênios, uma pessoa vier a ler tal artigo tendencioso... quem poderá reprová-la, se quiser acreditar nisso, e disser: "Mas está relatado e impresso aqui! Uniformemente, quase em todos os jornais e idiomas!"

E tudo isso nada mais foi do que somente um reflexo dos cérebros corrompidos dessa época! Com suas próprias obras imprimiram-se a si mesmos o cunho, como prova da perversão. Já para o vindouro Juízo!

Tal se deu, no entanto, ainda *hoje,* apesar dos meios de se conseguir, rapidamente e sem esforços, uma ratificação *antes* da publicação! Como deve ter sido então, outrora, na época da existência terrena de Jesus, quando tudo só podia correr de boca em boca! Quão fortemente uma reprodução, desse modo, está sujeita a alterações. Inclusive em escritos e cartas. Avoluma-se qual avalanche. Já de início, em parte erradamente compreendido, surge em tal caminho sempre algo diferente do que foi. Quanta coisa ouvida foi escrita somente por segunda, terceira, décima mão, e que hoje se considera como base! Os seres humanos, contudo, deviam conhecer os seres humanos!

Quando não podem utilizar as estruturas de seu próprio raciocínio, como ocorre em cada verdade *por causa da grande simplicidade,* não lhes agrada. Recusam-na ou modificam-na, de modo que corresponda à querida vaidade.

Por essa razão, prefere-se também o "místico" à Verdade simples. O grande anseio pelo "místico", o misterioso que reside em cada ser humano, é vaidade, não, porém, anseio pela Verdade, como se procura muitas vezes apresentar. A *presunção* construiu o caminho insalubre, onde bandos de fanáticos vaidosos podem deleitar-se, e tantos indolentes de espírito se deixam comodamente arrastar.

Em todas essas coisas a vaidade do ser humano desempenha um papel completamente devastador e sinistro, arrastando-o à destruição, irremediável e tenazmente, porque a ela se afeiçoou!

Pavor se apoderaria dele, se uma vez pudesse superar a si mesmo para refletir sobre isso, objetivamente, sem presunção. Mas aí já existe novamente aquele obstáculo: sem presunção, nada consegue! Por conseguinte, assim terá de permanecer, certamente, para muitas pessoas, até que sucumbam nisso!

Essa realidade, em toda a sua tristeza, é o resultado que o impedimento do desenvolvimento harmonioso do cérebro do confiado corpo terreno teve de acarretar devido ao pecado original em sua consequência! O torcer da ferramenta, necessária nesta matéria grosseira, pelo excessivo cultivo unilateral, vingou-se com isso. Agora o ser humano se encontra, com sua ferramenta de matéria grosseira, seu corpo terreno, de modo *desarmonioso* na Criação, incapaz para a missão que nela deve cumprir, imprestável por si próprio para isso.

Para extirpar essa raiz de todo o mal, porém, necessário se faz uma intervenção de Deus! Qualquer outra força e poder, por maiores que sejam, são insuficientes para isso. É a maior e também a mais destruidora contaminação da vontade errada da humanidade, que já achou entrada nesta Criação. *Tudo,* nesta Terra, teria de sucumbir, antes que pudesse surgir uma melhora aí, visto que nada existe que já não esteja irremediavelmente impregnado disso!

A CRIANÇA

QUANDO as pessoas se perguntam como podem educar *de modo certo* seus filhos, elas devem observar em primeiro lugar *a criança* e se orientar *correspondentemente*. Desejos próprios do educador devem aí ser completamente postos de lado. A criança deve seguir o *seu* caminho na Terra e não o caminho do educador.

Bem-intencionado é um educador quando deseja, de bom grado, colocar à disposição de seu filho, para proveito deste, *aquelas* experiências que ele próprio tivera de colher em sua vida terrena. Quer muito poupar a criança de decepções, perdas e dores. Contudo, na maioria dos casos não consegue muito com isso.

Tem de reconhecer, por fim, que todos os seus esforços nisso e sua boa vontade foram totalmente em vão, pois a criança em desenvolvimento segue, de súbito e de modo inesperado, em determinado tempo, seu próprio caminho, esquecendo ou desprezando todas as exortações, nas decisões para si mesma importantes.

A tristeza do educador a tal respeito não é justificada, pois em sua boa vontade ele nem levou em consideração que a criança que ele queria educar não tem de seguir, absolutamente, um caminho idêntico ao dele, se ela quiser cumprir *direito* a finalidade de sua existência nesta Terra.

Todas as experiências que o educador pôde ou teve de vivenciar em si próprio tinham sido destinadas a *ele* e a *ele* eram necessárias, tendo também por isso trazido proveitos somente ao educador, se foi capaz de assimilá-las de modo correto.

Esse vivenciar do educador, contudo, não pode trazer *à criança* o mesmo proveito, visto que o seu espírito, por sua vez, tem de vivenciar algo completamente diferente para o seu desenvolvimento, conforme os fios do destino que com *ela* estão entretecidos.

Dentre os muitos seres humanos na Terra, nem sequer dois têm caminhos *idênticos*, que possam beneficiá-los para o amadurecimento de seus espíritos!

Por isso, as experiências de uma pessoa não adiantam *espiritualmente* para uma segunda. E se um ser humano trilhar, *imitando* com exatidão, o caminho de outro, terá malbaratado sua própria existência terrena!

Deveis apenas preparar o *instrumento* para a criança, até o seu amadurecimento, do qual ela necessita para sua vida terrena, nada mais. Isto é, o corpo terreno com todos os seus aparelhos de matéria grosseira.

Atentai nisso com todo o cuidado para não torcê-lo ou até torná-lo completamente imprestável por exagero ou unilateralidade! Ao lado das necessárias capacitações de movimento, o aprendizado da atividade certa de seus cérebros representa um papel importante. A primeira formação termina quando a maturidade se inicia, e só então é que deve seguir-se a segunda, a qual deve ensinar o espírito a dominar *certo* o corpo todo.

Os filhos desses seres humanos terrenos, até os anos de sua maturidade, quando então o espírito desabrocha, intuem, *predominantemente, apenas de modo enteal!* Evidente que interiormente já estão incandescidos pelo espírito. Portanto, não acaso somente como um animal nobre em seu desenvolvimento máximo, porém muito mais até; contudo, mesmo assim é predominante aí o que é do *enteal* e, por isso, determinante. Cada educador tem de manter isso incondicionalmente em vista; *nesse sentido* tem de ser severamente orientada a base de uma educação, se o êxito deva ser perfeito e sem prejuízos para uma criança. A criança deve primeiro obter plena compreensão do grande atuar de tudo quanto é enteal, já que nessa época ela se encontra ainda mais aberta para o enteal do que para o espiritual. Assim seus olhos se abrirão cheios de alegria e puros para as belezas da natureza que vê ao seu redor!

As águas, montanhas, florestas, campinas, flores, bem como os animais, tornam-se então familiares a cada criança, e ela ficará

8. A criança

solidamente ancorada no mundo, o qual deve oferecer-lhe, para sua existência terrena, o campo de atuação. A criança estará então completamente firme e plenamente consciente na natureza, em toda a atuação enteal, compreensiva e, com isso, bem equipada e pronta para atuar com o seu espírito, elevando e beneficiando ainda tudo aquilo que está em sua volta como um grande jardim! Só *assim* pode tornar-se um verdadeiro jardineiro na Criação.

Dessa forma e não diferentemente deve estar cada criança em desenvolvimento, quando seu espírito desabrochar. Sadia de corpo e de alma! Desenvolvida de modo alegre e preparada *naquele* terreno ao qual cada criança pertence. O cérebro não deve ser sobrecarregado unilateralmente com coisas das quais nem necessita na vida terrena e que lhe exigem muitos esforços para assimilá-las, com o que tem de desperdiçar energia, enfraquecendo o corpo e a alma!

Se, no entanto, a educação primária já consome toda a força, nada mais resta a um ser humano para a verdadeira atuação!

Com uma formação *certa* e preparação para a verdadeira vida, o trabalho só se torna alegria, prazer, uma vez que, com isso, tudo na Criação é capaz de vibrar conjuntamente em completa harmonia, e desse modo apoia beneficiando e fortalecendo o desenvolvimento da juventude.

Quão insensatamente agem, porém, os seres humanos com seus descendentes! De que crimes se tornam culpados em relação a eles!

Exatamente quando o espírito desabrocha no corpo da moça, para utilizar o instrumento de matéria grosseira e de matéria fina a ele confiado e presenteado, para que se torne, portanto, verdadeiramente ser humano, a feminilidade da jovem é arrastada para divertimentos terrenos, a fim de... levá-la depressa ao homem!

O espírito, o verdadeiro ser humano, que ainda deve entrar em sua atividade terrena, nem chega aí ao começo e, enfraquecido, tem de presenciar como o raciocínio terreno, treinado de modo exclusivo e errado, só se ocupa com cintilações de lantejoulas, a fim de, na falta de verdadeiro espírito, *aparentar* espiritualidade, e como, assim, é arrastado para todas as coisas impossíveis, requerendo e desperdiçando com isso toda a energia que o instrumento pode dar. Tornam-se por fim mães, sem antes serem realmente seres humanos!

Por essa razão, nada mais resta ao próprio espírito para a atuação. Nem tem possibilidade alguma para tanto! E com o moço não se dá muito melhor! Está exausto, moído pela sobrecarga escolar, os nervos superexcitados. Oferece ao espírito, em seu desabrochar, apenas um solo doentio, um cérebro supersaturado de coisas inúteis, torcido. Por isso, o espírito não pode agir e nem se desenvolver como deve, mas sim se atrofia, ficando completamente esmagado pela carga de entulhos. Apenas resta ainda uma insatisfeita saudade, que deixa pressentir a presença do emparedado e oprimido espírito humano. Por fim, essa saudade se perde também no turbilhão da correria terrena e da avidez, saudade que deve primeiro proporcionar uma ponte sobre esse vazio espiritual, tornando-se depois hábito, necessidade.

É *assim* que *atualmente* o ser humano atravessa a vida terrena! E a educação errada tem nisso a maior parte da culpa.

Se o ser humano quiser estar certo aqui na Terra, terá então de ser mudada, categoricamente, a primeira parte da formação; portanto, sua educação! Deixai nisso as crianças permanecerem realmente crianças! Jamais procureis também equipará-las aos adultos, ou esperar ainda que os adultos devam orientar-se segundo as crianças! É um veneno violento que com isso dais às crianças. Pois nas crianças o espírito ainda não desabrochou, sendo predominantemente ainda dominadas por sua espécie enteálica e, por essa razão, não podem ser consideradas de pleno valor entre os adultos!

As crianças sentem isso muito bem. Não as deixeis desempenhar um papel que lhes roube essa consciência. Assim as faríeis infelizes! Elas se tornarão inseguras na área firme de sua infância, que lhes cabe, que lhes foi indicada na Criação, ao passo que jamais poderão sentir-se familiarizadas na área dos adultos, visto ainda faltar aí o principal que a isso lhes dá direito e as capacita: a perfeita ligação de seu espírito com o mundo exterior através do corpo.

Vós lhes roubais a verdadeira condição de criança, para a qual, segundo as leis da Criação, têm pleno direito, necessitando

8. A criança

até urgentemente dela, porque o vivenciar da infância pertence, incondicionalmente, ao progresso posterior do espírito. Em vez disso já as colocais frequentemente entre os adultos, onde não podem mover-se, porque para isso falta tudo quanto é necessário.

Tornam-se inseguras e precoces, o que naturalmente só pode parecer repulsivo aos adultos, por se apresentar como insano, perturbando a pura intuição, toda a harmonia, pois uma criança precoce é uma fruta em que o caroço ainda não chegou ao amadurecimento, enquanto o invólucro já se encontra envelhecendo!

Cuidai-vos disso, pais e educadores, pois é crime contra as leis de Deus! Deixai as crianças permanecerem crianças! Crianças que sabem que *necessitam* da proteção de todos os adultos.

O dever de um adulto é apenas proteger as crianças, *proteção* que é capaz de dar e que também tem de proporcionar, quando a criança a *merecer!*

A criança, em sua espécie enteálica, intui muito bem que necessita da proteção dos adultos e, por isso, olha-os, respeita--os voluntariamente como retribuição, o que encerra em si a necessidade de apoio, se vós próprios não destruirdes essa lei da natureza!

E vós a destruís, na maioria dos casos! Despojais cada criança de suas intuições bem naturais, através do vosso modo errado que aplicais em relação às crianças, muitas vezes para satisfação própria, porque em grande parte a criança é um brinquedo querido para vós, com o qual quereis alegrar-*vos,* e a qual prematuramente procurais tornar intelectiva, para poderdes ficar orgulhosos disso!

Nada disso, porém, é de proveito *para a criança,* pelo contrário, somente prejudica. Já nos primeiros anos, na fase da infância, que tem de ser considerada como primeira parte do seu desenvolvimento, vós tendes de cumprir obrigações mais sérias em relação à criança! Não devem ser decisivos para isso vossos desejos, mas sim as leis da Criação! Estas, porém, condicionam que se deixe cada criança *ser* criança, em todas as coisas!

O ser humano que foi realmente criança se mostrará também mais tarde de pleno valor como adulto. *Mas somente então!* E uma criança normal se reconhece já *pelo fato* de possuir, perante os adultos, o legítimo respeito *em seu próprio intuir,* que *nisso* corresponde exatamente à lei da natureza! Tudo isso cada criança já traz em si como presente de Deus! E se desenvolverá, se não o soterrardes. Por conseguinte, deixai as crianças afastadas de onde os adultos conversam, pois não é lugar delas! Devem também, em tal caso, saber sempre que são crianças e como tais ainda não de pleno valor, ainda não maduras para o atuar terreno. Nessas aparentes ninharias há muito mais do que hoje pensais. É o cumprimento de uma lei básica na Criação e à qual muitas vezes não dais atenção. Externamente as crianças, que ainda se encontram, *todas,* predominantemente no enteal, *precisam* disso como apoio! Conforme a lei do enteal. — Os adultos devem dar proteção às crianças! Nisso se encontra mais do que dizem simplesmente as palavras; devem, porém, dar proteção também apenas lá onde a criança a mereça. Esse dar proteção não deve realizar-se sem uma retribuição, para que a criança já aprenda, *pela experiência,* que *em tudo tem de haver equilíbrio,* havendo *nisso* harmonia e paz. Também isso a espécie do enteal *condiciona.*

Exatamente *isso,* porém, tantos pais e educadores têm negligenciado frequentemente, não obstante ser condição básica da educação certa, desde que ela deva ser realizada conforme as leis primordiais da Criação. A falta do conceito de equilíbrio absoluto leva qualquer um a vacilar e a cair, não importa se já mais cedo ou só mais tarde. E a consciência da inevitável necessidade desse conceito deve ser inculcada na criança já desde o primeiro dia, para que se torne *de tal modo* sua propriedade, inserindo-se nela completamente na carne e no sangue, *tão* naturalmente como aprende o senso de equilíbrio de seu corpo, o qual está sujeito, sim, à mesma lei básica!

Se esse princípio básico for cuidadosamente colocado em prática em cada educação, haverá finalmente seres humanos livres, que são do agrado de Deus!

Mas exatamente essa lei básica, a mais indispensável e principal nesta Criação, foi excluída pelos seres humanos por toda parte! Com exceção do senso de equilíbrio do seu corpo terreno, ela não é obedecida nem observada na educação. Isso força a

8. A criança

unilateralidade de uma maneira nociva, que faz com que todos os seres humanos sigam apenas cambaleando animicamente através da Criação, com constantes tropeços e quedas!

É triste que esse senso de equilíbrio só seja considerado para o corpo terreno como necessidade de todos os movimentos; anímica e espiritualmente, porém, não é cuidado, faltando muitas vezes de modo total. Desde as primeiras semanas deve a criança ser cuidadosamente auxiliada nisso mediante a influência de pressão exterior. A omissão acarretará a cada ser humano medonhas consequências para toda a sua existência na lei da reciprocidade!

Olhai somente em redor. Na vida individual bem como na família, nos governos bem como na maneira das igrejas, por toda parte falta justamente isso, *somente* isso! E, contudo, encontrais essa lei visivelmente demonstrada por toda parte, se apenas desejardes ver! Até o corpo de matéria grosseira a revela para vós; vós a encontrais na alimentação e na eliminação, sim, até nas próprias espécies de alimentação, se o corpo deva sentir-se bem, no ajuste entre o trabalho e o descanso, até em todas as minúcias, sem se considerar a já citada lei do equilíbrio que faz com que cada corpo se mova, tornando-o só assim útil para a missão da atuação terrena. Ela também mantém e permite existir *todo o Universo,* pois só no ajustamento do equilíbrio podem os astros, podem os mundos seguir suas órbitas e se manter!

E vós, pequenos seres humanos na Criação, que não sois mais do que uma partícula de pó diante do grande Criador, vós a derrubais por não querer dar-lhe inteira atenção e cumpri-la.

Pôde, sim, suceder que por algum tempo a tivésseis torcido, agora, porém, ela volta rapidamente à forma original e, no regresso rápido, tem de atingir-vos dolorosamente!

Desse erro proveio todo o mal que hoje atinge a Criação. Também nos países o descontentamento torna-se revolta, lá onde, de um lado, falta o equilíbrio certo! Contudo, é apenas uma continuação, o avolumar *daqueles* erros que o educador comete com a juventude!

O novo reino, o reino de Deus sobre a Terra, criará o equilíbrio e, com isso, uma nova geração! Primeiro, porém, terá de forçar com rigor o verdadeiro conceito de equilíbrio, antes que possa ser compreendido. Forçar pela transformação de todas as torções, que já agora se processa, enquanto o errado e insano terá de exaurir-se, pressionado pelo invencível rigor e força da Luz! Seguir-se-á então o presente da verdadeira compreensão de todas as leis primordiais da Criação. Esforçai-vos por reconhecê-las direito desde já e estareis certos nesta Criação! O que, por sua vez, trará para vós somente felicidade e paz como consequência.

A MISSÃO DA FEMINILIDADE HUMANA

UMA grande opressão paira sobre toda a feminilidade terrena, desde que foi difundida a ilusão de que o destino principal de uma mulher seria a maternidade. Muitas pessoas, com falsa compaixão e frequentemente até com disfarçada alegria maliciosa, olham para as moças que não se casam e, igualmente, para as senhoras que ficam sem filhos no matrimônio. A expressão "solteirona", que na realidade é um *título honroso,* é muitas vezes pronunciada com leve zombaria, com um lastimoso encolher de ombros, como se o matrimônio fosse, para a mulher terrena, a mais alta de suas finalidades, sim, até seu destino.

Que essa acepção errada se tenha difundido e alojado por milênios, de modo tão nocivo, faz parte das principais conquistas de Lúcifer que, com isso, visava à degradação da feminilidade, aplicando o golpe mais duro à verdadeira essência humana. Olhai, pois, em redor! As danosas excrescências dessa concepção errada sintonizaram, de antemão, o sentido dos pais e das moças, em linha bem reta, para o sustento terreno por meio de um matrimônio! Tudo converge para aí. Já a educação, todos os pensamentos, as conversas, as ações, desde os dias da infância de cada moça até a maturidade. Depois, busca-se e proporciona-se a oportunidade ou, quando isso não se consegue, estabelece-se até à força, a fim de que se travem conhecimentos com o objetivo final de um casamento!

É inculcado na moça, literalmente, que passará pela vida sem alegria, se não puder andar ao lado de um homem! Que, de outro modo, jamais será levada a sério! Para onde quer que uma criança do sexo feminino olhe, ela vê as glorificações do amor *terreno,* tendo como alvo supremo a felicidade materna! Assim, forma-se a ideia, artificialmente imposta, de que cada jovem que não pode ter isso é digna de lástima e tem a sua existência terrena perdida em parte! Todo seu pensar é orientado nesse sentido, literalmente inoculado na carne e no sangue desde o momento do nascimento. Tudo isso, porém, é obra bem hábil de Lúcifer, objetivando a degradação da feminilidade humana.

E esse malefício tem de ser agora tirado dessa feminilidade terrena, se é que ela deva elevar-se! Somente dos escombros dessa ilusão de até agora é que pode resultar o elevado, o puro! A *nobre* feminilidade, desejada por Deus, não conseguiu desenvolver-se sob essa investida das mais astuciosas de Lúcifer contra os espíritos humanos, os quais, *todos,* desde o início, poderiam ter-se esforçado somente rumo à Luz, se tivessem seguido firmemente as leis primordiais da Criação, deixando-se guiar por elas.

Tornai-vos finalmente *espirituais,* ó seres humanos, pois sois do espírito! Reconhecei e sede também suficientemente fortes para assimilar que a felicidade maternal, tida como a suprema meta da feminilidade terrena e o seu destino mais sagrado, tem suas raízes somente no *enteal!* O destino mais sagrado da mulher humana, no entanto, é muito mais elevado, está *no espírito!*

Nem sequer *uma vez* vos veio à mente que tudo aquilo que até agora decantastes pertence exclusivamente à Terra, à vida terrena em sua limitação! Pois o casamento e a procriação existem *apenas* na parte de matéria grosseira desta Criação posterior. A feminilidade, contudo, existe na Criação inteira! Isto teria que dar-vos, pois, motivo para uma reflexão! Mas não, era esperar demais de vós.

Assim como se procura levar os animais livres, pouco a pouco, para uma trilha imperceptível, previamente construída de modo cuidadoso, e a qual não podem distinguir da livre e bela floresta, levando, contudo, ao cativeiro, da mesma forma sempre impelistes vossas filhas apenas na direção daquele único alvo... o homem! Como se esse fosse seu destino principal!

A ilusão dessa acepção errada assemelha-se a tapumes, colocados à direita e à esquerda, que nem deixavam as pobres crianças, por fim, pensarem de modo diferente senão na mesma direção. Tantas moças ainda "se salvaram" então com um salto violento

9. A missão da feminilidade humana

para um casamento que a elas próprias muito custou, apenas para na velhice não sofrer as consequências dessas acepções erradas, que, como espadas ameaçadoras, pendem sobre cada moça.

É também somente um íntimo protesto completamente inconsciente que desperta, uma revolta do até então tão subjugado espírito, quando, no processo fermentativo inicial de um novo tempo, a juventude quer refugiar-se desse estado doentio, porém não reconhecido, caindo aí, infelizmente, em algo ainda muito pior, nas ideias de amizades livres e com isso também nas ligações conjugais de amizade. No fundo é ainda a mesma excrescência da ideia luciferiana, que traz em si a *depreciação* das mulheres, só que por outra forma. Pois algo de puro não podia originar-se, uma vez que sinistramente a opressão das trevas paira sobre todas, segurando-as firmemente enlaçadas e mantendo todas de nuca curvada sob essa opressão.

Tinha de permanecer o errado, mesmo que a forma fosse modificada. O golpe para a libertação da verdadeira feminilidade agora só pode vir de cima! A humanidade, por si, não consegue fazê-lo, uma vez que se emaranhou e se escravizou por demais.

Aí não ajudam mais leis ou formas novas. A salvação reside apenas na compreensão de todas as leis primordiais da Criação. Tendes de aceitar *a Verdade,* enfim, como ela realmente *é,* não como a imaginastes, por terdes sido tão acessíveis às insuflações de Lúcifer.

Com a ideia de que a feminilidade humana devesse procurar a finalidade principal da existência na maternidade, o que é feminino foi desvalorizado e desonrado! Pois com isso ela foi rebaixada, atada ao *enteal!* Lúcifer nada mais precisou fazer do que lançar no mundo essa ideia, que foi acolhida e tornou-se depois, lentamente, conceito sólido, que ainda hoje domina o sentido humano, obrigando o *naquela* direção, que impede o voo do espírito para as alturas límpidas e luminosas!

Punhos imundos dos asseclas de Lúcifer colocaram-se com isso sobre a feminilidade humana, vergando suas nucas. Fora com isso! Libertai-vos agora dessas garras que vos prendem embaixo! Pois esse conceito, tão só, trouxe, em suas consequências, tudo quanto tem de desonrar a mulher. O manto bonito da sagrada maternidade e as canções em louvor do amor materno jamais conseguirão aliviar a opressão desses punhos escuros, e também não os tornarão luminosos.

Escutai a minha palavra: com essa concepção a mulher humana foi transformada num animal materno! Despertai, moças, mulheres, homens, para reconhecer, finalmente, toda a terribilidade dessa ideia! Trata-se aí de um direito sagrado para vós! Lúcifer pôde orgulhar-se dessa conquista!

Já disse uma vez que Lúcifer procurou desferir o golpe mais pesado contra a própria humanidade na feminilidade inteira e, infelizmente... *pôde* desferi-lo mais do que bem!

Segui o pensamento que ele, com grande astúcia e malícia, jogou entre vós: lisonjeou-vos hipocritamente com a ideia de uma maternidade como missão suprema da mulher! Contudo, à maternidade pertence o *instinto* terreno, e *para este* ele quis construir um pedestal elevado com aquela ideia, para tornar--se dominador, obrigando todo o pensar dessa humanidade terrena naquela *única* direção. Um plano urdido com admirável astúcia! Brincou aí, cautelosamente, com vossos sentimentos, como um artista de primeira classe em seu instrumento, ao manter sedutoramente diante de vossos olhos a maternidade e o amor materno como escudo para seus intentos, a fim de que não pudésseis reconhecer o que espreitava por trás disso. E conseguiu-o *integralmente.*

Ouvistes o som sedutor, que ressoou em vós *de modo límpido,* contudo não vistes as mãos sujas, avidamente crispadas, que produziram a melodia! O supremo alvo e sagrado destino! Isso pairava diante de vós, vós o avistastes de modo claro e luminoso. Mas apesar da claridade é, no entanto, a mais pura irradiação do *enteal,* não do espírito! O *animal* incandesce e alcança nisso seu ponto máximo, realiza-se nisso, entregando-se por *completo,* porque ele próprio se origina do reino do enteal! Torna-se grande nisso, luminoso e claro! No ser humano, porém, existe ainda algo mais forte que deve e tem de estar *acima,* se quiser ser integralmente ser humano... o espírito!

Como tal, ele não pode nem deve permanecer no enteal, não deve estabelecer algo que pertença categoricamente ao enteal

9. A missão da feminilidade humana

como o mais alto de *seus* alvos, e que também tenha de permanecer sempre nele, segundo as leis primordiais da Criação! Assim, Lúcifer colocou com extraordinária habilidade a armadilha que forçou o espírito humano para o enteal, mantendo-o preso aí, o que conseguiu tanto mais facilmente, porque o ser humano viu nisso o belo e luminoso, que traz em si tudo o que é puro; portanto, também a mais alta irradiação do enteal.

Sim, sagrada é a maternidade, sem dúvida, e tem seu coroamento no amor materno, mas ela não é, apesar disso, a missão suprema da feminilidade *humana,* não é o destino que tem na Criação. A maternidade está enraizada no enteal, é incandescida apenas por vontade pura, embora não o seja em todos os casos no ser humano. Nos animais, porém, é sempre, com toda a certeza.

Apesar disso, ela permanece na mais elevada irradiação do enteal, que só pode ligar-se diretamente com o que é material. Mas somente quem tiver estudado minuciosamente a Mensagem do Graal e a tenha assimilado é que me compreenderá *inteiramente* nisso.

O que Lúcifer quis com isso realizou-se, pois ele conhecia muito bem as consequências do desvirtuamento das leis primordiais desejadas por Deus, que ele, assim, fez com que fosse executado pelos próprios seres humanos. Demarcou-lhes apenas um alvo errado, que correspondia bem à sua indolência espiritual e às fraquezas, e todo o seu pensar e intuir foram nisso sintonizados, com o que tinham de seguir por caminhos errados.

Ele *mudou,* portanto, somente a alavanca, com o que teve de ocorrer a catástrofe do descarrilamento. Lúcifer só havia bajulado o instinto de modo hipócrita e, com isso, elevou-o, porém, a imensurável poder e força!

Além disso, sabia perfeitamente que o crescimento do raciocínio, no ser humano, tinha de tornar-se ainda um forte apoio para esse poder do instinto, através do correspondente efeito dos pensamentos, que pode aumentar o desejo nocivo até um estado febril. E, com isso, o ser humano acabou ficando escravizado dentro de si mesmo, o que nunca pode acontecer a um animal!

O belo nome "maternidade" permaneceu sempre apenas um escudo enganador, com o qual ele pôde iludir-vos mistificadoramente. Mas sua finalidade era, como consequência absoluta, a intensificação do instinto. Este, finalmente, atingiu o estado doentio, tal como ele previu com exatidão, escravizou o sentido de todos os seres humanos de ambos os sexos, tornando--se para muitos a esfinge enigmática, como hoje o instinto doentio se apresenta, contra o qual o ser humano tantas vezes luta, revoltando-se inutilmente.

A raiz e a solução do enigma, porém, residem unicamente nessa ideia luciferiana, a qual foi lançada para vós, seres humanos, como escárnio contra as leis que a vontade de Deus introduziu na Criação para vossa bênção e beneficiamento. E vós, vós a pegastes, enganchastes-vos nela como o peixe faminto ao anzol, só porque vós próprios tivestes prazer nisso! No sexo masculino isso se efetivou como uma grave e incurável epidemia!

Assimilai *realmente* em vós o conceito da pura e elevada feminilidade, então estareis livres dessas pesadas correntes que vos causaram indizíveis sofrimentos e muitos tormentos de alma. Com essa ideia luciferiana, toda a feminilidade terrena foi roubada do mais nobre, tornando-se joguete e caça de criaturas masculinas vis e, até para o homem sério, apenas um querido animal maternal. Essa convicção errada ficou pairando então no ar, como se costuma dizer popularmente; na realidade ela se tornou viva e foi plasmada no mundo de matéria fina, flutuou continuamente em torno de vós, influenciando-vos ininterruptamente, até que vós próprios nada mais pudestes fazer, senão aceitá-la.

Eu corto esse laço mau, pois é errado!

A mulher se encontrará *espiritualmente* no lugar *mais alto* quando se tiver tornado verdadeiramente consciente de sua feminilidade! E sua missão não é consagrada em primeiro lugar à maternidade! Conforme eu já disse, a maternidade existe apenas para o vosso corpo terreno, e isso é tudo! E, no entanto, a feminilidade se encontra em todos os planos, mesmo no *espiritual primordial,* entre os primordialmente criados, no lugar *mais alto!* Mas é a *legítima* feminilidade, em sua dignidade elevada e intangível!

Aparentemente eu tiro muito de vós, quando afirmo que a maternidade pertence apenas ao reino do *enteal!* É um corte

9. A missão da feminilidade humana 59

profundo que sou obrigado a proceder agora, se devo ajudar-vos. A maternidade *permanece* no campo do enteal e ali se desenrola. Se fosse a mais alta finalidade das mulheres, então elas estariam muito mal.

Observai, pois, o animal; na realidade, completamente instintivo, ele é muitas vezes mais forte no amor materno do que jamais o consegue o ser humano, pois é *completo* em tudo o que faz, porque só faz aquilo a que é impulsionado por seu instinto, sem refletir a respeito. Assim, também morre pelos seus filhotes sem temer inimigo algum. A mesma base para o amor materno também está condicionada no ser humano, de acordo com a lei da natureza, se não o oprimir mediante seu pensar intelectivo. Ele se mantém, porém, ligado ao corpo, e este, com todas as suas irradiações, é enteal, nada mais.

Bem que uma ou outra pessoa também já pressentiu nisso o certo. Não é em vão que já se diz hoje que somente é verdadeira mãe *aquela* que em tempo certo pode tornar-se também amiga de seus filhos.

Quanta sabedoria há nisso! Quando uma mãe pode tornar-se amiga da filha adolescente! Quer dizer, tão logo esta deixe a infância aquela tem de alterar ou largar sua condição de mãe de até então, se quiser seguir junto de sua filha, na qual o espírito desabrocha na maturidade, conforme já esclareci nitidamente em minha dissertação sobre a força sexual.

Até aí predomina exclusivamente o enteal na criança, o qual foi cumprido integralmente pelo amor materno original. O espírito que desabrocha, contudo, exige aí *algo mais* do que apenas a maternidade de até então. Com ela não tem também muito a ver, porque uma hereditariedade espiritual jamais pode ocorrer, pelo contrário, cada espírito, no corpo infantil, é estranho também para a mãe e ele pode sentir uma ligação unicamente através de espécies iguais.

O *mais*, que então o espírito exija, só pode ser dado a uma moça por *aquela* mãe que ao mesmo tempo se torna sua amiga! Que, portanto, com ela se ligar *espiritualmente*. É uma ocorrência que no nascimento e na infância ainda não era possível, mas que só se desenvolve com o desabrochar do espírito na maturidade, não tendo conexão com a maternidade *e* com o amor materno. Só *então* ocorre, em tais casos, a ligação espiritual, que é mais elevada do que o amor materno, que apenas tem raízes no enteal. Se tal ligação espiritual não puder realizar-se, então será certa uma separação depois da maturidade, como se dá com os animais. Nos seres humanos, contudo, ela é *interior* e raramente visível, porque *exteriormente* as contingências e a cultura mantêm uma ponte ilusória, o que não ocorre com os animais.

A missão suprema na existência da feminilidade na Terra é a mesma que desde sempre existiu nas regiões mais elevadas: enobrecimento de seu ambiente e constante suprimento da Luz, que só a feminilidade, na delicadeza de sua intuição, pode transmitir! O enobrecimento, porém, acarreta incondicional ascensão rumo às alturas luminosas! Isso é lei do espírito! Por isso, a existência da *legítima* feminilidade, por si só, condiciona também, de modo inamovível, a ascensão, o enobrecimento e a conservação da pureza de toda a Criação.

Lúcifer sabia disso, porque está nas leis da Criação, e procurou impedir o processo natural, em seu desenvolvimento, pela ideia básica, prejudicial e errada, que apresentava sedutoramente o instinto do corpo terreno e seus efeitos como o mais elevado. Com isso gotejou veneno em toda *verdadeira* condição humana, que em decorrência disso torceu, sem pressentir, o movimento ascendente dos caminhos retos dessas leis primordiais da Criação, para prejuízo próprio, de maneira que eles tiveram de causar paralisação, conduzindo depois para baixo; portanto, trazendo danos a todos os espíritos humanos, ao invés de bênçãos!

Ele sabia o que fazia com isso. Submergindo no enteal, e assim se perdendo, a feminilidade humana não pôde desenvolver--se, teve de ficar confusa quanto a si e a sua finalidade principal, trazendo com isso perturbação até mesmo a esse enteal, porque ela não pertence a ele.

O enobrecimento do seu ambiente é, portanto, a missão principal de uma mulher também aqui na Terra, na matéria. Tendo vindo de cima e mantendo-se em cima, mediante sua delicada intuição, e assim, por sua vez, conduzindo para cima, ela é a *ancoragem do homem com a Luz,* o apoio de que ele

9. A missão da feminilidade humana 61

precisa para a sua atuação na Criação. Para isso, porém, não é necessário nenhum matrimônio nem mesmo conhecimento ou encontro pessoal. A *existência* da mulher na Terra, por si só, já traz a realização.

O homem encontra-se na Criação com a frente voltada para fora, a fim de lutar; a mulher, no entanto, protegendo-lhe as costas, mantém a ligação com a Luz e forma assim o núcleo, o suprimento de energia e fortalecimento. Onde, porém, a podridão possa imiscuir-se no núcleo, também a frente está perdida! Mantende isso sempre diante dos olhos. Nada mais adiantará, então, se a mulher procurar colocar-se na frente, ao lado do homem, posição a que não pertence. Em tal luta somente se enrijece sua delicada intuição, esgotando-se com isso a mais alta capacidade e a força que outrora lhe foram outorgadas, e tudo *tem* de acabar em escombros!

É conhecido de todos, contudo, que os homens, mesmo nas regiões mais retiradas desta Terra, aprumam-se imediatamente, procurando até se comportar de modo mais decente, tão logo se aproxime apenas uma criatura feminina, com a qual não precisam trocar sequer uma palavra.

Só a existência e o aparecimento de uma mulher já produzem esse efeito! Nisso se evidenciam nitidamente, mesmo que somente ainda atrofiados, o mistério feminino e o poder, o apoio, que dela promanam segundo as leis da Criação, e os quais nada têm a ver diretamente com a procriação na Terra. A procriação é em grande parte de espécie enteal.

Vós, moças, e vós, senhoras, lembrai-*vos* antes de tudo de que sois as portadoras das mais altas missões nesta Criação, que Deus *vos* confiou! Nem o matrimônio, nem a maternidade são a vossa *mais alta* finalidade, por mais sagrados que também sejam! Sereis autônomas e firmes, tão logo estiverdes *certas* no íntimo.

Quão ridícula e repulsiva vos parecerá a loucura da moda, à qual sempre vos subjugastes voluntariamente e até de modo incondicional. O que foi lançado no mercado pelos fabricantes da moda, de maneira insensata, para fins lucrativos, aceitastes como bichos aos quais são atiradas gulodices!

9. A missão da feminilidade humana

Reconhecereis ainda a vergonha, que havia nisso, só na aceitação das aberrações, às vezes bastante duvidosas, dos conceitos de beleza autêntica. De pureza, nem se pode falar aí absolutamente. Nisso ela sempre foi conspurcada de uma maneira que não podia mais ser superada em descaramento. Depois de anos ainda subirá em vossas faces o rubor da vergonha, quando aprenderdes a reconhecer quão profundamente tínheis afundado nisso!

Pior ainda é, sim, a exibição consciente e intencional do corpo, que a cada um deve ser sagrado, o que já esteve tantas vezes em moda. Somente a vaidade mais baixa poderia permitir uma queda da feminilidade a tal profundeza. E essa vaidade, que já desde muito faz parte notoriamente da mulher, é a imagem vergonhosa daquilo que deveria ser a atuação *verdadeira* da feminilidade, segundo as leis divinas.

Aí, porém, o homem é igualmente culpado quanto a mulher! Precisaria, sim, apenas desprezar tais coisas e a feminilidade logo ficaria de lado, envergonhada e isolada, mesmo que houvesse antes passado por ela uma raiva injusta. Ele, no entanto, regozijou-se assim com a queda da mulher, pois com isso ela correspondia melhor às fraquezas e desejos que ele já trazia em si, aumentados de modo doentio por causa da ideia luciferiana.

A feminilidade não pode cumprir sua missão na Terra com a vaidade, que sempre condiciona a falta de pudor, *mas com a graça,* que *só a ela* é outorgada, como a mais bela dádiva do espírito! *Cada expressão do rosto, cada movimento, cada palavra deve trazer, na feminilidade, o cunho de sua nobreza de alma!* Nisso reside sua missão e também seu poder e sua grandeza!

Instruí-vos *nisso,* deixai-vos aconselhar a tal respeito, deixai que se torne *legítimo* o que agora procurais substituir pela baixa vaidade! A *graça* é o vosso poder terreno, deveis cultivá-la e utilizá-la. Mas não se pode imaginar graça sem pureza! Já o nome por si só, no seu conceito, dirige os pensamentos e o sentido rumo à pureza e às alturas, atuando de modo dominador, intangível e sublime! A *graça* faz a mulher! Só ela traz em si a verdadeira beleza para *cada* idade, para cada forma corpórea, pois *torna* tudo belo, visto ser a manifestação de um *espírito* puro, no qual se encontra sua origem! A graça não deve ser confundida, por isso, com a flexibilidade que se origina do enteal. *Assim* deveis e *tendes* de encontrar-vos na Criação! Tornai-vos, por isso, espiritualmente livres em vós, senhoras e moças! A mulher que *apenas* quer viver como mãe em sua existência terrena malogrou em sua verdadeira finalidade e em sua missão!

ONIPRESENÇA

Deus é onipresente! Isso já é ensinado às crianças nas escolas! É tão familiar e tão evidente aos seres humanos que ainda acreditam em Deus, que nem julgam necessário refletir direito a respeito, se realmente sabem o que com isso dizem. Quando, porém, se exige um esclarecimento de como imaginam isso, logo termina a sabedoria e eles próprios reconhecem que na palavra "onipresente", contudo, ainda não se encontra o saber do significado.

Os seres humanos têm, sim, a palavra, mas não a compreensão. E isso, afinal, é o principal em todas as coisas. E também não adianta nada o saber, onde falta a compreensão! O significado da denominação "onipresente" o ser humano conhece. Mas conhecer o significado não é ainda compreender nem entender o sentido.

Assim, indico minha dissertação: "A vida". Deus é a vida! Unicamente Ele! Tudo o mais é apenas consequência da movimentação, que só se origina pela pressão da irradiação da vida.

O ser humano, que na mais íntima oração implorar por algo, devido à sua sintonização, alcança ligação com o lugar de onde pode advir-lhe auxílio. Isso eu já disse em meus esclarecimentos sobre o efeito da oração. Com oração, porém, não se deve imaginar o pedir, mas sim adoração, adoração e veneração! Cada aprofundamento do espírito humano nesse sentido não é outra coisa senão um procurar por ligação! Procurar ligação com a Luz, com a pureza e com a vida! Os desejos e os *anseios* do espírito humano expandem-se com isso. Ele tateia espiritualmente à procura das alturas luminosas! E se procura aí realmente *de modo sério*, então encontra, como já foi prometido por Cristo.

10. Onipresença

Ele encontra a *ligação* com a vida! Mas somente ligação, não a própria vida! Encontrais, portanto, na oração ou no procurar sincero um *caminho de ligação* para Deus, e esse fato O faz parecer *tão* onipresente a vós, como até agora pensastes. Contudo, Deus *nunca* pode ser visto por uma criatura!

A onipresença tem sido compreendida erradamente. Talvez seja melhor designar a onipresença com a expressão: *sempre presente!* Encontrável a qualquer tempo, quando procurado.

A aparência do efeito exterior do fenômeno apenas iludiu os seres humanos. Partiram aí de uma tese errada de seu raciocínio de que Deus, de modo inteiramente pessoal, se interessa por eles, cortejando-os e envolvendo-os também protetoramente, sem pensar que *eles próprios tenham de fazer tudo* para conseguir a ligação indispensável, o que inconscientemente, de acordo com as leis da Criação, sempre preencheram na verdadeira oração!

Não quiseram acreditar de bom grado que só as leis de Deus na Criação os envolvem e que, atuando automaticamente, desencadeiam cada recompensa e cada castigo.

Estar onipresente nada mais quer dizer realmente do que poder ser alcançado de qualquer lugar da Criação.

Mas também isso, por sua vez, deve ser tomado com restrições, pois é literalmente certo quando se diz: *"Diante de Deus tudo se desfaz!"* Aí está um gigantesco abismo! Nenhum ser consegue colocar-se diretamente diante de Deus, portanto alcançá--Lo, a não ser que ele mesmo se origine imediatamente de Deus! Isso só é possível a dois, ao Filho de Deus e ao Filho do Homem. Tudo o mais iria e teria de desfazer-se diante Dele. Portanto, jamais poderia estar diante Dele conscientemente.

Ao espírito humano só é possível o encontro do caminho de ligação para Deus.

CRISTO FALOU...!

ENFATICAMENTE se ouve hoje, milhares de vezes, essa expressão. *Cristo falou!* Com essa introdução deve ser tornada sem efeito, de início, qualquer contestação. Contudo, quem assim fala quer com isso afastar de si também a própria responsabilidade. No entanto, em vez disso, assume dessa forma uma colossal responsabilidade... perante Deus!

Contudo, não pensa sobre isso, até que role sobre ele com um ímpeto que terá de emudecê-lo para sempre! A hora se aproxima, já estão rolando as pedras da retribuição! A maior de todas, contudo, originou-se, para muitos espíritos humanos, nas palavras introdutórias: *Cristo falou!* — —

A essas palavras segue-se então alguma sentença das "Sagradas Escrituras", que deve servir para consoladora tranquilização, para estímulo, também para advertência e até para ameaça ou defesa e para a luta. É aplicada como bálsamo e como espada, como escudo e também como suave almofada de descanso!

Tudo isso seria belo e grande, seria até mesmo o *certo,* se as palavras citadas ainda vivessem no *mesmo sentido* com que Cristo as pronunciou *realmente!*

Mas não *é* assim! Os *seres humanos* formaram muitas dessas palavras por si mesmos, na mais deficiente recordação, e aí não puderam reproduzir o mesmo sentido das palavras de Cristo.

Precisais, sim, apenas ver como é hoje. Quem desejar esclarecer com palavras próprias ou escritos, apenas de memória, algo da Mensagem do Graal, que, aliás, está impressa e que por mim foi escrita, este já *hoje* não o transmite assim como corresponde ao verdadeiro sentido. Passando por uma segunda boca, por uma

11. Cristo falou...!

segunda pena, surgem sempre alterações; com novas palavras o verdadeiro sentido é torcido, às vezes até deformado, na melhor boa vontade de intervir a favor dela. Nunca é *aquela* palavra que *eu* falei.

E tanto pior outrora, uma vez que do próprio Filho de Deus não existem, pois, escritos de sua palavra e tudo pôde ser transmitido a essa posteridade *apenas* através de segundas e terceiras pessoas. Somente muito depois da época em que Cristo havia deixado a matéria grosseira! Tudo surgiu somente da falha memória humana; os escritos, as narrativas e todas as palavras, às quais se acostumou agora a antepor sempre com certeza: *Cristo falou!*

Já naquela época, a obra de Lúcifer, elevando o raciocínio humano a ídolo, tinha feito os preparativos, em seu nefasto desenvolvimento, para que as palavras de Cristo não pudessem encontrar *aquele* solo, que torna possível uma compreensão acertada. Foi um artifício sem par das trevas. Pois a compreensão certa de todas as palavras que não falam da matéria grosseira só é possível pela colaboração, *não enfraquecida,* de um cérebro de intuição, mas que já no tempo de Cristo se encontrava bastante negligenciado em todos os seres humanos e, com isso, atrofiado, não podendo cumprir toda a sua função.

Com isso, Lúcifer também tinha a humanidade terrena em seu poder! E essa era a sua arma contra a Luz! —

Conservar recordações *de modo inalterado* só consegue o cérebro humano da intuição, isto é, o cérebro posterior, não, porém, o raciocínio do cérebro anterior!

Aí o pecado hereditário da humanidade se vingou de modo profundamente incisivo nela própria, que levianamente deixou atrofiar tanto o cérebro posterior, o único capaz de gravar todos os acontecimentos e vivências como luis, em imagens e intuições, *de tal forma* que em qualquer tempo também ressurjam com exatidão, como *realmente* foram, de modo inalterado, até *sem enfraquecimento.*

O cérebro anterior não consegue isso, por estar mais ligado ao conceito de espaço e tempo de matéria grosseira, e não haver sido criado para a *recepção,* mas sim para a *emissão no terrenal.*

Dessa maneira, também surgiu, então, a retransmissão das descrições daquilo que foi vivenciado e ouvido durante o tempo terreno de Cristo, misturado exclusivamente com as concepções terreno-humanas, provenientes da memória, moldado terrenamente de maneira completamente inconsciente, não, porém, com aquela pureza que um vigoroso cérebro de intuição teria mantido e avistado. As garras dos asseclas de Lúcifer já haviam aberto seus sulcos bem profundamente, mantendo presos firmemente seus escravos do raciocínio, de modo que estes não mais puderam compreender ou segurar direito o maior tesouro, a Mensagem de Deus, sua única possibilidade de salvação, tendo de deixá-la passar sem proveito.

Aprofundai-vos no pensar; não custa muito esforço orientar-se nisso. Muitas pessoas se aproximavam de Cristo, fazendo-lhe perguntas, pedindo-lhe este ou aquele conselho, que ele de bom grado sempre lhes dava, em seu grande amor, que nunca falhava, pois ele era o amor vivo e *ainda* o *é* hoje.

Ele deu, portanto, orientação aos que perguntavam e pediam, conforme *eles* necessitavam. Tomemos um exemplo.

O daquele jovem rico, que estava ansioso por saber qual o caminho que poderia conduzi-lo ao reino do céu! O Filho de Deus aconselhou-o a repartir todos os seus bens entre os pobres e depois segui-lo.

Seguir Cristo não significa outra coisa senão viver exatamente de acordo com suas palavras.

As pessoas presentes tomaram imediatamente conhecimento desse episódio, assim como de tantos outros, para retransmiti-lo segundo a maneira como cada um por si, de modo humano, havia entendido. E isso correspondia apenas raramente ou nunca ao verdadeiro sentido das palavras originais de Cristo. Pois poucas palavras sob forma diferente já conseguem alterar todo o sentido.

Os primeiros divulgadores contentavam-se, no entanto, em fazer *narrativas,* simples relatos. Mais tarde, porém, esses conselhos individuais foram instituídos como leis básicas para toda a humanidade! Isso, contudo, foi feito então pela *humanidade,* não pelo próprio Cristo, o Filho de Deus!

11. Cristo falou...!

E essa humanidade também se atreveu a afirmar bem simplesmente: *Cristo falou!* Põe-*lhe* na boca aquilo que os próprios seres humanos, apenas de memória e de concepções erradas, exprimem em formas e palavras, as quais hoje devem, pois, permanecer determinantes e intocáveis para os cristãos, como sendo a *Palavra de Deus*.

Nisso há *milhares de vezes assassínio* da *verdadeira* Palavra do Filho de Deus!

Cada pessoa sabe muito bem que é incapaz, após semanas ou meses, de relatar *fielmente* aquilo que vivenciou anteriormente e o que ouviu! *Nunca* consegue repeti-lo textualmente com absoluta exatidão. E quando são duas, três, quatro ou dez pessoas, que ouviram ou enxergaram simultaneamente a mesma coisa, então se receberão outras tantas diversidades nas descrições. Desse fato ninguém mais tem dúvida hoje em dia.

Aí, finalmente se evidencia, portanto, que com esse reconhecimento havereis de tirar conclusões retrospectivas! Conclusões que são categóricas, intocáveis.

Pois também não foi diferente na época terrena do Filho de Deus! Vedes isso bem nitidamente nos evangelistas! Seus relatos trazem visivelmente esse cunho inúmeras vezes. Quando Pedro, por exemplo, como primeiro dos discípulos, expressou seu reconhecimento perante o Filho de Deus: "Tu és Cristo, o Filho de Deus vivo!"

Essas significativas palavras e também a resposta de Cristo, os evangelistas as retransmitem, mas não de maneira absolutamente uniforme. Mateus menciona que o Filho de Deus, a seguir, outorgou simbolicamente a Pedro uma chave para o reino do céu, e que o tornou num rochedo para uma comunidade em formação, ao passo que os outros evangelistas consideram a resposta de Cristo mais genérica, o que é mais certo.

Pedro foi apenas o *primeiro* a expressar textualmente essa convicção. E acontecimentos de tal ordem não permanecem como meras palavras, pelo contrário, transformam-se logo em atos na Criação! Tomam *forma* imediatamente na matéria fina! A convicção sincera, que Pedro, com isso, ancorou na matéria mediante suas palavras, e a sua confissão tornaram-se no mesmo instante um rochedo de matéria fina, o qual permaneceu como pedra fundamental para a construção de uma comunidade posterior, para todos aqueles que com *idêntica,* sincera e singela convicção pudessem tornar-se capazes de crer no Filho de Deus!

E *com isso* Pedro tinha também nas mãos a chave para o Paraíso. Pois essa convicção de que Jesus é o Filho de Deus traz consigo, evidentemente, o anseio de *viver* segundo a sua Palavra! *Isso,* porém, é para *cada* ser humano, simultaneamente, a *chave* para o reino do céu! Essa confissão *é* a chave, pressuposto que um que assim se confesse assimile em si a Palavra de Deus *sem desfiguração,* a compreenda direito e viva segundo ela. Cristo conhecia esse processo consentâneo com as leis da Criação, que se realizou na matéria fina com as palavras convictas de Pedro, e relatou-o explicativamente para os discípulos. A *conformidade da lei* dos acontecimentos de *matéria fina* é também conhecida pelos leitores da minha Mensagem do Graal.

Pedro, portanto, somente por ter sido o primeiro a intuir e proferir sua confissão, foi também o primeiro a receber a chave do Paraíso. E a quem ele mais tarde pôde transmitir essa mesma convicção na Terra, a esse ele também abriu sempre com isso o reino do céu. Mas para os que não queriam compartilhar de sua convicção, a esses tinha de ficar fechado. Tudo isso é um fenômeno inteiramente natural e automático, claro e simples, e não está ligado a Pedro nem depende dele.

Cristo queria e *podia* estabelecer como fundamento para uma comunidade somente *tal convicção,* não, porém, uma pessoa! Pedro foi apenas quem primeiro expressou isso realmente convicto. Essa *convicção* formou, estruturou e *tornou-se* o rochedo, não, porém, Pedro como pessoa!

Mateus, porém, dá ao sentido da resposta de Cristo, segundo sua própria concepção, algo puramente pessoal, como referente apenas a Pedro.

É exatamente Mateus quem apresenta muita coisa mal compreendida, que então retransmite descuidadamente de acordo com a sua maneira. Como já no início de seus escritos:

Mateus 1,21 (Anunciação do anjo a José):

11. Cristo falou...!

"E ela dará à luz um filho, e o chamarás pelo nome de Jesus; porque ele salvará o seu povo dos seus pecados."

E Mateus prossegue nos versículos 22 e 23:

"Ora tudo isto aconteceu para que se cumprisse o que fora dito pelo Senhor por meio dos profetas", que diz: "Eis que uma virgem conceberá e dará à luz um filho; e o chamarão pelo nome de Imanuel, que quer dizer: Deus conosco!"

Mateus quer aqui esclarecer, ligando estreitamente a profecia de Isaías com o nascimento do Filho de Deus, de uma forma que mostra categoricamente que ele, em seus escritos, só deixa falar a sua própria opinião, não permanecendo, portanto, objetivo.

Isso deveria ter servido a todos *como advertência* de que esses escritos não poderiam ser considerados como a Palavra de Deus, mas apenas como a concepção pessoal do autor!

Mateus não vê sequer, por exemplo, a diferença entre a anunciação através de Isaías, que ele próprio cita, e a do anjo, mas sim mistura ambas com ingenuidade pueril, porque *ele* assim "imagina", totalmente despreocupado se está certo. Ele nem sequer nota que os *nomes* aí citados são diferentes.

Eles, porém, não foram designados, bem definidamente, sem finalidade!

Isaías anuncia *"Imanuel"*. O anjo, porém, "Jesus"! Portanto, não é Imanuel a quem Maria deu à luz e, por isso, também não aquele a respeito de quem Isaías anuncia!

Isaías anunciava "Imanuel", o Filho do Homem; o anjo, porém, "Jesus", o Filho de Deus! Trata-se, nitidamente, de duas anunciações distintas, exigindo duas realizações diferentes, as quais, por sua vez, têm de ser efetuadas por duas pessoas distintas. Uma mistura desses dois acontecimentos é impossível, podendo ser mantida somente *intencionalmente* pela vontade humana, desviando-se de todos os fundamentos básicos.

Mateus não teve aí nenhum mau intento, foi pura e simplesmente a narração de sua simples concepção, da maneira mais descuidada. Que ele as misturasse, pôde acontecer-lhe facilmente, uma vez que outrora mais do que hoje se esperava pela realização das profecias de velhos profetas e vivia-se nisso ansiosamente. Ele não pressentia que desgraça e equívocos ainda maiores surgiriam disso.

Sobre a realização da anunciação de "Imanuel", nada mais preciso dizer aqui, visto já ter falado várias vezes sobre isso na Mensagem do Graal, detalhadamente. — O equívoco existia, portanto, no tempo terreno de Jesus, exatamente como agora! Ele próprio, pois, queixava-se tantas vezes de que seus discípulos não o compreendiam. Não podiam compreender! Pensais que isso ficou diferente, quando ele não mais estava entre eles?

"O espírito veio mais tarde sobre eles", afirmam a tal respeito muitas pessoas que pouco ou nada pensam! Mas o espírito não transformou, concomitantemente, as falhas do cérebro. Mas pensar assim, os fracos consideram pecado, ao passo que isso é somente uma desculpa para sua indolência espiritual, que assim julgam poder atenuar.

Em breve, porém, despertareis da mornidão de tais pensamentos! "Quando, porém, o Filho do Homem vier..." declarou Cristo advertindo, ameaçando. Pensai nisso, quando chegar a hora da anunciação, na qual o próprio Senhor revelar que *enviou* à Terra o Filho do Homem! Pensai nisso, que Cristo, dessa forma, ameaçou toda a humanidade espiritualmente indolente! — —

Quando ele disse outrora ao jovem rico que devia dar de presente todos os seus bens e haveres, isso foi necessário apenas para *aquele,* pois ele perguntara: "Que devo *eu* fazer...?" E Cristo deu a resposta para *ele;* não se destinava, nesse sentido, para a humanidade toda!

O conselho *só* podia ser útil ao jovem rico, *pessoalmente.* E ele era fraco demais dentro de si para erguer-se interiormente no conforto de sua riqueza. Por isso, a riqueza era para ele um impedimento para a ascensão de seu espírito! O melhor conselho que, por isso, podia advir-lhe de Cristo era naturalmente aquele que eliminava todos os estorvos. Naquele caso, pois, a riqueza, que induzia o jovem ao comodismo.

Contudo, somente por isso! Não porque uma pessoa não deva ter riquezas!

11. Cristo falou...!

A pessoa que não acumula inutilmente suas riquezas, para com elas granjear prazeres para si própria, mas as utiliza *de modo acertado* e as aplica no sentido certo, *transformando-as* em bênçãos de muitos, é muito mais valiosa e mais elevada do que aquela que dá de presente todas elas! É muito maior e beneficia a Criação!

Tal homem consegue, mediante sua riqueza, dar trabalho a milhares durante toda a existência terrena e lhes proporciona assim a consciência do sustento pelo próprio ganho, o que atua fortalecendo e beneficiando sobre o espírito e sobre o corpo! Só que aí deve permanecer, como algo evidente, uma disposição certa entre trabalho e repouso, bem como deve ser dada a recompensa correta a cada trabalho prestado, devendo prevalecer aí um equilíbrio severamente justo!

Isso mantém *movimento* na Criação, que é indispensável ao saneamento e à harmonia. Um presentear unilateral, porém, sem exigir retribuição, só traz, de acordo com as leis da Criação, paralisação e distúrbios, conforme se evidencia em *tudo,* inclusive no corpo terreno, no qual, devido à falta de movimentação, se originam o engrossamento e a estagnação do sangue, porque somente o *movimento* faz o sangue correr mais livremente e mais puro através das veias.

Essa lei do movimento indispensável o ser humano encontra *por toda parte,* em milhares de formas, porém sempre se assemelhando em sua essência. Está presente em cada caso isolado e, não obstante, engrena-se reciprocamente em toda a Criação, por todos os planos, e mesmo o espírito necessita da prática ininterrupta dessa lei, se quiser continuar a manter-se vigoroso e ascender.

Nada, sem isso! Movimento por toda parte em equilíbrio incondicional entre o dar e o receber.

Não foi nenhuma tese básica geral, que o Filho de Deus estabeleceu naquele conselho dado ao jovem rico, mas sim destinava-se exclusivamente ao jovem, ou ainda àqueles que se *assemelhem* a ele, igualmente fracos demais para dominar a riqueza. Quem se deixar dominar pela riqueza não deve possuí-la, pois não lhe serve. Só na mão daquele que a domina, ela trará também proveitos, e ele *deve* tê-la, uma vez que com isso sabe ajudar a si próprio e a muitos outros; uma vez que com isso mantém e beneficia o movimento na Criação.

No presentear, isso nunca acontece ou apenas rarissimamente! Só a necessidade leva muitas pessoas ao despertar e ao movimento. Tão logo lhes advenha rápido demais um auxílio de parte alheia, acomodam-se confiantes naquele auxílio e sucumbem aí espiritualmente, porque elas próprias não conseguem ficar em movimento sem impulso. Sem alvo levam então sua vida, e preenchem seu tempo frequentemente apenas *com* tudo *aquilo que* há para censurar nos outros, só não vendo em si próprias, desejando, porém, para si o que os outros possuem. Cria-se uma geração deteriorada com o presentear unilateral, imprestável para uma vida sadia, alegre, e, com isso, nociva para a Criação toda!

Essa não foi a intenção do conselho ao jovem rico.

O Filho de Deus também nunca falou contra a riqueza em si, mas sempre e apenas contra pessoas ricas, que, por causa da riqueza, se deixaram enrijecer contra todos os sentimentos de comiseração pela penúria alheia, que, sacrificando assim seu espírito à riqueza, só se interessaram pela riqueza, deixando-se dominar, portanto, totalmente pela riqueza.

Que o próprio Cristo não desprezava nem condenava a riqueza, ele mostra com suas frequentes visitas a casas ricas, onde entrava e saía como visitante amigo.

Ele próprio também não era pobre, conforme tantas vezes é estranhamente suposto. Não existe nenhum fundamento para essa suposição de sua pobreza, tornada quase popular.

Cristo jamais conheceu preocupações quanto à subsistência. Nasceu em ambiente que hoje em dia é denominado de classe média, visto que exatamente apenas esse solo ainda tinha permanecido o mais sadio. Ele não tinha em si o cultivo excessivo de todas as classes ricas e da nobreza, nem a amargura das classes operárias. Escolhera-se com exatidão. José, o carpinteiro, podia ser chamado de abastado, de modo algum pobre.

Que Cristo tenha nascido outrora num estábulo de Belém foi mera consequência de uma superlotação da localidade de Belém, devido ao recenseamento, razão por que José também fora até lá.

11. Cristo falou...!

José simplesmente não encontrou mais nenhuma hospedagem, conforme também hoje pode acontecer ainda, num ou noutro lugar, facilmente, a muitas pessoas em ocasiões especiais. Com pobreza, tudo isso nada tinha a ver. Na casa de José teria havido dormitórios segundo a maneira dos cidadãos abastados. E Cristo nem precisava viver na pobreza! Esse conceito só se originou porque aquele que veio de Deus não tinha senso para tudo o que de riqueza material ia além das necessidades da vida terrena. A missão que ele veio cumprir não se destinava ao que era terreno, mas tão só ao *espiritual!*

De modo errado também se aplica hoje a referência de Cristo de que os seres humanos são "irmãos e irmãs". Quão terrenamente doentio, destinado a ideias comunistas; quão repugnantemente indulgente no que diz respeito à religião. Trabalhando diretamente ao encontro das trevas, pois segundo a concepção de hoje isso retém incondicionalmente o livre esforço ascendente, desejado por Deus, do espírito humano individual. Aí enobrecimento jamais pode dar-se. Tudo isso, novamente, são apenas deformações doentias daquilo que Cristo queria.

Quando ele disse que todos os seres humanos são irmãos e irmãs, muito longe estava de imaginar tais excrescências como agora, frequentemente, aí se manifestam. Falou esclarecedoramente para aquela época de *outrora*, quando o abuso de toda espécie de escravidão se excedia para a mais alta florescência, quando se doavam e se vendiam seres humanos, considerando-os assim sem vontade própria!

Os seres humanos, porém, são irmãs e irmãos *no espírito, na sua origem*. São *espíritos humanos*, que não devem ser encarados como mercadorias sem vontade própria, uma vez que cada espírito humano traz em si a capacidade da vontade autoconsciente.

Somente *assim* foi intencionado, jamais deveria significar *aquela* igualdade de direitos, que hoje nisso se procura. Também espírito humano nenhum chega ao Paraíso só porque lhe é permitido chamar-se espírito humano! Aí não existe igualdade de direitos em sentido geral. Exercem um papel decisivo as condições de *maturidade*. Primeiro o espírito humano tem de cumprir tudo e fazer tudo o que pode dar em sua vontade para o bem. Só nisso advém a maturidade, que lhe pode tornar acessível o Paraíso.

Desde a origem, leis férreas se encontram na Criação, as quais jamais poderão ser derrubadas ou removidas pelas denominações irmãozinho e irmãzinha! Nem aqui na Terra! Quão incisivamente o próprio Filho de Deus mandou separar o terrenal do espiritual, e portanto cumprir, encontra-se de modo claro e nítido em sua declaração: Dai a César o que é de César, e a Deus o que é de Deus! —

E assim acontece com muitas frases e relatos da Bíblia, aos quais os seres humanos, na retransmissão, colocaram *sua* concepção como base.

No entanto, todos aqueles escribas não queriam outrora estabelecer disso lei alguma para a humanidade toda, mas apenas relatar.

É-lhes igualmente perdoável, em virtude de os seres humanos terrenos daquele tempo, inclusive os discípulos de Cristo, não compreenderem muita coisa que o Filho de Deus lhes dizia, fato que frequentemente tanto o entristecia. E que mais tarde retransmitissem tudo à maneira da sua própria incompreensão, deu-se com a melhor intenção, assim como fora conservado nas memórias, que, pelos já mencionados motivos, não devem ser consideradas como intocáveis.

Imperdoável, porém, é que *mais tarde* os seres humanos simplesmente, como sendo certo, ousassem afirmar: *Cristo falou!* E, com isso, eles atribuem ao Filho de Deus as concepções humanas erradas, os produtos da falha capacidade de memória humana, sem mais nada, com segurança, apenas para assim fundar e manter uma estruturação doutrinária, com empenhos egoísticos, cujas lacunas, já desde o início, tinham de mostrar a construção toda frágil e quebradiça a qualquer vigoroso intuir, de modo que apenas na exigência de crença cega havia a possibilidade de que as inúmeras falhas na construção não pudessem ser vistas de imediato!

Mantiveram-se e mantêm-se ainda hoje *apenas* com a exigência rígida de uma crença cega e com as palavras incisivas: *Cristo falou!*

11. Cristo falou...! 77

E essa frase, essa afirmativa calculista há de tornar-se para eles um terrível juízo! Pois é tão falsa como a ousadia de dizer que a crucificação de Cristo fora desejada por Deus a fim de redimir, com aquele sacrifício, todos os pecados desses seres humanos terrenos! O que há em tudo isso, de deformar de tal modo o assassínio do Filho de Deus, com tão incrível presunção humana; que ousado sacrilégio está ligado a isso, o futuro ensinará a reconhecer, a humanidade o experimentará em si. Ai dos seres humanos que outrora assassinaram o Filho de Deus na cruz! Mas cem vezes ai de vós, que depois disso milhares de vezes o tendes crucificado em sua Palavra! E que ainda hoje o assassinais dia a dia, hora a hora, sempre de novo! Cairá sobre vós um pesado juízo! — —

LEI DA CRIAÇÃO: "MOVIMENTO"

OLHAI em redor, seres humanos, e vereis de que maneira deveis viver aqui na Terra! Não é difícil reconhecer as leis primordiais da Criação, se apenas vos esforçardes em *observar* direito tudo quanto vos rodeia.

Movimento é uma lei básica em toda esta Criação, bem como sobre a Terra. Movimento de modo *certo*. Mas exatamente *essa* lei tem sido desrespeitada e também aplicada erradamente.

Somente pelo movimento pôde formar-se tudo, e o movimento, o movimento contínuo, é por isso também a *conservação,* o *saneamento* de tudo quanto se encontra na Criação. O ser humano não pode ser considerado nisso como uma exceção, não pode ficar como único entre as criaturas, parado em meio à movimentação vivificante, ou seguir seus próprios caminhos, sem prejuízo para si.

O objetivo atual do raciocínio de tantos seres humanos terrenos é descanso e vida cômoda. Passar ainda os últimos anos terrenos na comodidade é, por muitos seres humanos terrenos, considerado como o coroamento de suas atividades. Contudo, é veneno o que com isso almejam. É o começo de seu fim, que assim criam!

Por certo ouvistes, em casos de morte, muitas vezes, pesarosamente: "Não pôde usufruir por muito tempo o seu descanso. Faz somente um ano que se aposentou!"

Tais observações são feitas com muita frequência. Quer se trate de homens de negócios, de funcionários públicos ou de militares, não importa, pois tão logo uma pessoa, como se costuma dizer, "se aposenta" iniciam-se, muito em breve, a decadência e a morte.

12. Lei da Criação: "movimento"   79

Quem abrir corretamente seus olhos para seu ambiente, muito aí reconhecerá; verá que tais acontecimentos se apresentarão a ele com *surpreendente* frequência, e acabará também procurando uma bem determinada causa nesse fenômeno, reconhecendo nisso uma lei.

O ser humano que aqui na Terra se aposenta realmente, que quer descansar de suas atividades até o seu fim terreno, devido à lei do movimento rítmico desta Criação, é expelido como fruta superamadurecida, porque todo o vibrar, o movimento em seu redor, é muito mais forte do que o movimento *nele próprio,* que tem de manter passo igual. Tal pessoa *tem* então de cansar e adoecer. Só quando seu próprio vibrar e seu estado de vigilância mantiverem passo igual ao do movimento existente na Criação, só então pode permanecer sadia, bem-disposta e alegre.

Na expressão: Parar é retroceder, reside o pressentimento da grande lei. Somente movimento é construção e conservação! Em tudo quanto se encontra na Criação. Já afirmei isso na minha dissertação "A vida"!

Quem aqui na Terra quer, literalmente, entregar-se ao descanso total, não tem mais nenhum alvo diante de si e, com isso, nenhum direito de continuar a viver nesta Criação, por ter posto, por sua vontade, "fim" a si próprio! O vibrar da Criação, porém, não *apresenta* nenhum fim, não *tem* fim! Evolução permanente através do movimento é lei na vontade de Deus e isso, por esta razão, jamais poderá ser contornado sem danos.

Certamente já notastes que as pessoas que têm de lutar continuamente por sua manutenção terrena, frequentemente são muito mais sadias, alcançando mais idade do que as pessoas que desde a infância têm passado muito bem, tendo sido protegidas e tratadas da maneira mais cuidadosa. Também já tendes observado que as pessoas que cresceram no bem-estar, fazendo tudo em favor de seus corpos, pelos meios alcançáveis, vivendo comodamente, sem agitação, tais pessoas mais depressa mostram os sinais exteriores da velhice se aproximando, do que as terrenamente não abastadas, que precisam preencher sempre os seus dias com trabalho!

Indico aqui, como exemplo, *aqueles* casos de vida laboriosa em que não haja exagero desnecessário, em que não haja a ânsia

12. Lei da Criação: "movimento"

frenética pelo acúmulo de riquezas terrenas ou outros motivos para sobressair, que nunca deixam descansar realmente aqueles que trabalham. Quem se entrega como escravo a tal mania, esse está sempre sob alta tensão, atuando assim *também* de modo desarmonioso no vibrar da Criação. As consequências são aí idênticas às daqueles que vibram lentamente demais. Portanto, também aqui o áureo caminho do meio é o certo para cada um que quiser viver *direito* nesta Criação e na Terra.

O que tu fizeres, ser humano, faze-o *integralmente!* O trabalho durante o tempo de trabalho, o descanso durante o tempo necessário ao descanso! Nada de mistura.

O maior veneno contra o cumprimento harmonioso da vossa condição humana é a unilateralidade!

Uma vida laboriosa sem finalidade espiritual, por exemplo, de nada vos adianta! O corpo terreno então, sim, vibrará nesta Criação; o espírito, porém, estará inativo! E quando o espírito não se movimenta simultaneamente no vibrar da Criação, desejado por Deus, o corpo terreno, que vibra em conjunto, não é conservado e fortalecido pelo trabalho; pelo contrário, ficará prostrado, gasto! Porque aí não recebe a força proveniente do espírito, da qual necessita através da mediação do enteal. O espírito parado impede todo o florescimento do corpo, consequentemente este terá de consumir-se em suas próprias vibrações, murchando e se decompondo, não podendo mais renovar-se por faltar a fonte para isso, o vibrar do espírito.

Assim, de nada adianta quando alguém, ao se retirar dessas ocupações terrenas, faz com regularidade os correspondentes passeios para a movimentação de seu corpo, realizando tudo o que terrenamente é possível para manter em forma seu físico. Envelhece logo e decai, se seu espírito não permanecer em idêntica vibração. E o vibrar do espírito somente se produz mediante algum alvo determinado, que movimente o *espírito*.

O alvo do espírito, porém, não deve ser procurado aqui na Terra, ao contrário, só poderá ser encontrado na direção do reino do espírito, no plano de igual espécie desta maravilhosa Criação! Por conseguinte, um alvo que se encontre acima do terrenal, que se estenda para além desta vida terrena!

12. Lei da Criação: "movimento"

O alvo tem de *viver*, tem de ser vivo! Do contrário nada tem a ver com o espírito.

Entretanto, o ser humano de hoje não sabe mais o que é espiritual. Substituiu isso pelo trabalho do raciocínio e denomina a atuação do raciocínio de espiritual! Isso então lhe dá o golpe mortal e provoca sua queda, pois agarra-se a algo que fica na Terra com o corpo, quando tiver de ir para o Além!

Um alvo espiritual é *sempre* algo que encerra *valores beneficiadores*. Por meio deles, deveis sempre reconhecê-lo! Valores eternos, nada passageiros. Portanto, o que quiserdes fazer, o que vos esforçardes em almejar, primeiro perguntai a vós mesmos sobre os valores que com isso produzireis e encontrareis! Não será difícil demais, se apenas quiserdes realmente!

Da ciência atual nove décimos estão entregues à atuação errada e a esforços inúteis na Criação! As ciências, conforme são professadas *agora*, constituem um estorvo para a ascensão daqueles que com elas se ocupam, paralisação, retrocesso, jamais, porém, progresso que conduza à ascensão. O ser humano jamais poderá, nas ciências, as que assim hoje são denominadas, desenvolver as asas, jamais poderá alcançar o que poderia realizar, pois as asas lhe estão deploravelmente aparadas, destruídas. Somente na simplicidade do pensar e do atuar reside a grandeza e desenvolve-se o poder, porque unicamente a simplicidade proporciona o anseio pelas leis primordiais da Criação!

O ser humano, porém, amarrou-se e fechou-se com a sua ciência terrena.

Que adianta o ser humano procurar preencher o tempo da vida terrena, a fim de saber quando surgiu a criatura mosca, por quanto tempo permanecerá ela ainda nesta Terra, presumivelmente, e tantas outras indagações análogas aparentemente importantes para o saber humano. Perguntai a vós mesmos, a quem ele traz realmente proveito com isso! Só à sua vaidade! A mais nenhuma pessoa no mundo. Pois esse saber nada tem a ver com a ascensão de qualquer modo. Não proporciona nenhuma vantagem ao ser humano, nenhum impulso ascensional! Ninguém lucra com isso!

Assim, tendes de examinar, pelo menos uma vez seriamente, uma coisa após a outra, a respeito do valor real que se oferece a vós. Verificareis assim que tudo aquilo que hoje aí ocorre se apresentará diante de vós como um inútil castelo de cartas, para o qual o tempo terreno, a vós presenteado para o desenvolvimento, é realmente por demais precioso, a fim de que possa ser sacrificada nisso uma hora sequer impunemente! Com isso vos entregais à vaidade e a brincadeiras, pois não contém nada capaz de elevar-vos realmente; é, em si, somente vazio e morto!

Não penseis que podeis apresentar-vos diante do trono de Deus para recitar ditos de pretensa sabedoria no Juízo. Serão exigidos de vós atos na Criação! Vós, no entanto, sois apenas metais soantes com o vosso falso saber, ao passo que vossa missão, nesta Criação, é estar vivo e beneficiar tudo. A pessoa que se alegra com cada flor do campo, que agradecida volve por isso o seu olhar para o céu, se encontra muito mais elevada perante Deus, do que uma pessoa que pode dissecá-la cientificamente, sem reconhecer aí a grandeza do seu Criador.

Nada adianta ao ser humano ser o corredor mais veloz ou um hábil boxeador, um volante audaz ou saber se o cavalo apareceu antes ou depois da mosca aqui na Terra. Tal vontade somente procura por algo ridículo, pela vaidade! Não traz nenhuma bênção, nenhum progresso à humanidade, nenhum proveito para sua existência nesta Criação, mas apenas estimula o desperdício de seu tempo terreno.

Olhai à vossa volta, seres humanos! Vede *a tal respeito* o que significam na realidade as vossas próprias ocupações e as dos vossos semelhantes, qual o valor que têm! Pouco encontrareis o que seja digno da verdadeira condição humana! Até agora tendes sido, com vossos esforços, servos inúteis na vinha do Senhor! Pois desperdiçais vosso tempo com brincadeiras totalmente inúteis; guarneceis o alto potencial que, como dádiva de Deus, reside em vós, com quinquilharias inúteis do vaidoso querer do raciocínio terreno, tudo o que tereis de deixar para trás no desenlace.

Despertai para que possais criar, aqui na Terra, um digno invólucro do *espírito* e não precisais entrar pobres como mendigos no Além, como até agora, uma vez que vos foram dados tão ricos tesouros para o percurso na Terra! Sois como reis que

12. Lei da Criação: "movimento" 83

infantilmente brincam com o cetro, imaginando que este e a coroa já sejam suficientes para também ser um rei!

O que o ser humano tem necessariamente de pesquisar, em primeiro lugar, é apenas aquilo que lhe serve para sua ascensão e, com isso, também para benefício da Criação! Em tudo que trabalha, tem de perguntar a si mesmo qual o proveito que aquilo traz para si próprio e para os seres humanos. *Um* alvo tem de ser predominante para cada ser humano, daqui em diante: reconhecer e também cumprir aquele lugar que tem de ocupar na Criação como ser humano!

Eu vos direi como as coisas se passam nas outras partes da Criação e como também aqui na Terra devem tornar-se agora, segundo a vontade de Deus!

Quando aqui na Terra uma pessoa realiza um grande feito, então, se com isso não for despertada somente inveja, ela é homenageada. A glória fica-lhe até o seu fim, sim, muitas vezes ainda depois disso, por decênios, séculos e milênios.

Contudo, isso se dá *somente na Terra*. Um fruto da errada concepção humana. Tornou-se hábito nesta massa pesada de matéria grosseira. Não nos mundos mais elevados, mais luminosos. Lá, o movimento circular não é tão pesado como aqui na Terra. Os efeitos recíprocos se desencadeiam mais rapidamente, conforme a crescente leveza. Lá, as ações também são avaliadas segundo pontos de vista naturais completamente diferentes, ao passo que as concepções humanas deixam transparecer muitos atos como grandiosos, sem o serem, e a muitos, que encerram verdadeira grandeza, nem dão valor.

Quanto mais elevado, mais luminoso, mais leve o ambiente, tanto mais nítida e rápida a recompensa, as consequências. Um espírito humano de boa vontade ascende a cada vez mais depressa, e uma ação realmente grande muitas vezes o lança para o alto já no mesmo instante. Porém, ele não pode viver, então, de recordações como aqui nesta Terra, mas sim tem de continuar conquistando a altitude sempre de novo, se quiser permanecer lá, tem de se esforçar por subir mais ainda, constantemente! Parando com isso, uma vez que seja, rapidamente superamadurecerá no respectivo ambiente, nele se deteriorará, se quisermos usar para isso uma imagem de matéria grosseira.

No fundo, o ser humano nada mais é, pois, do que um fruto da Criação! Nunca é a própria Criação, e muito menos o Criador. Cada maçã possui em si a capacidade de enriquecer esta Criação com novas macieiras, flores e frutos, mas nem por isso é o Criador. É o funcionamento automático das leis primordiais da Criação que lhe outorgam a capacidade, obrigando-a a atuar assim e a cumprir sua tarefa nesta Criação. *Uma* missão ela cumpre sempre, incondicionalmente!

O ser humano ou os animais podem fazer o que quiserem com essa maçã. Ou ela serve para a reprodução ou para a manutenção de outros corpos. Sem incumbência, nada existe nesta Criação. Mesmo em cada decomposição há movimento, utilidade e benefício.

Portanto, tão logo uma pessoa tenha subido, tem de *manter--se* em sua altitude! Não pode nem deve descansar, pensando que já tenha feito o suficiente por algum tempo, mas sim tem de continuar a movimentar-se como o pássaro nos ares, o qual é obrigado, igualmente, a movimentar as asas, se quiser manter-se no alto. Em tudo reside sempre e apenas a mesma lei simples! No mais fino espiritual, bem como no mais grosseiro terrenal. Sem alterações e sem desvios. Efetiva-se e tem de ser cumprida. Mais depressa nos planos luminosos e leves, e apenas correspondentemente de modo mais lento na inerte matéria grosseira, mas de qualquer forma com *absoluta certeza!*

Existe tal simplicidade na efetivação das leis da Criação e nas próprias leis, que não é preciso curso universitário para reconhecê-las com acerto. Cada pessoa possui capacidade para isso, se apenas quiser! Cada observação é facílima, acessível até a uma criança, torna-se difícil apenas pela arrogância de saber desta humanidade, que gosta de empregar grandes palavras para o que é mais simples, e assim, com ares de importância na Criação, pateia pesadamente em volta como em uma límpida água, turvando a original clareza sadia.

Com toda a sua falsa sabedoria, o ser humano, como única das criaturas, falha no cumprimento de seu lugar na Criação, por não vibrar conjuntamente e não atuar corretamente.

12. Lei da Criação: "movimento"

A vontade de Deus, porém, é que o ser humano finalmente *chegue* à consciência e cumpra integralmente sua missão nesta Criação! Se não o fizer, chegará agora à supermaturação e decomposição, como fruto podre da Criação. A Luz divina, que Deus agora irradia para a Criação, age sobre ela como sobre as plantas de uma estufa que, sob o aumentado calor, têm de produzir flores e frutos de maneira acelerada.

Aí se evidencia aquilo que se move direito nas leis da Criação ou que nelas agiu errado. Os frutos serão de acordo. A pessoa que se dedicou a afazeres que não tinham finalidade para sua necessária ascensão desperdiçou seu tempo e suas forças. Ela se desviou do vibrar da Criação e não pode mais prosseguir com ele, nem se recuperar na indispensável harmonia, uma vez que ela própria a perturba.

Aprendei, por conseguinte, através da observação, a valorizar a simplicidade das leis divinas em toda a sua grandeza e a utilizá-las para vós, do contrário terão agora de destruir-vos, por estardes como obstáculos no caminho de sua atuação. Sereis arrastados como estorvo prejudicial!

Movimento é o principal mandamento para tudo o que existe nesta Criação, pois ela se originou do movimento, é mantida e renovada por ele!

Como se dá no Além, sobretudo nas regiões mais luminosas, assim tem de ser agora também aqui na Terra, provocado pelo poder da Luz! O ser humano que vibra com as leis primordiais da Criação sobreviverá, mas aquele que malbarata seu tempo com cismar errado do raciocínio será agora destruído pelo impulso mais forte do movimento, produzido pela Luz!

Por isso, deveis finalmente aprender a conhecer todas as leis e guiar-vos por elas.

Quem não associar, à sua atuação terrena, um alvo elevado, luminoso, não poderá subsistir no futuro. Terá de se decompor segundo as leis de Deus, intensificadas pela Luz, que estão na Criação; será também espiritualmente reduzido a pó, como fruto imprestável que não cumpre sua finalidade nesta Criação.

Esse fenômeno é totalmente objetivo e simples, mas de indizível horror em seus efeitos para a humanidade, como ela hoje ainda se apresenta! Nada vos será dispensado. O querer ou o não querer na decisão ainda vos deverá ser mantido, porque está inserido na espécie de tudo quanto é espiritual, porém rápida sequência até o resgate final ocorrerá para vós então imediatamente, de modo *tão* rápido, como não acreditais que na Terra, na lentidão desta matéria, possa ocorrer!

Também terrenamente a humanidade será agora obrigada a guiar-se de modo absoluto, segundo todas as leis primordiais da Criação!

Se uma pessoa pôde atingir determinada altitude aqui, isto não basta para o futuro. Ao contrário, é obrigada a manter-se nela mediante contínuos esforços, pois de outro modo novamente decairá logo. Cada pessoa tem de deixar novamente o lugar onde não pôde manter-se, porque ela somente pode valer *aquilo* que realmente é e não o que *foi!* O "foi" desaparece a cada modificação e não é mais. Unicamente o *"é"* tem valor e validade no reino de Mil Anos.

Por isso, ser humano, permanece no futuro, com tua verdadeira maneira de ser, sempre de tal forma, como queres ser considerado. Cairás ou subirás a cada alteração que apareça.

Sem movimentação permanente não existe mais nenhum apoio para ti na Criação. Não podes banhar-te no brilho de teus antepassados. O filho, jamais na glória de seu pai. A mulher não participa dos feitos de seu marido. Cada um está nisso exclusivamente por si. Unicamente o presente vale para ti, pois o presente, que realmente *"é"*, vale também para um espírito humano! Assim é em toda a Criação, assim deverá ser também no futuro entre estes, até agora nisso pesados, seres humanos terrenos.

O CORPO TERRENO

O SER humano usa o seu invólucro terreno, de que necessita para o amadurecimento de seu espírito na matéria grosseira, com irresponsável negligência e falta de compreensão. Enquanto não sente dores, negligencia o presente que recebeu com isso e nem pensa em dar ao corpo o que este necessita; antes de tudo, o que lhe é útil. Só presta atenção ao seu corpo sempre depois que o prejudicou, sentindo, por isso, dores; ou então quando por ele for impedido de alguma forma em seus trabalhos diários, na prática de tantos divertimentos ou passatempos.

Ingere, sim, alimentos e bebidas, mas impensadamente e com frequência em excesso, assim como lhe pareça agradável, totalmente despreocupado de que com isso prejudica o seu corpo. Pessoa alguma se lembra de observar cuidadosamente o corpo, enquanto este não causar alguma dor. Mas exatamente a observação do corpo *sadio* é uma necessidade urgente.

O ser humano deve dar ao corpo *sadio* o que ele precisa, deve observá-lo com todo o cuidado que se dá ao instrumento mais indispensável para a atuação acertada nesta matéria grosseira. É sim, portanto, o bem *mais precioso* que cada ser humano terreno recebeu, para seu tempo na Terra.

Reparai, porém, na mocidade que cresce, com que leviandade pecaminosa descuida do corpo, maltratando-o com excessos da mais variada espécie.

Observai os estudantes que de modo predominante cultivam o raciocínio *unilateralmente*, através de seus estudos. Com que orgulho cantavam e ainda hoje cantam canções referentes à euforia estudantil!

13. O corpo terreno

Indagai-vos, porém, sinceramente, no que se apoia tal orgulho, então precisareis examinar o conteúdo dessas canções, para descobrir o motivo. Em pessoas que pensam de modo sadio brota aí uma profunda vergonha, pois essas canções só encerram glorificações das bebedeiras e dos namoros, do ócio, do desperdício da melhor época de desenvolvimento da existência terrena humana! Exatamente daquela época em que os seres humanos devem tomar o seu impulso para o desenvolvimento de um ser humano completo nesta Criação, para uma maturidade do espírito, a fim de preencher o lugar que um ser humano, como tal, deve preencher e cumprir na Criação, segundo as leis de seu Criador, de seu Senhor!

As canções mostram nitidamente demais o que é considerado como o mais belo e mais ideal numa época em que o ser humano, agradecido e alegre, teria de intuir de modo puro como o seu espírito se põe em contato, através do corpo terreno, com o ambiente todo que o rodeia, a fim de atuar nele integralmente consciente e assim com plena responsabilidade perante seu Criador! Onde cada espírito, através das irradiações da sexualidade, começa a formar e enviar sua vontade para longe, dentro da matéria grosseira com suas muitas gradações.

Contudo, as canções são um grito de escárnio contra as leis primordiais da Criação, às quais se opõem até a última palavra!

Em contraste a isso está aquela juventude que não frequenta a universidade. Aí encontrareis também todas as bases mais adequadas para o tratamento certo de seus corpos terrenos, mais sadias e naturais. Na pressuposição de que esses jovens não pratiquem esportes. Pois então desaparece aí também tudo o que é sensato e sadio.

Para onde olhardes de modo perscrutador, tereis de reconhecer que o ser humano ainda nada sabe das leis da Criação.

Não tem ideia alguma de qual a responsabilidade a ser incondicionalmente assumida por ele, com referência ao corpo terreno a ele confiado! Não vê também o valor do corpo terreno quanto à posição na Criação, mas sim mantém seu olhar dirigido somente para esta Terra aqui. Contudo, para a Terra, a importância do seu corpo terreno constitui somente a menor parte!

13. O corpo terreno 89

E essa ignorância das leis da Criação permitiu que se imiscuíssem erros, os quais, reproduzindo-se, prejudicam muitas pessoas. Traspassam e contaminam tudo!

Somente por isso pôde acontecer que, mesmo em todas as igrejas de até agora, tenha encontrado entrada a insensata concepção de que o sacrifício por sofrimento e morte, sob certas circunstâncias, seja bem-visto por Deus! Inclusive na arte, essa concepção errada ancorou-se profundamente, pois nela essa ideia encontra muitas vezes a glorificação de que uma pessoa poderia trazer "libertação" a outra, mediante sacrifício voluntário ou morte por amor!

Isso apenas confundiu ainda mais essa humanidade.

A lei de Deus, porém, em sua imutável justiça, não permite que alguém possa assumir a culpa de outro. Tal ato faz rolar simplesmente uma culpa sobre aquele que se sacrifica, que assim força o abreviamento de sua existência terrena. A isso se acrescenta ainda a ilusão da alma de, com isso, realizar algo de grande e agradável a Deus. Aquele que se sacrifica torna-se assim *duplamente* culpado, na presunção de poder libertar *outro* de seus pecados. Teria agido melhor, sim, se implorasse perdão somente para si, como grande pecador perante o Senhor, pois dessa maneira designa o seu Deus de juiz injusto, que seria capaz de tal ação arbitrária, permitindo que se negocie com Ele.

Isso, na realidade, é ainda por cima uma blasfêmia! Portanto, eis uma terceira culpa com tal ato que, brusca e categoricamente, contraria toda intuição de justiça.

É a própria presunção, e não amor puro, que leva a atos dessa espécie! No Além as almas veem rapidamente a diferença, quando têm de sofrer sob as consequências que os seus atos acarretam, ao passo que para o outro isso nada adiantou e se ele, ciente, esperava ser ajudado dessa maneira, irá sobrecarregar-se ainda mais.

Assim é de se lastimar que mesmo grandes artistas tenham-se entregado àquela nefasta ilusão de libertação em suas obras. Um artista sensível teria de chocar-se, pois, com isso, por ser antinatural, por contrariar a regularidade das leis e por permanecer totalmente sem base!

A verdadeira grandeza de Deus é assim diminuída.

13. O corpo terreno

É mais uma vez apenas presunção da humanidade, que se arroga esperar, da ininfluenciável justiça de Deus, que seja capaz de aceitar tal sacrifício! O ser humano coloca com isso, sim, mais alto o seu julgamento terreno na prática da justiça, pois nessa prática não lhe chega aquele pensamento!

Com tal atuação o ser humano mostra menosprezo pelo corpo terreno, mas nenhum agradecimento pelo instrumento de matéria grosseira outorgado para o amadurecimento, o qual não pode ser suficientemente observado e mantido limpo e puro, já que é indispensável a cada vida terrena.

Aprende, por conseguinte, ser humano, a conhecer direito o corpo terreno, para que possas tratá-lo correspondentemente! Só então ficarás habilitado a utilizá-lo corretamente, a dominá--lo como aquilo que representa para ti nesta Terra. A primeira consequência do domínio verdadeiro de teu corpo mostra-se na leveza e na beleza dos movimentos, que deixam transparecer a força do espírito na harmonia com o seu instrumento.

A fim de que nisso aprendais a diferençar direito, observai as pessoas que se dedicam a alguma espécie de esporte. Rapidamente reconhecereis que o treinamento de um corpo, por si só, também não resulta em beleza dos movimentos, por haver aí unilateralidade demasiada, quando o espírito não vibra em conjunto na necessária harmonia. O passo dos esportistas mui frequentemente é tudo, menos bonito; o porte, raramente gracioso. O esportista está muito longe de dominar realmente o corpo!

Pois a força advém unicamente do espírito! O vigor, do corpo!

Um passo *pesado* denota peso e não força. Um corpo mantido e impregnado pela força do espírito tem movimentos *flexíveis* e caminha de modo leve, elástico, não importando se o seu peso possa ser considerado maior ou menor.

Um passo pesado denota sempre, nas pessoas, apenas a deficiência no domínio certo do seu corpo pelo espírito. E domínio do espírito distingue um ser humano dos animais! O animal está sujeito nisso a outras leis, porque a alma provém do enteal. Ele, porém, cumpre essas leis, vive em harmonia do corpo com a alma e mostra nos movimentos, sempre, uma bem determinada espécie de beleza, adaptada ao seu corpo. Não obstante o frequente

13. O corpo terreno

peso enorme do corpo, ele tem um passo leve em contraste com o ser humano! Ide ao jardim zoológico! Observai lá os animais e os seres humanos. Examinai-os de modo bem meticuloso. As consequências da falta de harmonia entre a alma e o corpo têm de evidenciar-se a vós rapidamente, em relação a todos os *seres humanos*, ao passo que os animais são absolutamente "naturais", a não ser que alguma doença os impeça nisso. Vós próprios observareis que o ser humano leva uma vida errada, não domina seu corpo, não vive corretamente nele, encontrando-se totalmente desarmonioso em relação a ele.

Assim também é com a alimentação e a manutenção. O animal jamais superalimentará o seu corpo como fazem muitas pessoas! Dá-se por satisfeito quando não sente mais fome; o ser humano, porém, em muitos casos só quando não pode mais continuar a comer! Eis uma grande diferença, provocada igualmente apenas pelo raciocínio excessivamente cultivado, no esforço de subjugar aí o senso natural.

O animal também só bebe para saciar a sede. O ser humano, porém, cultiva em si ilusões de satisfação que, em excesso, têm de trazer ao corpo muitos danos. Aqui apenas torno a apontar os hábitos das agremiações estudantis, tanto nas bebedeiras como nas supressões do sono, exigidas sempre por tais maneiras erradas de viver.

Esclarecimentos adicionais sobre isso são desnecessários, pois esses procedimentos já são suficientemente conhecidos como os mais tolos. Mesmo o mais tolerante ou ignorante nesse assunto não pode afirmar que aquilo seja útil ou não acarrete danos.

As pessoas que no jardim zoológico caminham pelas alamedas para ver os animais demonstram nitidamente que teriam de aprender com esses animais, para estarem certas com seus corpos terrenos na Criação. Nem se pode mais chamar isso de "caminhar", pois somente poucos dos visitantes são vistos "caminhando". Na expressão "caminhar" se encontra, pois, um conceito de graciosidade e domínio natural. Muitas pessoas, porém, coxeiam ou se movimentam com passos pesados, totalmente irrefletidas ou cheias de pensamentos, ou correm nervosamente, confusas e distraídas.

De beleza aí não há sequer vestígio. Vereis nitidamente que elas não prestam atenção no movimento de seu corpo, estorvando-o, porém, na movimentação natural, devido ao seu pensar errado e unilateral. É um descuido já desde a juventude. Muita omissão nisso mostra-se somente mais tarde, mas então de modo absoluto. As consequências jamais deixam de vir.

Contudo, quanta beleza já não está implícita nas palavras: andar, caminhar! Mal imaginais ainda o elevado valor que há nisso. Com toda essa falta de observância a seu corpo terreno, o ser humano mostra a imaturidade do espírito! Um espírito maduro *sempre considerará* seu corpo como o instrumento necessário para a obtenção de seu amadurecimento terreno, não abusando dele de modo insensato! Cuidará dele *assim* como é *útil* ao corpo, e não como seus nervos, frequentemente excitados, exigem uma vez ou outra, devido à torção de conceitos naturais.

Onde a pura força do espírito traspassa inteiramente o corpo de matéria grosseira e o domina, lá os movimentos *têm* de evidenciar beleza, porque não pode ser de outra forma. Lá, também os sentidos de matéria grosseira são completamente traspassados pela beleza, de maneira que enobrecem tudo quanto fazem, seja o que for.

Beleza e graça são a expressão de um espírito humano puro em todas as suas *atuações,* entre as quais se contam também os movimentos do corpo de matéria grosseira!

Olhai em redor; tudo, sim, vos é mostrado! Se estiverdes vivos na Criação, *tereis* de reconhecer isso rapidamente.

Descobrireis de que maneira inacreditável o ser humano agiu nisso até aqui, quão pouco reconheceu a própria Criação, que para ele permanece categoricamente seu lar! Nasce dentro dela, contudo sempre quer apartar-se, quer sobrepor-se a ela. Essa esquisita vontade jamais o deixa ficar firme nela, pois assim não aprende a conhecer o seu lar.

O corpo terreno de cada pessoa encontra-se, em todas as coisas, ligado estreitamente *àquele* solo de onde se originou! Segundo a lei da Criação para toda a matéria! Com isso tem de contar sempre. E é isso o que até agora só raramente cumpriu. Julga-se livre nisso, e não é! No entanto, está tão estreitamente ligado a

13. O corpo terreno

isso, como o corpo de um animal! *Ambas* as espécies corpóreas são formadas pelo enteal! No animal, o ser humano observou tudo com exatidão e também sabe. Mas não quer submeter o *seu* corpo à igual espécie das leis! E isso está errado.

O corpo terreno está ligado *àquela parte* da Terra onde nasceu! Estreitamente ligado também com todas as estrelas dessa bem determinada parte e com todas as irradiações que a ela pertencem. De maneira ampla, muito mais do que podeis imaginar! Somente *aquela* parte desta Terra dá ao corpo exatamente aquilo de que ele precisa, a fim de desabrochar direito e permanecer vigoroso.

A Terra também produz, em cada uma de suas regiões, sempre em tempo certo, aquilo de que necessitam todos os corpos de matéria grosseira, que *nasceram* nessa bem determinada região! Ervas e frutos atuam, por isso, de forma melhor sobre o corpo humano, de modo vantajoso e edificante, *naquela* época em que a terra os *produz!*

O corpo *necessita* dessa espécie de alimentação em tais épocas e *naquela* região onde nasceu, com a qual fica permanentemente ligado.

Morangos no tempo do amadurecimento dos morangos, maçãs no tempo da colheita das maçãs e assim por diante! Assim é com todas as frutas, com todas as ervas. Por isso, o tratamento pelas ervas é vantajoso no tempo em que as ervas se encontram em plena viçosidade. Também para os corpos sadios!

Nisso o próprio enteal oferece ao corpo terreno variedade na alimentação, permanentemente, assim como este realmente necessita! Exatamente como o sol, a chuva e o vento são *a melhor* coisa para a atuação sadia da pele! A Criação dá ao ser humano tudo quanto ele necessita para seu corpo terreno e também dá com a variação certa, no tempo certo!

Com todos os artifícios adicionais, o ser humano nunca pode obter *aquilo* que a Criação lhe proporciona espontaneamente!

Atentai nisso! Aqui na Terra o *corpo* terreno está estreitamente ligado *àquela região* onde se encontra o lugar do seu nascimento! Se é que também deva permanecer sadio numa região estranha, conservar o *vigor pleno* para a atuação terrena, então tem de prevalecer como base da alimentação de seu corpo somente aquela da região em que nasceu. Com cuidado pode, então, criar uma ponte que lhe possibilite por algum tempo eficiência completa, mas nunca para sempre! Tem de voltar, uma vez ou outra, a fim de buscar sempre novas energias! Apesar de tudo, porém, *encurtará* com isso a sua vida terrena!

Não é arbitrariedade, ou por acaso, que os seres humanos terrenos tenham estrutura e cor diferentes.

As leis primordiais da Criação já os colocam em bem determinado lugar, o qual, unicamente, serve para a sua maturação terrena! E aparelham-nos correspondentemente.

O enteal forma, para vós, vossos corpos terrenos, e ao mesmo tempo a alimentação para o sustento! Mas somente produz efeito, de modo uniforme, na determinada região e na determinada parte da Terra! Convosco, seres humanos, não se passa de modo diferente nisso do que com as plantas e os animais, pois também vós sois um fruto da Criação, sois apenas uma criatura, que está e permanece ligada estreitamente à região e às irradiações daquela parte da Terra de onde se originou.

Por isso, observai e aprendei em cada atividade da Criação! É vosso dever obedecer às leis primordiais da Criação, se quiserdes conseguir o que vos sirva para proveito e para ascensão!

O MISTÉRIO DO SANGUE

O SANGUE! Quanto não vibra nesta palavra, quão ricas e fortes são todas as impressões que ela é capaz de produzir, e que fonte originadora jamais esgotável de suposições abrange esta tão significativa palavra.

E dessas suposições muitos conhecimentos já se concretizaram, os quais se comprovaram de modo benéfico para o corpo humano terreno. Com penoso pesquisar e dedicada atuação, agraciados encontraram, em sua pura vontade de ajudar abnegadamente a humanidade, através de apuradas observações, vários *caminhos* que *conduzem* à *verdadeira* finalidade do sangue, mas que ainda não é a própria finalidade.

Mais indicações ainda devem ser dadas aqui sobre isso, com as quais aqueles que trazem em si vocação para tanto fiquem capacitados a construir no saber das vibrantes leis de Deus. Surgirão então como *auxiliadores* no mais verdadeiro sentido para os seres humanos aqui na Terra, auxiliadores aos quais, como preciosa recompensa, orações de agradecimento de todos aqueles tornarão seus caminhos ensolarados, aqueles a quem eles, com seu novo saber sobre os mistérios do sangue, tenham podido trazer auxílios de maneira inimaginável, como não houve até agora.

Menciono logo a finalidade principal de todo o sangue humano: *ele deve constituir a ponte para a atividade do espírito na Terra,* portanto na matéria grosseira!

Isso soa tão simples e, contudo, contém em si a chave de *todo* o saber sobre o sangue humano.

O sangue deve, portanto, constituir uma ponte para a atividade do espírito, ou digamos neste caso "alma", a fim de que os leitores me compreendam melhor, visto que a expressão "alma" lhes é mais familiar.

Para que a atividade do espírito do ser humano também possa processar-se de maneira certa, *o espírito forma o sangue humano*. Que o sangue está ligado ao espírito pode ser facilmente fundamentado. Basta considerar que somente com a entrada do espírito no corpo em formação da criança, portanto na encarnação, a qual ocorre em bem determinado estado de desenvolvimento, no meio da gravidez, provocando os primeiros movimentos, também o *próprio* sangue do pequeno corpo principia a circular, ao passo que por ocasião da morte terrena, quando o espírito abandona o corpo, o sangue cessa seu pulsar e além do mais cessa de existir.

O sangue em si existe, pois, apenas entre o tempo de entrada e saída do espírito, enquanto o espírito se encontrar no corpo. Sim, pela falta do sangue pode-se constatar que o espírito se desligou definitivamente do corpo terreno, tendo, portanto, ocorrido o falecimento.

Na realidade é assim: somente com a entrada do espírito no corpo consegue o sangue humano formar-se e com a saída do espírito ele não pode mais existir em sua condição verdadeira.

Mas não queremos contentar-nos com esse conhecimento, portanto prossigo. O espírito, ou a "alma", contribui para a formação do sangue, mas ele, ou ela, não consegue atuar terrenamente para fora, de modo direto, através do sangue. Para isso, a diferença entre ambas as espécies é grande demais. A alma, que contém o espírito como núcleo, é em sua camada mais densa ainda fina demais e só consegue atuar para fora através da *irradiação do sangue*.

A irradiação do sangue é, portanto, na realidade, a verdadeira ponte para a atividade da alma, e mesmo assim só quando este sangue *tiver* uma bem determinada *composição, adequada para a referida alma*.

Cada médico responsável poderá aí interferir conscientemente no futuro, auxiliando, tão logo tiver obtido o saber disso e assimilado corretamente. Exatamente isso se tornará um dos maiores e mais incisivos auxílios dos médicos para toda a humanidade, pois

14. O mistério do sangue

nisso os efeitos são tão múltiplos, que os povos, com a utilização certa, terão de desabrochar para atingir a mais admirável vontade e capacidade, uma vez que se tornarão aptos a desenvolver toda sua força, que não impulsiona para a destruição, mas para a paz e para o anseio em direção à Luz, cheios de gratidão.

Já muitas vezes mencionei a importância da composição do sangue que, naturalmente, com a modificação da composição, também altera, sempre de novo, a irradiação, a qual então, correspondentemente, consegue efeitos variados para a respectiva pessoa, bem como para seu ambiente terreno.

Em minha dissertação sobre a importância da força sexual, eu disse que somente com uma bem determinada maturidade do corpo a força sexual se inicia e, com isso, abaixa-se uma ponte levadiça que até então havia protegido e separado a alma do mundo exterior, ponte que naturalmente não somente deixa a alma atuar para fora, mas sim, pelo mesmo caminho, também deixa chegar os efeitos de fora para a alma.

Somente com isso o ser humano, individualmente, torna-se plenamente responsável perante as leis divinas da Criação, como também mais ou menos está introduzido nas leis terrenas.

O abaixar da ponte levadiça, porém, ocorre automaticamente pela transformação da composição do sangue, provocada pela maturação do corpo terreno e pelo impulsionar da alma; composição que, então, proporciona ao espírito, devido à sua irradiação alterada, a possibilidade para a atividade na Terra.

Não me refiro aqui, naturalmente, às ações mecânicas e aos trabalhos do corpo terreno, mas sim ao que realmente aí é "condutor", ao que é desejado, que depois o cérebro e o corpo, como instrumentos, transformam em ação.

Também em minha dissertação sobre os temperamentos mencionei o sangue, que constitui, por suas irradiações de diversas espécies, a base para os temperamentos, por estar a alma em suas efetivações presa até certo limite às espécies das irradiações do sangue.

Como, porém, a maturidade e o estado de saúde, assim como a idade de um corpo, contribuem para a alteração da composição sanguínea, então poderia haver uma injustiça em tal restrição, a qual fica anulada pelo fato de o *espírito* poder modificar essa composição, no que reside, concomitantemente, o mistério da expressão de que "o espírito molda o corpo".

Contudo, onde um espírito é demasiado fraco para tanto, ou for nisso impedido por algo vindo de fora, como, por exemplo, através de um acidente ou uma doença física, aí o médico conseguirá logo intervir com o seu saber de modo auxiliador! E reconhecerá com surpresa quanta coisa para o ser humano terreno depende da composição acertada do sangue. Contudo, não se deve estabelecer aí nenhum esquema fixo, porque o processo é totalmente diferente em cada pessoa. Até agora só foram encontradas as diferenças mais grosseiras disso. Ainda existem inúmeras sutilezas desconhecidas nisso, que são de importância e efeitos incisivos.

As constatações de grupos sanguíneos, que agora já foram encontrados, ainda não são suficientes e só podem confirmar aquilo que indico.

Essas constatações mostram, sim, um caminho para o essencial e já são bastante benéficas em sua aplicação, contudo representam apenas *um* caminho dentre os muitos e não constituem *o próprio alvo*, o qual consegue soerguer o ser humano em todos os sentidos, não consistindo, porém, exclusivamente no saneamento e fortalecimento corpóreos.

Em minha dissertação "Possesso" indico que também na ocorrência de acontecimentos fantasmagóricos, como pancadas, ruídos, arremesso de objetos, etc., apenas a composição do sangue de determinada pessoa é que oferece as possibilidades para isso, a qual deve estar sempre nas proximidades de tais acontecimentos, e de cuja irradiação é extraída a força para isso.

Também tais coisas poderiam logo modificar-se mediante intervenção inteligente de um médico esclarecido que, auxiliando, modifique a composição sanguínea, o que também altera a irradiação, tirando com isso possibilidades incômodas.

Diferente não é nos chamados possessos, dos quais há muitos, apesar das dúvidas que tantas vezes surgem. A ocorrência em si é bem simples, mesmo que tremendamente incisiva para o atingido e seu ambiente, e dolorosa para os parentes.

14. O mistério do sangue

Em tais pessoas formou-se uma composição sanguínea que permite à respectiva alma apenas uma fraca ou nenhuma possibilidade de atuar com toda a força para fora, contudo a irradiação do sangue dá para uma outra alma, talvez já livre do corpo terreno e com poucas características boas, ou até maldosas, oportunidade de influir de fora e até dominar o cérebro e o corpo, quer de maneira temporária, quer de maneira permanente.

Também aqui o médico poderá ajudar de modo eficiente, mediante alteração da composição sanguínea, o que também modifica a irradiação, cortando dessa maneira as influências estranhas e permitindo à vontade inerente o desenvolvimento de sua própria força.

Conforme já disse, os pesquisadores se encontram em ótimo e benéfico caminho, através da constatação dos grupos sanguíneos, e justamente as observações no exercício desse saber têm de confirmar as minhas indicações.

Se em transfusões de sangue se aplicassem outros grupos sanguíneos, a alma inerente a tal corpo se veria estorvada no desenvolvimento integral de sua vontade, talvez totalmente impedida, pois com o sangue de composição diferente também se altera a irradiação, a qual não é mais adequada à alma. Não consegue utilizar totalmente ou de modo algum a irradiação de espécie diferente.

Tal pessoa, exteriormente, aparentaria estar dificultada no seu pensar e agir, porque sua alma não pode atuar direito. Pode chegar a tal ponto, que a alma, excluída de sua capacidade de ação, se separe vagarosamente do corpo e o abandone, o que equivale à morte terrena.

Os médicos reconhecerão com assombro como se mostram muitíssimo ramificados e abrangentes terrenamente os efeitos das exatas composições sanguíneas de cada corpo individual, considerando a capacidade de atuação de sua alma, quais as doenças e demais estados malignos que, mediante acertado saber, podem ser afastados, e como ficará resolvido assim o "mistério do sangue" de até então, como chave para um atuar alegre na maravilhosa Criação de Deus!

14. O mistério do sangue

Aí, porém, não se poderá conseguir uma alteração *permanente* por meio de injeções, mas sim pelo caminho natural, através de comidas e bebidas correspondentes, que num curto período de tempo serão diferentes para cada um, individualmente, mas sempre sem restrições unilaterais.

Essas considerações mostram que um grande número de crianças chamadas "atrasadas mentalmente" também pode ser fundamentalmente auxiliado com isso. Dai às suas almas apenas a ponte certa para o desenvolvimento de suas forças, e vereis como florescerão e atuarão alegremente na Terra, pois na realidade não existem almas doentes!

O estorvo para a alma, ou melhor dito, para o espírito, será sempre apenas a irradiação falha ou errada do sangue, quando não for obrigatoriamente condicionado por uma doença do cérebro.

No tecer da Criação tudo está tão admiravelmente entrelaçado, que certamente nenhum dos meus leitores ficará surpreendido, se eu lhes afirmar ainda que até a espécie da irradiação sanguínea de uma futura mãe pode tornar-se decisiva para a espécie do espírito que nela está por se encarnar, o qual tem de seguir a lei da atração da igual espécie, pois cada uma das diversas espécies de irradiações sanguíneas preparará a aproximação e a entrada apenas para uma bem correspondente espécie de alma, da mesma forma, como é compreensível, que espécies de almas análogas também devam procurar produzir idênticas composições de sangue, porque sempre somente podem atuar com real sucesso através de uma bem determinada espécie de irradiação, a qual, por sua vez, varia nas diversas idades da vida.

Quem quiser compreender direito essa indicação a respeito do nascimento terá de familiarizar-se, pois, ao mesmo tempo, com as minhas explicações contidas na dissertação "O mistério do nascimento", visto que eu, seguindo as leis da Criação em suas atuações automáticas, tenho de elucidar uma vez isto e outra vez aquilo, apesar de que tudo, conjuntamente, forme um todo inseparável e nada disso possa ser descrito como existindo separadamente, mas somente como algo que a isso pertence e intimamente ligado ao todo, que sempre de novo se torna visível

14. O mistério do sangue

coparticipando em lugares diferentes e aparecendo como fio colorido, inserido de acordo com as leis.

Mais tarde ainda falarei bem detalhadamente sobre todos os pormenores, necessários para completar de maneira perfeita a imagem daquilo que hoje apenas dei em traços largos.

Espero que isto, um dia, possa tornar-se uma grande bênção para a humanidade.

Uma indicação talvez seja ainda propícia: que o sangue não pode ter conexão apenas com o corpo é facilmente reconhecível pelas diferenças imediatamente verificáveis entre o sangue humano e o sangue animal! As composições básicas de ambas as espécies de sangue são tão diferentes, que têm de saltar à vista. Caso somente o corpo formasse o sangue, então a semelhança teria de ser bem maior. Assim, porém, algo diferente contribui nisso: no sangue humano, o *espírito!* A alma do animal, porém, que atua através do corpo, compõe-se de outra espécie e não do espiritual, que faz do ser humano um ser humano. Por isso, também o sangue *tem* de ser totalmente diferente!

O TEMPERAMENTO

EXISTEM pessoas que desculpam muitos dos seus erros com o temperamento, inclusive diante de si mesmas! Tal procedimento é errado. Quem assim age, mostra apenas que se tornou escravo de si próprio. O ser humano é do *espírito,* que nesta Criação posterior permanece o mais elevado autoconsciente, influenciando assim tudo o mais, formando e conduzindo, não importando se isso está em sua vontade plenamente consciente, ou se nada sabe disso.

O dominar, isto é, a grande influência de atuação na Criação posterior, está ancorado na *espécie do espírito,* de acordo com as leis da Criação! Por isso, o espírito humano atua nela de modo correspondente, unicamente através da sua existência, por originar-se do reino espiritual. O temperamento, porém, não deve ser atribuído ao espírito, pois é gerado apenas por irradiações de determinada espécie da matéria, tão logo esta seja totalmente traspassada e vivificada pelo enteal, que movimenta, aquece e forma toda a matéria. É do sangue que provém a irradiação.

A voz do povo fala frequentemente, não sem razão, a respeito desta ou daquela característica de uma pessoa: "Está no sangue dela!" Com isso deve ser expresso, na maioria dos casos, o "herdado". Muitas vezes é assim mesmo, visto ocorrerem hereditariedades de *matéria grosseira,* ao passo que hereditariedades espirituais são impossíveis. No espiritual a lei da atração da igual espécie entra em consideração, cujo efeito *exterior,* na vida terrena, traz a aparência de uma hereditariedade, podendo, por isso, ser facilmente confundida com ela.

O temperamento, no entanto, provém da matéria e, por isso, é em parte também hereditário. Permanece também sempre

15. O temperamento

estreitamente ligado com toda a matéria. A causa disso é a atuação *enteal*. Um pressentimento a tal respeito se encontra, também aqui, mais uma vez na voz do povo, cuja sabedoria sempre surgiu da intuição natural daquelas pessoas que ainda não estavam torcidas e se encontravam de maneira simples e com os sentidos sadios na Criação. A voz do povo fala de sangue leve, sangue quente, sangue pesado e sangue facilmente irritadiço. Todas essas denominações se referem ao temperamento, com a intuição certa de que o sangue representa nisso o papel de maior relevo. Na realidade, é uma determinada irradiação que se desenvolve de cada vez, pela espécie da composição do sangue, produzindo em primeiro lugar uma reação correspondente no cérebro, que a seguir se manifesta fortemente em todo o corpo.

Assim, conforme a composição do sangue, predominará sempre uma espécie determinante entre os temperamentos das diversas pessoas.

Todas as irradiações estão ancoradas no sangue *sadio* de uma pessoa, as quais o sangue, aliás, pode produzir e, com isso, também *todos* os temperamentos. Falo sempre apenas do corpo terreno sadio, pois doença traz confusão nas irradiações.

Com a idade do corpo terreno modifica-se também a composição sanguínea. Assim, com a alteração da idade do sangue sadio ocorre, concomitantemente, também uma alteração correspondente do temperamento.

Além da idade do corpo, porém, cooperam ainda outras coisas na alteração do sangue, como o tipo da região e tudo quanto dela faça parte, portanto o clima, irradiações dos astros, espécies de alimentação e outras mais ainda. Tudo isso age diretamente sobre os temperamentos, porque estes pertencem à matéria e estão por isso estreitamente ligados a ela.

Diferenciam-se, em geral, quatro temperamentos básicos no ser humano, segundo os quais também os próprios seres humanos são designados, tais como sanguíneos, melancólicos, coléricos e fleumáticos. Na realidade, contudo, existem sete e, com todas as gradações, até doze. Mas os principais são quatro.

Com o estado sanguíneo bem sadio, estes devem ser classificados em quatro períodos de idade, nos quais cada composição sanguínea se altera. Como primeira, temos a idade infantil, correspondente ao temperamento sanguíneo, à vida despreocupada do momento; em seguida, a idade dos moços ou das moças, correspondente ao temperamento melancólico, ao estado sonhador, saudoso; a seguir, a idade do homem e da mulher, correspondente ao temperamento colérico, da ação; e, por fim, a idade da velhice, correspondente ao temperamento fleumático, da reflexão serena. Assim é o estado normal e sadio nas zonas temperadas, portanto, não *extraordinárias*.

Quão estreitamente tudo isso está ligado à matéria, nela atuando de modo análogo, vedes até mesmo na Terra de matéria grosseira, nas estações da primavera, do verão, do outono e do inverno. Na primavera, o despertar impetuoso; no verão, o crescimento sonhador com o impulso para o amadurecimento; no outono, a frutificação; e, no inverno, o sereno passar para o outro lado com as experiências vivenciais colhidas para um novo despertar.

Mesmo povos, raças, trazem bem determinadas características de temperamentos comuns. Isto é de se deduzir pelo solo terrestre de onde se originaram e vivem, pela correspondente maneira de alimentação que o solo condiciona, pela irradiação da mesma espécie grosso-material dos astros e, não por último, pela maturidade espiritual do povo inteiro. Uma população sanguínea ainda se encontra, figuradamente, na idade infantil ou reingressou na idade infantil por qualquer circunstância, regredindo no desenvolvimento. A esses pertencem não só os alegres seres humanos dos mares do sul, mas também os latinos principalmente. Os melancólicos encontram-se diante de seus feitos reais, e deles fazem parte os alemães e todos os germanos. Estão diante de um despertar para a ação!

Por isso, a idade dos moços e das moças é também uma época do temperamento melancólico, porque só com o desabrochar do espírito na força sexual se estabelece sua ligação completa com as espécies da Criação, com o que o ser humano entra nesta Criação para a atuação responsável. Inteiramente responsável em cada pensamento individual, em cada palavra e em cada uma de suas ações, porque todas as vibrações disso atravessam as planícies

15. O temperamento

das espécies enteais, exercendo pressão com plena força e, com isso, formando. Dessa maneira, originam-se formas na Criação posterior segundo aquela espécie, na qual o ser humano gera suas vibrações.

Sendo, pois, uma pessoa de temperamento desenfreado, cria com isso novas formas doentias na Criação, que jamais podem gerar harmonia; pelo contrário, têm de atuar de modo perturbador sobre tudo o que existe.

Como o espírito humano se encontra no lugar mais alto da Criação posterior, devido à espécie de sua origem, tem com isso não só o poder, mas também o dever de dominar o restante nesta Criação, por não poder de modo diferente, mas sim *ter* de dominar devido à sua espécie!

Disso ele deve lembrar-se a todo instante! Gera sempre novas formas para esta Criação posterior com cada pensamento individual, cada manifestação de sua alma! Compenetrai-vos disso, pois vós sois, sim, responsáveis por isso e tudo pende em vós, seja o que for que formardes durante vossa existência. O bem vos soergue, o mal tem de arrastar-vos para baixo, segundo a lei da gravidade, que se efetiva incondicionalmente, não importando se vós próprios sabeis ou se nem vos preocupais com isso. Ela trabalha e age em redor de vós num constante tecer. Sois, de fato, o ponto de partida de tudo quanto deve ser formado e criado nesse tear, contudo não conseguis retê-lo um momento sequer!

Tornai pelo menos uma vez nítida *esta imagem*. Deve bastar para despertar-vos das futilidades, às quais de bom grado sacrificais, frequentemente, tanto tempo e energia; deve causar-vos horror a maneira leviana com que passastes a vossa vida de até então e vergonha diante de vosso Criador, que vos deu algo tão grande com isso. Mas não atentastes a isso, brincastes com essa força colossal apenas de modo nocivo para a Criação posterior a vós confiada, a qual podeis transformar para vós próprios em paraíso, se finalmente quiserdes.

Ponderai que toda a confusão que fizestes, ignorando essas leis divinas, tem agora de perturbar-vos e esmagar-vos. É culpa *vossa* que ainda não as conheceis. É para vós o mais sagrado dever preocupar-vos com isso, já que estais na Criação!

Ao invés disso, o ser humano zombou e escarneceu dos mensageiros, os quais podiam mostrar-vos um caminho que tem de trazer-vos o reconhecimento. No entanto, não se consegue nenhum prêmio sem esforço; isso seria contrário à lei do movimento contínuo na Criação, o que faz parte da conservação e da ampliação. Movimento do espírito *e* do corpo. Tudo o que não se movimenta, ou se movimenta de maneira errada, é expelido, porque só causa distúrbios na vibrante harmonia da Criação; é expelido como partícula doente, que não quer mover-se junto ritmicamente. Já vos falei da necessidade do movimento contínuo como lei. O espírito *tem* de dominar, quer queira quer não queira. De outra forma não pode, e assim também tem de esforçar-se agora em dominar, por fim, espiritualmente, *com plena consciência,* se não quiser causar somente desgraça. Mas só poderá dominar conscientemente se conhecer todas as leis que se encontram na Criação, orientando-se de acordo com elas. Diferentemente não é possível. Só então preenche o lugar que lhe foi dado e que ele nunca poderá alterar nem deslocar.

Assim, o espírito humano também tem de manter-se acima dos temperamentos, controlá-los e dominá-los, a fim de que primeiro haja harmonia no próprio corpo, para depois se estender beneficamente sobre o ambiente mais próximo, o que se efetua formando de maneira irradiante em toda a Criação posterior!

Tão somente a pessoa que utiliza bem todos os quatro temperamentos, sucessivamente, nas épocas a isso necessárias, se encontra realmente firme nesta Criação, pois necessita desses temperamentos para galgar segura e determinadamente os degraus de sua vida terrena e nada perder do que é necessário à maturação de seu espírito.

Temperamentos bem dominados e bem aproveitados são como boas botas no caminho através da matéria na Terra! Cuidai deles mais do que foi feito até agora! Não podeis dispensá-los, mas também não deveis curvar-vos sob eles, pois do contrário tornam-se tiranos, que vos atormentam, inclusive ao vosso ambiente, em vez de serem úteis!

Contudo, *utilizai-*os, são para vós os melhores guias do caminho através da existência terrena. São amigos para vós, se os

15. O temperamento

dominardes. A criança desenvolve-se melhor quando é sanguínea, eis por que isso lhe é destinado pela composição do seu sangue. Este se altera na época do progressivo amadurecimento do corpo, acarretando então o temperamento melancólico.

Este, por sua vez, é o melhor auxiliador para o período de amadurecimento! Pode dar ao espírito uma orientação rumo à Luz, à pureza e à fidelidade, naqueles anos em que ele é ligado completamente com a Criação, interferindo com isso de modo condutor em todo o tecer, todo o atuar que aí se encontra em constante movimento. Pode tornar-se assim o maior auxiliador do espírito humano na própria existência e mais incisivo do que ele pode imaginar agora.

Por isso se deve deixar à criança sua alegria pura do momento, que o temperamento sanguíneo lhe dá; ao moço e à moça, porém, aquele sadio estado sonhador, que frequentemente lhes é peculiar. Quem o destrói, com o fito de converter essas jovens pessoas ao realismo do ambiente, torna-se um salteador do espírito em seu caminho para a Luz! Acautelai-vos de fazer tal coisa, pois todas as consequências disso recairão sobre vós!

Cada homem de ação necessita de temperamento colérico em forma equilibrada! Em forma equilibrada, digo aí bem expressamente, pois o espírito *tem* de dominar, nos anos adultos do homem e da mulher, enobrecendo e iluminando tudo, emitindo e espalhando irradiações luminosas para a Criação inteira!

Na velhice, porém, já contribui o temperamento fleumático para afrouxar lentamente o espírito do corpo, cada vez mais, abrangendo com o olhar, mais uma vez, de modo examinador, as vivências de até então da época terrena, a fim de tirar delas os ensinamentos como algo próprio e assim preparar-se, pouco a pouco, para o indispensável passo à matéria fina da Criação, o qual lhe será dessa forma facilitado como um acontecimento bem natural, que só significa progresso, em obediência à lei desta Criação, mas nenhuma dor.

Por conseguinte, respeitai e cultivai os temperamentos, sempre que puderdes, mas em suas respectivas épocas, contanto que não se tornem tiranos devido à maneira desenfreada! Quem quiser alterá-los ou suprimi-los destrói os melhores auxílios para o

15. O temperamento

caminho evolutivo do ser humano terreno, desejado por Deus, perturbando com isso também a saúde, trazendo confusão, bem como excessos inimaginados, que para a humanidade resultam em discórdia, inveja, ódio e fúria, sim, até em roubo e assassínio, porque os temperamentos foram desprezados e destruídos pelo raciocínio frio na sua necessária época, quando deviam ter sido cultivados e observados!

Eles vos foram outorgados pela vontade de Deus nas leis da natureza, que são sempre cuidadas e conservadas para vós pelos enteais, a fim de vos facilitar o caminho do percurso terreno, se o seguirdes no sentido desejado por Deus! Agradecei ao Senhor por isso, e tomai alegremente as dádivas que estão à vossa disposição por toda parte na Criação. Esforçai-vos apenas em reconhecê-las finalmente direito!

VÊ, SER HUMANO, COMO TENS DE CAMINHAR ATRAVÉS DESTA CRIAÇÃO, PARA QUE FIOS DO DESTINO NÃO IMPEÇAM, MAS AUXILIEM TUA ASCENSÃO!

CONQUANTO a Mensagem contenha em si tudo para mostrar aos seres humanos seu caminho, o qual têm de seguir através da Criação, se quiserem subir às alturas luminosas, repete-se sempre de novo, individualmente, a pergunta angustiante: que devo *eu* fazer para realmente andar direito!

Esse intuir atormenta muitos, visto que o ser humano procura tornar tudo mais complicado do que realmente é. *Precisa* dessa maneira esquisita de dificultar tudo para si, porque não possui dentro de si força para cultivar com seriedade e fervor o que é *simples*. Para isso toda a sua capacidade não é mais suficiente.

Quando não vê dificuldades diante de si, nunca consegue reunir forças que possa utilizar, pois a falta de dificuldades torna--o logo comodista, paralisando por fim toda a sua atividade. Por esse motivo, nem dá atenção ao que é simples, pelo contrário, logo que pode, ele próprio torna ainda mais incompreensível tudo o que é simples, através de torções, apenas para ter dificuldades em reconhecer, finalmente, o que está certo no torcido, certo esse que permanece ancorado exclusivamente no que é simples. Assim, o ser humano desperdiça continuamente força e tempo!

O ser humano precisa de *obstáculos* para alcançar a meta, só assim ainda reúne suas forças, fato que não consegue mais quando vê as coisas diante de si de modo *simples*.

De início, isso soa como se fosse uma grandeza, no entanto é apenas o sinal da maior fraqueza! Tal como um corpo enfraquecido necessita de estimulantes, a fim de ainda executar suas atividades, da mesma forma o espírito humano, como incentivo, precisa primeiro ter a consciência de que tem de superar algo para alcançar um alvo, a fim de empregar nisso suas forças! Disso se originou também outrora a assim chamada ciência, que despreza tudo o que é simples e lança mão até do ridículo, apenas para ter algo mais que outros e para brilhar.

No entanto, não é apenas a ciência que assim age já desde longo tempo, tendo erigido penosamente uma construção imaginária, que deve aparentar como grandioso algo que, para a Criação, é medíocre, artificial, contraído e torcido, sim, muitas vezes até estorvante.

O ser humano, individualmente, erigiu a estrutura de sua vida terrena de modo errado, desde a base! Demasiadamente complicada para ser sadia, apenas para ainda incentivar o indolente espírito, em sua presunção, a destacar-se diante de outros, pois tão somente *esse* esforço é também a verdadeira causa das mutilações e confusões de toda a naturalidade e simplicidade por intermédio desses espíritos humanos. A ambição de sobressair, a presunção de pesquisar e nisso estabelecer leis de um saber, que jamais poderá tornar-se verdadeiro saber, enquanto o ser humano ainda se recusar *a receber* de modo simples, com humilde devoção diante da grandeza de Deus. Isso tudo, porém, o retém embaixo.

Nada existe que o ser humano realmente pudesse criar, se não tirasse daquilo que já se originou pela vontade de Deus! Nem um único grão de areia conseguiria ele próprio tornar a criar, sem já encontrar na Criação toda a matéria para isso!

Agora ainda não pode reconhecer quão ridícula impressão ele dá, mas tempo virá em que se envergonhará indizivelmente, desejoso de apagar de bom grado a época em que se julgou tão grande e sabido!

Complacentemente, às vezes também com um sorriso escarnecedor, o ser humano passa, agora, por cima de toda a grande simplicidade das leis divinas. Não sabe que assim mostra sua

16. Vê, ser humano, como tens de caminhar... 111

maior fraqueza, que é capaz de apresentar como ser humano, pois coloca-se com isso no lugar mais baixo de todas as criaturas, porque *unicamente ele* desaprendeu de como receber e utilizar de maneira certa as dádivas da Criação. O ser humano julga-se grande e elevado demais para receber com gratidão de seu Criador tudo quanto necessita; por isso, nem é mais digno de continuar usufruindo as graças.

E, no entanto, deviam as leis da Criação ser algo totalmente evidente a cada criatura, simples e ordenado, uma vez que cada criatura se originou propriamente delas.

O que, porém, o ser humano fez disso, em sua alucinação! O que ele é capaz de produzir de incompreensível e de complicado, vós próprios reconheceis em todas as leis humanas de ordem social! Uma existência inteira mal chegaria para estudar direito todas as leis de *uma* só nação. É preciso ter, antes de tudo, peritos especiais para interpretá-las direito. E estes, muitas vezes, ainda discutem como e onde podem ser aplicadas. Isso prova que mesmo entre esses jurisconsultos não reina nenhuma clareza sobre o próprio sentido.

Mas onde, aliás, pode haver discussão, lá também não *há* nenhuma clareza. Onde não há nenhuma clareza, lá falta exatidão e, com isso, também justificativa.

Atualmente cada pessoa, individualmente, precisaria tornar-se um perito a respeito dessas leis instituídas pelos seres humanos, para poder viver de modo intocável! Quanto absurdo há nesse fato! No entanto, assim é. Ouve-se, pois, bem frequentemente da parte de especialistas a asseveração de que, segundo as leis terrenas, *cada* pessoa que vive na Terra pode ser acusada e de alguma forma ser considerada culpada, onde surgir a intenção para isso. E isso, infelizmente, é verdade! Contudo, cada pessoa, individualmente, está subordinada a essas leis, sem poder ser instruída correspondentemente a seu respeito.

Isso também terá de transformar-se num monte de escombros por si mesmo, uma vez que pertence às coisas impossíveis da confusão mais doentia.

O espírito humano provou exaustivamente sua incapacidade nesse assunto. Criou com isso uma escravatura indigna, porque não adaptou as leis terrenas às leis primordiais da Criação, as quais nunca se empenhou em aprender. Mas somente construído *nesse* solo, pode originar-se algo de útil, seja lá o que for! Assim também a *justiça!* E esta repousa também, como todas as leis básicas, somente na clara e grande *simplicidade.*

O que não contém simplicidade em si, jamais será duradouro! A simplicidade das leis divinas não admite de outra forma! Será que o ser humano nunca aprenderá a compreender?

Ele pode reconhecer com exatidão nos acontecimentos de todos os tempos que só *lá,* onde todas as forças foram convergidas para *um só* ponto, pôde haver grandes sucessos! Isso mostra, pois, nitidamente, a necessidade da simplificação! Deveis, portanto, encontrar finalmente algo nisso! Cada pessoa conhece, sim, o perigo ameaçador que se apresenta *sempre* na dispersão.

Vede nisso a lei do poder de cada *simplificação!* A grandeza vitoriosa, que só chega à efetivação na *simplicidade.*

E, no entanto, perdestes a noção do valor de cada simplicidade. Só na simplicidade se mostra a verdadeira força, legítima nobreza, saber e graciosidade. Também na simplicidade da expressão e dos movimentos.

Tudo isso é perfeitamente conhecido por vós! E, contudo, não aprendeis a apreciar o valor específico; por isso não podeis também compreendê-lo, não podeis transmiti-lo para o vosso *pensar,* a fim de que então possa chegar à expressão em vosso falar e em vosso atuar.

O ser humano não consegue ser simples, assim como deveria aprender na Criação. Alcançar a grandeza da simplicidade em seus pensamentos e em suas ações torna-se não só difícil ao ser humano, mas até nem consegue mais! Tudo isso já se tornou inatingível para ele.

Por essa razão, também não compreende mais a simplicidade da linguagem e dos esclarecimentos que residem na Mensagem. Supõe, em seu modo torcido de pensar, que essa única maneira, certa e grande, seja demasiadamente infantil *para ele* e, por isso, nem possa conter algo de valioso. Assim, os valores reais dela também lhe permanecem fechados, porque *ele* não é capaz de

16. Vê, ser humano, como tens de caminhar... 113

assimilá-los. Não vê e nem reconhece o que é grande, poderoso, quando revestido de palavras simples. Isso resulta da *sua* incapacidade! No que se refere à simplicidade e à clareza, o espírito tem de desenvolver forças *dentro de si próprio,* ao passo que em relação a obstáculos através de confusão, o impulso para o desenvolvimento de forças chega a ele *de fora!* O espírito humano de hoje, porém, infelizmente *precisa* desse impulso *de fora,* a fim de poder ficar mais ou menos ativo. Por isso não suporta a simplicidade e a clareza. A simplicidade adormece-o, paralisa-o, porque é demasiado indolente para desenvolver forças por si e dentro de si próprio, as quais, unicamente, podem trazer-lhe verdadeiro proveito, auxiliando para cima.

Com a simplicidade e a clareza ao seu redor não consegue manter-se ativo. Sua força não é mais suficiente para isso, porque nunca a desenvolveu. Devido a essa indolência, porém, apresentam-se, bem naturalmente e de modo constante, os obstáculos que dessa forma cria para si. Esses obstáculos servem hoje a alguns como estimulante, como meio de incentivo no sentido já esclarecido. Entretanto, a fim de vencer esses obstáculos criados por eles próprios, consomem a mísera parte de força que lhes surge ao se defrontarem com esses obstáculos, e disso nada sobra para um autêntico progresso e ascensão, que só poderia iniciar-se depois de vencidos os obstáculos.

Se o caminho diante deles for novamente simples e claro, cansam-se dessa simplicidade, que não lhes é bastante "interessante", porque então não mais podem vangloriar-se de uma grandeza própria, e criam outra vez nova confusão, para que aquilo que façam "aparente" algo ou "soe" como se fosse algo.

Tudo isso ocorre sempre e sempre de novo, uma vez que aos espíritos humanos da época atual falta a autêntica grandeza própria.

Vedes isso também fisicamente nos ginastas. Enquanto se exibem em seus exercícios, desenvolvem força e habilidade com graça nos movimentos, onde se mostra o domínio do corpo. Há, porém, apenas poucos entre todos os ginastas da Terra que apresentam, constantemente, o domínio do corpo, isto é, também na vida cotidiana.

Lamentável é, muitas vezes, o porte quando sentados, conversando, de pé e também andando. Uma prova de que só desenvolvem sua força quando treinam ou se exibem, querendo, portanto, mostrar algo. Mas dominar o corpo o dia inteiro, vigorosamente, para o que se precisa de força *verdadeira*, e da qual o corpo tiraria dez vezes mais proveito do que fazendo ginástica algumas horas, essa força ele *não* pode reunir sem estímulo de fora, pois isso exige mais, muito mais!

Todas as ginásticas e exercícios especiais poderiam ser suprimidos tranquilamente, se o ser humano dominasse *realmente* a si próprio e a seu corpo, pois então cada músculo teria de permanecer continuamente em movimento, e isso exige força e vontade. Qualquer exercício especial dá sempre apenas um mísero sucedâneo da força consciente da grande simplicidade, que reside na naturalidade do autodomínio permanente.

Como com a ginástica, assim é em *todas* as coisas. O ser humano não necessita realizar algo de extravagante, tão logo caminhe através da Criação de *modo certo*. Tudo aí lhe é dado com simplicidade e tudo está dentro dele, sem que nisso tenha de ajudar artificialmente. Assim como os seres humanos para sua alimentação se valem de todos os estimulantes possíveis e impossíveis, a fim de incitar o corpo; assim como se servem de meios como o fumar e os entorpecentes para excitar os nervos, pertencentes ao corpo, e também o cérebro, considerando isso ilusoriamente como incentivador dos pensamentos; da mesma forma empregam confusão para o espírito, a fim de com isso se entregarem à presunção.

Devido a isso, apenas para tornar mais ou menos compreensível para vós, sou obrigado a formar muitas frases, sempre e sempre de novo, sobre coisas que na realidade teriam de provocar imediatamente um conceito bem simples! Constantemente eu luto por novas descrições sobre tudo quanto já falei, porque não consegui receber a simplicidade e a singeleza da Verdade e da vida, bem como da Criação, onde também vosso caminho e toda a vossa existência estão ancorados.

Nem devíeis ter de perguntar o que vos cumpre fazer e deixar de fazer! Destruí *em vós* o labirinto que cuidais e tratais tão

16. Vê, ser humano, como tens de caminhar... 115

desveladamente, produzindo com isso sempre apenas novo emaranhado através dos vossos pensamentos! Pensais *em demasia,* por esse motivo não podeis pensar *nada de fato,* nada que vos seja útil.

Lei de Deus Todo-Poderoso para vós é: A vós é concedido peregrinar através da Criação! Caminhai de tal maneira que não causeis sofrimento a outros, a fim de satisfazer com isso qualquer cobiça! Do contrário entrarão fios no tapete de vossos caminhos, que vos impedem a ascensão às alturas luminosas da atividade consciente e cheia de alegria, nos jardins de todos os reinos de vosso Deus!

Essa é a lei básica que contém para vós tudo quanto precisais saber. Seguindo-a, nada poderá acontecer-vos. Sereis conduzidos só *para cima,* por todos os fios criados por vosso pensar, vossa vontade e vosso atuar.

Por isso disse outrora o Filho de Deus com toda a simplicidade: "Amai vosso próximo como a vós mesmos!" No fundo, é exatamente o mesmo sentido.

A vós é permitido peregrinar através das Criações! Nisso reside a lei da *movimentação* contínua! Não deveis parar! Nem poderíeis, aliás, porque os fios que vós mesmos produzistes e que formam os vossos caminhos *sempre* vos impulsionam para diante, conforme sua espécie; ou para cima, ou para frente durante algum tempo, ou também para baixo. Nunca podereis ficar parados, mesmo se vós próprios o quisésseis!

E durante a peregrinação não deveis causar sofrimento a outros, que igual a vós também peregrinam através da Criação, a fim de satisfazer com isso qualquer cobiça!

Não é difícil compreender isso corretamente, pois intuindo serenamente sabeis muito bem quando, onde e como causais sofrimento a outros. O que ainda vos resta fazer aí é saber claramente tudo quanto se compreende por *cobiça!* Mas isso já vos foi claramente dito nos mandamentos! Não é necessário que eu repita mais uma vez.

Podeis desfrutar de *tudo* aqui na Criação, provar de tudo, só que não deve ser em prejuízo de vosso próximo! Isso, por sua vez, acontece exclusivamente quando vos tornais escravos de vossas cobiças.

Não deveis, contudo, considerar a cobiça de maneira por demais unilateral. Não se refere apenas a bens terrenos e ao corpo, mas também à cobiça de difamar a reputação de vosso próximo, dar lugar às próprias fraquezas e tantas coisas mais! O dar lugar às próprias fraquezas, porém, ainda é justamente hoje muito pouco considerado e, contudo, faz parte da satisfação da própria cobiça, para prejuízo ou sofrimento de vosso próximo! Espessos são os fios que aí se entrelaçam, detendo assim cada alma que tenha atuado dessa maneira.

Fazem parte disso a desconfiança e a inveja, a irritabilidade, a grosseria e a brutalidade; em suma, a falta de autodomínio e de educação, que outra coisa não significa senão a indispensável consideração para com o próximo, a qual *tem* de existir, onde a harmonia deva permanecer. E unicamente a harmonia beneficia a Criação e a vós próprios!

É uma espessa tecedura que disso se origina, razão pela qual tantos têm de cair, exatamente porque isso ainda é muito pouco considerado, causando ao próximo, contudo, inquietação, opressão, aborrecimento e frequentemente também pesado sofrimento. Em qualquer caso, porém, danos.

Quando os seres humanos se desleixam desse modo, origina--se logo através da irradiação do sangue, leve ou fortemente ativado, uma camada muito turva, que se coloca *separadoramente* entre o seu espírito e seus guias luminosos! Ele fica assim logo sozinho, totalmente desprotegido, e isso pode acarretar danos de tal monta, que nunca mais podem ser reparados!

Grave isto, todo aquele que quiser subir!

Este conselho é uma boia de salvação que pode livrá-lo de submergir e de se afogar. É o que há de *mais importante* para todos na vida terrena!

A vós é permitido peregrinar conscientemente através da Criação! Contudo, não deveis causar nenhum sofrimento a outros, a fim de satisfazer com isso uma cobiça própria! Vivei de acordo, então sereis felizes e ascendereis aos jardins luminosos de vosso Deus, para ali colaborar alegremente nos ulteriores e eternos desenvolvimentos desta Criação.

UMA NOVA LEI

EU VOS disse: "A vós é permitido peregrinar através das Criações por vosso desejo, tornando-vos autoconscientes; contudo, não deveis causar nenhum sofrimento a outros, a fim de satisfazer com isso a *própria* cobiça".

Nada existe na Criação que não vos seja permitido usufruir, no sentido em que a Criação vos dá, isto é, com a mesma finalidade para o que foi desenvolvido. Mas em muitas coisas não conheceis as finalidades específicas, cometendo o erro de muitos exageros, que têm de acarretar dano ao invés de proveito. Assim, muitas vezes o querer experimentar, o querer conhecer e o usufruir, crescendo, tornam-se em *pendor,* que, por fim, vos mantém agrilhoados, escravizando rapidamente a livre vontade, de modo que vos tornais, por vós próprios, *servos* ao invés de senhores!

Nunca vos deixeis subjugar pelos prazeres, porém tomai apenas aquilo que é necessário na vida terrena para a manutenção dos bens confiados a vós e respectivo desenvolvimento. Com o excesso impedis qualquer desenvolvimento, não importa tratar-se aí do corpo ou da alma. Com o excesso impedis da mesma maneira como com a omissão ou a insuficiência. Estorvais a grande evolução desejada por Deus! Tudo quanto quiserdes contrapor a esses erros, na melhor boa vontade de equilibrar, para reparar, permanece apenas serviço de reparação, deixando lugares remendados de feia apresentação e que jamais podem ter o aspecto de uma obra uniforme, sem remendos.

No cumprimento da promessa: "Tudo deve tornar-se novo", não se encontra o sentido de transformação, mas de uma *nova* formação *após* o desmoronamento de tudo quanto o espírito humano torceu e envenenou. E visto nada existir que o ser humano, em

17. Uma nova lei

sua presunção, ainda não tenha tocado nem envenenado, assim *tudo* tem de ruir, para *então* tornar-se novo, mas não segundo a vontade humana, como até agora, e sim segundo a vontade de Deus, que nunca foi compreendida pela alma humana corrompida por sua própria vontade.

A humanidade *tocou* em tudo quanto a vontade de Deus criou, contudo *não reconheceu,* conforme teria sido a obrigação de cada espírito humano. *Tocou* presunçosamente, considerando-se mestre e, com isso, apenas desvalorizou e conspurcou toda a pureza. Que sabe afinal o ser humano sobre o conceito de pureza! O que ele já fez de modo injurioso e mesquinho da ilimitada excelsitude da verdadeira pureza! Turvou esse conceito, falsificou-o, arrastou-o para seus baixios de suja cobiça, onde não conhece mais a intuição do seu espírito, seguindo apenas os limites estreitos do sentimento, criado pelo seu raciocínio através do efeito retroativo de seu próprio pensar. Mas o sentimento deverá tornar-se novamente puro no futuro!

O sentimento é, com relação à intuição, aquilo que o raciocínio deve tornar-se com relação ao espírito: um *instrumento* para a atuação na vida de matéria grosseira! Hoje, porém, o sentimento está sendo degradado e rebaixado a instrumento do raciocínio e, com isso, desonrado. Assim como com o pecado hereditário de um domínio do raciocínio, o espírito já fora rebaixado e algemado, o qual tem a intuição como expressão de sua atuação, da mesma forma o sentimento, mais grosseiro, produzido pelo raciocínio, teve de, simultânea e automaticamente, triunfar sobre a pureza da intuição espiritual, oprimindo-a e interceptando-lhe uma possibilidade de atuação sadia na Criação.

Aquele erro acarretou logicamente outro como consequência natural. Assim, acontece que os seres humanos, hoje, também nisso só seguram chumbo em lugar de ouro, sem se darem conta disso, e consideram esse chumbo como ouro, ao passo que nem conhecem mais a pura intuição.

Como, porém, o espírito deve ficar ligado com o raciocínio na graduação certa, o espírito dominando e conduzindo, e o raciocínio servindo como instrumento, preparando o caminho e criando possibilidades para a execução da vontade do espírito na

17. Uma nova lei

matéria, assim também deve a intuição, simultaneamente, agir conduzindo e vivificando, enquanto o sentimento, seguindo a condução, transmite a atuação para a matéria grosseira. Então, por fim, também o sentimento assumirá formas mais nobres bem rapidamente, apagando depressa, no voo às alturas, a ruína do lastimável conceito moral que só pôde surgir devido ao domínio do sentimento da época atual!

Se a atuação do sentimento for dirigida pela intuição, haverá então em todos os pensamentos e atos apenas beleza, equilíbrio e enobrecimento. Jamais exigências, mas apenas uma sagrada vontade de dar: isso deve ser levado a sério em tudo, inclusive no amor e no matrimônio.

Vós, míopes e mesquinhos, considerais puras, muitas vezes, pessoas que na realidade pertencem às mais abjetas, segundo as leis da Criação. Há muitos atos que vós, em vossa estreiteza de coração, considerais, sem mais nada, impuros e que, no entanto, são resplandecentemente puros, ao passo que muito daquilo que vós imaginais como puro é impuro.

A pureza da intuição eleva muitos atos a alturas por vós inimaginadas, os quais ainda quereis aqui conspurcar com zombarias e escárnios. Por isso, libertai em primeiro lugar, finalmente, a vossa *intuição,* para um critério e julgamento acertado entre o bem e o mal, pois do contrário tereis de errar!

Nem penseis que já "superastes" isto e aquilo em vós, enquanto não *estiverdes* em *perigo* e na possibilidade de ceder às fraquezas, na certeza de que ninguém saberá disso! Também a fuga para a solidão não traz vantagem real a ninguém, sendo exclusivamente prova de que tal pessoa se sente fraca demais para a luta ou cansada, talvez também tenha medo de si própria, de cair numa oportunidade que se oferecer.

Ser forte é diferente e *mostra-se diferente.* O forte segue seu caminho no meio de quaisquer perigos, firme e imutável. Não se deixa derrubar e, por si próprio, não se desvia, mas conhece e vê seu elevado alvo, cuja consecução lhe é mais valiosa do que tudo o mais que se lhe queira oferecer.

Torne-se agora o ser humano novo em tudo, novo e, *em si,* forte!

17. Uma nova lei

Para essa nova atuação dou-vos um conselho: "Não causeis mais nenhum sofrimento ao próximo, a fim de satisfazer com isso uma cobiça própria!" Ainda não vos compenetrastes de tudo quanto existe nisso. É o melhor bastão para a peregrinação de um ser humano através das partes da Criação, até o Paraíso!

Para tanto, dou-vos ainda um segundo conselho: "Cuidai *direito* dos bens confiados a vós na Terra, aos quais se inclui também o corpo terreno. Nunca deixeis que prazeres se tornem pendores, assim permaneceis livres de correntes que vos mantêm embaixo."

Na Terra devia ser condição, para cada pessoa que se esforça seriamente, que o tratamento por "tu" devesse, mutuamente, permanecer rigorosamente sagrado! Só em casos *excepcionais* pode ser utilizado ou oferecido. No mundo de matéria fina, no assim chamado "Além", isso é diferente. Lá os limites de maturidade espiritual são *rigorosamente demarcados* e não podem ser transpostos sem mais nada. *Lá* convivem as verdadeiras espécies iguais segundo a lei da Criação, e *unicamente igual espécie dá direito ao "tu"*.

Na matéria grosseira, porém, esses limites ainda têm de ser demarcados. Aqui o corpo terreno de matéria grosseira possibilita uma estreita coexistência dos espíritos de *todos* os graus de maturidade, como jamais ocorre em lugar algum nos demais planos.

Por isso, traçai para o futuro um limite, cuja necessidade e cujo grande valor por certo não podeis compreender inteiramente.

Já me referi uma vez a isso na minha Mensagem, na dissertação "O beijo de amizade". Pertence a isso o hábito *disseminador de veneno* de se dizer reciprocamente "tu", rompendo e transpondo um dos mais necessários limites na matéria grosseira. Um limite que vos proporciona um apoio, que não sois capazes de avaliar.

Assim, a cada um que se esforça para a Luz, há de tornar-se *mandamento,* que use de parcimônia no oferecimento do íntimo "tu" ao seu próximo. Melhor que evite completamente!

Recusai-o se ele vos for oferecido, salvo nos casos em que se trata de uma séria união para a vida terrena, portanto no

17. Uma nova lei

matrimônio! *Após anos* reconhecereis qual o valor contido neste mandamento. Fico sempre tomado de horror quando ouço algo a esse respeito, pois conheço o mal que reside em tal uso. Contudo, nenhuma pessoa tem a mínima ideia disso.

Com esse "tu" alemão, que corporifica um conceito todo peculiar, cada alma concretiza uma ligação, a qual é capaz de perdurar além do túmulo! Determinados fios se interligam imediatamente através desse "tu", de um para o outro, os quais absolutamente não são inofensivos. Fios que podem manter espíritos embaixo, inclusive aqueles que seriam capazes de ascender. Pois apenas raramente sucederá que dois espíritos, que se ligam com isso, tenham a mesma maturidade em todas as coisas, encontrando-se, portanto, espiritualmente de fato no mesmo degrau.

E onde dois que se ligam forem desiguais, o mais elevado é *arrastado para baixo*, de acordo com a lei; o inferior, porém, jamais sobe! Pois na Criação unicamente o mais elevado poderá descer para planos mais baixos, jamais, porém, um espírito pode dar um passo acima do lugar onde se encontra!

Portanto, numa ligação voluntária mais estreita de dois espíritos de maturidade desigual, o mais elevado *tem* de descer ou será retido pelo outro, que ainda ficou para trás no amadurecimento e que pende no primeiro, através da ligação, como um peso. Não é qualquer um que tem a força de conduzir o menos amadurecido de tal modo, que este ascenda até ele. Trata-se de exceções, com as quais não se deve contar. E um desligamento total, após a ligação voluntária, não é fácil.

Nisso reside uma realidade com cujo horror o ser humano terreno jamais contou! Passa levianamente sobre esses abismos, na existência terrena, ficando impedido, em *qualquer caso,* sem exceção, assim que transgride essa lei! É frequentemente retido por um cipoal invisível, igualmente como ocorre com um nadador quando mergulha em lugares que desconhece.

Chegará o tempo em que ficareis livres desse perigo que na Terra exige muitas vítimas diariamente, a cada hora. Ficareis livres através do saber! Então também os matrimônios serão diferentes, as amizades e as demais ligações, todas que trazem, pois, em si, nitidamente, a expressão "ligação". Com isso, terminarão todas as brigas entre amigos, desaparecerão as odiosidades e a incompreensão, tudo se transformará na mais perfeita harmonia pela obediência dessa lei até hoje não compreendida.

Até lá, porém, só podeis ser ajudados com o conselho: sede cautelosos com o íntimo "tu"! Essa obediência vos protege de muitíssimo sofrimento! Pode encurtar-vos, por milênios, a ascensão espiritual! Não o esqueçais, mesmo que nada hoje compreendais disso. Dou-vos assim a melhor arma para evitardes cipoais de espécies fino-materiais!

Na matéria grosseira precisais mais mandamentos do que nos mundos de matéria fina, onde todos os espíritos humanos só podem conviver com sua igual espécie, mesmo que essa igual espécie tenha muitas gradações, apresentando com isso múltiplas formas.

Pelo cumprimento deste conselho, vós vos tornais agora livres de um pesado e inútil fardo com que a humanidade sempre de novo se sobrecarrega.

Não tomeis nenhum exemplo do Além, que está submetido a leis mais simples. Também os que lá se encontram têm de aprender primeiro no novo tempo, prometido como o tempo do Milênio. Não são mais inteligentes do que vós, e sabem também apenas aquilo que é necessário saber para seu plano. Por isso, ainda terá de ser cortada essa ligação dos espíritas, lá onde somente traz desgraça, através de equívocos e tola presunção, que já trouxe tantas interpretações erradas de muitas coisas de valor, confundindo com isso as massas ou impedindo-as *agora* de reconhecer a Verdade.

Não vos deixeis confundir, mas *atentai* em meu conselho. É para *vosso* auxílio e poderíeis desde já reconhecer facilmente o valor, se olhásseis mais atentamente em vosso redor! Não deveis agora, sem motivo, suprimir algo que acaso já exista. Com isso não se consegue nenhuma solução. Seria a tentativa de uma transformação errada e insalubre! Mas agora deveis agir nisso *de modo diferente,* não mais impensada e levianamente. Deveis construir de maneira totalmente nova. O velho rui por si mesmo.

E se eu ainda vos disser:

17. Uma nova lei

"Uma pessoa nunca deve conviver com outra, a quem não possa prezar!", então tereis para vossa existência terrena *aquilo, que vos permitirá ficar livres de carma.* Tomai isto como princípio em vosso caminho.

Contudo, para poder subir, tem de existir em vós a saudade do puro e luminoso reino de Deus! A *saudade* disso soergue o espírito! Por conseguinte, *pensai* permanentemente em Deus e em Sua vontade! Contudo, não formeis disso uma imagem! Teria de ser errada, porque o espírito humano não pode conceber o conceito de Deus. Por isso lhe é dado compreender a *vontade* de Deus, a qual tem de procurar sinceramente e com humildade. *Tendo reconhecido a vontade, então nela reconhecerá Deus!* Tão somente esse é o caminho para Ele!

Até agora, entretanto, o ser humano ainda não se empenhou direito em compreender a vontade de Deus, em encontrá-la; pelo contrário, tem anteposto sempre a vontade *humana,* exclusivamente! Vontade essa que se originou dele próprio, como corporificação dos desejos humanos e do instinto de autoconservação, o que não está de acordo com as automáticas vibrações ascendentes de todas as leis primordiais da Criação!

Encontrai, portanto, o caminho para a verdadeira vontade de Deus na Criação; nisso, então, reconhecereis Deus!

DEVER E FIDELIDADE

O CUMPRIMENTO do dever sempre foi considerado como virtude máxima de um ser humano. Ocupava em todos os povos uma posição mais alta do que tudo o mais, mais alta ainda do que a própria vida. Foi de tal modo apreciado, que até conservou o primeiro lugar também entre os seres humanos de raciocínio, aos quais, por fim, nada era mais sagrado do que o próprio raciocínio, ao qual se submetiam como escravos.

A consciência do indispensável cumprimento do dever permaneceu, e nem o domínio do raciocínio pôde intervir nisso. As trevas, porém, descobriram um ponto de ataque e roeram a *raiz*. Também aqui, como em tudo, alteraram o *conceito*. A ideia do cumprimento do dever permaneceu, mas os *deveres propriamente* foram estabelecidos pelo raciocínio, tornando-se assim presos à Terra, fragmentários e imperfeitos.

É, portanto, natural que muitas vezes uma pessoa intuitiva não possa admitir determinados deveres a ela atribuídos como certos. Chega a um dilema consigo mesma. O cumprimento do dever é considerado também por ela como uma das leis mais altas que uma pessoa deva cumprir e, não obstante, tem ao mesmo tempo de dizer a si mesma que, cumprindo os deveres que lhe são impostos, age às vezes contra sua convicção.

A consequência disso é que não só no íntimo da pessoa que assim se aflige, mas também no mundo de matéria fina, surgem, devido a essa circunstância, formas que causam descontentamento e discórdias também em outros. E, devido a isso, transmite-se em círculos muito amplos uma mania de crítica e descontentamento, cuja causa propriamente dita ninguém é capaz de encontrar. Não é reconhecível porque o efeito vem da matéria fina. Por intermédio das formas vivas que uma pessoa intuitiva

18. Dever e fidelidade

cria, na discordância entre o seu anseio para o cumprimento do dever e o anseio diferente de sua intuição.

Aqui deve, pois, ocorrer uma modificação, a fim de acabar com esse mal. Dever e convicção íntima devem sempre estar *de acordo* um com o outro. É errado um ser humano empenhar a vida no cumprimento de um dever que ele intimamente não pode admitir como certo!

Somente na concordância entre a convicção e o dever, cada sacrifício ganha real valor. Mas se o ser humano empenha a sua vida no cumprimento de um dever, *sem* convicção, rebaixa--se então a um soldado venal, que luta a serviço de outros por causa de dinheiro, semelhante aos mercenários. Dessa forma, tal maneira de lutar se torna assassínio!

Se alguém, porém, empenha sua vida por convicção, então possui mesmo amor à causa pela qual resolveu lutar voluntariamente.

E unicamente isso tem para ele alto valor! Tem de fazê-lo por amor. Por amor à *causa!* Dessa forma, também o dever que ele assim cumpre se tornará *vivo* e será erguido tão alto, a ponto de colocar o seu cumprimento acima de tudo.

Separa-se assim automaticamente o morto e rígido cumprimento do dever, do vivo. E só o que é vivo tem valor e efeito espiritual. Tudo o mais pode servir apenas a finalidades terrenas e do raciocínio, proporcionando vantagens a elas, e isso também não permanentemente, mas apenas de modo passageiro, uma vez que unicamente o que é vivo consegue existência permanente.

Assim, o cumprimento do dever proveniente da convicção torna-se legítima fidelidade pela própria vontade e natural para quem o exerce. Não quer e nem pode agir de modo diferente, nao pode aí tropeçar e nem cair, pois a fidelidade lhe é legítima, está estreitamente ligada a ele, sim, é até uma parte dele, a qual nao é capaz de colocar de lado.

Obediência cega, cumprimento cego do dever é, por isso, de tão pouco valor como crença cega! A ambas falta a vida, porque nelas falta o amor!

Só nisso o ser humano reconhece logo a diferença entre a legítima consciência do dever e o sentimento do dever apenas inculcado. Um brota da intuição, o outro é compreendido somente

18. Dever e fidelidade

pelo raciocínio. Por essa razão, amor e dever nunca podem estar em oposição, pois são *um só*, onde sejam intuídos de maneira *legítima*, florescendo deles a fidelidade. Onde falta o amor, também não há vida, lá tudo está morto. A tal respeito Cristo já se referiu muitas vezes. Está nas leis primordiais da Criação, por isso é universal, sem exceções.

O cumprimento do dever que brota de uma alma humana, espontâneo e radioso, e aquele que é feito por uma recompensa terrena jamais poderão ser confundidos um com o outro, ao contrário, são mui facilmente reconhecíveis. Deixai, portanto, a legítima fidelidade surgir em vós, ou permanecei afastados dali onde não puderdes manter a fidelidade.

Fidelidade! Tantas vezes decantada e, não obstante, nunca compreendida! Como em tudo, o ser humano terreno também rebaixou profundamente o conceito da fidelidade, restringiu-o e comprimiu-o em formas rígidas. O grande, o livre e o belo disso se tornaram inexpressivos e frios. O que é natural foi *forçado!*

Pelos conceitos de hoje, a fidelidade deixou de pertencer à nobreza da alma, foi transformada em uma qualidade do caráter. Uma diferença como entre o dia e a noite. Assim, a fidelidade ficou sem alma. Tornou-se um dever, onde é indispensável. Desse modo foi declarada autônoma, encontra-se sobre bases próprias, inteiramente por si e, por isso... errada! Também ela foi torcida e deformada pelo sentido dos seres humanos.

Fidelidade *não* é algo autônomo, mas somente qualidade do amor! Do *verdadeiro* amor que tudo abrange. Abranger tudo, porém, não significa acaso abarcar tudo ao mesmo tempo, segundo a concepção humana, que chega à expressão nas conhecidas palavras: "Abraçar o mundo!" Abranger tudo significa: *poder ser estendido para tudo!* Para o que é pessoal, como também para o que é objetivo! Não está ligado a algo bem definido, nem destinado a ser unilateral.

O verdadeiro amor nada exclui do que é puro ou do que é conservado puro, quer se trate de pessoas ou da pátria, bem como do trabalho ou da natureza. *Nisso* reside o abrangimento. E a *qualidade desse* amor *verdadeiro* é a fidelidade, que não deve ser imaginada de modo mesquinho e restrito terrenamente, como o conceito da castidade.

18. Dever e fidelidade

Verdadeira fidelidade sem amor não existe, da mesma forma que não há verdadeiro amor sem fidelidade. O ser humano terreno de hoje, porém, designa o cumprimento do dever como fidelidade! Uma forma *rígida,* onde a alma não precisa vibrar em conjunto. Isso é errado. A fidelidade é *somente* uma qualidade do verdadeiro amor, que está fundido com a justiça, mas que nada tem a ver com estar enamorado.

A fidelidade reside nas vibrações intuitivas do espírito, tornando-se assim uma qualidade da alma.

Hoje, muitas vezes, no cumprimento do dever, uma pessoa serve firmemente a outra pessoa, a quem interiormente tem de desprezar. Isso naturalmente não se pode designar como fidelidade, mas sim permanece meramente cumprimento de deveres terrenos assumidos. É uma questão puramente *externa,* que pode trazer à pessoa, reciprocamente, *também somente* proveitos *exteriores,* quer seja prestígio ou vantagens terrenas.

Verdadeira fidelidade não se pode estabelecer em tais casos, uma vez que ela exige oferecimento *voluntário* juntamente com o amor, do qual não pode ser separada. Por essa razão, a fidelidade nem pode atuar sozinha!

Mas se os seres humanos vivessem de acordo com o verdadeiro amor, conforme é desejado por Deus, então essa circunstância, unicamente, daria a alavanca para modificar muito entre os seres humanos, sim, tudo! Então nenhuma pessoa, interiormente desprezível, conseguiria persistir mais, ainda menos ter sucessos aqui na Terra. Haveria imediatamente uma grande purificação.

Pessoas interiormente desprezíveis não usufruiriam honrarias terrenas, nem ocupariam cargos, pois saber do raciocínio, unicamente, não deve dar direito a exercer um cargo!

Dessa forma, o cumprimento do dever se tornaria sempre absoluta alegria, e cada trabalho, um prazer, porque todos os pensamentos e todos os atos estariam completamente traspassados pelo verdadeiro amor desejado por Deus, conduzindo consigo também a fidelidade, ao lado de uma inabalável intuição de justiça. Aquela fidelidade que por si própria permanece imutável, como algo natural, não considerada como mérito que deva ser recompensado.

BELEZA DOS POVOS

A TERRA está sendo agora cingida pela Luz. Fecha-se de modo firme um forte invólucro em redor do globo, para que as trevas não possam escapar, e a pressão se torna cada vez mais forte, comprimindo incisivamente todo o mal, de maneira que círculo após círculo de todos os acontecimentos têm de fechar-se, para que o fim seja ligado ao começo. Lanças de Luz e flechas de Luz atravessam o ar zunindo, espadas de Luz cintilam, e os asseclas de Lúcifer são duramente açoitados até o aniquilamento. *Sagrada vitória para a Luz aqui na Terra!* Assim é a vontade onipotente de Deus. Luz haja por toda parte, inclusive entre todos os erros da humanidade, para que ela reconheça agora a veracidade. —

Para bênção de todos os povos, deve iniciar-se o novo e grande tempo, para que se sintam felizes no solo a que pertencem e, exatamente de acordo com sua raça, cheguem então à plena florescência e possam dar os mais ricos frutos, sendo toda a sua atuação, para com a humanidade terrena inteira, apenas harmoniosamente beneficiadora.

Assim ressurgirá a beleza! A Terra inteira se tornará um quadro de beleza, como se tivesse saído da mão do grande Criador, pois então os espíritos humanos vibrarão no mesmo sentido e seu alegre atuar se elevará às alturas luminosas qual jubilosa oração de agradecimento, refletindo lá no alto toda a harmonia da felicidade que esta Terra mostra!

Mas essa beleza desejada por Deus não poderá surgir, enquanto os dirigentes procurarem introduzir à força hábitos e costumes estranhos, estranhas roupas e estranhos estilos de construções ao seu povo, ao seu país, na ilusão de que assim se efetue um

19. Beleza dos povos

progresso para o seu povo. Imitação não é elevação, não é nenhuma obra própria! Uma uniformização nesse sentido é errada!

Nisso a melhor medida é o senso de beleza que vos é dado para reconhecerdes o que está certo e o que está errado em tais coisas! Entregai-vos ao original e *verdadeiro senso de beleza* e nunca podereis errar, pois ele está ligado às leis primordiais da Criação, é a expressão de um saber ainda oculto sobre a perfeição, um indicador de caminho infalível para cada *espírito*, pois unicamente todo o *espiritual*, nesta Criação posterior, tem a capacidade de reconhecer, numa bem determinada maturidade, a verdadeira beleza com consciência plena!

Mas também nisso já há muito apagastes, infelizmente, a singela intuição, através do pecado original agora conhecido por vós e suas nefastas consequências, através do domínio do raciocínio, que criou caricaturas em tudo. A forma que ele colocou no lugar do conceito da verdadeira beleza é a tolice da moda, à qual vossa vaidade se submeteu de muito bom grado. A loucura da moda sepultou completamente o vosso senso de beleza para formas nobres e graciosas, o qual foi dado ao vosso *espírito* como norma e bastão nesta existência grosso-terrenal, de maneira que assim tínheis de perder um forte apoio por culpa própria!

Do contrário intuiríeis, *saberíeis* sempre e imediatamente, em *todas* as situações da vida e em *todos* os lugares, onde algo não estivesse certo, porque por toda parte onde vosso senso de beleza não puder vibrar alegremente, a harmonia severamente condicionada pela lei da Criação não existe *assim* como deve ser. E onde falta harmonia, também não há beleza.

Olhai o chinês de cartola, igualmente o japonês e o turco. Caricaturas de cultura europeia. Olhai a japonesa que agora se veste à europeia, e contemplai-a depois nos trajes de sua *própria* terra! Que diferença! Quanto ela perde nos trajes estranhos à sua terra! Para ela é uma grande perda. —

Unicamente o soerguimento da própria cultura constitui verdadeiro progresso para cada povo! Sim, em tudo deve haver *ascensão,* e nenhuma estagnação. Mas essa ascensão no progresso deve sempre ocorrer no *próprio* solo e partir *dele,* e não pela aceitação de coisas estranhas, do contrário nunca será progresso. A própria palavra progresso, em seu verdadeiro sentido, já rejeita imitações. O *progresso* de um povo só pode florescer, pois, daquilo que já possui, e não da aceitação de algo emprestado. Aceitação não é progresso algum, o qual se mostra nas consequências do que existe; isso já deveria incentivar a reflexão. O emprestado ou aceito também não é propriedade, mesmo quando se queira torná-lo próprio. Não é aquisição própria, não é o resultado do próprio espírito de um povo, unicamente do que poderia e deveria orgulhar-se!

Nisso reside também uma grande incumbência para todos os que vivem além-mar: deixar crescer lá cada povo *em si mesmo,* completamente por si, com as próprias capacidades, que são tão diferentes entre os muitos povos desta Terra. Todos devem florescer *segundo a espécie do solo em que se originaram.* Devem permanecer adaptados a esse solo, a fim de desenvolver nele *aquela* beleza que vibra harmoniosamente com os demais na Terra. A verdadeira harmonia, porém, origina-se exatamente pela *diversidade,* e não acaso pela uniformização de todos os povos. Se isso tivesse sido desejado, então existiria apenas *um* país e um povo. Contudo, ocorreria aí em breve uma estagnação e, por fim, um fenecer e morrer, por faltar o revigoramento que se efetiva pela complementação!

Contemplai, nesse sentido, as flores nas campinas, que, justamente devido à sua diversidade, vivificam e refrescam, sim, proporcionam felicidade!

Mas a inobservância de tais leis de evolução se vingará amargamente nos povos, pois também isso traz, por fim, retrocesso e ruína, jamais ascensão, porque falta nisso toda salubridade. O ser humano não pode opor-se a coisas, às quais ele, como cada criatura, está sujeito, de forma que jamais conseguirá algo onde não leve em conta as leis vivas entretecidas nesta Criação. Onde atuar contra elas, não as observando, mais cedo ou mais tarde *terá* de naufragar. Quanto mais tarde, tanto pior. Nisso cada dirigente terá de arcar com a responsabilidade principal daquilo que errou em virtude de *sua* sintonização errada. Terá de sofrer então pelo povo inteiro, que em sua aflição se agarra espiritualmente a ele, de modo firme! —

19. Beleza dos povos

Repito mais uma vez: unicamente o soerguimento da própria cultura constitui verdadeiro progresso para cada povo! Adaptado ao solo, ao clima e à raça! O ser humano tem de *enraizar-se ao solo,* no mais puro sentido, se quiser crescer e se espera auxílio da Luz! Nada de aceitação dos hábitos e costumes de povos de índole estranha, bem como de concepções estranhas. O enraizamento ao solo é condição básica e garante, por si só, o saneamento, a força e o amadurecimento!

Acaso o ser humano ainda não aprendeu suficientemente com as tristes experiências que frequentemente provocou com os presentes de sua própria cultura a povos estranhos, tendo que vivenciar depois a sua decadência? Apenas bem poucos foram levados a refletir a esse respeito. Mas também essas reflexões até agora sumiram na areia e não encontraram nenhuma base que pudesse segurar uma âncora.

Remover o mal e criar uma vida nova, alegre e rica nos países de além-mar é uma missão incisiva. Tal obra é transformadora, porque atingirá, em suas consequências, *todos* os povos da Terra, de modo beneficiador e saneador, e até feliz!

ESTÁ CONSUMADO!

Está consumado! Estas graves palavras do Filho de Deus foram acolhidas pela humanidade e apresentadas como conclusão da obra de salvação, como coroação de um sacrifício, que Deus ofereceu por toda a culpa dos seres humanos terrenos.

Por isso, os fiéis cristãos deixam atuar sobre si com um estremecimento de gratidão o eco dessas palavras, desencadeando-se então, com um profundo suspiro, a confortável sensação de estarem abrigados.

Contudo, essa *sensação* não tem aqui nenhum fundamento legítimo, mas sim decorre exclusivamente de uma imaginação vazia. Mais ou menos oculta reside nisso sempre em cada alma humana uma temerosa pergunta: Como foi possível tamanho sacrifício da parte de Deus? A humanidade vale tanto para Ele?

E essa temerosa pergunta é justificada, pois provém da intuição e deve ser uma advertência!

O espírito revolta-se contra isso e quer falar através da intuição. Por isso, essa exortação jamais se deixa aplacar por palavras vazias que residem na indicação de que Deus é *amor* e que o amor divino permanece incompreensível ao ser humano.

Com tais palavras pretende-se preencher lacunas, onde falta um saber.

Contudo, o tempo para palavrórios vazios passou. O espírito agora tem de despertar! É *obrigado*, pois não lhe resta outra escolha.

Quem se satisfaz com evasivas em coisas que contêm a salvação dos seres humanos, apresenta-se espiritualmente indolente ante as questões mais importantes desta Criação e, com isso,

20. Está consumado!

indiferente e preguiçoso em face das leis de Deus, que residem nesta Criação.

Está consumado! Este foi o derradeiro suspiro de Jesus ao encerrar sua existência terrena e, com isso, seus sofrimentos provocados pelos seres humanos!

Não *para* os seres humanos, como estes em sua presunção irresponsável procuram iludir-se, mas sim provocados *pelos* seres humanos! Foi a expressão de alívio por ter o sofrimento chegado ao fim e, com isso, a confirmação especial da gravidade daquilo que já tinha sofrido.

Com isso ele não quis acusar, porque, como corporificação do amor, jamais acusaria; contudo, as leis de Deus, apesar disso, atuam inabaláveis e inevitáveis por toda parte, portanto também aqui. E justamente aqui de modo duplamente grave, pois esse grande *sofrimento sem ódio* recai, segundo a lei, dez vezes sobre os autores desse sofrimento!

O ser humano não deve esquecer que Deus também é a própria *justiça* em intangível perfeição! Quem duvidar disso peca contra Deus e zomba da perfeição!

Deus é lei viva e imutável de eternidade a eternidade! Como pode atrever-se um ser humano a duvidar disso, mediante o desejo de que uma expiação possa ser aceita por Deus, por intermédio de alguém que não introduziu a culpa na Criação, que não é o próprio causador!

Algo assim nem mesmo *terrenamente* é possível, tanto menos ainda no divino! Quem dentre vós, seres humanos, julgaria provável que um juiz terreno fosse capaz, conscientemente, de mandar executar uma pessoa absolutamente inocente da ação, em lugar de um assassino, deixando assim passar sem castigo o verdadeiro assassino! Nenhum dentre vós consideraria certo tal absurdo! Com relação a Deus, porém, permitis que as pessoas vos digam tal coisa, sem vos opordes a isso, mesmo que seja apenas interiormente!

Aceitais isso até agradecidos e procurais sempre abafar, como algo injusto, a voz que se manifesta dentro de vós, para vos estimular a refletir a respeito!

Digo-vos que a atuação da lei viva de Deus não atenta para as concepções erradas, às quais procurais entregar-vos contra vossa

20. Está consumado!

própria convicção, pelo contrário, ela recai agora pesadamente sobre vós, trazendo simultaneamente seus efeitos também devido ao delito de tal pensar errado! Despertai, a fim de que não seja tarde demais para vós! Libertai-vos de concepções entorpecedoras, as quais jamais se deixarão harmonizar com a justiça divina, do contrário poderá acontecer que dessa sonolência indolente resulte o sono da morte para vós, devendo advir como consequência a morte espiritual!

Tendes pensado até agora que o divino deve deixar-se escarnecer e perseguir impunemente, ao passo que vós, seres humanos terrenos, quereis reclamar para vós próprios a verdadeira justiça! A grandeza de Deus deve consistir, segundo vós, no fato de que Ele pode sofrer por vós e ainda oferecer a vós algo de bom em troca do mal que Lhe fazeis! Uma coisa dessas chamais divino, porque, segundo vossas concepções, apenas um Deus poderia realizar isso.

Definis, portanto, o ser humano como muito mais justo do que Deus! Em Deus quereis reconhecer apenas tudo quanto é inverossímil, mas somente lá onde isso vos sirva da melhor forma! Nunca diferentemente! Pois do contrário logo gritais pelo justo Deus, quando algo ameace voltar-se contra vós!

Vós próprios tendes de reconhecer, pois, como é pueril tal concepção unilateral! O rubor da vergonha tem de subir em vossas faces quando pelo menos uma vez fizerdes a tentativa de refletir direito sobre isso!

Segundo vossa opinião, Deus, por intermédio de Sua indulgência, cultivaria e fortaleceria, sim, o que é vil e baixo! Ó tolos, assimilai a verdade:

Deus age nesta Criação com relação às criaturas, portanto também convosco, exclusivamente através das leis férreas que nela estão firmemente ancoradas desde o início! São inflexíveis, intangíveis, e sua atuação ocorre sempre com infalível segurança. É também irresistível e esmaga o que procurar se colocar no seu caminho, em vez de se *inserir sabiamente* no seu vibrar.

Saber, no entanto, é humildade! Pois quem possui o verdadeiro saber nunca pode excluir a humildade. São como um só. Com o verdadeiro saber surge, ao mesmo tempo, a humildade

20. *Está consumado!* 135

como algo natural. Onde não existe humildade, nunca existe, também, verdadeiro saber! *Humildade, porém, é liberdade!* Só na humildade reside a legítima liberdade de cada espírito humano! Tomai isso como guia! E jamais esqueçais que o *amor* de Deus não se deixa separar da *justiça!* Assim como Deus é o amor, Ele também é a justiça viva! Ele *é,* sim, a lei! Assimilai, finalmente, esse fato e colocai-o agora como base de vosso pensar para todo o sempre. Então jamais perdereis o caminho certo para a convicção da grandeza de Deus, e a *reconhecereis* em vosso redor, bem como na observação da vida cotidiana! Por isso, sede espiritualmente vigilantes!

NO LIMITE DA MATÉRIA GROSSEIRA

MILHÕES de seres humanos terrenos se denominam buscadores, mas não o são! Entre a busca humilde e a pesquisa arrogante e vaidosa existe uma grande diferença! Mesmo assim eles se denominam buscadores da Verdade e até presumem já serem sábios nesse pesquisar.

Tal presunção poderia ser classificada, simplesmente, de ridícula e grotesca, se tantas vezes não tivesse perigos em si, fato que sempre ocorreu. Pois pesquisar, sondar, é *apenas* trabalho do raciocínio. O que pode, porém, esse raciocínio, que provém de cérebros de matéria grosseira e, por isso, também sujeito às leis primordiais da Criação de matéria grosseira, pesquisar do que é *espiritual,* do qual em espécie nada tem de análogo. *Nesse único fato, inteiramente natural, já tem de malograr tudo!*

Já no limite da parte fina da matéria grosseira o ser humano não pode prosseguir com sua vontade de pesquisar.

A matéria fina é e permanecerá para o raciocínio humano uma espécie estranha, com a qual não pode estabelecer ligação. Sem ligação, porém, nunca pode haver uma compreensão, nem mesmo um enxergar ou um escutar, menos ainda um pesquisar, examinar ou classificar nos conceitos de matéria grosseira que ao raciocínio não podem faltar, como prova de que se encontra sob as leis de matéria grosseira, às quais permanece firmemente ligado.

Assim, cada "buscador" de até então, ou *"pesquisador espiritual",* permaneceu sempre estreitamente ligado à matéria grosseira e nunca pôde ir além de seus limites mais finos, mesmo com reais feitos de valor. A lei primordial da Criação o retém ferreamente. Não há para ele nenhuma possibilidade de prosseguir.

Por essa razão, também tinham de malograr frequentemente, de modo tão calamitoso, muitas das chamadas comissões

21. No limite da matéria grosseira 137

examinadoras, que se dignavam ou que se sentiam credenciadas a "examinar" características mediúnicas e seus resultados, no que se refere à sua legitimidade, a fim de pronunciar um julgamento, segundo o qual a humanidade devesse orientar-se.

Calamitoso malogro esteve sempre ao lado desses *examinadores,* embora quisessem deixar parecer o contrário, acreditando também eles mesmos, certamente, no seu julgamento. A consequência das inflexíveis leis da Criação, porém, prova o contrário e fala *contra* eles.

E qualquer outra argumentação é contra a inabalabilidade das leis divinas, portanto obra humana errada e enganadora, à qual a baixa vaidade e a presunção da mais estreita limitação servem como motivo propulsor.

Pelo mesmo motivo, também os tribunais terrenos enfrentam hostilmente todos os acontecimentos de matéria fina, porque simplesmente não estão em condições de se familiarizar com coisas que se encontram tão extremamente distantes da sua compreensão.

Isso, porém, é erro deles próprios, como consequência de seu estreitamento, que criaram para si devido à indolência de seu espírito, o qual deixam dormir calmamente, enquanto consideram o *raciocínio* terreno, que se origina da matéria grosseira, como seu *espírito,* prezando-o como tal. Não são sempre, absolutamente, erros daqueles a quem eles intimam. Não obstante, jamais hesitaram em julgar coisas que não compreendem, de modo contrário às leis divinas! Mais ainda, devido a essa incompreensão, muitas vezes procuraram atribuir a reais fenômenos de matéria fina, bem como espirituais, o propósito de consciente mistificação, de fraude até!

É a mesma maneira de agir daquela praticada outrora pelas igrejas e juízes profanos, nos processos contra a bruxaria; nada diferente. Não é menos repugnante e mesquinho, e infringe do mesmo modo todas as leis primordiais da Criação, como naquela época.

Exceções, em que embusteiros de verdade procuram explorar uma coisa em benefício próprio, encontram-se em *todas* as espécies de atividade desses seres humanos terrenos, sem que por isso se deva tratar de antemão toda a classe sempre com desconfiança. Em cada ofício, bem como em cada ciência, em todos os ramos das diversas profissões. Mas esses, por fim, são também reconhecíveis sempre sem dificuldades, visto que a má intenção não pode esconder-se permanentemente.

Por isso, deverá parecer tanto mais evidente ao observador sereno a esquisita hostilidade dos tribunais terrenos, bem como de todos os seres humanos de raciocínio! Observando mais de perto, facilmente então se descobre que somente a pressão de uma total incapacidade em relação a essas coisas é o ponto de partida, o motivo propulsor para esse incondicional antagonismo e a vontade de oprimir.

Hoje, realmente, nenhuma pessoa faz uma ideia da grandeza, da pureza e, com isso, da extraordinária simplicidade e verdadeiramente fácil compreensibilidade das leis básicas da Criação, pelas quais as leis terrenas e as igrejas *têm* de orientar-se, se quiserem estar certas, justas e, com isso, também do agrado de Deus! Diferentemente não podem e nem devem, sem causar danos a si próprias e a seus semelhantes.

Para todas as criaturas nada diferente existe, pois, na Criação, do que essas inabaláveis leis de Deus, das quais elas se originaram e às quais também têm de enquadrar-se, se não quiserem ser nocivas na Criação. Também o ser humano, como criatura, tem de finalmente dar-se ao trabalho de orientar-se de acordo, se não quiser destruir-se devido à sua leviandade, à sua arrogância e à sutileza do raciocínio tão estreitamente ligada a isso. Pois o raciocínio desempenha na grande Criação somente um pequeno papel, servindo meramente para o movimento na mais grosseira materialidade. Aquilo que se encontra além desses limites, ele jamais conseguirá compreender e, por essa razão, também jamais poderá atuar naquilo, menos ainda julgar a respeito.

Todo o saber de que a humanidade terrena dispõe hoje, e do qual se mostra orgulhosa, move-se *somente* no reino da matéria grosseira, não indo além! Isso mostra quão exíguo é semelhante saber, pois a matéria grosseira é a *mais baixa* de todos os círculos da Criação, a mais densa e a mais pesada e, com isso, a mais limitada nos conceitos desta Criação posterior!

Também vossos pensamentos são de espécie grosso-material apenas, como produtos do cérebro! Pertencem à parte fina da matéria grosseira, na qual também se incluem, portanto, todas as

21. No limite da matéria grosseira 139

formas de pensamentos, que frequentemente podem ser vistas pelos médiuns. Estes, no entanto, julgam que seja no reino da matéria fina ou mesmo no espiritual. Já me referi, anteriormente, numa dissertação, sobre as formas de pensamentos, falei também dos centros que se originam delas, mas não das regiões ou das espécies a que pertencem. Os pensamentos, bem como as formas de pensamentos, são ainda de espécie *grosso-material*, mesmo que pertençam à parte fina da matéria grosseira. Não são de *matéria fina*. A matéria fina nada tem a ver com a parte fina da matéria grosseira.

É uma espécie totalmente diferente e não pode misturar-se, pelo contrário, tem de ficar sempre uma ao lado da outra, uma vez que uma espécie diferente também se encontra sujeita a diferentes *formas* de leis. As leis de Deus são, sim, uniformes em cada espécie da Criação, traspassam a Criação inteira, mas, apesar da própria uniformidade, estas leis se apresentam, em cada espécie da Criação, numa forma diferente, correspondente a essa respectiva espécie. Por isso, uma pessoa também nunca conseguirá examinar ou julgar algo pertencente à matéria fina com instrumentos de matéria grosseira, dos quais faz parte o cérebro com o raciocínio, tampouco coisas que ocorrem no espiritual, enquanto faltar a ligação para isso, que somente é alcançável através de irradiações.

Mas o caminho das irradiações para fora da matéria grosseira está fechado a todos aqueles que se comprometeram incondicionalmente ao domínio do raciocínio, que se encontra firmemente ligado à matéria grosseira e aos seus conceitos. A esses notórios escravos do raciocínio não é possível, absolutamente, emitir irradiações para outras regiões, uma vez que eles próprios fecharam para si os limites e deixaram atrofiar dentro de si todo o necessário para tais emissões.

Os seres humanos só se arrastam ainda pelo chão, enquanto sua força propulsora para as alturas já há muito se desprendeu deles, porque não a utilizaram, não a aproveitaram mais, desde que o raciocínio, que os prendeu à Terra, passou a ser considerado por eles como o mais elevado.

Com isso, tínheis de incorrer na lei da adaptação, que atua automaticamente na matéria. Passa-se convosco como com os animais, aos quais primeiro se atrofiam lentamente as suas asas, desaparecendo depois por completo, se nunca forem utilizadas, ou como nos peixes, cujas vesículas natatórias para subir e parar na superfície se perdem com o tempo, quando estes se detêm permanentemente no fundo, por causa das correntezas demasiadamente fortes da água.

Naturalmente isso não se efetiva depressa, de hoje para amanhã, mas somente no decorrer de séculos e até de milênios. Mas efetiva-se. E no espírito humano isso já se *efetivou!* Tudo quanto não utilizardes zelosamente de maneira certa, tem de atrofiar-se e perder-se para vós com o tempo. A adaptação autoatuante é apenas a consequência da lei da Criação do *movimento!* É apenas *um* de seus múltiplos efeitos. O que não se move de maneira certa, naturalmente também o que não se *mantém* permanentemente no movimento necessário, *tem* de atrofiar-se e por fim perder totalmente também qualquer forma de matéria grosseira, pois cada forma se molda somente segundo a espécie do movimento.

Não objeteis, acaso, que isso se contraponha ao saber da frase de que o *espírito* molda o corpo. Nisso está apenas a confirmação, mostra a inalterabilidade dessa lei, pois cada vontade de um espírito *é* movimento, que prosseguindo gera outros movimentos!

Ide e procurai na natureza. Observai a própria Criação. Encontrareis peixes que não podem nadar, porque tiveram dificuldade para manter-se nas correntezas fortes das águas, tendo por isso preferido permanecer no fundo. Atrofiou-se sua vesícula natatória, perdendo-se também com o tempo totalmente. Tendes também aves que não podem voar. Pensai nos pinguins, nos avestruzes e ainda em muitas outras. Desenvolve-se e conserva-se sempre apenas *aquela* parte, *aquela* capacidade, que também for *utilizada,* que, portanto, atua na lei do movimento necessário.

Vós, porém, despendestes milênios para agarrar-vos literalmente com todas as forças ao mais baixo e mais limitado reino da matéria grosseira, porque o considerastes como sendo tudo para vós; enterrastes-vos nele e agora não *podeis* mais olhar para cima! Para tanto perdestes a capacidade, desacostumastes-vos dela devido à indolência de vosso espírito, que

21. No limite da matéria grosseira 141

não quer mais movimentar-se para cima, e hoje em muitos já não *pode* mais movimentar-se!

Por isso, agora se torna também difícil para vós compreender a *Palavra* proveniente das alturas máximas, e para muitos será completamente impossível. Quem quiser medi-la exclusivamente com o *raciocínio* jamais reconhecerá o verdadeiro valor, pois terá então de arrastar para baixo a Palavra de Deus, para a compreensão de matéria grosseira, de nível inferior. Ele, que ainda só pode pensar de modo restrito, diminuirá também a Palavra segundo sua própria compreensão, portanto não a reconhecerá e facilmente a colocará de lado, por não ver *aquilo* que realmente contém!

Contudo, nessa sua pequenez gostará de falar sobre ela e de criticá-la, talvez até queira aviltá-la, pois tais pessoas fazem exatamente tudo *aquilo* que *testemunha* a estreiteza de seu querer saber, que fala nitidamente da incapacidade de um profundo pesquisar. Podeis presenciar a mesma coisa diariamente, por toda parte, como pessoas realmente estúpidas se julgam especialmente astutas e procuram falar sobre tantas coisas, a respeito do que uma pessoa inteligente se cala. A estupidez é sempre importuna.

Observai, pois, todos aqueles que gostam de falar ostensivamente de acontecimentos de matéria fina ou até espirituais. Logo percebereis que nada sabem realmente sobre isso. Principalmente aqueles que muitas vezes falam sobre o carma! Deixai tais pessoas dar-vos uma explicação sobre o carma. Ficareis horrorizados ante a desordenada confusão que aí ouvireis.

E quem não fala a respeito, mas pergunta com humildade, olhai-o primeiro mais de perto, antes de responderdes. A maioria dos que fazem perguntas a esse respeito quer somente descobrir no carma uma desculpa para si e suas fraquezas. Estão sequiosos *por isso*, a fim de, na crença em seu carma, conservar calmamente suas fraquezas e às vezes até impertinências, com a autodesculpa de que a causa é seu carma, se resultar-lhes algo desagradável disso. Com expressão hipócrita suspiram prazerosamente: "É meu carma, que tenho de resgatar!" Mesmo se com um pouco de consideração para com o próximo e um pouco de autoeducação pudessem modificar e evitar muita coisa, continuam com o suspirar, com o que se tornam tiranos do ambiente, destruindo a harmonia!

Não pensam e nem *querem* pensar que justamente assim acarretam um carma que os faz retroceder séculos! Tagarelice, nada mais do que tagarelice é tudo isso, oriunda da falta de verdadeira boa vontade e da vaidade! É uma pena por todo minuto que uma pessoa sacrifica a tais indolentes de espírito. Não vos importeis com eles e tomai a sério uma coisa: quem realmente sabe algo, jamais tagarelará!

Ele *não* utiliza seu saber *para conversa,* nem o oferecerá para isso! Apenas dará resposta a uma pergunta séria e mesmo assim de modo hesitante, até ficar ciente de que se trata de vontade realmente sincera que impele o indagador a isso.

A conversa das pessoas a esse respeito é, na maior parte, apenas som vazio, pois a compreensão de todos os seres humanos terrenos não pode ultrapassar o limite da matéria grosseira, devido aos erros que cometeram na Criação e que os mantêm embaixo devido à indolência de seus espíritos, espíritos que confundiram com o raciocínio terreno, criando assim para si próprios a limitação inferior.

Futuramente, ó seres humanos terrenos da época atual, deixai de formar juízo sobre coisas que não podeis compreender! *Demasiado* pesada é a culpa, que com isso colocais sobre vós. Não menos pesada do que aquela que outrora os seres humanos lançaram sobre si, quando por estúpida cegueira jogaram muitos milhares ao sofrimento e à miséria, tirando de muitos também a vida terrena com a morte pelo fogo, após dias cheios de martírio. Perante a lei do Senhor é o mesmo se hoje acusardes tais pessoas de fraude ou apenas de grosseira mistificação!

Esforçai-vos, finalmente, em cumprir *vossos* deveres para com vosso Deus e em *reconhecer as leis de Deus,* antes de quererdes julgar! Não tendes direito algum de esperar por perdão. Vós mesmos perdestes o direito a isso, devido à vossa própria lei de que o desconhecimento não pode proteger ninguém do castigo! Olho por olho, dente por dente, *assim* sucederá agora com *aqueles* seres humanos que não querem de modo diferente e não ouvem a lei do Senhor!

O RECONHECIMENTO DE DEUS

EMBORA já tenha explicado que um ser humano nunca poderá realmente *ver* Deus, porque a sua espécie não possui absolutamente a capacidade para isso, mesmo assim ele traz em si o dom para *reconhecer* Deus em Suas obras.

Isso não se dá, porém, da noite para o dia, nem lhe é dado durante o sono, mas sim custa sério esforço, grande e forte vontade, sendo imprescindível também a pureza.

A vós, seres humanos, é dada a insaciável saudade pelo reconhecimento de Deus; está incutida em vós para que não possais encontrar sossego algum em vossas peregrinações através da Criação posterior, que tendes permissão de realizar com a finalidade de vosso desenvolvimento, a fim de que, tornando-vos conscientes, aprendais, cheios de gratidão, a usufruir as bênçãos que os Universos encerram e vos oferecem.

Se encontrásseis sossego em vós durante essas peregrinações, então esse sossego teria de trazer-vos como consequência a paralisação, que encerra para vosso espírito enfraquecimento e decadência; por fim, também inevitável decomposição, uma vez que assim ele não obedece à lei primordial do movimento necessário. Contudo, a engrenagem das leis automáticas na Criação é para o espírito humano como uma correia em movimento que o transporta sem interrupção, na qual, no entanto, cada um que não souber manter-se em equilíbrio irá escorregar, tropeçar e cair.

Manter o equilíbrio é, neste caso, o mesmo que não perturbar a harmonia da Criação, observando as leis primordiais da Criação.

Aquele que vacila e cai, aquele que não sabe manter-se de pé aí, será *arrastado*, pois por sua causa a engrenagem não parará um segundo sequer. O arrastamento, porém, fere. E para poder tornar a levantar-se, esforços aumentados serão então necessários, e maiores ainda para a recuperação do respectivo equilíbrio. Com o constante movimento do ambiente, isso não é tão fácil. Se não conseguir, o ser humano será lançado para fora da rota, para o meio das rodas da engrenagem e aí triturado.

Por isso, sede gratos, ó seres humanos, que a saudade do reconhecimento de Deus não vos dê sossego em vossas peregrinações. Dessa forma escapais, sem o saberdes, de múltiplos perigos na engrenagem universal. Não compreendestes, porém, a saudade que existe dentro de vós, também a torcestes, fazendo dela apenas uma inquietação inferior!

Procurais então novamente atordoar ou satisfazer a inquietação com qualquer coisa, de modo errado. E como para tanto só empregais o raciocínio, naturalmente também lançais mão de desejos terrenos, esperais satisfazer esse anseio no acúmulo de riquezas terrenas, na correria do trabalho ou em divertimentos dispersivos, na comodidade enfraquecedora e, quando muito, talvez numa espécie pura de amor terreno por uma mulher.

Contudo, nada disso vos traz proveito, nem vos auxilia. Poderá, talvez, atordoar por curto tempo a saudade que convertestes em inquietação; não consegue, porém, apagá-la para sempre, mas somente reprimi-la uma vez ou outra. Essa saudade não reconhecida por vós impele a alma humana sempre de novo e empurra o ser humano terreno, se por fim não procurar compreender o sentido dessa saudade, através de muitas vidas terrenas, sem que com isso amadureça, a fim de, como é desejado, poder ascender às regiões leves, mais luminosas e mais belas desta Criação posterior.

O erro é do próprio ser humano, que dá pouquíssima ou nenhuma atenção a todos os auxílios que lhe são presenteados, na ilusão de sua própria pretensa capacidade, por causa dos emaranhados do raciocínio que ele amarrou em torno de suas asas espirituais.

Agora, finalmente, está no *fim* de suas forças! Exausto pelas pressões sofridas de forças ainda não reconhecidas por ele, a cujos auxílios obstinadamente se fechou pelo pueril querer saber melhor e também querer poder melhor de seu teimoso

22. O reconhecimento de Deus 145

comportamento, que se evidencia como consequência do cérebro violentamente atrofiado por ele mesmo.

E, no entanto, cada ser humano teria tido tanta facilidade, se tivesse apenas deixado amadurecer dentro de si, simples e modestamente, todos os dons que o Criador lhe outorgou para sua peregrinação através de todos os planos da Criação posterior, peregrinação essa que o espírito humano necessita de modo tão imprescindível para o seu próprio desenvolvimento. Com isso se teria tornado grande, muito maior e muito mais sábio do que jamais sonhou ser. Mas sem humildade e modéstia tais dons não podem desabrochar em capacitações.

Vossa sabedoria, da qual tanto vos vangloriais, é um brinquedo pueril! Uma partícula de pó em comparação com aquilo que poderíeis saber e, antes de tudo, *realizar,* aquilo que também já hoje *teríeis* de realizar! Que sabeis vós, seres humanos terrenos, da maravilhosa Criação que se vos apresenta por toda parte em sua respectiva espécie e beleza; antes de tudo, porém, de modo intangível em suas leis! Apáticos vos encontrais diante de toda essa grandeza. Procurai, finalmente, ó seres humanos, *o reconhecimento de vosso Deus* na Criação, da qual sois a parte mínima daquela espécie que, devido à graça de seu Criador, pode desenvolver-se à autoconsciência, como realização do anseio que ela traz em si.

Não procureis satisfazer nisso apenas as vossas vaidades, conforme até agora tendes feito como escravos do vosso raciocínio! Com isso estais no fim! Estais próximos do desmoronamento de vossa pequena pretensa capacidade. E da verdadeira capacidade vós vos encontrais muito distantes.

Quão pequenos e ignorantes fostes, as próprias consequências de vossa atuação vos mostrarão, as quais, como pesadas ondas, seguindo as leis de Deus na Criação, retornam aos causadores, elevando-os para o alto ou sepultando-os debaixo de si com todas as suas obras. O que foi certo ou errado se evidenciará aí infalivelmente. Fato que nos últimos tempos já poderíeis ter visto suficientemente claro, se apenas tivésseis *desejado* ver: o malogro de todos os esforços por toda parte para desviar a decadência já em andamento; isso deveria ter-vos advertido ainda a tempo de retornar! E, com a reflexão, proceder finalmente a um exame de consciência *em vós mesmos.*

Os seres humanos, porém, não ouvem nem veem; o desespero impele-os ainda mais loucamente para a crença no auxílio através da capacidade humana.

Eu, porém, vos digo: quem não estiver atuando dentro das leis de Deus, não receberá mais nenhum auxílio proveniente da Luz! O conhecimento das leis de Deus na Criação é exigência! E sem o auxílio proveniente da Luz, *hoje* é totalmente impossível a construção *verdadeira!*

A crença de uma pessoa em sua própria missão e a crença daqueles que a seguem de nada adiantarão a um ser humano terreno. Tudo ruirá junto com ele naquele lugar onde os efeitos das leis de Deus na Criação nele tocarem.

E *cada* ser humano está sendo colocado agora diante desses efeitos, segundo a sagrada lei de Deus! Nisso reside o Juízo temido por todos os fiéis!

Os fiéis! Vós todos que vos tendes na conta de fiéis a Deus, examinai se a vossa crença, que trazeis em vós, é realmente a *certa!* Não me refiro com isso *de que forma* acreditais, se como católico ou protestante, como budista ou maometano, ou de qualquer outra forma; *eu me refiro à vossa maneira* de crer, até que ponto ela é *viva!*

Pois Deus é Deus! E *como* vós vos aproximais Dele *em vosso íntimo, isso* unicamente é determinante para a força e a legitimidade de vossa crença!

Portanto, examinai-vos *dessa maneira,* cuidadosamente. Eu quero mostrar-vos como podeis encontrar o caminho, a fim de obter uma indicação a esse respeito.

Vinde comigo, em espírito, à África, a qualquer tribo de negros. Familiarizai-vos com a capacidade de compreensão de tais seres humanos. Esforçai-vos em ver nitidamente diante de vós sua vida interior e seus pensamentos.

Essas pessoas acreditavam em demônios e em tudo quanto era possível; tinham ídolos toscamente entalhados em madeira, quando então vieram os missionários cristãos. Estes falaram e ensinaram a respeito daquele grande e invisível Deus de sua religião.

22. O reconhecimento de Deus   147

Imaginai isso e perguntai a vós mesmos com quais intuições esses seres humanos primitivos orariam, depois de seu batismo, ao Deus cristão, novo para eles! Não muito diferente do que oravam antes aos seus ídolos entalhados em madeira! A maioria deles coloca, simplesmente, o novo Deus no lugar dos ídolos de até então. Essa é toda a diferença. Suas intuições não se alteraram aí, atendo-se sim, nos casos mais favoráveis, meramente à *doutrina*. O *vivenciar* autêntico, porém, falta. Nem pode ser de outra forma nessas pessoas ignorantes.

A aceitação da doutrina em si não as torna *sabedoras*, pois essa aceitação da crença se apoia, pois, apenas num querer saber alheio oferecido. Falta aí a proveitosa vivência interior e, com isso, o verdadeiro apoio! É sempre assim e em toda parte. Os missionários e os convertedores atiram-se sobre os seres humanos e querem convertê-los ao cristianismo *sem* nenhuma transição.

Também no ensino das crianças ocorre hoje a mesma coisa, e, contudo, as crianças, interiormente, não são diferentes dos pagãos, pois o batismo não as tornou mais sabedoras.

Se o ser humano, porém, não seguir ordenadamente os degraus que lhe são indicados na Criação, que a própria Criação lhe oferece nas leis primordiais automáticas, visto que ela se compôs desses degraus, nunca poderá atingir o verdadeiro reconhecimento de Deus! E mesmo *boas* doutrinas de nada lhe servirão aí, pelo contrário, apenas complicarão seus caminhos.

Disso padece todo o trabalho missionário de até agora. Nem *pode* absolutamente chegar a um resultado que traga realmente vida em si, por não seguir os caminhos de acordo com as leis da Criação. A lei do desenvolvimento nesta Criação não admite saltos, se é que se queira chegar a um verdadeiro amadurecimento. E o ser humano jamais conseguirá elevar-se acima desta Criação, à qual pertence e com a qual está estreitamente ligado por inúmeros fios, e da qual deverá tornar-se agora o mais precioso dos frutos.

Se, no entanto, ele quiser realmente tornar-se o fruto, que esta Criação é capaz de produzir com a força pura do Senhor, então nenhuma interrupção deverá haver em seu curso de amadurecimento! Exatamente como se dá na atuação enteal com relação à fruta de uma árvore. Onde ocorrer uma interrupção ou uma interferência qualquer no processo evolutivo de maturação, seja por uma geada prematura, por um vendaval demasiadamente forte ou pela nociva arbitrariedade de uma pessoa, lá o fruto jamais poderá chegar à plena maturação e, com isso, nem à sua verdadeira conclusão.

Não é diferente com o ser humano terreno, que é um fruto da atuação *espiritual*.

Nada deve faltar em seu curso evolutivo, nem um único degrau, uma vez que do contrário ficaria uma lacuna, um abismo, que não permitiria e até impossibilitaria o prosseguimento de uma construção viva e, com isso, o prosseguimento de uma ascensão rumo às alturas. Onde faltar apenas *um* degrau, ou for imperfeito, *tem* de sobrevir um desmoronamento, uma queda. O ser humano pode aí virar e revirar-se como quiser, ele *tem* de sujeitar-se a isso; e a astuciosa sutileza do raciocínio é a que menos pode contribuir para construir uma ponte de emergência, que o ajude a prosseguir.

Pelo cultivo excessivo e *unilateral* de seu raciocínio terreno, o próprio ser humano procedeu a uma intervenção prejudicial, que agora com forte pressão e como que com tenazes de aço o algema somente à matéria grosseira, da qual se origina o raciocínio.

Desse modo, surgiu a lacuna, que não pode ser transposta por uma crença aprendida a respeito do elevado espiritual e divinal.

E assim, o fruto humano da Criação posterior tem de atrofiar--se no caminho de seu amadurecimento, devido à própria culpa.

Por isso, ainda hoje acontece a muitas pessoas perderem totalmente a crença aprendida na infância, após saírem da escola e ingressarem na vida, mesmo lutando em prol disso corajosamente, para mais cedo ou mais tarde terem de reconstruir totalmente desde a base, quando se trata de sérios buscadores da Verdade.

O entusiasmo e o arrebatamento das massas não têm nenhum valor para o indivíduo. Jamais lhe dão o solo firme que necessita para a ascensão, nem consegue encontrar com isso o indispensável apoio *em si próprio*. *Aquele* apoio, o qual unicamente lhe permite ficar firme para sempre.

22. O reconhecimento de Deus

Assim, atualmente também não está certo o ensino religioso que se dá aos adolescentes. *Por isso,* falta por toda parte *aquela* crença, que conduz ao *verdadeiro reconhecimento* de Deus, o qual, unicamente, outorga real felicidade e também paz! Atualmente esse ensino é errado e sem vida. O apoio, que alguns julgam ter, é ilusão. É apenas uma crença aparente, na qual todos se agarram. São artificiais o sossego e a segurança, nos quais procuram embalar-se, muitas vezes apenas para exteriormente não entrar em choques, às vezes para usufruir vantagens terrenas ou para ser de algum modo considerado. Jamais é legítimo, não *pode* sê-lo, porque para tanto ainda faltam as bases consentâneas com as leis da Criação. E sem elas simplesmente não é possível.

Retrocedamos no tempo e consideremos as conversões de outrora em terras germânicas. Quem reflete e não se deixa levar com a indolente massa mediana tem de reconhecer nisso tudo, igualmente, apenas a *forma* vazia e *inútil* para tudo o que é interior, a qual, criada naquela época, não podia proporcionar nenhum reconhecimento de Deus!

Em cada povo, até em cada ser humano, e também nos seres humanos desta época atual, tem de existir, *primeiro,* a *base para a recepção* dos elevados reconhecimentos de Deus, que se encontram na doutrina de Cristo. Somente partindo de uma base amadurecida para isso, o espírito humano pode e tem de ser conduzido então a todas as possibilidades de um reconhecimento de Deus através da doutrina de Cristo.

Assim é, e assim permanecerá por toda a eternidade!

Se pudesse ser diferente, então Deus também já Se teria permitido revelar *antes,* junto aos povos terrenos. Não o fez!

Somente quando um povo havia chegado a tal ponto no desenvolvimento, que soubesse da atuação de tudo quanto é enteal, é que podia tomar conhecimento do espiritual, do espiritual primordial, do divinal e, por último, também de Deus!

Contudo, sempre somente de um modo que o conduzisse compreensivamente a um entendimento *mais elevado,* por profetas para isso convocados, que nisso nunca derrubaram o antigo. *Eles edificaram!* Exatamente como o próprio Cristo Jesus também fez e frequentemente acentuou em suas palavras, o que até agora *não quisestes compreender*.

As igrejas cristãs, porém, querem derrubar muito do antigo nas conversões e declará-lo errado ou, pelo menos, excluí-lo com indiferença, ao invés de prosseguir edificando cuidadosamente em cima disso, atentando para as indispensáveis transições. Esperam e exigem que o espírito humano dê imediatamente um pulo para essa elevadíssima doutrina de Cristo.

Portanto, não se respeita aí as leis de Deus, muito embora frequentemente se deseje o bem.

Também os germanos outrora eram estreitamente ligados aos enteais. Muitos deles eram capazes de vê-los e senti-los vivencialmente, de maneira que nenhuma dúvida podia restar-lhes a respeito de sua verdadeira existência, tampouco de sua atuação. *Viam* e por isso *sabiam*.

Isso constituía para eles a mais pura convicção, sendo, portanto, sagrado.

E Bonifácio sacudiu com punhos brutais essas coisas sagradas de outrora! Queria negar aos germanos a verdade desse saber e declará-lo falso. No lugar disso queria impor-lhes as formas de sua doutrina cristã. Tal maneira ignorante tinha de, já de antemão, causar dúvidas aos germanos sobre a veracidade daquilo que *ele* lhes anunciava, tinha de tirar-lhes toda a confiança nisso.

Deveria ter-lhes confirmado a verdade de seus conhecimentos e, a seguir, continuar a conduzi-los esclarecedoramente para reconhecimentos mais elevados! Mas aí faltavam a ele próprio conhecimentos sobre a Criação. Bem claramente mostrou essa ignorância sobre o tecer da Criação, quando denominou Wotan e os outros enteais, considerados pelos germanos como deuses atuantes, de crença errada e como não existentes. Mesmo não sendo deuses, existem, no entanto, através da força de Deus e atuam na Criação.

Sem a atuação dos enteais, o espiritual nem poderia ancorar--se na matéria, portanto não poderia fazer nada na matéria. O espiritual, de onde se origina o espírito humano, precisa, portanto, da cooperação do enteal na matéria, para o seu próprio curso evolutivo!

22. O reconhecimento de Deus   151

Aí um fanatismo religioso jamais poderá substituir o saber. Mas o erro cometido por Bonifácio e todos os pretensos convertedores ainda hoje é mantido vivo.

Fala-se e ensina-se sobre as *lendas* de deuses gregos. Não eram, porém, lendas, mas sim verdadeiro *saber*, que falta aos seres humanos de hoje. Infelizmente, também as igrejas não conhecem os efeitos da sagrada vontade de Deus na Criação, que permanece, pois, a pátria de todos os espíritos humanos. Passam às cegas ao lado de todos os acontecimentos de até agora e não conseguem por isso conduzir ninguém ao *verdadeiro* e vivo reconhecimento de Deus. Não podem, mesmo com a melhor boa vontade.

Somente nas próprias leis da Criação, dadas por Deus, pode o espírito humano chegar ao reconhecimento de Deus. E ele precisa impreterivelmente desse reconhecimento para a sua ascensão! Só nisso obterá *aquele* apoio, que lhe permita trilhar inabalavelmente o caminho prescrito e útil a ele para o aperfeiçoamento! Não diferentemente!

Quem quiser saltar por cima da atuação dos enteais, dos quais os povos antigos tinham exato conhecimento, nunca alcançará o autêntico reconhecimento de Deus. Esse saber exato é um degrau inevitável para o reconhecimento, porque o espírito humano tem de esforçar-se de baixo para cima. Jamais aprenderá a imaginar o espiritual primordial e o divino, que se encontram acima de sua capacidade de compreensão, se antes, como fundamento para isso, não conhecer com exatidão os degraus inferiores da Criação a ele pertencentes. Isso é inevitavelmente necessário, como preparo para a possibilidade de reconhecimentos mais elevados.

Conforme já disse, o conhecimento de Deus foi sempre dado somente àqueles povos que já se encontravam cientes da atuação dos enteais, jamais de outro modo. Pois antes nem é dada uma possibilidade de imaginar isso. Todo o gênero humano foi nisso conduzido cuidadosamente pela Luz.

Um ser humano, que com pureza se encontre ciente apenas no enteal e nele viva, é de ser considerado mais elevado na Criação do que outro que viva somente na crença cristã aprendida e zombe a respeito do enteal, considerando-o como lenda ou conto de fada, que, portanto, é ignorante a esse respeito e devido a isso nunca consegue verdadeiro apoio, ao passo que o primeiro ainda tem suas plenas possibilidades de ascensão na forte, límpida e incorrupta saudade pela ascensão.

Pode, com boa vontade, dentro de poucos dias, penetrar de modo vivo nos reconhecimentos espirituais e no vivenciar espiritual, porque não perdeu o solo firme debaixo de si.

Por isso, futuramente, conduzi também em todos os trabalhos missionários, e em todos os ensinamentos escolares, o saber sobre Deus com base no saber das forças enteais, constituídas em formas, e das suas atuações; só então poderá desenvolver-se disso o reconhecimento mais elevado para o espiritual e para o espiritual primordial, finalmente também para o divino e para Deus.

O saber *total* da Criação é necessário para chegar por fim a uma noção da grandeza de Deus e, com isso, finalmente, também ao verdadeiro reconhecimento de Deus! A *atual* crença cristã nada pode ter de viva em si, porque lhe falta tudo isso! O necessário para tanto é sempre omitido, e o abismo não pode ser transposto de outra maneira, senão por aquilo que, nesta Criação posterior, foi dado por Deus para esse fim.

Ninguém, no entanto, através da observação serena de todo o desenvolvimento de até agora dos seres humanos aqui na Terra, aprenderá o *essencial:* que todos os degraus que os seres humanos tiveram de vivenciar nisso *foram necessários,* e, por essa razão, nem mesmo hoje podem ser omitidos ou saltados! A Criação inteira vos dá, sim, uma imagem nítida e todas as bases para a realização disso!

Escutai, portanto, o que vos digo: a criança de hoje se encontra, até seu amadurecimento, direta e estreitamente ligada somente com o enteal. Durante esse tempo deve aprender a conhecer exatamente o enteal no vivenciar! Só com o amadurecimento é que passa então para a ligação espiritual, ascendendo de modo construtivo em seu desenvolvimento. Contudo, tem de basear-se aí firme e conscientemente no enteal, como fundamento, não deve acaso cortar essa ligação, conforme faz a humanidade hoje, ao não despertar esse fato para a vida nas crianças, mas sim, pelo contrário, reprimir com toda a força, numa presunção

22. O reconhecimento de Deus 153

irresponsável. Para a ascensão, porém, ambos querem e têm de estar sabiamente ligados.

O ser humano de hoje deve estar amadurecido como fruto da Criação de tal maneira, que tenha *reunido* em si *todo* o resultado do desenvolvimento humano de até agora! Por isso, o que hoje é para cada um individualmente apenas *a infância*, foi anteriormente em todo o desenvolvimento da Criação uma grande época da humanidade como desenvolvimento global. Atentai bem no que digo com isto!

O primeiro desenvolvimento, que abrange *milhões de anos*, comprime-se *agora*, nos seres humanos do *atual* degrau de desenvolvimento da Criação, nos *anos da infância!*

Quem não for capaz de acompanhar isso tem de atribuir à sua própria culpa, ficará para trás e, por fim, terá de desintegrar-se. O desenvolvimento da Criação não se detém por causa da indolência dos seres humanos, mas prossegue irresistivelmente segundo as leis nela inseridas, que trazem em si a vontade de Deus.

Antigamente o degrau da Criação era de tal maneira que os seres humanos, interiormente, tinham de ficar durante muitas vidas terrenas como hoje são as crianças. Estavam ligados diretamente apenas com a atuação do enteal, num desenvolvimento lento através de vivências, o que, unicamente, leva ao saber e reconhecimento.

Já desde muito, porém, a Criação, evoluindo permanentemente, chegou a tal ponto que os primeiros degraus de desenvolvimento, de milhões de anos, se comprimem hoje aqui na Terra, quanto aos frutos humanos, no período da idade infantil. Deve e pode a época antiga da humanidade ser agora interiormente percorrida nestes poucos anos terrenos, porque as experiências das vidas anteriores dormitam no espírito.

Mas elas têm de ser despertadas e chegar assim à consciência, pois não devem permanecer dormitando ou até ser afastadas, conforme hoje acontece. Tudo *tem* de tornar-se e permanecer vivo através de sábios educadores e professores, para que a criança adquira base firme e apoio no enteal, do que ela precisa para o reconhecimento de Deus no espiritual. Um degrau só se desenvolve do outro, quando este estiver pronto, não antes, e o anterior também não deve ser tirado, se a escada deva ser mantida, sem quebrar-se.

Só com o amadurecimento corporal da criança estabelece-se a ligação com o espiritual. O impulso para isso, porém, *somente* pode ocorrer de maneira viva, quando ela, concomitantemente, se apoia de modo ciente no enteal. Aí não adiantam contos de fadas e lendas, mas somente vivência, que já deverá estar concluída por ocasião do início do amadurecimento. Tem também de *permanecer* inteiramente viva, para deixar que o espiritual se torne vivo conscientemente. Isso é condição inabalável da Criação, que todos vós deveríeis ter aprendido nas observações do passado!

Agora precisais disso, ou não podereis prosseguir. Sem um claro saber da atuação enteal, jamais haverá reconhecimento espiritual. Sem um claro saber do espiritual e sua atuação, não pode surgir o reconhecimento de Deus! Tudo quanto se encontrar fora dessa concordância da lei é imaginação presunçosa e arrogância, tantas vezes também uma mentira bem consciente!

Perguntai ao vosso semelhante algo a respeito das inabaláveis leis de Deus na Criação. Se ele não puder dar-vos uma resposta certa, então não passará de um hipócrita que engana a si próprio quando fala de reconhecimento de Deus e de *verdadeira* crença em Deus!

Pois, segundo as imutáveis leis de Deus, ele não os *pode* ter, porque, de outra forma, estes permanecem inacessíveis para ele!

Tudo na Criação prossegue sem interrupção, uniformemente, segundo a lei inalterável! Unicamente vós, seres humanos, ainda não seguis junto em vossa cegueira, em vossa ridícula presunção de sabedoria, que carece de humilde observação!

As crianças e os adultos dos tempos de hoje andam, no reconhecimento de Deus, como que sobre pernas de pau! Eles lutam, sim, por isso, porém pairam no ar, não têm nenhuma ligação viva com o solo, indispensavelmente necessário para o apoio. Entre sua vontade e a base necessária para a construção há madeira morta, sem capacidade intuitiva, como se dá com as pernas de pau!

A madeira morta das pernas de pau é a crença *aprendida,* para a qual falta totalmente mobilidade e vitalidade. O ser humano

22. O reconhecimento de Deus

tem, sim, a vontade, mas nenhuma base firme e nenhum apoio certo, que residem somente no saber do desenvolvimento de até agora da Criação, à qual o espírito humano pertence inseparavelmente para sempre! Por essa razão, ele está e também ficará sempre estreitamente ligado a esta Criação, nunca podendo ir além dela! Seres humanos, despertai! Recuperai o perdido. Uma vez mais aponto o vosso caminho! Dai vida e movimento, finalmente, à vontade rígida que tendes, e então encontrareis o grande reconhecimento de Deus que já teríeis de possuir desde muito, se não tivésseis ficado para trás no progresso do desenvolvimento das grandes Criações!

Atentai, nada deveis excluir do que toda a humanidade aqui na Terra já teve de vivenciar, pois ela vivenciou sempre aquilo que lhe foi necessário. E se nisso andou errada, segundo a própria vontade, sobreveio a queda. A Criação avança ininterruptamente e sacode todos os frutos apodrecidos.

O NOME

É UMA lástima que até mesmo perante coisas sérias os seres humanos passem como broncos, e em sua indolência espiritual somente reconheçam tudo, quando são *obrigados* a reconhecer. No entanto, nessa indolência mortífera encontram-se apenas os efeitos da *livre vontade* de toda a humanidade, até agora empregada tão pecaminosamente.

Todos os seres humanos encontram-se dentro da lei, como qualquer criatura; são cingidos e traspassados pela lei, e dentro da lei e através da lei também se originaram. Vivem nela e com a livre vontade tecem eles próprios seu destino, seus caminhos.

Esses caminhos tecidos por eles próprios também os conduzem acertadamente, nas encarnações aqui na Terra, àqueles pais de que necessitam imprescindivelmente para sua infância. Assim, chegam também *àquelas* condições que lhes são úteis, porque recebem assim exatamente *aquilo* que amadureceu para eles, como fruto dos fios da própria vontade.

Na vivência daí resultante continuam a amadurecer, pois se a vontade anterior foi má, então também os frutos serão correspondentes, os quais eles têm de chegar a conhecer. Esse acontecimento, com as indesviáveis consequências finais, é simultaneamente também a realização constante dos desejos já tidos, que sempre dormitam escondidos em cada vontade, que constituem, sim, o impulso para cada vontade. Tais frutos muitas vezes só chegam numa vida terrena posterior, mas nunca deixam de vir.

Além disso, nessas consequências residem ainda, ao mesmo tempo, os *resgates* de tudo aquilo que o ser humano formou até aí, sejam coisas boas ou más. Tão logo extraia disso ensinamentos para o reconhecimento de si mesmo, terá também com isso

23. O nome

a incondicional possibilidade de ascensão, a qualquer momento, bem como de *qualquer* situação da vida, pois nada é *tão* difícil, que não possa ser modificado com sincera vontade para o bem.

Assim atua tudo em constante movimento, sem interrupção na Criação inteira, e também o espírito humano, como toda criatura, tece continuamente nos fios da lei o seu destino, a espécie do seu caminho. Cada manifestação de seu espírito, cada oscilação de sua alma, cada ação de seu corpo, cada palavra ata para ele, de modo inconsciente e automático, sempre novos fios aos já existentes, uns *aos* outros, uns *com* os outros, uns *através* dos outros. Forma e forma, *forma-se até com isso já de antemão o nome terreno que, numa próxima existência terrena, terá de usar,* e que, inevitavelmente, *usará,* já que os fios de sua própria tecedura, segura e imutavelmente, o conduzem para lá!

Por isso, cada nome terreno também está na lei. Nunca é casual, nunca sem que o próprio portador tenha antes estabelecido a base para tanto, porque cada alma, na encarnação, corre pelos fios da *própria* tecedura, como sobre trilhos, irresistivelmente para lá, onde pertence com exatidão, segundo a lei primordial da Criação.

Por fim os fios se esticam com isso cada vez mais, na progressiva condensação material, lá onde as irradiações da parte grossa da matéria fina se tocam estreitamente com as irradiações da parte fina da matéria grosseira, dando-se as mãos para uma *interligação* firme, de *espécie magnética,* para o período de uma nova existência terrena.

A respectiva existência terrena perdura então tanto, até que a intensidade original dessas irradiações da alma se modifique através de resgates de diversas espécies na vida terrena, com o que, simultaneamente, aquela força de atração de espécie magnética se dirige mais para cima do que para baixo na matéria grosseira, pelo que, por sua vez, resulta por fim na separação da matéria fina da alma, do corpo de matéria grosseira, de acordo com a lei, visto que uma verdadeira mistura nunca ocorreu, mas somente uma *ligação,* que foi mantida de maneira magnética através de uma bem determinada intensidade de grau de calor das irradiações mútuas.

23. *O nome*

Contudo, assim também acontece que a alma de um corpo destruído por violência, ou combalido por doença, ou enfraquecido pela velhice, tenha de separar-se no instante em que *este,* devido ao seu estado alterado, não possa mais gerar *aquela* intensidade de irradiação, que produza tal força de atração magnética necessária, a fim de cooperar na interligação firme da alma com o corpo!

Disso resulta a morte terrena, ou o cair para trás, o afastamento do corpo de matéria grosseira, do invólucro de matéria fina do espírito, portanto a separação. Um processo que ocorre segundo leis estabelecidas, entre duas espécies que apenas podem interligar-se devido à irradiação produzida num bem correspondente grau de calor, nunca, porém, fundir, e que se afastam uma da outra, quando uma das duas espécies diferentes não pode mais cumprir as condições que lhe foram dadas.

Mesmo durante o sono do corpo material grosseiro ocorre um afrouxamento daquela ligação firme da alma, porque o corpo durante o sono emite outra irradiação, que não segura tão firmemente como aquela exigida para uma firme ligação. Uma vez que ela ainda existe, ocorre somente um *afrouxamento,* nenhuma separação. Esse afrouxamento é imediatamente desfeito em cada despertar.

No entanto, quando uma pessoa, por exemplo, se inclina apenas para o que é de matéria grosseira, como aqueles que tão orgulhosamente se designam de realistas ou materialistas, ocorre então, concomitantemente, que as suas almas, com essa tendência, produzam uma irradiação especialmente forte inclinada para a matéria grosseira. Esse processo tem como consequência uma bem difícil morte terrena, uma vez que a alma procura agarrar-se unilateralmente ao corpo de matéria grosseira, formando-se assim uma condição que se denomina agonia. A espécie da irradiação é, portanto, decisiva para muitas coisas, sim, para tudo na Criação. Nisso explicam-se todos os fenômenos.

Como então uma alma chega justamente ao corpo de matéria grosseira a ela destinado, já esclareci em minha dissertação sobre o mistério do nascimento. Os fios com os futuros pais foram atados mediante a igualdade de suas espécies, que inicialmente

23. O nome

atuaram atraindo, mais e mais, até que os fios se ligassem e se atassem ao corpo em formação, numa determinada maturidade, obrigando então uma alma à encarnação.

E os pais também já trazem *aquele* nome que adquiriram segundo a maneira com que teceram os fios para si. Por essa razão, o mesmo nome também tem de ser adequado à alma de mesma espécie que se aproxima e que tem de encarnar-se.

Até mesmo os prenomes do novo ser humano terreno são então dados, não obstante aparente reflexão, sempre somente numa forma *correspondente à igual espécie,* uma vez que o pensar e o refletir sempre se amoldam somente à determinada espécie. A *espécie* é sempre exatamente reconhecível no pensar, e, por isso, também nas formas de pensamento, não obstante suas variedades aos milhares, diferenciam-se de maneira clara e nítida *aquelas* espécies a que pertencem. Sobre isso já falei nas explicações a respeito das formas de pensamento.

A *espécie* é básica para tudo. Por conseguinte, mesmo com o máximo de reflexão sobre os nomes de um batizando, sempre se escolherá de tal forma que esses nomes correspondam à lei, que a espécie condiciona ou merece, porque diferentemente o ser humano aí nem pode, visto se encontrar nas leis que atuam sobre ele segundo sua espécie.

No entanto, isso tudo nunca exclui o livre-arbítrio, pois cada *espécie* do ser humano é, na realidade, apenas um fruto da própria e real vontade que traz em si.

Trata-se apenas de uma desculpa, bastante reprovável, quando ele procura iludir-se de que não possui a liberdade de sua vontade, sob a pressão das leis da Criação. Tudo o que ele tem de vivenciar em si, sob a pressão dessas leis, são frutos da *própria* vontade, que precedeu a eles, tendo antes colocado os fios, que então deixaram amadurecer os frutos correspondentemente.

Assim, cada ser humano na Terra traz exatamente *aquele* nome que adquiriu. Por isso, ele não somente se chama assim como soa o nome, nem é apenas chamado assim, mas ele *é* assim. O ser humano *é* aquilo que seu nome diz!

Nisso não há acasos. De alguma maneira a prescrita conexão *advém,* pois os fios permanecem indestrutíveis para os seres humanos, até que sejam extintos pela *vivência* daqueles espíritos humanos aos quais correspondem e nos quais pendem.

Esse é um saber que a humanidade ainda hoje não conhece e do qual, por isso, bem provavelmente ainda zomba, conforme faz com tudo quanto não pode compreender. Mas essa humanidade também desconhece as leis de Deus, que já desde os primórdios da Criação estão nela esculpidas firmemente, às quais ela mesma deve a sua própria existência, atuando a cada segundo sobre o ser humano, constituindo-se em auxiliares dele bem como em juízes de tudo o que faz e pensa, sem as quais ele não conseguiria sequer respirar! E tudo isso ele desconhece!

Por isso, não é de admirar que ele não queira reconhecer muitas coisas como consequências inflexíveis dessas leis, mas sim procure, zombando, rir disso. Mas exatamente aquilo que o ser humano categoricamente *devia* saber, *tinha* de saber, nisso ele é totalmente inexperiente ou, expresso sem retoques, mais estúpido que qualquer outra criatura nesta Criação, que com ela vibra simplesmente com toda a sua vida. E devido a essa *estupidez,* apenas ri de tudo o que não lhe é compreensível. A zombaria e o riso são, sim, exatamente a prova e também a confissão de sua ignorância, de que em breve se envergonhará, depois que desabar o desespero sobre ele, por causa do seu desconhecimento.

Só o desespero poderá ainda conseguir quebrar as duras camadas que agora cingem os seres humanos, mantendo-os de tal forma encurralados!

O ENTEAL

EM MINHA Mensagem falei muitas vezes do enteal na Criação. Falei de sua espécie e de sua atuação, bem como do significado para o espírito humano, para o qual ele aplaina os caminhos na Criação, em prol de seu desenvolvimento até o aperfeiçoamento.
Tudo isso já vos é conhecido.

Apesar disso, considero necessário falar agora mais uma vez de modo mais pormenorizado de tudo quanto é enteal, para que o ser humano tenha a oportunidade de assimilar dentro de si toda a imagem desse atuar. —

O "enteal" é uma expressão que eu próprio vos dei, porque expressa melhor *isso*, e que é capaz de vos dar uma determinada forma para vossos conceitos sobre o atuar, bem como sobre a espécie desse componente da Criação, importante para todo o criar.

Denominemos o "enteal" também de "essencial" para a *Criação*, ou melhor ainda, "aquilo que se evidencia visivelmente" na Criação; então talvez se torne ainda mais compreensível para vós o que de fato quero dizer com a expressão "enteal".

Podemos ainda empregar outras definições do vosso vocabulário, para formulá-lo ainda melhor. A isso pertence a expressão: o que "interliga", ou simplesmente: o que "liga" e o que, com isso, fica "ligado".

Depois de todas essas expressões transitórias, posso por fim dizer calmamente: o que "molda formas", sem que aí penseis que o enteal criaria as formas por sua *própria* vontade, pois isso seria errado, porque o enteal somente pode moldar formas, quando por trás dele estiver impulsionando a vontade de Deus, a viva lei primordial da Criação.

24. O enteal

Podemos também denominar o enteal de a força propulsora que executa e mantém a moldagem das formas! Assim talvez vos seja mais fácil dar à vossa capacidade de pensar o conceito aproximadamente *certo*.

Enteal, isto é, o que se evidencia visivelmente pela forma e, por isso, também transmissível em imagem, é *tudo* fora de Deus. O próprio Deus, unicamente, é inenteal. Assim denominado para a diferenciação do conceito de enteal.

Por conseguinte, tudo quanto está fora de Deus inenteal é enteal e formado! Tomai isso como noção básica para a compreensão.

Portanto, enteal é tudo fora de Deus. E como fora de Deus só existe a irradiação de Deus, por conseguinte o enteal é então a natural e inevitável irradiação de Deus.

O enteal é, portanto, muito mais amplo e elevado do que pensastes. Está fora de Deus, abrangendo *tudo*, porém divide-se em muitas gradações segundo o grau de resfriamento e a distância de Deus a isso condicionada.

Conhecendo *direito* a Mensagem, sabereis que nela já falei a respeito do divino-enteal, que se encontra na esfera divina, e também do espírito-enteal, que, por sua vez, se divide em espírito-primordial enteal e em espírito-enteal; a seguir, mencionei o degrau do simplesmente enteal, ao qual se ligam, em escala descendente, a matéria fina e, por fim, a matéria grosseira com todas as suas diversas transições.

Como, porém, *tudo* é enteal, fora o próprio Deus, denominei as diversas espécies simplesmente de divinal, espírito-primordial, espiritual e enteal, e mais ainda a matéria fina e a matéria grosseira como diferentes gradações para baixo.

Basicamente, de um modo geral existem, porém, somente duas: inenteal e enteal. Inenteal é Deus, ao passo que Sua irradiação deve ser denominada enteal. Algo diferente não existe, pois tudo quanto se encontra fora de Deus se origina e se desenvolve simplesmente da irradiação de Deus.

Muito embora isto já se evidencie bem claramente da Mensagem, se a considerardes de maneira *certa*, ainda assim muitos ouvintes e leitores por enquanto imaginam o enteal como

24. O enteal

sendo somente a região da Criação entre o espiritual e a matéria fina, a região de onde provêm os seres elementares como os elfos, as ondinas, os gnomos, salamandras; mais ainda, as almas dos animais que nada contêm em si de espiritual.

Em si isso até agora não foi imaginado de modo errado, visto que essa região entre o espiritual e a matéria fina é o simplesmente enteal, do qual já se separaram o divino, o espírito-primordial e o espiritual. É a mais pesada das camadas ainda móveis por si, enquanto desta então se separa e desce ainda a matéria em resfriamento progressivo, a qual em seu resfriamento inicial permanece como matéria fina lenta, da qual então ainda se desliga a massa da matéria grosseira, imóvel por si mesma.

Mas também entre essas duas matérias, uma estranha à outra em suas espécies, encontram-se ainda muitas gradações distintas. Assim, por exemplo, a Terra não é a mais lenta delas. Existem ainda na matéria grosseira gradações que são muito mais pesadas, muito mais densas, e onde, por isso, o conceito de espaço e de tempo se torna ainda muito mais restrito, totalmente diferente do que aqui, com um movimento, a isso condicionado, mais vagaroso ainda e, por essa razão, com possibilidade de desenvolvimento também mais lento.

Conforme as espécies de capacidade de movimento, formam-se nas regiões os conceitos de espaço e tempo, pois na maior densidade e peso não só os astros se movem mais vagarosamente, como também os corpos carnais são mais pesados e mais compactos e, com isso, também os cérebros são menos ágeis; em suma, tudo é diferente devido à espécie e aos efeitos das irradiações mútuas, também totalmente diferentes, as quais constituem o impulso para o movimento e ao mesmo tempo, por sua vez transformadas, também suas consequências.

Exatamente porque tudo na Criação está submetido a uma lei, as formas e os conceitos têm de mostrar-se sempre diferentes nas diversas regiões, segundo a espécie de mobilidade, que por sua vez está ligada ao respectivo resfriamento e à densidade daí decorrente.

No entanto, com isso novamente me desvio demais, pois hoje quero, antes de tudo, ampliar um pouco mais o conceito sobre o enteal.

24. O enteal

Volto a usar uma expressão figurada que já dei anteriormente, e resumidamente afirmo:

O inenteal é Deus. O enteal é o manto de Deus. Algo diferente não existe, absolutamente. E esse manto de Deus tem de ser mantido puro por aqueles que o tecem ou que podem abrigar-se em suas dobras, aos quais pertencem também os espíritos humanos. Portanto, enteal é tudo quanto se encontra fora de Deus, e, por essa razão, a entealidade atinge até a esfera divina, sim, essa própria esfera deve ser denominada de enteal.

Por esse motivo, temos de fazer agora uma diferenciação mais sutil, a fim de não deixar surgir erros. O melhor será separarmos os conceitos entre *"o enteal"* e *"os enteais"*!

"O enteal" abrange tudo fora de Deus, pois é o lado oposto do inenteal. Mas o enteal encerra em si ainda o divinal, o espírito-primordial, o espiritual com todas as suas gradações específicas, sobre as quais até agora ainda não entrei em pormenores, uma vez que hoje ainda iria longe demais para a compreensão. É necessário que antes sejam fixadas as exatas *bases fundamentais*, inabalavelmente, na consciência do espírito humano, partindo das quais, somente pouco a pouco, com pequenos passos, possamos proceder às ampliações, até que a compreensão, possível ao espírito humano, tenha-se tornado suficientemente ampla.

Quando no futuro, portanto, falarmos *do* enteal, então se entenderá com isso o enteal que tudo abrange fora de Deus. Quão grande é isso, somente reconhecereis no decorrer de ulteriores dissertações, pois aí não existem apenas as já conhecidas gradações descendentes, mas também diversas variedades importantes, uma *ao lado* da outra, através de cuja atuação se desenvolve a Criação.

Se falarmos, porém, *dos* enteais no plural, então se entenderá com isso *aqueles* enteais, sob os quais imaginastes até agora o enteal como tal.

Pertencem a estes, todos os entes que se ocupam com *aquilo* que os seres humanos, de modo muito superficial, denominam de *natureza*, à qual, portanto, pertencem mares, montanhas, rios, florestas, campinas e campos, terra, pedras e plantas, ao passo que a alma do animal, por sua vez, é algo diferente, mas também se origina dessa região do simplesmente enteal.

24. O enteal

Tudo isso é bem acertadamente designado com a expressão "entes". Elfos, ondinas, gnomos, salamandras são, portanto, entes que em sua atividade se ocupam *exclusivamente com a matéria*. *Nisso* encontramos também a verdadeira possibilidade de classificação.

Mas existem ainda entes que atuam no espiritual, entes que atuam no espírito-primordial e entes que atuam até no divino.

Esse conhecimento deverá tirar todo vosso apoio para o conceito de até agora, porque supusestes que o espírito se encontrasse acima do enteal. Mas isso procede apenas para uma espécie bem determinada de enteais, para aqueles que só agem na matéria, como os já mencionados elfos, ondinas, gnomos, salamandras, do mesmo modo com relação às almas dos animais. Mas não para outras espécies.

Certamente não podeis imaginar que um ente que atua no espírito-primordial e até no divino deva estar *abaixo* de vós, espíritos humanos.

A fim de nisso conduzir a uma compreensão tenho de, primeiro, explicar de modo mais exato a diferença entre espírito e ente, pois só assim conseguirei dar-vos uma chave para o conceito certo.

Entre as criaturas espírito e ente, em si, não existe *na Criação* nenhuma diferença de *valor.* A diferença existe somente na espécie diversa e na necessidade de atuação diferente, disso resultante!

O espírito, que também pertence ao grande enteal, pode andar por caminhos de sua própria escolha e atuar correspondentemente na Criação. O ente, porém, encontra-se diretamente na pressão da vontade de Deus, não tendo, portanto, nenhuma possibilidade de decisão própria, ou, como se expressa o ser humano, não tem livre-arbítrio próprio.

Os enteais são os construtores e administradores da casa de Deus, isto é, da Criação. Os espíritos são os hóspedes dentro dela.

Atualmente, porém, todos os entes na Criação posterior se encontram *mais alto* do que os espíritos humanos, porque os espíritos humanos não se colocaram espontaneamente na vontade de Deus, para onde o desenvolvimento *normal* automaticamente teria conduzido; pelo contrário, deram à sua própria vontade uma outra direção, colocando-a, por isso, de modo a perturbar a harmonia e a evolução construtiva, seguindo outros caminhos que os desejados por Deus.

A *espécie da atuação* é, portanto, a única medida de valor de uma criatura na Criação.

Sob esse trabalho perturbador dos espíritos humanos, com sua vontade errada, sofreram muito os entes menores, que atuam na matéria. Mas agora estes se servem diligentemente da fonte da força viva, que veio para a Terra com a vontade de Deus, e toda a desgraça causada pelos espíritos humanos se abate agora sobre esses autores.

Mas sobre isso também falarei mais tarde. Hoje o objetivo é formar o conceito para a base de uma compreensão mais ampla.

Os arcanjos, no divinal, são entes, uma vez que sob a maior pressão da proximidade de Deus, vontade alguma seria possível, senão aquilo que vibra puro e inalterado na vontade de Deus.

Somente numa distância imensa, que para vós é inconcebível, bem no limite da esfera divina, lá onde está ancorado o Supremo Templo do Graal, no divino, como polo oposto, pôde separar-se, pela primeira vez, uma autoconsciência nos eternos ou, conforme às vezes também são designados, nos anciãos, que ao mesmo tempo são os guardiões divinos do Santo Graal. Somente a distância da proximidade de Deus deu a possibilidade para tal.

E somente em direção de lá para baixo puderam desenvolver-se, em distâncias cada vez maiores da proximidade de Deus, também as menores autoconsciências, as quais, porém, com isso, também perderam infelizmente o apoio efetivo e por fim se afastaram do vibrar da pura vontade de Deus.

Somente devido à distância, sempre crescente, pôde Lúcifer outrora modificar-se e, por vontade própria, cortar a ligação para si, com o que abriu automaticamente abismos, que com o tempo se tornaram intransponíveis, e ele, escurecendo com isso e se tornando mais pesado, afundou cada vez mais. Assim, pela condensação e pelo resfriamento, ele tornou-se espírito, possuindo livre vontade, e, com suas grandes capacitações, que lhe foram outorgadas pela origem, ficou por fim como *espírito mais forte* na matéria.

24. O enteal

Sua vontade errada trouxe então a desgraça para todo o espiritual na matéria, que inicialmente se sentiu atraído por ele, e depois, *voluntariamente,* sucumbiu às seduções. Voluntariamente, pois a decisão para sua queda os *próprios* espíritos humanos tiveram que tomar, segundo a lei da Criação. Sem decisão própria para isso, ter-se-ia tornado impossível a eles poder afundar e agora ter de cair.

Contudo, também nisso apenas se cumpriu, logicamente, a lei perfeita. — Espíritos com vontade própria, portanto, não podem de maneira alguma ficar na imediata proximidade de Deus. Isso está condicionado de conformidade com a lei, devido à força onipotente da Luz viva! —

Onde, então, existem arcanjos, lá devem existir também outros anjos. Isso já está explícito na palavra. Existem muitíssimos no divino, bem como no espírito-primordial e, igualmente, na região espiritual; todos, porém, são *entes.*

Os entes, denominados anjos, *vibram* na vontade de Deus e são os Seus mensageiros. Executam essa vontade e propagam-na.

Além dos anjos, contudo, ainda existem inúmeros entes que se articulam como rodinhas de uma grande engrenagem e, embora aparentemente autônomos, atuam infalivelmente na construção e na conservação da Criação inteira, porque estão firmemente ancorados na lei. E acima deles todos se encontram guias especiais, providos de um poder inconcebível para os seres humanos, e novamente acima destes estão guias ainda mais elevados e mais poderosos, sempre de espécie diferente da anterior.

E assim por diante, até o divino. É como uma grande corrente, cujos elos indestrutíveis, agindo alegremente, atravessam toda a Criação, como os versos de um cântico de louvor ressoando em honra e louvor do seu Senhor.

Ponderai que aquilo que aqui vedes à vossa volta é apenas uma imagem grosseira de tudo o que se encontra mais alto, moldando-se sempre de forma mais esplêndida, mais nobre e mais luminosa, quanto mais perto do círculo divino lhe for permitido estar. Mas, em todos esses círculos, os *entes* atuam sempre exatamente segundo a vontade de Deus, que está nas leis!

24. O enteal

Todos os entes se encontram a serviço de Deus, para o qual os espíritos têm de se declarar primeiro voluntariamente, se quiserem atuar de maneira benéfica na Criação. Seguindo o caminho que nela lhes é indicado com exatidão, o qual podem reconhecer facilmente, bastando que o queiram, dessa forma estará reservado para eles um caminho de felicidade e de alegria, pois então vibrarão em comum *com* os entes, que os ajudarão a aplainar os caminhos.

Para cada caminho errado, porém, os espíritos têm de esforçar-se mediante uma decisão bem especial. Com isso, porém, produzem apenas o infortúnio, criando para si mesmos o sofrimento e, por fim, a queda e a expulsão da Criação, para o funil da decomposição, como imprestáveis para o desenvolvimento progressivo, desejado por Deus e condicionado de acordo com a lei, de tudo quanto até agora se originou.

Unicamente o espiritual desenvolvido evoluiu para o lado errado, para a perturbação da harmonia. Será concedido a ele, depois do Juízo, mais uma vez um prazo para a modificação, por intermédio do reino de Mil Anos desejado por Deus. Se até aí não conseguir alcançar sua absoluta firmeza para o bem, então o espiritual humano desenvolvido terá de ser recolhido novamente até aquele limite, onde *não poderá* desenvolver-se para a autoconsciência, a fim de que finalmente reinem a paz e a alegria para as criaturas nos reinos de Deus!

Assim és tu, ser humano, o único que age *perturbadoramente* na desejada beleza desta Criação, quando ela agora deverá ser erguida, para o necessário retorno à condição de um paraíso de matéria grosseira. Apressai-vos, pois somente através do *saber* ainda podereis elevar-vos, seres humanos! A força, vós a recebereis, tão logo abrirdes vossas almas para isso.

OS PEQUENOS ENTEAIS

PROSSIGO com os meus esclarecimentos sobre o enteal e sua atuação na Criação. É necessário que eu aí dê antes uma pequena perspectiva sobre o ambiente *mais próximo* dos seres humanos terrenos, que é mais fácil para a compreensão terrena, antes que, partindo de cima para baixo, eu deixe tornar viva diante de vossos olhos a grande imagem de todos os acontecimentos.

Por isso, tomemos, inicialmente, *aqueles* enteais que se ocupam com a matéria grosseira. Eles compõem-se, em si, de muitos setores específicos, formados pela espécie de sua atividade. Existem, por exemplo, setores que agem completamente independentes dos espíritos humanos e que, somente guiados do alto, se ocupam com o permanente desenvolvimento de novos corpos celestes. Favorecem sua manutenção, bem como seu curso, e também sua decomposição, onde se tornar necessária na supermaturação, a fim de, segundo as leis primordiais da Criação, poderem surgir em nova forma, e assim por diante. Mas estes não são *aqueles* setores com os quais queremos ocupar-nos hoje.

São os *pequenos* para os quais queremos voltar-nos. Já ouvistes falar muitas vezes dos elfos, das ondinas, dos gnomos e das salamandras, que se ocupam aqui com a matéria grosseira da Terra visível a vós, bem como da mesma maneira em todos os outros corpos celestes de matéria grosseira. São os mais densos de todos e, por isso, também mais fáceis de serem vistos por vós.

Sabeis deles, porém ainda não conheceis sua real ocupação. Acreditais, pelo menos, já saber *com que* eles se ocupam; falta--vos, porém, qualquer conhecimento a respeito da maneira como sua atuação ocorre, e como esta se realiza sempre de acordo com as leis da Criação.

25. Os pequenos enteais

Aliás, tudo isso a que já designais de saber não é um reconhecimento real e intocável, mas apenas um inseguro tatear, erguendo-se grande alarde, quando uma vez ou outra algo é encontrado, quando as tentativas de descobrimento, em si desordenadas e tão ínfimas em relação à Criação, deparam ocasionalmente com um grãozinho de pó, cuja existência muitas vezes se constitui numa surpresa.

Contudo, também não quero ainda hoje revelar-vos isto, mas sim contar antes *daquilo* que está estreitamente relacionado *convosco pessoalmente,* ligado ao vosso pensar e ao vosso atuar, a fim de que possais adquirir, pouco a pouco, a capacidade de observar cuidadosamente, pelo menos *nestas* coisas.

Estes setores, de que vos falo hoje, também pertencem aos *pequenos* enteais. Não deveis esquecer-vos aí, contudo, que cada um deles, por menor que seja, é extraordinariamente *importante* e, em sua atuação, mais digno de confiança do que um espírito humano.

Com grande exatidão, que nem sequer podeis imaginar, processa-se a execução do trabalho atribuído, porque mesmo o aparentemente mais ínfimo dos enteais é *uno* com o todo, atuando, por isso, também a força do todo através dele, atrás do qual se encontra a *única* vontade — a vontade de Deus, beneficiando, fortalecendo, protegendo, conduzindo!

Assim é, aliás, em todo o enteal e assim poderia, assim também já *teria* de ser há muito tempo convosco, com os espíritos da Criação posterior desenvolvidos à autoconsciência.

Essa conexão firmemente estabelecida tem como consequência automática que cada um desses enteais, se um dia falhar de alguma forma, é logo expulso pelo ímpeto do todo, ficando assim desligado. Tem então de fenecer, porque não lhe aflui mais força alguma.

Dessa forma, tudo o que é fraco é posto fora rapidamente e nem chega a poder tornar-se nocivo.

Desses apenas aparentemente pequenos, contudo tão grandes em sua atuação, os quais ainda não conheceis e de cuja existência nada sabíeis até então, quero falar agora.

Mas de sua *atuação* já ouvistes em minha Mensagem. Certamente, porém, não a relacionastes com o enteal, porque eu

25. Os pequenos enteais 171

mesmo não fiz nenhuma referência a respeito, visto que anteriormente ainda teria sido prematuro.

Aquilo que então mostrei, *objetivamente,* com breves palavras, agora vos apresento em sua real atuação.

Falei anteriormente que os pequenos enteais ao vosso redor são influenciáveis pelo espírito humano e, de acordo com isso, podem fazer o bem ou até o mal.

Essa influência, porém, não ocorre *naquele* sentido como imaginais. Não que consigais ser *senhores* desses entes, que possais dirigi-los!

Aliás, poder-se-ia até certo grau denominar isso assim, sem dizer algo errado, pois para *vossos* conceitos e em vossa linguagem está corretamente expresso desse modo, porque vedes tudo do *vosso lado* e, de acordo com isso, também julgais. Por essa razão, muitas vezes tive de falar-vos em minha Mensagem da mesma maneira, para que me compreendêsseis. Eu também podia fazê-lo *aqui,* por não constituir nenhuma diferença, neste caso, para vosso agir certo.

Intelectivamente, naquela ocasião, isso estava muito mais perto de vós, porque correspondia mais à sintonização do vosso raciocínio, quando vos disse que sempre influenciais fortemente com a vossa vontade todo o enteal ao vosso redor e que este também se orienta segundo o vosso pensar, vosso agir, porque sois espirituais!

Isso, em si, permanece literalmente certo, porém a causa disso é outra, pois a verdadeira condução de todas as criaturas que se encontram dentro da lei desta Criação, que vivem, portanto, dentro da vontade de Deus, procede unicamente *de cima!* E a essas pertencem *todos* os enteais.

Nunca estão submetidos à vontade alheia, nem passageiramente. Nem lá onde assim vos pareça.

Os pequenos enteais, que citei, orientam se de fato em sua efetivação segundo a vossa *vontade* e segundo o vosso *atuar,* ó espíritos humanos, contudo sua maneira de agir se encontra, apesar disso, unicamente na vontade de Deus!

Isso é um aparente enigma, cuja solução, porém, não é tão difícil, pois necessito para isso apenas mostrar-vos agora o outro lado daquele de onde *vós* tudo observais.

Visto do vosso lado, vós influenciais os pequenos enteais! Visto, porém, do lado da Luz, eles apenas cumprem a vontade de Deus, a lei! E como toda força, para agir, só pode vir da Luz, então esse, que constitui para vós o *outro* lado, é o *certo!*

Não obstante, consideremos primeiro, para melhor compreensão, a atividade vista *do vosso lado*. Com vosso pensar e vosso atuar influenciais os pequenos enteais, segundo a lei de que o espírito aqui na matéria exerce por intermédio de cada vontade uma pressão, também sobre o pequeno enteal. Esses pequenos enteais formam então na *parte fina da matéria grosseira* tudo quanto aquela pressão lhes transmite. Digamos, portanto, observado do vosso lado, que eles executam tudo quanto vós quereis!

Em *primeiro* lugar, aquilo que quereis *espiritualmente*. A vontade espiritual, porém, é *intuição!* Os pequenos enteais formam isso na parte fina da matéria grosseira, exatamente de acordo com a vontade emitida pelo espírito. Eles pegam imediatamente o fio que surge de vossa vontade e de vosso atuar e formam, no fim desse fio, *aquela* configuração que corresponde exatamente a esse fio da vontade.

É dessa maneira a atividade dos pequenos enteais, que ainda não conheceis em sua verdadeira atuação.

Desse modo, eles criam, ou, melhor dito, *formam* o plano da parte fina da matéria grosseira, que vos espera, quando tiverdes de passar para o mundo de matéria fina! É *a soleira* para a vossa alma, onde ela, segundo vossas expressões, tem de "purificar-se" depois da morte terrena, antes de poder entrar na matéria fina.

Lá, a permanência da alma é de mais longa ou de mais curta duração, conforme a sua disposição interior e conforme tendia ela para a matéria grosseira, se de modo mais forte ou mais fraco, com seus diversos pendores e fraquezas.

Esse plano da parte mais fina da matéria grosseira já foi visto até agora por muitas pessoas. Pertence, por conseguinte, ainda à matéria grosseira e é formado por aqueles enteais que preparam por toda parte o caminho do espírito humano.

É muito importante para vós saber isto: os enteais preparam para o espírito humano, portanto dessa forma também para a alma

25. Os pequenos enteais

humana, e igualmente para o ser humano terreno, o caminho que ele *tem* de seguir, quer queira quer não queira!

Esses enteais são influenciados pelo ser humano e, aparentemente, também dirigidos. Mas só aparentemente, pois o *verdadeiro* dirigente aí não é o ser humano, mas sim a vontade de Deus, a lei férrea da Criação, que colocou esse setor dos enteais naquele lugar, dirigindo sua atuação no vibrar da lei.

Mediante atividade semelhante dos enteais originam-se também todas as formas de pensamentos. Aqui, porém, atua por sua vez um outro setor e uma outra espécie de enteais que, igualmente, ao lado dos primeiros, desenvolvem um plano especial na parte fina da matéria grosseira.

Assim, surgem com isso também paisagens, aldeias e cidades. O que é belo e o que é feio. Sempre, porém, as diversas espécies exatamente conjugadas. Portanto, o que é feio, juntando-se ao feio, o que é belo, ao belo, de acordo com a igual espécie.

Esses são os lugares, os planos por onde ainda tereis de locomover-vos após a vossa morte terrena, *antes* que possais entrar na matéria fina. O mais grosseiro, isto é, o terrenal, que ainda pende em vossa alma, será aí desprendido e deixado para trás. Disso, nem sequer um grãozinho de pó podeis levar convosco para a matéria fina. Ele vos reteria até que caísse de vós, isto é, até que fosse extinto vivencialmente pelo reconhecimento.

Assim a alma, depois da morte terrena, tem de continuar peregrinando vagarosamente, galgando degrau por degrau, isto é, plano por plano, em permanente reconhecimento através da própria experiência vivencial daquilo que ela adquiriu.

Penoso é o caminho, se os enteais tiveram de construir lugares escuros ou turvos para vós, de acordo com a vossa vontade aqui na Terra. Vós próprios dais sempre os motivos para isso. —

Agora sabeis o que e como os pequenos enteais fazem para vós, sob a vossa influência: está na lei da reciprocidade! Os pequenos enteais tecem com isso o vosso destino! São os pequenos mestres tecelões que trabalham para vós, porque sempre tecem só *assim* como *vós* quereis, através de vossa intuição íntima bem como através do vosso pensar e do vosso atuar!

Contudo, não se encontram, em virtude disso, a vosso serviço! — São três as espécies desses enteais que aí estão ocupados. Uma espécie tece todos os fios da vossa intuição, a segunda espécie os fios do vosso pensar, e a terceira espécie os fios das vossas ações. Não é, acaso, apenas *um* tecido, mas três; são, porém, entrelaçados e, por sua vez, ligados também a muitos outros tecidos ainda. Toda uma legião trabalha nisso. E esses fios têm cores, conforme sua espécie. Mas tão longe ainda não devo ir nos esclarecimentos, senão chegaremos a algo ainda inapreensível para vós e jamais encontraríamos um fim. Não poderíeis, assim, obter uma imagem nítida.

Permaneçamos, pois, por enquanto, ainda no ser humano individual. Dele partem, além de outras coisas, *três* tecidos de diferentes espécies, porque o seu intuir nem sempre é igual ao seu pensar e, por sua vez, o seu pensar nem sempre está em exata concordância com o seu atuar! Além disso, os fios do intuir são de espécie totalmente diferente, pois eles alcançam até a matéria fina e até o espiritual, e *lá* são ancorados, ao passo que os fios do pensar permanecem *somente* na *parte fina* da matéria grosseira, e *lá* têm de ser extintos vivencialmente.

Os fios das ações, porém, são *ainda* mais densos e mais pesados, sendo por isso ancorados mais próximos da existência terrena, tendo de ser, portanto, após o falecimento na Terra, percorridos e extintos vivencialmente *em primeiro lugar*, antes que uma alma possa prosseguir.

Não imaginais absolutamente quão longo já é o caminho de muitas almas, só para que atinjam a matéria fina! Do espiritual, nem é de se falar.

A tudo isso o ser humano, em sua superficialidade, chama sucintamente de Além, e com isso também se satisfaz. Em sua indolência, põe tudo numa panela só.

Muitas almas ainda ficam por longo tempo presas à Terra, porque pendem em fios que estão firmemente ancorados próximos a essa pesada matéria grosseira. A alma só pode desligar-se disso, quando aí se tiver libertado vivencialmente, quer dizer, quando na peregrinação obrigatória tiver chegado ao reconhecimento de que todas essas coisas não possuem, absolutamente,

25. Os pequenos enteais

aquele valor ou aquela importância que ela lhes havia atribuído, e de que fora fútil e errado malbaratar outrora tanto tempo para isso na Terra. Frequentemente isso dura muito tempo e às vezes é muito amargo.

Muitas almas são, enquanto isso, atraídas novamente pela pesada matéria grosseira, tornam a vir sempre de novo para a encarnação terrena, sem terem estado nesse ínterim na matéria fina. Tiveram de permanecer na parte fina da matéria grosseira, porque dela não puderam desligar-se tão rapidamente. Os fios retiveram-nas lá, demasiadamente firmes. E um esgueirar-se pela astúcia aí não é possível.

Tanta coisa que aqui na Terra é possível para o ser humano, após seu falecimento ele não consegue mais. Pende, então, mais firme na lei desta Criação, vivenciando tudo imediatamente, sem que esteja, no meio, retardando, um pesado invólucro de matéria grosseira. *Retardar* pode o invólucro terreno em seu denso pesadume e impenetrabilidade, mas nunca impedir. Por isso, muito é apenas adiado para o resgate; nunca, porém, anulado.

Tudo o que o ser humano, aqui na Terra, intuiu e pensou aguarda-o, e também as consequências rigorosamente justas de sua atuação.

Quando o ser humano intui, os respectivos fios que aí se formam e que se parecem com uma pequena sementeira brotando da terra, são apanhados e cuidados pelos pequenos enteais. Nisso, como na pesada matéria grosseira, a erva daninha recebe o mesmo tratamento cuidadoso que os brotos nobres. Desenvolvem-se e são ancorados, pela primeira vez, nos limites da parte fina da matéria grosseira, para então poderem passar às mãos de enteais de outra espécie, os quais os conduzem através da matéria fina. Nos limites desta, repete-se a ancoragem e a condução progressiva para o enteal, do qual então alcançam o espiritual, onde recebem a ancoragem final novamente por outra espécie de enteal.

Assim é o caminho da vontade *boa*, que conduz *para cima*. O caminho da vontade má é dirigido, do mesmo modo, *para baixo*.

Em cada ancoragem, nos limites, esses fios perdem certa camada da espécie, que deixam para trás, a fim de poderem prosseguir na outra espécie. Também isso se processa de acordo com a lei e exatamente de acordo com as respectivas espécies dos planos. E todos esses desenvolvimentos se encontram subordinados à atuação dos enteais!

Como a intuição da vontade boa tem sua origem na movimentação do *espírito,* seus fios também são levados para o espiritual. De lá puxam ou, pelo menos, *seguram* a alma, se esta ainda tiver algo a vivenciar e remir na parte fina da matéria grosseira. Por essa razão, se houver muitos de tais fios ancorados no espiritual, não pode afundar e cair tão depressa, como uma alma que tenha apenas fios para a parte fina da matéria grosseira, por haver sido indolente espiritualmente na Terra e ter-se ligado exclusivamente à matéria grosseira, tendo considerado desejáveis unicamente seus prazeres.

A alma, que é puxada pelos fios de sua vontade, não vê esses fios, da mesma forma como acontece com o ser humano aqui na Terra, visto serem sempre algo mais finos do que o invólucro mais exterior, no qual a alma ainda se move de cada vez. No momento, porém, em que esse invólucro, pelo total desprender no reconhecimento, alcança a mesma espessura dos fios mais espessos entre os ainda existentes, podendo vê-los devido à igual espécie do invólucro externo, estes, como remidos, também já caíram, de maneira que uma visão real de tais fios nunca ocorre por parte da alma a eles ligada. —

Assim, pensando *terrenamente,* esses pequenos enteais se encontram a serviço do espírito humano, por orientarem suas execuções conforme a espécie da consciente ou inconsciente vontade dos seres humanos, e, contudo, na realidade atuam exclusivamente segundo a vontade de Deus, Cuja lei dessa forma cumprem!

Portanto, há simplesmente uma influência *aparente* através do espírito humano nessa atividade. A diferença só se mostra conforme o lado de onde é observado.

Quando antes, nas dissertações sobre a reciprocidade, eu falei de fios que, saindo de vós, são repelidos e atraídos, então até aí decerto vistes apenas um emaranhado de fios figuradamente diante de vós. Mas não era de se supor que esses fios, semelhantes a vermes, avançassem sozinhos; pelo contrário, têm de ser conduzidos por mãos, e essas mãos pertencem aos pequenos enteais aí atuantes, dos quais até agora nada pudestes saber.

25. Os pequenos enteais

Mas essa imagem, agora tornada viva, está diante de vós. Imaginai estardes constantemente rodeados por esses enteais, que vos observam, tomando imediatamente cada fio e conduzindo-o para lá onde pertence. Contudo, não apenas isso, mas eles ancoram-no e dele cuidam até a germinação da sementeira, sim, até a floração e a frutificação, da mesma forma como aqui na pesada matéria grosseira todas as sementes de plantas são cultivadas pelos enteais, até que possais, então, ter os frutos disso.

É a mesma lei básica, a mesma atuação, só que executada por enteais de outras espécies, que são especialistas nisso, como diríamos terrenamente. E assim, o mesmo tecer, a mesma atuação da sementeira, a germinação, o crescimento, a floração e a frutificação traspassam a Criação inteira, sob a supervisão e o cuidado dos enteais em *tudo,* não importando o que e de que espécie seja. Para cada espécie há também a atuação enteal, e sem a atuação enteal não haveria por sua vez espécie alguma.

Assim, surgiu da atuação dos enteais, sob o impulso da vontade baixa dos seres humanos, na ancoragem dos fios que disso se originaram, também o assim chamado inferno. Os fios da vontade ruim ancoraram-se lá, cresceram, floresceram e produziram por fim também frutos correspondentes, que *aqueles* seres humanos, que geraram tal sementeira, tiveram de receber.

Por isso, reina, nesses baixios, a volúpia devoradora com seus correspondentes centros, a sede de assassínio, briga e todas as excrescências das paixões humanas. Tudo, porém, se origina da mesma lei, em cujo cumprimento os pequenos enteais também formam o maravilhosamente *belo,* dos reinos mais luminosos! —

Assim, faço surgir agora imagem após imagem da Criação, até que recebais uma visão uniforme e ampla, que nunca vos deixará cambalear em vossos caminhos, nem deixará que vos percais, pois então estareis cientes. Teria de estar completamente corrompido, desde a base, e sujeito à condenação, aquele que *então* ainda *não* quisesse orientar seu caminho para as alturas luminosas.

NA OFICINA DE MATÉRIA GROSSEIRA DOS ENTEAIS

Observamos até agora a atuação dos pequenos enteais quanto ao que *provém* dos seres humanos terrenos, como seu intuir, pensar e atuar.

Agora queremos ficar, igualmente, perto dos seres humanos terrenos, mas observando aí a atividade *daqueles* enteais que exercem seu círculo de atividade em *direção* aos seres humanos terrenos. Portanto, não aqueles que constroem os caminhos da alma, conduzindo para fora da pesada matéria grosseira terrena, mas sim em direção oposta, rumo a esta matéria grosseira terrena.

Tudo mostra movimento, nada é sem forma. Assim, parece como uma gigantesca oficina em redor do ser humano, em parte afluindo para ele, em parte afastando-se dele, entrelaçando-se aí, amarrando e desligando, construindo e demolindo, em mudança permanente, em crescimento contínuo, florescimento, maturação e decomposição, a fim de, nisso, dar oportunidade às novas sementes para o desenvolvimento, em cumprimento ao nascer e morrer de todas as formas na matéria, condicionado pelo ciclo regular da lei da Criação. Condicionado através da lei do movimento constante, sob a pressão da irradiação de Deus, do único vivo.

Brame e ondula, derrete e esfria, martela e bate, sem interrupção. Punhos fortes empurram e puxam, mãos carinhosas conduzem e protegem, unem e separam os espíritos que peregrinam nessa movimentação intensa.

No entanto, embotado, cego e surdo ante tudo isso, cambaleia o ser humano desta Terra em suas vestes de matéria grosseira. Insaciável em seus prazeres e em seu saber, seu raciocínio mostra apenas aquela única finalidade: alegrias terrenas e poder

26. Na oficina de matéria grosseira dos enteais

terreno, como recompensa de seu trabalho e coroa da existência.

O raciocínio procura embalar os indolentes e os preguiçosos com imagens de tranquilo bem-estar, as quais, como entorpecentes, paralisam, de modo hostil ao espírito, a vontade para a atividade na Criação.

O ser humano desta Terra não quer enquadrar-se, porque ficou com o livre-arbítrio! E, por essa razão, acorrenta seu espírito vivo à forma transitória, cuja origem nem sequer conhece.

Continua um estranho nesta Criação, ao invés de utilizar para si, de modo construtivo, as suas dádivas. Só o conhecimento certo dá possibilidade a um aproveitamento consciente! Por isso, o ser humano *tem* de sair agora de sua ignorância. Só *sabendo* poderá, no futuro, agir sob a irradiação do astro novo, que separará o útil do inútil na Criação inteira.

O útil não julgado segundo o pensar humano, mas sim somente segundo a sagrada lei de *Deus!* De acordo com isso, a tudo o que é inútil pertence em primeiro lugar o ser humano que não é capaz de receber humildemente as bênçãos e as graças de Deus, o que só poderá conseguir com o conhecimento de toda a atuação na Criação.

Unicamente da *Palavra* consegue ele receber todo o saber que necessita para isso. Nela *encontrará,* se procurar com seriedade. Encontrará exatamente aquilo que *precisa para si!* Contudo, agora mais do que nunca é lei a Palavra de Cristo: *"Procurai, e encontrareis!"*

Quem não procurar com verdadeiro afinco de seu espírito, não deverá receber e também não receberá nada. E, por essa razão, quem dorme, ou o indolente de espírito, também não encontrará nada na Palavra, que é viva. Ela não lhe dará nada.

Cada alma, em primeiro lugar, tem de abrir-se por si para isso e bater na fonte que se encontra na Palavra. Nisso se encontra uma lei férrea e selecionadora, que agora se cumpre com todo o rigor.

Sabedores, tendes de tornar-vos, do contrário perdereis todo o apoio e tropeçareis e caireis, quando agora, no decurso dos acontecimentos universais que se desenrolam, fordes arrastados à força para *aquele* percurso por onde tendes de trilhar, conforme a vontade sagrada de vosso Deus, em cujas obras de graça até agora pisoteastes, como animais ignorantes no mais belo jardim de flores, destruindo em vez de construir e auxiliar beneficiadoramente, desfrutando com atrevimento presunçoso, sem esforçar--se por conseguir a compreensão de *por que* vos é permitido permanecer conscientemente na bela Criação e desfrutar de tudo.

Jamais pensastes numa retribuição necessária, não atentastes àquela grande lei de Deus de que unicamente no *dar* reside o direito de receber; ao invés disso, tomastes impensadamente, *exigistes* desmedidamente, com ou sem pedido, sem aí sequer uma vez lembrar-vos do *dever* perante a Criação, na qual vós, hóspedes, quisestes tornar-vos senhores inescrupulosos!

O Criador devia dar, sempre dar. Nem perguntastes, com séria reflexão, por que na realidade merecestes aquilo, mas apenas vos queixastes do sofrimento adquirido por vós próprios, resmungastes quando alguma vez não se concretizava o que tínheis esperado. E sempre as esperanças, os vossos desejos, visavam apenas à *felicidade terrena*. Por tudo o mais, pelo que é mais real, nunca vos preocupastes com verdadeiro anseio. Onde, *não obstante,* vos ocupastes com isso, lá foi curiosidade terrena, nada mais.

Quisestes encontrar, para com isso brilhar. E se aconteceu que procurastes pesquisar para sair da aflição, então foi tão somente para sair dessa aflição, quer fossem aflições da *alma* ou aflições terrenas. *Pela honra de Deus jamais aconteceu!*

Mas aprendei a conhecer, finalmente, a construção desta Criação, na qual habitais e a qual tendes de percorrer em parte, para que não mais continueis nela como um corpo estranho. Com o reconhecimento tornando-se então cada vez mais forte, obtereis também *aquela* humildade de que precisais para ainda receber o último, o grande: a dádiva de poder existir eternamente!

Com o conhecimento, que tem de levar ao reconhecimento *Dele,* encurtareis também o tempo de vossas peregrinações através da Criação por milhares de anos e chegareis muito mais depressa e mais seguramente àquelas alturas luminosas, que têm de ser o anseio e a meta *daquele* espírito humano que não quiser perder-se como inútil.

Portanto, continuai a seguir-me hoje pelos caminhos através do ambiente mais próximo de vossa existência terrena.

26. Na oficina de matéria grosseira dos enteais 181

Imaginai que vos estais dirigindo para esta Terra, conforme se dá em cada encarnação, não importando se é a primeira ou mesmo já a quinquagésima.

Aí não é possível que a alma, que aguarda pela encarnação, possa deslizar sem mais nada para dentro de um corpo terreno. A própria alma, que devido à sua espécie nunca se liga ao corpo de matéria grosseira, mas só é capaz de *anexar-se* a um corpo terreno quando estiverem satisfeitas as pressuposições para isso exigidas, não conseguiria movimentar o corpo terreno sem uma ponte especial, tampouco incandescê-lo. Os fios que se atam pela atração da igual espécie não bastam para tal finalidade.

A fim de dar a imagem de maneira bem clara, quero voltar mais uma vez e mencionar em breves traços algumas condições, já conhecidas, para uma encarnação.

Para as encarnações não são decisivos, em *todos* os casos, os efeitos da lei da atração da igual espécie, mas existem para isso ainda outras possibilidades e razões determinantes.

A lei da reciprocidade intervém também aqui, e às vezes com uma força que sobrepuja tudo o mais. Uma alma fora do corpo terreno, que se encontre fortemente ligada pelos fios da reciprocidade a uma outra alma que esteja num corpo terreno feminino, será incondicionalmente conduzida por esses fios para essa mulher na Terra, tão logo nela se ofereça oportunidade para uma encarnação.

Ao lado de tais condições, que são inevitáveis, corre ainda a lei da atração da igual espécie. Além desses dois fenômenos, há ainda outras espécies e possibilidades, das quais só chegaremos a falar no decorrer do tempo, uma vez que hoje cada desvio desnecessário apenas turvaria a clareza da indispensável imagem.

Por essa razão, digamos, portanto, apenas provisoriamente, que todos os fios, não importa de que espécie, não podem bastar para possibilitar à alma movimentar e incandescer o corpo de matéria grosseira.

Mesmo que seja cumprida a condição de que a alma, mediante quaisquer fios, se encontre nas proximidades do corpo em formação e que também o corpo, em sua irradiação, atinja o grau que possa *segurar* a alma, conforme já mencionei numa dissertação anterior, a alma seria assim ligada ao corpo, mas nem por isso estaria em condições de mover ou incandescer esse corpo terreno a ela ligado. Para isso ainda falta uma ponte. Ao invés de ponte podemos dizer também instrumento, do qual a alma ainda necessita de modo especial. E essa ponte tem de ser construída, por sua vez, pelos pequenos enteais!

Isso se realiza, como tudo, também dentro das leis do exato *encontro* de bem determinadas irradiações, em que coparticipam nesse caso: a masculinidade terrena e a feminilidade terrena bem como diversos fios do destino que correm para esses dois seres humanos e, também, para a alma que entra em questão. Também esse processo precisará mais tarde de uma explicação especial. Por hoje basta a indicação de que tudo isso forma o ponto de partida determinante para a atividade *daqueles* pequenos enteais, que constroem as pontes para as encarnações das almas.

E essas pontes são aquilo que já hoje é por muitos chamado de "corpo astral".

O corpo astral consiste de matéria grosseira média. Ele tem de ser formado pelos pequenos enteais imediatamente *antes* do pesado corpo terreno de matéria grosseira, de maneira que quase parece como se fosse formado simultaneamente. Mas assim não é, pois o corpo astral — ainda quero, devido à simplicidade, continuar com essa denominação conhecida até agora — tem de preceder *tudo* o que deve formar-se na matéria grosseira pesada!

Existem muitas pessoas que chegaram a saber da *existência* das assim chamadas coisas astrais. Mas não conhecem a sua finalidade efetiva nem o verdadeiro processo de formação.

Aquelas que até agora sabiam das coisas astrais observavam tudo, por sua vez, apenas de seu ponto de vista e, por isso, como que originado da matéria grosseira pesada. Na maioria dos casos veem eles nisso *cópias* da matéria grosseira pesada, porque também cada planta, cada pedra, enfim *tudo* quanto é de matéria grosseira pesada tem, aparentemente, a sua cópia no mundo astral.

Mas não são *cópias* e sim *modelos* das coisas da matéria grosseira pesada, sem os quais, no entanto, nada se formaria

26. Na oficina de matéria grosseira dos enteais   183

nem poderia formar-se na matéria grosseira pesada! Nisso reside a diferença.

A esse campo da matéria grosseira média se poderia denominar melhor, segundo conceitos terrenos, de oficina dos modelos. Assim como um artista forma antes um modelo, do mesmo modo surge o assim chamado corpo astral *antes* do corpo terreno pesado. Só que, na Criação, nada existe que sirva *apenas* a um determinado fim, como ocorre com o ser humano terreno, para, mais tarde, ser posto de lado; pelo contrário, tudo, mesmo o aparentemente ínfimo, tem, na Criação, um múltiplo valor de necessidade.

Na atuação dos enteais, cada coisa por si pertence ao todo, como pedaço necessário. Ele é também *uniformemente* perfluído e perpulsado pelo todo e com o todo.

Assim, cada pedaço na Terra, a própria Terra até, tem um modelo coparticipante. Alguns, aos quais é permitido ver, denominam isso "sombras"; outros, conforme já foi dito, "corpos astrais". Para isso há ainda outras denominações menos conhecidas, mas que indicam, todas elas, a mesma coisa. Nenhuma delas, porém, é a certa, porque novamente foi observado do lado errado, ao passo que sobre a origem não existe nenhum saber.

Nada existe na Terra que os pequenos enteais não tenham formado antes na matéria grosseira média, e ainda muito mais belo, mais perfeito!

Tudo quanto acontece na matéria grosseira pesada, até mesmo a habilidade dos artesãos, o trabalho dos artistas, etc., é apenas *tirado* da já precedida atividade dos pequenos enteais, que já têm isso pronto, e muito mais ainda, na parte média e fina da matéria grosseira. E lá tudo isso é ainda muito mais aperfeiçoado, porque os enteais atuam de imediato nas leis da vontade de Deus, que é perfeita e, por isso, só pode exprimir o que é aperfeiçoado em suas formas.

Cada invenção, mesmo a mais surpreendente, é apenas um *empréstimo* de coisas, já postas em prática pelos enteais em outros planos, dentre as quais muitíssimas ainda se encontram prontas para os seres humanos haurirem e transmitirem para a matéria grosseira pesada da Terra.

No entanto, apesar desses modelos, tão facilmente alcançáveis apenas por pesquisadores sérios, cheios de humildade, aqui na Terra muito foi por sua vez torcido pelo raciocínio, porque na maioria dos casos faltava, àqueles agraciados para isso, a humildade necessária para um haurir puro, e, além disso, os habitantes da Terra, em sua presunção que a tudo estorva, até agora não atentaram às leis divinas na Criação. Somente pelo conhecimento exato delas, o inventar, ou melhor dito, o encontrar em outros planos, e assim também a *acertada* transmissão para a matéria grosseira pesada desta Terra, tornar-se-á muito mais fácil e mais exata do que até agora, e também muito mais ampla.

Portanto, o plano astral *não* é um espelho da matéria grosseira! Em primeiro lugar, ele próprio se compõe ainda de matéria grosseira, só que de espécie pouco mais fina do que a da Terra, e, em segundo lugar, isso também ocorre em sentido *inverso:* a matéria grosseira terrena pesada é a reprodução da matéria grosseira média, do assim chamado plano astral.

Existem, porém, para o plano astral dois caminhos e, com isso, também duas grandes divisões básicas. Uma que conduz para a matéria grosseira pesada, e outra que se afasta dela! A parte que se dirige a ela é a necessária ponte para a construção no terrenal, e a parte que se afasta é, por sua vez, a expressão formada do pensar e agir dos espíritos humanos que se encontram sobre a Terra em vestes terrenas.

A este respeito o saber de até agora dos seres humanos é apenas fragmentário, sendo que estes poucos fragmentos, devido ao desconhecimento, ainda têm sido caoticamente misturados, sem conexão real. Foi composta assim apenas uma imagem fantástica, sem consistência, pairando no ar qual miragem, exercendo por isso uma fascinação especial sobre tantas pessoas instáveis. Pois aí podem tão bem regalar-se na irresponsabilidade. Nisso o ser humano pode permitir-se estabelecer suposições audazes, que ele, naturalmente, deseja de bom grado ver consideradas como saber e certeza, consciente de que aí ninguém poderá responsabilizá-lo se nisso errar. É-lhe dada oportunidade, segundo sua opinião, de uma vez representar algo sem ter responsabilidade.

26. Na oficina de matéria grosseira dos enteais

Sim, perante os seres humanos! Mas não perante as leis de Deus! Diante destas, cada um é *totalmente* responsável por tudo quanto diz! Em cada palavra! E todos os que seguem suas concepções erradas, mesmo aqueles que ele apenas estimula com suas doutrinas erradas a novas fantasias próprias, todos passam a ficar firmemente acorrentados a ele, e ele terá de ajudar cada um a libertar-se, antes de poder pensar em si e em sua ascensão! Depois de com isso termos tido uma breve perspectiva, temos de voltar para os pormenores. Portanto, os pequenos enteais formam preliminarmente o corpo astral como ponte necessária para a alma, a fim de que esta possa dominar, dirigir e movimentar o corpo que está amadurecendo.

A alma passa a ser ligada com *o corpo astral* e atua através *dele* sobre o corpo terreno pesado. E também o corpo terreno só pode, por sua irradiação necessária para tanto, ligar-se à alma, realmente, através do corpo astral como mediador. As irradiações da matéria grosseira pesada, perpulsada pelo enteal, têm de penetrar primeiro através da parte média da matéria grosseira do corpo astral, visto que de outra forma não podem interligar-se com as irradiações da alma, cujo invólucro mais externo já é então constituído da mais fina matéria grosseira.

Distingamos, antes de tudo, três espécies básicas de matéria grosseira. Existem, porém, além disso, diversas espécies intermediárias e colaterais. Por enquanto consideremos somente a fina, a média e a mais pesada matéria grosseira. Nesse sentido, o corpo terreno pertence à espécie terrestre mais pesada, e o corpo astral à espécie de transição da matéria grosseira média, portanto àquela que se *encontra mais perto* da espécie mais pesada.

Esse corpo astral é formado *antes* pelos enteais, quando uma encarnação deva ocorrer, e logo após este, o corpo terreno, de modo que parece que ambos ocorrem simultaneamente. Mas a formação do corpo astral precede, na realidade, o processo na matéria grosseira pesada; *tem* de preceder, do contrário aquele outro não poderia ser completado e, de outra maneira, a alma não poderia empreender nada com o corpo terreno.

Dou com isso apenas a *imagem* do acontecimento, para que possa surgir a compreensão disso. Mais tarde talvez acompanhemos *passo a passo* o crescer, a maturação e a decomposição com todas as divisões e fios a isso pertencentes, tão logo o *conjunto* surja em *imagem* diante de vós.

O corpo astral está ligado *com* o corpo terreno, porém não depende dele, como se tem suposto até agora. A falta de conhecimento do verdadeiro processo evolutivo na Criação teve como consequência os numerosos erros, especialmente porque o ser humano sempre colocou como base, considerado sob seu ponto de vista, o pouco conhecimento que adquiriu para si.

Enquanto *ele próprio* julgar ser o ponto *mais importante* na Criação, na qual na realidade não representa absolutamente nenhum papel de especial importância, pelo contrário é simplesmente uma criatura como inúmeras outras, caminhará sempre erradamente, inclusive em suas pesquisas.

É certo que, após desprender-se a alma do corpo terreno, o corpo astral se decompõe com o corpo terreno. Mas isso não deve servir de prova *de que* ele deva depender, por essa razão, do corpo terreno. Não chega sequer a dar uma base justificada para tal suposição.

Na realidade, o processo é diferente: ao desprender-se a alma, esta, como parte móvel, puxa consigo o corpo astral do corpo terreno. Falando figuradamente: ao sair e se afastar, a alma puxa consigo o corpo astral para fora do corpo terreno. Assim parece. Na realidade, ela apenas o *afasta,* porque nunca houve uma fusão, mas apenas um embutimento, como num telescópio encaixável.

Não puxa consigo para muito longe o corpo astral, visto que este não está ancorado somente nela, mas também no corpo terreno, e, além disso, porque a alma, da qual parte o movimento propriamente, também quer libertar-se do corpo astral e, por conseguinte, dele procura afastar-se.

Assim, o corpo astral fica sempre perto do corpo terreno, depois do desenlace terreno da alma. Quanto mais se distancia então a alma, tanto mais fraco se torna o corpo astral, e o desprendimento cada vez mais progressivo da alma acarreta, por fim, a decadência e decomposição do corpo astral que, por sua vez, acarreta imediatamente a decadência do corpo terreno, assim como também influenciou a formação dele. Assim é o processo normal, de acordo com a lei da Criação. Intervenções especiais aí acarretam, naturalmente, circunstâncias e alterações especiais, sem, contudo, poder excluir nisso o que é da lei.

O corpo astral é em primeiro lugar o mediador, dependente *da alma,* para o corpo terreno. O que acontecer ao corpo astral, o corpo terreno também sofrerá, infalivelmente. Mas os sofrimentos do corpo terreno atingem o corpo astral de modo muito mais fraco, apesar de estar estreitamente ligado a ele.

Quando, por exemplo, é amputado qualquer membro do corpo terreno, suponhamos um dedo, não é amputado simultaneamente também o dedo do corpo astral, mas sim ele *permanece,* não obstante, tranquilamente como até então. Por isso acontece que um ser humano terreno ainda possa às vezes realmente sentir dores ou uma pressão, onde não possui mais um membro no corpo terreno.

Tais casos são, sim, suficientemente conhecidos, sem que o ser humano tenha encontrado a explicação certa para tanto, por faltar-lhe a esse respeito uma visão global.

Assim, os enteais atam e ligam todas as almas a seus corpos astrais, que vamos denominar corpos de matéria grosseira média, ao passo que os corpos terrenos pesados, já na formação, se encontram em ligação direta com o corpo de matéria grosseira média e se desenvolvem moldando-se de acordo com ele.

Como se processa o modo de atuação da alma, através desse invólucro, sobre o pesado corpo terreno, deve ficar reservado para eventuais dissertações posteriores, uma vez que antes de chegar a tal ponto tem de ser esclarecido ainda muito, a fim de poder pressupor uma compreensão certa disso.

Mas também tudo isso é perpassado por uma *única* lei, que os pequenos enteais cumprem de modo diligente e fiel, sem dela se desviarem. Nisso eles são exemplos para os espíritos humanos, que aí só podem e também *devem* aprender, até que finalmente atuem junto com os pequenos construtores nesta Criação, de mãos dadas e sem presunção, para, com tal atividade em prol de uma harmonia plena, louvar jubilosamente, cheios de gratidão, a sabedoria e o amor de seu Criador!

PEREGRINA UMA ALMA...

EXPLIQUEI nas duas últimas dissertações os processos ligados *diretamente* à existência terrena do ser humano, que ocorrem nos planos da matéria grosseira média, denominada até agora plano astral pelos que disso têm conhecimento.
Além dos processos ali mencionados, existem ainda muitos outros, que também pertencem ao campo de atividade dos enteais. Mas, como essas espécies de trabalho só se põem *indiretamente* em contato com as almas humanas, por hoje ainda silenciaremos a esse respeito, passando antes a tratar do que está mais próximo: a *própria alma humana* em ligação com o que já foi explicado.
Acompanhai-me, portanto, num breve trecho do caminho que uma alma tem de perfazer, após o falecimento de seu corpo terreno. Observemos os primeiros passos.
Encontramo-nos na matéria grosseira média. Diante de nós vemos fios do destino com espessuras e cores diversas, dos quais falamos nas últimas dissertações, quando observamos a atuação dos pequenos enteais. Desliguemos tudo o mais, pois na verdade, bem junto e entrelaçando-se, existe muito mais no trajeto do que apenas esses fios. Tudo na mais severa ordem, vibrando de acordo com as leis da Criação. Não olhemos, porém, nem para a direita nem para a esquerda, e sim apenas para esses fios.
Aparentemente, esses fios se movem apenas de modo fraco, sem atividade especial, pois trata-se de fios que já há tempo foram urdidos. Subitamente, um deles começa a estremecer. Treme e se movimenta cada vez mais, incha, toma cor mais intensa e começa a tornar-se mais vivo em tudo... Uma alma

27. Peregrina uma alma... 189

se desprendeu do corpo terreno, a qual está ligada a esse fio. E aproxima-se do lugar onde estamos aguardando.

A cena se parece com uma mangueira de bombeiro, por onde de repente principia a circular água. Pode-se observar exatamente o caminho da água que se aproxima, à medida que ela vai avançando na mangueira. *Assim* é o processo com os fios do destino que chegam ao resgate, quando a alma tem de peregrinar pelo caminho traçado. As irradiações do espírito na alma adiantam-se a ela e vivificam o fio do seu caminho, mesmo que tal fio até então tenha sido fraco em sua atuação. Nesse vivificar se reforça a tensão, puxando a alma mais energicamente para o ponto onde se encontra a ancoragem mais próxima desse fio.

Nesse lugar de ancoragem há um formigar de espécies iguais desses fios, ligados a almas que ainda se encontram na Terra, em corpos terrenos de matéria grosseira. Outras almas, por sua vez, já se encontram no lugar, caso já tenham partido da Terra e agora tenham de provar ali, nesse local, os frutos que, pela atuação e pelos cuidados dos pequenos enteais, amadureceram segundo as espécies dos fios, que agem como cordões espermáticos.

As formas desses frutos são, nesse local, de uma espécie bem determinada e uniforme. Suponhamos que seja um lugar de inveja, que na Terra é área tão difundida, tendo entre os seres humanos terrenos um solo excelente.

Por isso, o lugar de ancoragem desses fios é imenso e variado. Paisagens ao lado de paisagens, cidades e aldeias com as correspondentes atividades de toda sorte.

Em toda parte, porém, espreita a repugnante inveja. Tudo está impregnado disso. Ela tomou formas grotescas que se movem e atuam nessas regiões. Atuam em todas as almas que foram atraídas para esse local, de modo mais acentuado e forte, para que vivenciem em si mais fortemente de que modo importunaram os seus semelhantes aqui na Terra.

Não vamos ocupar-nos com descrições pormenorizadas desse lugar, pois é constituído de espécies tão múltiplas e variadas, que uma imagem fixa disso não é suficiente para proporcionar sequer a sombra de uma noção. Mas a expressão repugnante é uma denominação suave e muito atenuada para tudo isso.

Para aqui conduz o fio que estávamos observando e que vimos tornar-se subitamente mais móvel, de cor mais intensa, mais vigoroso, com o aproximar da alma que partiu da Terra.

À medida que a alma se locomove para aquele local, onde num bem determinado ponto o fio está firmemente ancorado, tudo lá se torna gradualmente mais móvel e colorido, digamos tranquilamente mais vivo. Tudo se inflama.

Tal reviver advém de modo totalmente inconsciente do *espírito da alma;* provém da sua irradiação, mesmo que essa alma, como na maioria dos casos, percorra o caminho com os olhos ainda fechados. Ela desperta depois *lá* no local, onde com a sua aproximação, através da irradiação, o ambiente acabara de tornar--se mais vivo, pois são os frutos *daquele* fio ou talvez também de vários fios, que estão ligados justamente a *essa* alma, visto que foram gerados por ela.

Com a vivificação ocorrida na própria irradiação da alma, o espírito inerente a essa alma imprime ao novo ambiente, que o aguardava, um determinado cunho *individual,* que é sempre diferente do das outras almas. Isso equivale a dizer que cada alma tem um bem determinado mundo para si, muito embora tudo se entrelace e se moleste reciprocamente até o aborrecimento e tudo possa ser considerado como um único e grande plano comum.

Disso também decorre que o vivenciar, que em tais paragens muitas almas têm simultaneamente, e em última análise também em forma idêntica, é, apesar de tudo, vivenciado e experimentado por toda alma, individualmente, apenas segundo sua própria espécie. Que, portanto, cada alma recebe uma impressão completamente diferente do que as outras almas, que têm de experimentar a mesma coisa junto com ela. Sim, mais ainda, também verá de maneira diferente do que uma segunda ou terceira alma, que tem a mesma imagem diante de si.

Imaginai o seguinte: uma alma acorda em tal lugar. Esse lugar ou esse plano apresenta uma imagem bem determinada em sua formação e em tudo quanto nele se move. Pode-se dizer que também os processos são uniformes, porque ficam sujeitos a uma única grande lei e nela se efetivam.

A alma por nós imaginada vê as outras almas, chegadas antes ou depois dela, vivenciarem *a mesma coisa* que ela própria é obrigada a vivenciar. Vê isso, porém, quanto a si e quanto às demais, de uma bem determinada maneira, *toda sua,* vivenciando-a de modo correspondente.

Disso não deve ser tirada a conclusão de que também as outras almas veem e vivenciam tudo exatamente como essa alma mencionada por nós, pois *não* é assim, mas cada uma dessas almas vê e vivencia de acordo com sua *própria* espécie *pessoal,* totalmente diferente do que as outras! Veem os *acontecimentos* de maneira diferente, bem como as *cores* e as *paisagens.*

Isso acontece porque a irradiação do próprio espírito dá ao ambiente também a expressão pessoal, correspondente apenas a esse determinado espírito, vivificando, portanto, essa expressão pessoal, de acordo com a *sua* espécie. À primeira vista isso deve parecer-vos muito estranho.

Mas posso, talvez, dar-vos alguns exemplos semelhantes, embora mais grosseiros, da pesada matéria grosseira da Terra, que vos propiciarão uma noção disso para melhor compreensão.

Tomemos duas pessoas e façamo-las visitar um bonito parque. Será raro que ambas, sem especial combinação, assinalem o mesmo ponto como sendo o mais belo, mesmo que passeiem juntas pelo parque. Cada qual achará mais bela determinada coisa. Uma delas talvez nem encontre nada bonito, embora o diga apenas por cortesia, preferindo uma selva a um parque bem tratado.

Liquida-se simplesmente a divergência, dizendo que uma das pessoas não tem nenhum "senso" para aquilo que a outra declara ser belo. Nisso, porém, reside certa verdade. O "sentido" de uma segue simplesmente outra direção! Por isso, a imagem também lhe parece de maneira diferente do que para sua acompanhante.

Decisivo para o reconhecimento de uma imagem é a maneira *como* se olha, o *sentido* puramente *pessoal* ou a direção do sentido daquele que observa, e não a imagem ou a paisagem em si. Cada qual vivencia de maneira diferente.

Isso, que aqui se manifesta de maneira mais pesada, nas camadas de movimento mais leve da matéria é mais vivo, mais intenso. E assim acontece que um mesmo lugar, com os mesmos acontecimentos, provoca diferentes vivências das almas, individualmente, conforme *sua* espécie peculiar.

Podemos penetrar mais profundamente neste tema. Tomemos novamente duas pessoas como exemplo. É-lhes mostrada na infância uma cor e explicado que se trata da cor azul. Cada uma dessas pessoas considera sempre, por consequência, essa bem determinada cor, vista por ela, como sendo azul. Mas com isso não fica provado que ambas *vejam* essa determinada cor da *mesma maneira!* Acontece o contrário. Cada pessoa vê em verdade essa cor, por ela chamada azul, de modo diferente da outra pessoa. Também já aqui, no corpo de matéria grosseira!

Se examinardes os olhos de matéria grosseira e considerardes que eles são exatamente iguais em sua estrutura, então verificareis que essa estrutura igual não é decisiva para a determinação da maneira de ver as cores. Para isso influi também o cérebro e, além dele, como *fator básico,* a *espécie pessoal* do próprio *espírito* humano!

Vou tentar ampliar a explicação. Permaneçamos na cor azul. Vós próprios tendes perante vós uma bem determinada cor, que outrora vos foi mostrada como sendo azul, com todos os seus matizes. E se o vosso próximo, que foi instruído da mesma forma, for interrogado por vós, e perante todas as cores sempre indicar a mesma cor, que vós próprios denominais como azul, então isso não é nenhuma prova de que ele veja exatamente como vós essa cor, a que ele também denomina azul!

Pois para ele justamente *essa* bem determinada espécie é azul. *Como* ele a vê na realidade, não sabeis. Ele considera e tem de definir como azul, naturalmente, tudo quanto apresenta essa cor por ele vista e designada como tal, como também denominaria o branco de preto, se assim lhe tivesse sido indicado desde o início. Dirá sempre que uma determinada cor é azul, da mesma forma que vós também a denominais azul. *Mas apesar disso ele não a vê da mesma maneira que vós!*

Não é diferente com o som. Determinado som que ouvis *é* para vós, por exemplo, um "mi". Para qualquer um! Porque aprendeu a ouvi-lo e designá-lo assim. Ele o formará até com

27. Peregrina uma alma...

a boca. Mas sempre de acordo com o seu *próprio* sentido, que naturalmente sempre produzirá o mesmo som, que também para vós é um "mi". Mas com isso não fica afirmado que ele realmente o *ouve assim* como *vós* o ouvis. Contudo, sempre o escutará, na realidade, segundo a *sua* espécie espiritual, e *diferente* do que o seu próximo.

Chego agora àquilo que eu quero explicar. A cor *em si* é *fixa* e inalterável na Criação, igualmente o som. Mas o *vivenciar* dessa cor e desse som *é diferente em cada ser humano*, de acordo com a sua própria espécie. Isso *não* é uniforme!

E à vivência pertence também a visão, seja de matéria grosseira, em suas diferentes espécies, de matéria fina, do enteal ou do espiritual. Como com a *cor* e o *som,* também ocorre com a *forma*.

Cada um de vós vivencia, vê e ouve seu ambiente de maneira diferente do seu próximo. *Acostumastes-vos somente a encontrar para isso denominações uniformes,* às quais, porém, falta vitalidade! Comprimistes com isso a mobilidade em formas fixas e julgais que com essas formas fixas do vosso idioma todo o movimento da Criação tem de paralisar para vós!

Isso não é assim. Cada ser humano vive e vivencia *segundo sua própria maneira!* Assim, um dia ele também verá e reconhecerá o Paraíso de maneira diferente do seu semelhante.

E, contudo, se um deles delineasse uma imagem disso assim conforme *ele* vê, então os outros logo reconheceriam e veriam na imagem o que eles próprios vivenciaram como sendo o Paraíso, considerando *isso* como certo, pois veem a *imagem* novamente à sua própria espécie, e não assim como aquele que o reproduziu.

A coisa em si é sempre a mesma, só o modo de ver dos espíritos humanos é que é diferente. Cor é cor, mas será captada diferentemente pelos espíritos humanos. Som é som, e forma é forma em toda a Criação, de uma maneira nitidamente determinada, porém cada espírito humano os vivencia de modo diferente, sempre de acordo com *sua* maturidade e *sua* espécie.

Assim, sucede também que uma pessoa subitamente pode vivenciar a primavera e todo despertar da natureza de maneira muito diferente do que ocorreu durante decênios, como se até então nunca houvesse observado direito nem "usufruído". Isso acontece especialmente quando o ser humano teve de passar por algum momento crítico incisivo, que o fez *amadurecer* intimamente.

A natureza e a primavera foram sempre assim, porém *ele* transformou-se, e, de acordo com *seu* amadurecimento, vivencia--as agora de maneira *diferente!* Tudo depende *dele mesmo.* E assim é com relação a toda a Criação. *Vós, seres humanos,* é que mudais, e não a Criação! Por isso, também já poderíeis ter aqui na Terra o Paraíso, se estivésseis amadurecidos para isso. A Criação pode permanecer a mesma, porém vós, sempre e sempre vós, tendes de transformar--vos, a fim de *enxergá*-la diferentemente e com isso *vivenciá*-la diferentemente. Pois o ver, o ouvir e o sentir pertencem à vivência, são uma parte dela.

Assim sucede também que o *mundo* é visto e vivenciado pelos espíritos humanos de milhões de formas diferentes. Tais diferenças, porém, são dadas unicamente pelos seres humanos, pois a Criação em si tem formas básicas bem simples, que se repetem sempre e que são formadas segundo *uma* lei uniforme, amadurecendo e decompondo-se, a fim de ressurgirem renovadas, nas mesmas formas. Tudo quanto é verdadeiro é simples, porém essa simplicidade é *vivenciada* pelos seres humanos de milhares de maneiras.

Com tal saber, já vos aproximais um pouco mais do processo pelo qual passa a alma, quando está separada da matéria pesada da Terra. Conforme estiver constituída *em si, dessa maneira* vivencia o assim chamado Além, pois *vivifica através de sua própria irradiação* as *formas* que a ela tiveram de ser ligadas, vivifica-as dentro de sua própria espécie, as quais nisso têm de exaurir-se!

Que ela a tal respeito possa chegar ao reconhecimento se foi certo ou errado aquilo que criou para si, isto é, que caminho percorreu, continua sendo um ato especial de graça por si. Um daqueles atos que o Criador incluiu em *tudo,* para que a alma que luta disponha *sempre* de uma âncora de salvação em todos os lugares e em todos os tempos, a fim de novamente emergir das confusões, e mediante legítima boa vontade e oportuno reconhecimento não ter de perder-se.

27. Peregrina uma alma...

O múltiplo valor de necessidade de tudo o que se encontra na Criação outorga sempre, *de alguma* maneira, a possibilidade de tornar a ascender, mesmo no maior caos causado pelos seres humanos. Se a alma reconhece e utiliza essas possibilidades, é assunto *seu*, exclusivamente. As boias de salvação estão aí! Basta que a alma as agarre com boa vontade para nelas se elevar! — Com as modificações de seu íntimo, o ser humano também vê, portanto, tudo diferente, conforme já diz a voz do povo. Não se trata, porém, de mero ditado, mas sim o ser humano enxerga então na realidade tudo diferente. Com a modificação íntima, altera-se em certo grau o seu ver e o seu ouvir, pois o *espírito* vê, escuta e sente através dos respectivos instrumentos nos diversos planos isoladamente, e não o próprio olho de matéria grosseira ou de matéria fina. Modifica-se o espírito, modifica-se com ele a maneira de ver e, dessa forma, também a maneira de vivenciar. Os instrumentos não exercem nisso nenhum papel, são meros intermediários.

A irradiação do espírito absorve as resistências com que depara e as conduz de volta ao espírito numa espécie de reciprocidade. A recondução, nesta matéria grosseira pesada, ocorre através dos órgãos de matéria grosseira para isso criados, como os olhos, os ouvidos, o cérebro. O cérebro é com isso o ponto de concentração mediador de todos os órgãos inferiores.

Sobre isto falaremos somente mais tarde, pormenorizadamente.

Hoje procuro apenas esclarecer que a espécie das impressões do mundo exterior, portanto do ambiente, depende do respectivo espírito *propriamente!* Por esse motivo, a mesma forma age sempre diferentemente em cada espectador, mesmo que eles sejam unânimes em relação à sua beleza. E se uma pessoa vê uma determinada forma de modo diferente de seu próximo, ao desenhar a forma vista por ela tem de resultar para o outro uma imagem exatamente igual à própria forma.

Nesse ponto tudo tem de juntar-se novamente, pois somente o modo de ver é diferente, não a forma real.

Os seres humanos criaram uma denominação uniforme para cada forma. Mas *unicamente* a *denominação* é que é *uniforme*, e não o modo de reconhecer ou de ver!

Também nisso andastes errados até agora em vossas concepções. Mas se procurardes aproximar-vos da vivência no chamado Além, partindo desses pontos novos que vos foram mostrados, muita coisa se tornará mais clara para vós. Muitas coisas conseguireis compreender mais facilmente, quando eu prosseguir com meus esclarecimentos, e muitos enigmas se iluminarão.

Naquilo que vos foi mostrado reside também a razão de duas ou mais pessoas de faculdades mediúnicas poderem ver, ouvir e reproduzir de forma totalmente diferente a mesma coisa, sem que se tenha o direito de censurá-las, pois veem-na segundo *sua* espécie e, por isso, sempre diferente das outras pessoas. A própria coisa aí tratada, porém, é somente de uma bem determinada espécie. E apenas quem aprendeu a contar com esses fenômenos no conhecimento das leis da vontade divina na Criação também sabe encontrar exatamente a conexão entre as diversas descrições e com isso reconhecer o certo, como *realmente* é.

Procurastes, porém, comprimir a Criação e vós próprios em formas rígidas e fixas através *do idioma* com que vos fazeis compreender. Jamais conseguireis, pois a Criação é *móvel*, bem como a vossa vida interior. Se, contudo, procurais refletir sobre isso, então pensais com as palavras fixas de vosso idioma!

Ponderai, pois, como isso é absurdo. O idioma de formas fixas não chegará nunca a reproduzir direito o que é móvel.

Aqui novamente vos estorva o raciocínio, que só pode agir através de bem determinadas palavras e que também só está habilitado a assimilar bem *determinadas* palavras. Nisso vedes como vos acorrentastes e vos escravizastes, ao considerardes o raciocínio como o *mais elevado* para o ser humano, ao passo que ele só é útil e utilizável na pesada matéria grosseira desta Terra. E também nisso somente em medida restrita, não em tudo. Reconhecereis pouco a pouco quão pobres, em verdade, são os seres humanos de raciocínio.

Por essa razão, já apelei para vós diversas vezes, para que procureis assimilar minha Palavra de *tal forma* que, lendo-a, surjam *imagens* diante de vós! Pois somente em imagens podereis compreendê-la, e não com as pobres palavras desses seres humanos terrenos, as quais sou obrigado a utilizar para vos falar.

27. *Peregrina uma alma...*

Com palavras *nunca* aprendereis a compreender a Criação e também aquilo que está *dentro* de vós, porque tudo isso é *móvel,* e assim tem de permanecer, ao passo que as *palavras* comprimem tudo apenas em formas fixas e rígidas. E isso é impossível, um esforço completamente inútil em tudo e para tudo o que é móvel. Com palavras não conseguireis chegar à compreensão disso! Tão logo, porém, a alma se desfaça de todo o peso terreno do corpo terrenal, ela entra na mobilidade da Criação. É envolvida pelo ondular e fervilhar contínuo e vivencia então de maneira mais móvel seus ambientes, que mudam muitas vezes nos resgates que esperam cada alma, e para os quais ela é atraída mediante a vivificação de todos os fios que dela pendem.

E tudo isso é novamente recíproco. Quando a alma se retira do corpo terreno, quando dele se afasta e o deixa cair para trás, portanto não o irradiando mais, suas irradiações aumentadas com essa libertação seguem numa *só* direção, com toda a força, para a matéria grosseira média, onde os fios do destino estão ancorados mais perto.

Com isso, estes recebem uma vivificação muito mais forte, causada pelas irradiações da alma nessa direção, e devido a essa vivificação se reforça também a capacidade de atração deles que, retroagindo, encontram a alma ligada e a atraem com mais intensidade. Tudo isso são processos automáticos, totalmente de acordo com a lei e, por conseguinte, totalmente naturais, que também compreendereis mais facilmente quando procurardes refletir sobre isso.

Assim, a alma é puxada em seu caminho através de cordões que ela própria vivifica por meio de suas irradiações, as quais não pode reter nem evitar. E, com isso, ela vai ao encontro de sua purificação ou de sua queda. Tudo sempre por si só. Os enteais apenas *formam* e constroem segundo a lei. A *vivificação* das formas e os resgates são criados pelas próprias almas através de suas irradiações. E correspondendo à *espécie* das irradiações, essas formas vivificadas de diferentes maneiras atuam então retroativamente sobre a alma, com maior ou menor força.

Também aqui vale o ditado: Conforme gritardes na floresta, da mesma maneira repercutirá o eco. Neste caso é *assim:* conforme as formas forem irradiadas, da mesma maneira elas serão vivificadas e *atuarão* correspondentemente. Reside em tudo isso uma grande simplicidade de conformidade com a lei e uma justiça imutável! — O que aqui vos descrevi vale *tão somente* para os *espíritos humanos,* pois está inserido na atuação do livre-arbítrio. Com os enteais, por sua vez, é diferente! — Deixai surgir esses processos vivificados diante de vossos olhos. Esforçai-vos nisso, pois vale a pena e vos trará, como efeito recíproco, rica recompensa. Com isso vos tornareis, por sua vez, *sabedores* quanto a uma parte da Criação. — Assim foi o andamento de até agora, que eu vos descrevi. E eis que irrompe agora como que um raio vindo da Luz! Força divina cai súbita e inesperadamente nos fios do destino de todos os seres humanos terrenos, bem como de todas as almas que se encontram nas planícies da Criação posterior.

Devido a isso, vai agora tudo direta e inesperadamente para o resgate final! Os enteais serão reforçados para que disponham de inaudito poder. Em sua atuação, voltam-se contra todos os seres humanos que mediante seus atos e comportamentos os forçaram até agora a formar coisas feias, obedecendo às leis da Criação. Mas agora a força de Deus está *sobre* toda a vontade humana na Criação inteira, a vontade de Deus, que só deixa formar o puro, o bom e o belo, e que aniquila tudo o mais!

A força de Deus também já penetrou na Criação posterior, para agir aqui mesmo, e todos os enteais, apoiados por essa força suprema, pegam depressa com alegria e orgulho nas malhas inumeráveis do tecido de todos os fios do destino dos seres humanos, a fim de dirigi-los jubilosamente para seu fim!

Obedecendo ao mandamento da Luz, eles rompem os fios ancorados apenas fracamente no espiritual, para que as almas fiquem completamente desligadas da Luz, quando os cordões escuros retornarem pesadamente sobre seus autores, com tudo quanto neles pende!

Mas também o romper desses fios se processa de maneira bem consentânea com a lei, para o que concorre decisivamente a *espécie* dos seres humanos, visto que os enteais não agem de modo arbitrário.

A força da Luz divina cai agora como relâmpago em todos os fios! Os fios que trazem em si semelhança com a espécie que aspira pela Luz e que, mediante verdadeira e forte vontade daqueles que estão ligados a esses fios, também se tornaram suficientemente fortes para suportar a repentina penetração dessa inusitada força da Luz, alcançam com isso firmeza e vigor, de modo que as almas humanas aí ligadas são arrancadas em forte atração dos perigos das trevas e, com isso, também do perigo de serem arrastadas conjuntamente na decomposição.

Fracos fios de Luz, porém, gerados apenas por uma vontade fraca, não suportam a repentina pressão colossal da força divina, mas sim são queimados e *com isso* desligados pelos auxiliares enteais, com o que os que assim estavam ligados ficam abandonados às trevas. A causa desse processo natural é a sua própria mornidão, a qual foi incapaz de gerar fios suficientemente firmes e fortes.

Assim, encontrais somente justiça em todos os acontecimentos! Por isso está prometido que os mornos serão cuspidos*, conforme acontece literalmente por parte da Luz.

Todos os auxiliares enteais, grandes e pequenos, serão agora *libertados*, em cumprimento da lei, de terem de produzir formas trevosas, forçados pela vontade malévola ou errada dos seres humanos. E das trevas, que foram separadas, será retirado ao mesmo tempo tudo o que é enteal, pela força da Luz, à qual eles, em jubilosa alegria, se associam estreitamente, a fim de agora formarem e conservarem aquilo que é desejado pela Luz. Nisso eles se revigoram em nova força, a fim de vibrarem no bramante acorde com toda a Criação, no meio da flutuante Luz de Deus!

Honra seja feita a Deus, que somente semeia o amor! Amor que também se manifesta na lei da destruição das trevas!

---

* Nota de tradução – A palavra alemã "Ausgespieen" significa "cuspidos" e também "vomitados".

MULHER E HOMEM

Com as minhas dissertações sobre "O Enteal", "Os Pequenos Enteais", "Na Oficina de Matéria Grosseira dos Enteais", "Peregrina uma Alma...", dei uma parte do saber da contínua atuação na Criação. Expliquei uma pequena parte do vosso ambiente mais próximo, e somente daquele que se encontra bem estreitamente ligado convosco. Não vos dei isso apenas para que ficásseis cientes, mas sim com *aquela* finalidade de poderdes tirar proveito disso para a vossa vida na Terra, *agora,* no corpo de matéria grosseira. Bem como, simultaneamente, para a bênção daqueles que estão convosco e ao redor de vós.

O *saber* a tal respeito não vos dá vantagem nenhuma, pois cada espírito humano tem o dever sagrado de utilizar, beneficiadoramente, todo o saber a respeito da Criação, para o progresso e a alegria de todos que estejam ligados a ele ou que apenas entrem em contato com ele. *Então* seu espírito terá alto lucro; do contrário, nunca.

Ficará assim livre de todos os empecilhos e será, pela lei da reciprocidade, infalivelmente soerguido até uma altura em que possa haurir forças continuamente, as quais são traspassadas de Luz e têm de proporcionar bênçãos onde encontrarem solo adequado aqui na Terra. Dessa forma, a pessoa que sabe torna-se forte mediadora da elevada força de Deus.

Por isso, quero mostrar-vos o que podeis deduzir das últimas dissertações para o caminho terreno e o que também tendes de deduzir, pois a Palavra não deve ficar sem utilização.

Chamei vossa atenção, em traços gerais, para uma pequena parte do tecer e do atuar de bem determinadas espécies de enteais na Criação, e mostrei-vos também que nisso o espírito humano andou até agora em total ignorância.

28. Mulher e homem

O enteal atua e tece com fidelidade no lar da grande Criação, enquanto o espiritual deve ser considerado nela como hóspede peregrino, que tem a obrigação de adaptar-se harmoniosamente à ordem do grande lar, apoiando beneficiadoramente como melhor puder o atuar do enteal. Deve, pois, colaborar na conservação da grande obra que lhe oferece morada, possibilidade de existência e pátria.

Considerando corretamente, deveis imaginar *assim: o elevado enteal soltou de si o espírito, ou deu-o à luz, e lhe oferece no seu grande lar da Criação a possibilidade de uma existência cheia de alegria!*

Pressuposto, naturalmente, que esse espírito não perturbe a harmonia da casa, pois então torna-se um hóspede desagradável, e será tratado correspondentemente. Nunca poderá então receber e usufruir uma verdadeira existência cheia de alegria.

O hóspede, logicamente, tem também o dever de não estorvar a organização do lar, mas sim de adaptar-se à ordem vigente e até mesmo de *apoiá-la e de protegê-la,* como retribuição pela hospitalidade.

Pode-se, finalmente, para melhor compreensão, expressar isso também de maneira diferente, sem alterar o sentido real: o grande divino-enteal, que tudo abrange, apartou-se em dois, uma parte ativa e uma parte passiva, ou uma parte positiva e uma parte negativa.

A parte passiva ou negativa é a parte *mais fina,* mais intuitiva e mais delicada; a parte ativa ou positiva é a parte *mais grosseira,* não tão intuitiva!

A mais intuitiva, isto é, a parte passiva, é, porém, a *mais forte* e predominante, aquela que na realidade atua *dirigindo.* Com sua intuição ela está mais apta a receber, é mais impressionável e, por conseguinte, capaz de manter-se e de atuar mais seguramente na força da sagrada vontade de Deus, isto é, na pressão suprema. Sob pressão entende-se aqui a *impressão,* conforme a lei, *da espécie mais elevada* sobre a espécie mais baixa, e não acaso um ato arbitrário de força, uma pressão de violento e instável despotismo. —

Assim vedes diante de vós a grande imagem vinda de cima, já não sendo mais difícil compreender que os desenvolvimentos posteriores na Criação sempre se repetem naturalmente da mesma maneira e, por fim, também têm de ser transmitidos para as apartações dos espíritos humanos da Criação posterior, como efeito de uma lei uniforme que atravessa a Criação inteira. Só que nos diversos planos e nos diversos graus de esfriamento isso é designado de maneira diferente.

Assim, a *mulher* humana da Criação posterior corporifica, nas gradações, o enteal mais intuitivo, como parte negativa, passiva, e o homem, o mais grosseiro espiritual, como parte positiva, ativa, pois a apartação uma vez já iniciada vai-se repetindo sempre de novo nas partes já apartadas, continuamente, a ponto de poder-se dizer que *a Criação inteira consiste, propriamente, apenas de apartações!* A parte realmente mais forte, portanto que domina de fato, é aí sempre a parte mais intuitiva; portanto, entre os seres humanos, a *feminilidade!* É-lhe muito mais fácil, de acordo com sua espécie, obedecer intuitivamente à pressão da vontade de Deus. Com isso, ela tem e também proporciona a melhor ligação com a única força verdadeiramente viva!

Essa lei da Criação também deve ser levada em consideração pelos pesquisadores e inventores. A parte realmente mais poderosa e mais forte é sempre a mais intuitiva, isto é, a parte negativa ou passiva. A parte mais intuitiva é a parte *determinante* de fato, e a parte ativa é apenas a *executante!*

Por isso, num desenvolvimento normal, toda a feminilidade exerce também, nos começos inconscientes de vibração sempre pura, uma forte influência, exclusivamente *ascendente*, sobre a masculinidade, tão logo esta atinja a maturidade física. Com a maturidade física desperta ao mesmo tempo o grande sentido sexual, que forma a ligação ou a ponte para a atividade do *núcleo espiritual* dos seres humanos no plano da matéria grosseira, isto é, aqui na Terra.

Já sabeis isso através da minha Mensagem. Tudo decorre *simultaneamente*. Uma coisa traz logo a outra consigo. Nisso reconheceis os auxílios imensos que um espírito humano na Terra recebe através das leis da Criação! Vedes a proteção quase indescritível e os apoios cheios de graça para a ascensão, apoios que mal podem ser abrangidos com a vista. Também os *caminhos* certos aí indicados, onde ninguém pode extraviar-se, a não ser

28. Mulher e homem

que queira. Torna-se necessário, de fato, muita má vontade, e até esforços contrários, para que um ser humano deixe de lado todas essas coisas levianamente e não atente a elas. Sim, o ser humano tem até de se opor violentamente a todos esses auxílios automáticos, para *não* utilizá-los!

E, no entanto, ele o faz. Por isso eu disse, de propósito, que nos começos "inconscientes" do amadurecimento a influência feminina *sempre* desperta na masculinidade uma vibração pura em direção às alturas, porque aí ela não é influenciada pelo raciocínio corrompido e age apenas segundo as leis de Deus na Criação! Somente quando o raciocínio com todos os seus artifícios é despertado nisso, e começa a atuar, é que essa pureza e com ela todos os auxílios, devido ao mau pensar, são arrastados na sujeira e desvalorizados.

O mau pensar é gerado pela impureza da feminilidade, pelas seduções, persuasões de falsos amigos, maus exemplos e, não por último, também através da orientação errada na arte e literatura.

Se com isso, porém, são destruídas e rebentadas as muitas pontes para as alturas luminosas e puras, então é muito difícil encontrar um caminho de volta! Ainda assim o Criador onisciente, em Sua bondade, outorga através das leis da Criação milhares de possibilidades, bem como auxílios automáticos, quando um espírito humano desencaminhado procura de fato fazer ressurgir em si a verdadeira vontade séria para o que é puro.

A Mensagem já dá, em todas essas coisas, suficientes esclarecimentos, de maneira que novas indicações a tal respeito não são mais necessárias para vós.

Seres humanos, não sabeis, absolutamente, que graças vós sempre de novo e quase que diariamente calcais com os pés, por isso, ignorais também como é grande e quanto aumenta a cada hora a vossa dívida, que tendes de *pagar* de *qualquer maneira*, pois todas as leis de Deus, que repousam na Criação e vos auxiliam, também ficarão contra vós, se não quiserdes observá-las!

Não podeis esquivar-vos do *dever* de reconhecer. Nenhuma entre todas as criaturas. E as leis são o *amor* de Deus, que vos permaneceu incompreensível, porque procurastes fazer dele algo inteiramente diferente do que realmente é.

28. Mulher e homem

Aprendei e reconhecei! Mulher, se não acordas para teu *real* valor na Criação, agindo então de acordo, o efeito retroativo da grande culpa te esmagará, antes que pressintas. E tu, homem, vê finalmente na mulher aquele grande auxílio de que precisas e do qual nunca poderás prescindir, se quiseres vibrar nas leis de Deus. E honra na mulher aquilo para o que Deus a destinou! A espécie de teu sentimento em relação à mulher será para ti o portal que leva à Luz. Nunca te esqueças disso.

Também a masculinidade verdadeiramente forte e legítima nunca se mostra de modo diferente do que com delicada consideração em relação à legítima feminilidade, o que, com os crescentes valores espirituais, se manifestará cada vez mais nitidamente.

Assim como a força física efetiva não se mostra através de passos pesados, mas sim no domínio de todos os movimentos, que propicia passos elásticos e leves, evidenciando segurança e firmeza, da mesma forma a verdadeira masculinidade mostra-se através da respeitosa delicadeza em relação a toda a feminilidade que vibra na pureza.

Assim é o processo puramente natural, nas vibrações das límpidas irradiações, de acordo com as leis da Criação. Tudo o mais é torcido.

Aprofundai-vos em todas essas descrições. Vós as encontrareis confirmadas por toda parte em vosso vivenciar. Tomai essas palavras como base para vossas observações. *Vereis* assim muita coisa totalmente diferente, reconhecendo também melhor do que até agora. Mesmo nas coisas mais ínfimas isso se manifesta bem nitidamente. Não somente na Terra, mas sim em toda a Criação.

Talvez vos pergunteis então *por que* a mulher humana é a parte *mais intuitiva.* Por isso quero dar-vos imediatamente a resposta:

A mulher constitui nas separações ou apartações *a ponte* entre o enteal e o espiritual! Por isso, também a Mãe Primordial teve de surgir *primeiro,* antes que acontecessem ou pudessem acontecer outras apartações.

E como ponte, entre o próximo enteal mais elevado e o espiritual daí emanado, está sempre a mulher do respectivo plano que se apartou. Por esse motivo, ainda reteve em si uma parte especial do enteal mais elevado próximo do seu próprio plano, o que falta ao homem.

A voz do povo também nisso fala certo ao constatar que a mulher se encontra *mais ligada à natureza* do que o homem! A mulher encontra-se de fato mais ligada à natureza em *todos* os sentidos. Vós, conhecedores da Mensagem, sabeis, porém, que a expressão ligada à natureza outra coisa não significa senão a ligação mais estreita ao enteal!

Assim é no grande lar da Criação! Disso deveis extrair ensinamentos para vós próprios e transmiti-los sabiamente à vida terrena. *De como* podeis fazê-lo, eu vos direi hoje. Deixando de fazê-lo, *não* vos adaptais à vibrante harmonia do lar de que sois hóspedes. E se quiserdes agir diferentemente e seguir outros caminhos do que aqueles que a própria Criação vos mostra nitidamente, jamais podereis obter êxito, jamais tereis a legítima alegria e nem a paz que tanto ansiais.

Tudo o que não vibrar no sentido e nas leis desta Criação terá de falhar e desmoronar, pois então não somente perderá todo o apoio como também criará correntezas contrárias, que são mais fortes do que qualquer espírito humano e acabam sempre por derrubá-lo bem como sua obra.

Sintonizai-vos, pois, finalmente na perfeição da harmonia da Criação, então encontrareis paz e êxito.

Antes de tudo foi a mulher quem primeiro falhou nisso; a culpa, porém, é também principalmente do homem. Mas nem por isso deixa de ser menor num milímetro sequer a culpabilidade da mulher, que absolutamente não precisava guiar-se por ele. Cada um sozinho é responsável por si. O mal principal de tudo foi também aqui, outra vez, a subordinação voluntária ao raciocínio.

A mulher da Criação posterior devia formar a ponte do enteal para o espiritual. A ponte *daquele* enteal, do qual o espiritual da Criação posterior se desprendeu anteriormente! E não daquele enteal que desceu ainda mais após o desprendimento dos últimos restos do espiritual, para formar a ponte para a materialidade e dar origem às almas de todos os animais.

No valor da Criação vem, portanto, na gradação descendente, em primeiro lugar, a mulher, e *depois,* o homem. A mulher da

Criação posterior, porém, falhou aí por completo. Pois não se encontra *naquele lugar* que a Criação lhe deu e determinou.

A mulher conservou em si grande parte do enteal, não do inferior, mas sim do mais elevado, como ponte, e podia, *devia* permanecer acessível à vontade de Deus, como o próprio enteal, que sempre vibra somente na vontade de Deus. A condição evidente era que ela conservasse *pura* a parte enteal, pura para intuir a vontade divina, as leis da Criação!

Ao invés disso, ela abriu a intuição com a maior rapidez e facilidade para os artifícios sedutores de Lúcifer. E como a mulher, por suas peculiaridades de ligação com o enteal, é mais forte na Criação do que a espécie espiritual mais grosseira do homem, sendo com isso *determinante* ou, digamos, dando o tom, no sentido mais literal da palavra, assim, brincando, arrastou o homem consigo para as profundezas.

Por essa razão, também clamei para toda a feminilidade, em minha Mensagem, que ela tem de *preceder* o homem na ascensão, pois esse é seu dever, porque reside em sua capacidade! Não só porque com isso resgatará a culpa com que se sobrecarregou desde o início. Isso é um ato de graça por si, que reciprocamente, na vontade de ascensão, se desencadeia de modo automático.

A mulher da Criação posterior *pôde,* apesar de sua dádiva enteálica, cair tanto, porque, como *última da sua espécie,* se encontra *mais distante* da proximidade de Deus! Em compensação tinha em si, na parte do enteal mais elevado, uma âncora forte em que podia segurar-se, e de fato se teria segurado, se ela apenas tivesse tido uma vontade séria para tanto. Mas o espiritual mais grosseiro existente nela quis de outra forma. E a distância da proximidade de Deus deixou-o triunfar.

A mulher *podia,* mas não *tinha* de cair! Pois dispunha de bastante ajuda a seu lado. Nem aceitou os auxílios, pois não os utilizou.

Contudo, no reino de Mil Anos tem de ser *diferente.* A mulher se modificará e viverá apenas de acordo com a vontade de Deus. Será purificada, ou sucumbirá no Juízo, pois recebe agora diretamente na Terra a força de Deus! Com isso é anulada *qualquer* desculpa para toda a feminilidade! E toda mulher que pecaminosa

28. Mulher e homem

e criminosamente ainda não tiver obstruído *completamente* sua parte enteal *tem* de intuir a força de Deus e nela revigorar-se para um fortalecimento maior. Segundo as leis vivas da Criação! Mas somente aquelas que ainda são capazes de reconhecer gratamente a pressão da pura força de Deus, como tal, receberão esse auxílio automático.

Quem, no entanto, *não* puder ou não quiser intuí-la mais, acabará definhando e não conservará por muito tempo a possibilidade de ainda chamar-se mulher.

Vós vos perguntareis, naturalmente, como pode ocorrer que diversas almas humanas possam encarnar-se na Terra, alternadamente, uma vez como mulher e outra vez como homem. A solução não é tão difícil como pensais, pois uma verdadeira mulher em *todos os sentidos nunca* se verá na contingência de ter de encarnar-se como homem na matéria grosseira.

Tal processo é novamente apenas uma das consequências maléficas do domínio do raciocínio, por mais estranho que possa parecer.

A mulher terrena, que se sujeita ao raciocínio, calca com isso a sua *verdadeira feminilidade*. Esta fica subjugada, uma vez que ela constitui a *sensibilidade,* que é amuralhada pelo raciocínio calculista, e com isso se atam fios do destino, fazendo com que tal mulher *tenha* de encarnar-se na próxima vez como homem, porque depois de tal recalcamento e amuralhamento predomina apenas o espiritual mais grosseiro, e os fios, de acordo com a lei da Criação, nem podem ser atados de outra maneira.

Tais mudanças nas encarnações tornam-se então necessárias, porque *tudo* o que atinge o núcleo do espírito humano *tem* de desenvolver-se. Principalmente a atual imitação anômala, portanto contrária às leis da Criação, do homem por parte do mundo feminino assim como o acentuado trabalho do raciocínio têm de acarretar graves consequências para a feminilidade, uma vez que nisso residem transtornos na harmonia da Criação!

Todas essas subjugam sua verdadeira feminilidade e, por isso, na próxima vez, *teriam* de encarnar-se em corpos masculinos. Isso em si nem seria tão ruim. Mas decorre dessa contingência que a alma feminina, nessa torção de sua missão num corpo de homem, certamente pode atuar de maneira *inteligente*, porém apenas fisicamente; nunca será um verdadeiro homem, espiritual e animicamente! É e permanece uma deformação.

Tais processos de torções na Criação aconteceram *até agora*, porém não serão mais possíveis no reino do Milênio, pois então todas essas almas femininas, que amuralharam sua feminilidade, categoricamente não mais poderão reencarnar-se na Terra, e sim cairão como inúteis no Juízo, entre as massas que serão arrastadas para a decomposição. Todas elas estão perdidas, se não se lembrarem ainda a tempo de sua missão de feminilidade e atuarem de acordo.

O mesmo ocorre de maneira inversa. A alma de um homem que se inclinar sobremaneira para a espécie feminina, por efeminação de seu pensar e atuar, obrigar-se-á por si mesma, através dos fios formados, para uma encarnação posterior num corpo feminino. Mas aí também não é possível que tais almas possam tornar-se *verdadeiras* mulheres por faltar-lhes a parte enteal mais elevada, pertencente à feminilidade.

Por tal motivo muitas vezes se encontram na Terra homens com predomínio de características femininas e mulheres com predomínio de características masculinas! A *espécie* de suas almas em ambos não é legítima, mas sim torcida e inútil na própria Criação, salvo nas possibilidades de reprodução quanto à matéria grosseira.

Decisivo e fundamental para todo o seu ser é também aqui a *primeira decisão* do germe espiritual, a qual, aliás, não sucede conscientemente, mas somente reside num impulso interior que desperta! Caso o impulso conduza a atividades mais delicadas, então está decidida a essência do germe espiritual para o feminino, pois ele retém ou conserva uma parte do enteal mais elevado, do qual se desprende ou aparta. Caso se incline para uma atuação mais grosseira, ativa ou positiva, então se separa gradualmente a parte delicada e mais fina do enteal mais elevado, de modo completo, e fica para trás; sim, é automaticamente expulsa, de forma que para tal germe espiritual fica basicamente decidido o masculino.

Cumpre-se também aqui para o espiritual, logo de início, a garantia da única livre decisão, que é chamada livre-arbítrio.

28. Mulher e homem

Mulher! O que já diz a palavra em si como conceito concentrado e irradiante de pureza, graça e saudade das alturas luminosas! O que deverias ter sido, ó mulher terrena, de grandioso, de elevado e de nobre, e *o que* fizeste de ti própria! Já nem podes mais intuir que esse tão querido jogo social de querer sobressair e parecer desejável, que cada *palavra,* sim, cada *olhar* nisso, vindo do lado masculino, é, na realidade, um insulto à tua dignidade feminina! Insulto à tua pureza desejada por Deus.

Se não houvesse ainda *algumas,* entre vós na Terra, em cujas almas ainda fosse possível ancorar-se a vontade de Deus, realmente seria melhor que um gesto da mão de Deus jogasse essas caricaturas da feminilidade para fora do chão límpido da maravilhosa Criação.

Contudo, por causa das poucas fiéis, deve a mulher terrena, mediante a proximidade de Deus, poder ascender para aquelas alturas que lhe foram destinadas desde o começo!

A *pureza* da mulher terrena reside em sua *fidelidade!* Pois a *fidelidade é* a pureza! Uma mulher sem fidelidade é indigna de ser chamada mulher! E infiel é toda mulher que futilmente graceja com homens, quer seja por palavras ou por pensamentos! Infiel a si própria e à sua elevada missão nesta Criação, por conseguinte também na Terra!

Unicamente a *fidelidade* faz surgir *todas* as virtudes na mulher. Não faltará uma só!

Assim como as pessoas formaram a respeito da castidade um conceito restrito, unilateral e inerte, e, com isso, inteiramente, errado, da mesma forma prepararam para si, em seu pensar baixo, também algo de desajeitado e ridículo em relação ao elevado conceito da pureza! Formaram disso uma caricatura, uma algema antinatural, que se encontra em contradição com as leis da Criação, totalmente errada, provando somente a estreiteza do mesquinho pensar do raciocínio.

A pureza da mulher humana reside unicamente em sua *fidelidade!* Sim, ela *é* para os seres humanos a fidelidade!

Dito bem claramente: a pureza se *corporifica* nos seres humanos na fidelidade. Quem compreender isso *corretamente* encontrará aí também sempre o caminho certo e poderá segui-lo, e não com contorções anímicas empurrar para o lado a lei da Criação. Por conseguinte, tendes de procurar compreender isso corretamente. A pureza é exclusivamente *divina!* Por isso, o *ser humano,* como tal, nem pode ter a pureza em sua forma original, pois ele é apenas uma partícula da Criação e, como tal, se encontra sujeito a leis bem determinadas. *A pureza, porém, só pode residir na perfeição divina, pertence a essa perfeição!* Logo, o ser humano nem pode possuir a pureza em seu legítimo sentido, apenas consegue *corporificá-la* simbolicamente de acordo com sua espécie e, portanto, reproduzi-la de forma modificada na fidelidade! A fidelidade é, portanto, a gradação da pureza para os seres humanos. O ser humano coloca no lugar da pureza divina a fidelidade. E, em primeiro lugar, no sentido mais nobre, a mulher! Tudo quanto ela fizer será *puro,* caso seja feito com fidelidade! Não é diferente com o homem. A fidelidade *é* para cada ser humano a pureza!

A fidelidade naturalmente tem de ser *legítima;* não pode estar enraizada apenas na imaginação. Legítima fidelidade só pode existir no amor verdadeiro; nunca nas paixões ou na fantasia. Nisso reside por sua vez uma proteção e também uma medida que serve para exame de si próprio.

O ser humano não consegue ser divino e tem de orientar-se segundo as leis de *sua espécie.* Tudo o mais será uma distorção antinatural, doentia, não passando de consequências de concepções erradas, de pretensões ambiciosas, que o impelem a todo custo a sobressair ou a ficar afastado de seu próximo, a ser admirado ou, talvez, a realizar algo extraordinário também perante Deus. Nunca se trata, porém, de algo legítimo e natural, mas sim constitui uma absurda e violenta deformação da alma, que acarreta também prejuízos corporais. Nisso nada há de grandioso nem de sublime; apenas mostra uma contorção grotesca, que atua de modo ridículo na Criação.

O ser humano apenas pode tornar-se válido de modo proveitoso na Criação, se permanecer aquilo que deve ser, procurando aperfeiçoar *sua espécie* através do enobrecimento. Isso, porém, ele só pode alcançar vibrando de acordo com as leis e não se colocando fora delas.

28. Mulher e homem

Por isso, a fidelidade é a *mais alta virtude* de cada mulher; permite-lhe também cumprir integralmente a elevada missão nesta Criação!

Atentai, pois, *nisto,* seres humanos: O elevado e fino enteal, portanto o mais intuitivo e delicado, *dirige o lar* na grande Criação! Com isso, também é indicado à mulher o cargo, para cujo desempenho ela está inteiramente habilitada: dirigir o *lar* na existência terrena, oferecer pátria no verdadeiro sentido! Tornar esta Terra um solo pátrio e harmonioso é a missão da mulher, missão que ela pode desenvolver até o ponto de fazer dela verdadeira arte! Nisso reside tudo, e, nisso, tudo tem de manter seu fundamento, se é que deva prosperar e florescer!

O *lar* tem de tornar-se um *santuário* através da mulher! Tornar-se um templo para a vontade de Deus! *Nisso* repousa a veneração a Deus, se escutardes Sua sagrada vontade na Criação e se orientardes vossa vida e vossa atividade na Terra de acordo com ela.

E também o homem, cuja profissão até agora dava provas de ser exclusivamente uma escravidão ao raciocínio, modificar-se-á pelo modo de ser da mulher, se ele for obrigado a reconhecer na mulher indícios de algo mais nobre.

Olhai sempre para o lar desta Criação, e sabereis como organizar vossa vida *na Terra!*

O homem, porém, não deve quebrar a ordem de uma casa, agindo egoisticamente, seja pela inobservância negligente ou pelo autoritarismo, pois a atividade da mulher no lar é tão importante quanto a dele em sua profissão. Só que é de outra espécie, não podendo ser dispensada. A missão da mulher no lar vibra na lei de Deus, para a qual o corpo terreno apela insistentemente, procurando no lar recuperação, sossego, alimento e não por último... *harmonia da alma, que revigora e dá novo estímulo,* novas forças para *toda* a atividade do homem!

Mas o equilíbrio aí tem de ser totalmente harmonioso. Por isso, a mulher também deve respeitar o trabalho do homem e não pensar que somente a *sua* atividade é que deve ser a determinante. A atividade das duas partes deve ser *entrelaçada,* em vibração harmônica. Uma não deve perturbar a outra.

O homem não deve, por conseguinte, prejudicar nem destruir a ordem do lar com seu egoísmo; pelo contrário, tem de ser ainda prestativo, através da pontualidade e compreensão crescente, para que tudo conserve o ritmo harmonioso.

É *isso* que podeis e *tendes* de aprender da Criação. No reino de Mil Anos ainda sereis obrigados a isso, do contrário jamais podereis subsistir nele.

Todos os seres humanos que agora não quiserem sujeitar-se às leis desta Criação são revoltados contra sua pátria, contra seu Criador, seu Deus! Serão expulsos e aniquilados pelas próprias leis, que fortalecidas pela força de Deus se voltam agora, rápidas e invencíveis, contra tudo o que destrói a harmonia desejada por Deus.

Observai, por isso, a vossa pátria, seres humanos, aprendei a compreender esta Criação posterior! *Tendes* de aprender a conhecê-la e, por fim, orientar-vos conforme a ordem também aqui na Terra!

ALMAS TORCIDAS

O SER humano tem perguntas sobre perguntas! Logo que eu lhe ofereço um novo saber, ele já vem com novas perguntas, antes mesmo de haver assimilado com discernimento tudo quanto lhe ofereci.

Esse é o seu grande erro! Quer prosseguir *apressadamente*. Se eu me deixasse orientar por *ele,* nunca poderia ele atingir nada, pois com suas perguntas permanece sempre no mesmo lugar, como um peregrino indolente que descansa sossegadamente na sombra de um bosque e deixa que outros lhe contem como é seu alvo, ao invés de animar-se e dirigir-se para ele.

Ao longo de sua jornada, no entanto, ele mesmo *avistará* e *vivenciará* tudo que gostaria de saber pelas respostas às perguntas que sempre deixa surgir em si. Precisa *movimentar-se,* senão não atingirá o alvo!

Eu disse, na dissertação "Mulher e Homem", que cada ser humano deve extrair das minhas palavras a aplicação útil para sua atual existência terrena! Caso queira seguir tal conselho, não lhe resta outra coisa a fazer senão tornar viva dentro de si próprio a minha Palavra, *configurando-a* assim como eu a dou, pois sei exatamente do que o ser humano necessita e oriento minhas dissertações sempre nesse sentido. Ele tem de seguir as preleções palavra por palavra, pois elas contêm uma sequência gradativa, que conduz sua alma para cima, cuidadosamente. Um caminho por onde a alma *pode* seguir, se apenas quiser!

Suas rápidas perguntas mostram, porém, que ele, em sua habitual maneira de raciocinar, quer *aprender,* pondo de lado novamente a necessária vivência. O *aprender* nada adianta para a *alma*, pois o que foi aprendido fica para trás, com o corpo terreno, já no primeiro passo para fora desta Terra. Apenas aquilo que foi *vivenciado* é que a alma leva consigo. Já disse isso muitas vezes, mas ainda assim o ser humano terreno procede sempre erradamente quanto à Palavra sagrada! Quer saber melhor ou não quer de bom grado abandonar sua maneira habitual.

Na construção de minhas dissertações existe uma direção, que ele não compreende. Também não é indispensável que ele a reconheça, contanto que a siga e não procure apressar-se em seu querer saber, como os leitores superficiais de um livro, que o leem por causa da *sensação,* apenas para preencherem horas livres e distraírem-se do seu pensar unilateral sobre suas atividades diárias.

Durante a leitura, não veem os personagens do livro surgirem vivos diante de si, não atentam aos respectivos desenvolvimentos que os personagens em pauta têm de vivenciar, não veem as nítidas conclusões que dali se desenvolvem e que são capazes de modificar sempre e constantemente as circunstâncias e o ambiente. Nada disso é observado por eles, mas sim prosseguem saltando para frente, a fim de rapidamente ainda se informarem sobre este ou aquele ponto de ação! Não extraem nenhum proveito dos *melhores* livros, que reproduzem um trecho da vida terrena e de onde o leitor poderia haurir muito para si, se *coparticipasse* de tudo, direito!

Como tais leitores, que procuram devorar literalmente todos os livros em seu entusiasmo, mas cuja verdadeira finalidade e sentido jamais reconhecem, sabendo distinguir e indicar apenas duas categorias: a dos livros sensacionais e a dos livros desinteressantes, *assim* são os seres humanos, em cujo íntimo surgem imediatamente novas perguntas, tão logo leiam uma dissertação do saber da Criação.

Devem, antes de tudo, procurar *haurir* com a maior energia e esforço aquilo que cada dissertação lhes oferece!

Caso algo ali não lhes pareça logo bem claro, não devem procurar, olhando mais para *diante,* mas sim têm de *olhar para trás, na Mensagem,* a fim de pesquisar *dentro dela* e *nela* encontrar o esclarecimento.

E o ser humano o *encontrará,* se deixar que a Mensagem lhe surja em imagens no espírito! Encontrará *tudo,* se realmente

29. Almas torcidas 215

procurar. Nessa busca necessária, porém, a Mensagem se tornará para ele continuamente mais clara, mais forte, mais segura dentro dele. Aprenderá com isso a conhecê-la sempre melhor e... a *vivenciá-la!* Forço-o exatamente *dessa maneira* a fazer algo, que nunca faria voluntariamente, na indolência espiritual que em parte ainda paira sobre todos os seres humanos.

Existe nisso uma condução não conhecida por ele, que lhe é um auxílio inestimável para tornar viva a minha Mensagem. Aprenderá assim a conhecer tudo o que foi dito na Mensagem, tudo quanto nela existe e de que até agora não teve ideia, apesar da leitura. Verá *como* pode pesquisar nessa Mensagem, fazendo com isso a sempre nova descoberta para ele, de que realmente encontra nela *tudo,* de que só dependia dele mesmo, de sua maneira superficial de procurar, se até então não havia observado muita coisa.

Nem sequer *um* ponto pode ser evitado aí. E para um saber da Criação isso não é exigir demais. Quem julgar que é demais nunca chegará a uma conclusão nisso.

Procuro guiar-vos através do melhor caminho para vós. Mas tendes de *acompanhar-me* com passo firme, e não deveis tentar apressar-vos, como os leitores cuja superficialidade vos mostrei como exemplo.

Assim é também com relação à minha última dissertação sobre "Mulher e Homem". Como conheço os seres humanos, surgem novamente perguntas em seus cérebros, antes que se deem ao esforço de receber da Mensagem uma resposta, ou da própria dissertação, e, não por último, *através da observação do próximo na atual existência terrena!* Justamente *nisso* encontrareis a maior parte das informações, uma vez que elas, vistas através de minha Mensagem, vos darão abundantemente as confirmações de tudo quanto vos expliquei! Contudo, notai bem, só se as considerardes com base no conteúdo da minha Mensagem!

Isso condiciona que vos sintonizeis direito com a Mensagem. Se conseguirdes isso, então estareis aptos a reconhecer exatamente e de imediato tudo ao redor de vós, mas tudo mesmo, e dessa forma vos tornareis sabedores, vos tornareis sábios! Lereis então na existência terrena como se lê num livro. Ela está aberta para vós por meio da Mensagem! Experimentai simplesmente. Então vossos olhos logo se abrirão, e com isso despertareis! Não poupeis esforços para alcançar essa necessidade! Não que deveis olhar apenas para os defeitos do vosso próximo! Essa não é a intenção, mas sim deveis reconhecer nisso a própria vida, com todas as suas consequências e modificações, para o que a minha Mensagem é e sempre será o guia em imutável fidelidade! Somente *na* vida ou *através* da própria vida é que reconhecereis todos os valores de minha Mensagem, e não com o vosso querer saber. E através da Mensagem podereis, por sua vez, encarar direito a vida, de maneira que seja de proveito para vós. Também aqui tudo atua reciprocamente, e o verdadeiro saber provém somente da vivência!

Dessa maneira, logo vos tornareis *um só* com a Mensagem; ela se tornará vida para vós, porque somente podeis reconhecê-la através da própria vida, pois ela vos fala da vida.

Portanto, não tendes de procurar reconhecer no próprio livro o valor da Mensagem, mas sim na observação da vida! Mediante a observação cuidadosa e diligente de tudo quanto ocorre à vossa volta e dentro de vós mesmos, tendes de cooperar para a possibilidade de *reencontrar* a Mensagem na vida, da qual ela vos fala.

Esse é para vós o caminho do verdadeiro reconhecimento das minhas palavras, que têm de trazer-vos proveito e, por fim, a vitória sobre as trevas! Assim obtereis de modo automático a coroa da vida eterna, que é a permissão da existência eterna e autoconsciente nesta Criação, mediante o que podereis então coparticipar abençoadamente em seu desenvolvimento progressivo, para alegria e paz de todas as criaturas. —

E *surgiram* de fato perguntas em vós, novamente, após minha última dissertação! Perguntas que até mesmo têm de acarretar uma certa opressão, muito embora seja fácil encontrar resposta na Mensagem, pois nela se encontra, consoladoramente, que cada consequência de uma ação errada também encerra a possibilidade de resgate e, portanto, de remição, tão logo o espírito humano aprenda com isso e reconheça o errado.

29. Almas torcidas

E mesmo assim existe certa inquietação, quando um ser humano de saber adiantado diz a si próprio que é uma alma humana torcida, já que uma vez foi mulher e outra vez foi homem na Terra ou vice-versa. Uma opressão abate-se com isso sobre sua alma.

Isso naturalmente é errado, e novamente se joga fora a criança com a água do banho, pois o mais evidente nisso é o reconhecimento de que tal ser humano *tinha* torcido a sua alma! A torção de forma alguma *necessita ainda persistir.* Na realidade ele somente trocou com isso a vestimenta, o corpo! O próprio *espírito,* porém, apesar de toda mudança, permaneceu sempre aquilo para o que se decidira a primeira vez, por ocasião do início de suas peregrinações através da Criação, pois para ele, a esse respeito, como em relação a tudo na Criação, não existe senão a livre decisão a ser tomada *uma só vez* e que é determinante, decisão à qual ele então fica atado.

A opressão, portanto, resulta apenas como consequência do acolhimento demasiado superficial da Mensagem, pois por meio desta cada um tem de saber que justamente tal mudança podia ser de proveito para a pessoa por ela atingida. Ela lhe dá, pois, a possibilidade de endireitar o que fora torcido, induzindo-a, sim, auxiliando-a da maneira mais forte a reparar tudo novamente. A alma pode até *fortalecer-se* ainda em tais vivências obrigatórias.

Agora, no entanto, não deveis novamente pensar que aqueles, cujo caminho permaneceu reto, perderam alguma coisa. Tal não é o caso, mas sim lá onde aconteceu uma torção devido à própria vontade errada, somente *lá* pode a mudança tornar-se cheia de graça e proveitosa, a fim de que essa alma torcida, que com isso mostrara uma fraqueza, seja fortalecida de tal maneira que ela não o faça novamente. Com isso, naturalmente, o erro desprendeu-se dela.

Olhai em redor e observai vossos semelhantes! Logo encontrareis entre eles mulheres que trazem em seu ser características masculinas. Hoje em dia há disso mais do que nunca. Pode-se dizer que hoje grande parte da feminilidade parece estar diretamente *contaminada* com isso, pois não é assim tão difícil verificar que em tal mulher ou moça algo *torcido* existe em seu ser, *tem* de existir, porque uma mulher naturalmente não pode ser homem nem deve.

Não me refiro, evidentemente, ao corpo, pois este é quase sempre pronunciadamente feminino, com exceção dos quadris, que na maioria de tais casos lembram os de homem, por serem estreitos, o que, por isso, na realidade *não é próprio da mulher*. Menciono isso propositalmente, porque assim indico desde já um sinal *externo*. O corpo feminino, no qual habita uma alma masculina torcida, terá, na maior parte dos casos, esse sinal dos quadris estreitos, que se assemelham mais à estrutura masculina, diferenciando-se daqueles, cuja alma, por enquanto, esteja apenas aspirando a uma espécie qualquer de masculinização, seja em suas opiniões, seja em sua atividade, do que vem a formar-se um pendor, que origina os fios para a próxima encarnação num corpo masculino. O mesmo se dá com os corpos masculinos que recebem quadris mais largos, assemelhando-se à estrutura feminina, tão logo abriguem uma alma feminina.

Evidentemente há na configuração física das mulheres também exceções quanto a degenerações devido a cultivo excessivo, devido a esporte unilateral das mães ou por atividades físicas erradas delas, cujas consequências se transmitem aos filhos.

Assim, já designamos os dois grupos principais, que temos de destacar um do outro.

Um grupo das mulheres e moças terrenas que já trazem consigo almas masculinas torcidas, e o outro grupo das que ainda trazem consigo almas femininas, mas que tendem para a masculinização devido a noções torcidas que aceitaram espontaneamente ou receberam através de educação errada.

Certamente não preciso mencionar de modo especial que, nos casos a que me referi por último, não só as almas femininas têm de suportar as consequências, como também serão envolvidos nos fios de culpa aqueles que deram motivo a isso.

Não queremos, porém, com isso desviar-nos muito, mas sim continuar por enquanto com os dois grupos mencionados. Afastemos por enquanto os que ainda se encontram em formação, pois trata-se de almas femininas que estão em via de torção, cujos corpos terrenos naturalmente não podem mais transformar-se na

29. Almas torcidas

atual existência terrena, devido à sua densidade e ao pesadume a isso ligado. Isso lhes fica reservado para a próxima encarnação. Contudo, também a esse respeito ainda lhes é oferecida uma salvação. Sim, caso *nesta* atual existência ainda tomem ânimo e libertem de si energicamente tudo o que não é próprio da mulher! Devido a isso têm de formar-se imediatamente novos fios, que conduzam e levem a uma encarnação *feminina*, enquanto os outros não recebem mais nenhum suprimento de força.

Decisiva é finalmente a circunstância de *como* se encontra a alma no *momento do falecimento*, e para que lado ela se inclina mais fortemente. Se a vontade, o pensar e o atuar feminino obtiverem nela até lá novamente a supremacia, sua irradiação no momento do falecimento terreno tenderá principalmente para *aqueles* fios, vivificando-*os* assim, os quais conduzem para o feminino, enquanto os outros em sua leve e curta vivência no Além poderão secar e cair depressa, se antes não tiverem sido atados com *demasiada força*.

Também é possível que esses fios errados ainda se desfaçam, já durante o tempo terreno, por forte vontade feminina, e que a alma se liberte novamente, antes que tenha de passar para o outro lado. Isso tudo depende da espécie e da força da respectiva vontade, e ainda de haver ou não tempo bastante para a alma encarnada na Terra, antes do falecimento obrigatório, pois a lei tem de ser cumprida em qualquer caso. Ou ainda aqui ou então depois do trespasse.

Tomemos, porém, para nossa consideração de hoje, *somente* as almas torcidas que, em consequência dessa torção, já estão encarnadas em corpos terrenos correspondentes.

Entre essas, em primeiro lugar a feminilidade terrena, na qual foram encarnadas almas masculinas fracas, porque na vida anterior se afastaram demasiadamente do pensar e atuar puramente masculino. Isso já explica que em tais mulheres terrenas só pode tratar-se de almas masculinas *fracas*. Por isso, não é nada louvável que uma mulher, contrariando a maneira feminina, procure evidenciar ou até mostrar características masculinas.

Tal mulher, em seu pensar e em seu atuar, não é realmente forte em nenhuma direção; nem na masculina, nem na feminina.

29. Almas torcidas

Ganharia também mais para si, *terrenamente,* se procurasse subjugar a torção.

Sua vivência ajuda-a, porém, na mudança, pois logo terá de perceber que um homem verdadeiro nunca se sente bem em sua proximidade. Ele não consegue compreendê-la. Menos ainda pode constituir-se uma harmonia, porque a legítima masculinidade se afastará de tudo o que é falso, como, inclusive, da tendência masculina de uma mulher! Um matrimônio entre um verdadeiro homem e uma mulher que traz em si uma alma torcida masculina só pode acontecer numa base puramente intelectiva. Nunca surgirá daí uma autêntica harmonia.

Tal mulher, porém, de qualquer forma se sentirá impulsionada involuntariamente para *aqueles* homens que trazem em si uma alma torcida feminina!

Também estes últimos não são considerados plenamente pelos homens não torcidos em si, ocorrendo isso de forma inconsciente. Nesse intuir e agir inconsciente, porém, encontra-se a pressão da verdade, da realidade.

Todas as consequências das ações involuntárias, intuitivas, que podemos designar como *naturais,* atuam, porém, de maneira educativa sobre as almas torcidas, que assim passam por dolorosas vivências e desilusões e se veem encaminhadas novamente para rumos certos, pelo menos em muitos casos. Mas isso não exclui que mais tarde sempre de novo venham a cair nesses ou em semelhantes erros. Se não se fortalecerem com as experiências, ficarão como os juncos que oscilam ao vento. Muito, muito podem os seres humanos, porém, *agora,* através do saber, evitar para o futuro. Muito sofrimento e muita perda de tempo! Pois até então não podia uma alma tornar-se consciente de sua torção.

Exatamente como sucede com as almas masculinas em corpos femininos, ocorre com as almas femininas em corpos masculinos. Ambas as partes apresentam as mesmas consequências de uma lei uniforme e inflexível.

Uma coisa sobressairá com a observação do ambiente que vos rodeia e que já mencionei: o modo estranho pelo qual as almas femininas nos corpos masculinos se sentem atraídas pelas almas

29. Almas torcidas   221

masculinas nos corpos femininos, e vice-versa. Justamente em semelhante contingência, uma mulher com vontade intelectiva mais forte e caráter predominantemente masculino se sente, na maioria dos casos, inconscientemente atraída por um homem com traços de caráter mais delicado.

Nisso reside não só uma procura inconsciente de equilíbrio, mas sim atua a grande lei da atração da igual espécie!

A igual espécie reside aqui *na torção das almas!* Ambas as almas são torcidas e possuem nessa contingência uma verdadeira espécie igual, que se atrai de acordo com a lei.

A atração do homem pela mulher, excluído disso o instinto sexual, é consequência ou efeito de uma *outra* lei, e não daquela da atração da igual espécie. Para melhor compreensão, é oportuno que eu diga aqui alguma coisa sobre a igual espécie e explique o que se deve entender por igual espécie, pois nisso se encontra o fator decisivo.

A atração da igual espécie não é a única maneira que aparentemente atua *atraindo*. Nos processos de atração aparente reside uma grande diferença. A atração da igual espécie, esta grande lei da Criação, é, porém, *básica* em *todas as tendências de ligação* na Criação, seja qual for a maneira pela qual se efetive. Essa grande lei *condiciona* previamente todos esses processos, conduzindo-os e regulando-os também. Paira sobre todos os acontecimentos e age impulsionando dentro deles e através deles, no tecer da Criação inteira.

Por isso, quero primeiro *separar* as espécies de atração, conforme a designação de sua verdadeira atuação, isto é, segundo sua atividade: na verdadeira *atração,* e no *desejo de ligação* de partes apartadas de uma determinada espécie, produzido forçosamente por essa grande lei, que tudo domina e condiciona!

Existem, pois, na atuação da Criação uma *atração* e um *desejo de ligação!* O efeito de ambos os processos exteriormente parece idêntico. A força interna, que a isso impulsiona, é, porém, totalmente diferente.

A *atração* resulta de espécies iguais, fechadas em si, e o *desejo de ligação* reside nas *apartações* das espécies, que permanecem almejando formar novamente uma espécie!

29. Almas torcidas

A sentença estabelecida pelos seres humanos de que os contrários se tocam, ao passo que os polos iguais se repelem, encontra-se por isso apenas *aparentemente* em contradição com a lei da atração da igual espécie. Na realidade não há nenhuma contradição nisso, pois a sentença estabelecida pelos seres humanos é válida e certa quanto ao processo do desejo de ligação das diferentes apartações de espécies, objetivando uma espécie determinada e de pleno valor. *Mas unicamente nesse caso!* Somente entre as próprias espécies fechadas é que a lei da atração da igual espécie, propriamente, entra em função, para o que apela o efeito impulsionador da procura de ligação, visando a uma espécie determinada e de pleno valor. Essa lei vibra acima disso e dentro disso.

O que o ser humano reconheceu até agora com a sua ciência são somente os pequenos processos entre as *apartações* das espécies. Ainda não descobriu de maneira nenhuma a atuação e a atividade das espécies, propriamente, porque na Terra e em suas proximidades só existem *apartações* de espécies, isto é, *partículas,* cujas atuações e efeitos ele conseguiu observar.

Assim, também o espírito feminino e o espírito masculino constituem cada um apenas uma *apartação* de espécie, que procura ligar-se à outra, conforme as leis da Criação; portanto, partículas apenas, que mesmo em sua ligação dão somente uma parte para a verdadeira *espécie do espiritual!*

O aqui mencionado refere-se, por sua vez, somente ao *essencial* entre o feminino e o espiritual, ao passo que os invólucros da alma e por fim os invólucros da matéria grosseira são apartações de outras espécies em partes muito menores, que se manifestam segundo a maneira básica do seu desejo de ligação, mostrando nisso determinadas consequências.

O próprio ser humano, por exemplo, não é uma espécie determinada, mas sim apenas uma apartação, que tem em si o desejo de ligação.

Mas seu mau pensar ou mau atuar apresenta uma determinada característica que atrai a igual espécie e por ela é atraído! Vedes que de uma apartação de espécie pode sair uma espécie pronta, e não acaso somente apartações.

29. Almas torcidas

Quero dar aqui ainda uma indicação: na atração da igual espécie se encontra uma bem determinada e imutável condição. Nisso reside também uma força maior, que está ancorada na lei básica. No desejo de ligação das apartações de espécies, porém, existe maior liberdade de movimento, ocasionado por força já diminuída. Por tal motivo, podem as *apartações* de espécies associar-se de *diversas* maneiras e assim produzirem efeitos e formas variadas.

Hoje posso apresentar novamente apenas uma imagem restrita, pois todos esses pontos desdobram-se aos milhares e não encontraríamos um fim. Se *eu* não vos abrir um caminho *bem determinado,* que se adapte ao vosso conhecimento humano, jamais podereis receber uma visão realmente global dos acontecimentos na Criação!

Por isso, tendes de seguir-me lentamente. Não deveis tentar dar um passo avante, antes de haverdes compreendido de maneira certa e indelével tudo quanto por mim foi explicado, pois senão podereis e tereis de ficar desamparados durante o percurso, não obstante a minha orientação. Prosseguir *inconscientemente* não vos traz nenhum proveito.

Considerai que me seguis num caminho, pelo qual não voltarei mais convosco. Subimos juntos uma escada, na qual não deve faltar nenhum degrau para vós. Subimos degrau por degrau.

Se não vivenciardes corretamente cada degrau, de modo que se tornem realmente familiares para vós, pode suceder que facilmente percais de súbito o apoio, tendo de cair. Se não se tornaram familiares para vós, como algo que vos pertença, vós vos encontrareis um dia, talvez já em considerável altura, confusos e não podereis mais prosseguir por falta de apoio seguro sob vossos pés. E voltar também não podereis mais, porque os degraus não se tornaram suficientemente familiares para vós; assim, tereis de despencar em queda brusca.

Não tomeis esta advertência e exortação de modo demasiado leve, pois dizem respeito à vossa existência inteira.

O GUIA ESPIRITUAL DO SER HUMANO

DEPOIS que contemplamos o ambiente mais próximo do ser humano terreno, já está preparado o solo a fim de lançarmos também um olhar para a condução que se encontra a seu lado e o auxilia.

Torna-se necessário também que seja dito algo a tal respeito, pois exatamente disso e quanto a isso se fala tanto disparate entre os seres humanos que ainda acreditam numa condução ou dela sabem algo, que se teria vontade de rir às vezes, se não fosse tão triste.

Triste é, porque mais uma vez mostra nitidamente a constituição do espírito humano em sua esquisita tendência de considerar-se muito valioso, a qualquer preço. Não acredito que seja preciso apresentar exemplos a tal respeito, pois cada um dos meus ouvintes certamente já teve de travar conhecimento alguma vez com tais pessoas, que falam de sua "elevada" condução ou do próprio guia, que querem intuir nitidamente e... no entanto, não agem segundo sua leve pressão.

Isso eles não dizem, mas justamente aqueles que tanta coisa contam de sua condução e que julgam viver em camaradagem confidencial com ela, agem raramente, ou só pela metade, segundo a vontade de sua condução; na maioria das vezes, no entanto, de maneira alguma. Em se tratando de tais pessoas, pode-se quase que seguramente contar com isso. É apenas um agradável entretenimento para eles, nada mais. Comportam-se mais ou menos como crianças muito mimadas, vangloriando-se com isso e querendo mostrar, em primeiro lugar e principalmente, quanto trabalho se dão os "de lá de cima" por causa deles.

Seu guia é, naturalmente, sempre alguém "muito elevado", quando não preferiram pressentir nisso um parente muito amado e

30. O guia espiritual do ser humano 225

carinhoso que se preocupa muito com eles. Em mais de mil casos, porém, deve ser o próprio Jesus, que da Luz desce para eles, a fim de adverti-los ou, elogiando, fortalecê-los, sim, que também às vezes, interrogado, fala de modo favorável ou desfavorável de pessoas bem conhecidas deles.

Então falam disso de bom grado, com temor cheio de veneração, mediante o que se pode desde logo reconhecer que essa veneração não se refere ao Filho de Deus, mas sim à circunstância de terem sido pessoalmente dignos de tal cuidado. Com palavras claras: veneração de si próprios!

Cada pessoa a quem tais indivíduos fazem confidência, e eles insistem em comunicar isso ao maior número possível de pessoas, pode reconhecer sem demora a verdade do que afirmei a respeito, se colocar em dúvida essas comunicações! Então tais pessoas que falam dessas comunicações mostram-se magoadas, o que só pode decorrer de suas vaidades feridas!

Estais liquidados para eles ou "por baixo", conforme diz tão bem a voz do povo, falando da disposição dos tais magoados. Somente com desdém olham para vós.

Também é certo que depois se informam junto à sua condução a respeito de vós, tão logo se apresente uma oportunidade; e com muita satisfação acolhem a resposta, que outra não é senão a que já esperavam, pois esse guia é ao mesmo tempo amigo deles e, caso não seja o próprio Filho de Deus, segundo sua opinião, então veem em seu guia mais o zeloso criado particular, a quem confiam tudo, pois já sabe e apenas aguarda oportunidades para confirmar ou dar os indispensáveis conselhos.

Ide por aí, indagai e observai direito; não demorareis a ver tudo isso confirmado até a saturação! E sede tão corajosos, designando muito disso de mera tolice, então tereis de procurar o mais depressa possível um abrigo, se não quiserdes ser apedrejados. Mesmo se isso hoje não possa suceder de maneira grosso-material, ocorrerá com toda a certeza moralmente. Disso podeis estar certos.

Muito confidencialmente e lastimando hipócrita e gravemente, isso passa de boca em boca, de carta em carta. Às escondidas, mas com muito afinco e muita segurança, que denota prática, cavam para vós uma sepultura, para pôr um fim bem merecido à vossa baixeza, como também ao perigo que representais.

Os seres humanos farejam o perigo que ameaça sua credibilidade. Antes de tudo, porém, não querem deixar escapar as ocasiões que se prestam tão bem para fazer sobressair o valor de sua personalidade. A "elevada" condução já constitui prova disso, mesmo que os pobres semelhantes ainda não possam perceber nada. *Por causa disso* é que se empenham tanto.

Assim, e não diferentemente, é a presunção dessas pessoas, que se expressa claramente pelas tagarelices a respeito de sua condução. Querem através disso *sobressair*, não acaso ajudar seu próximo com carinho, querem ser invejadas e admiradas.

Para que também vos torneis sabedores em relação a isso, quero de bom grado guiar-vos ao conhecimento das leis que *condicionam* as conduções, pois também estas não estão sujeitas a nenhuma arbitrariedade, mas se entrelaçam com os fios do vosso destino!

Tudo tem efeito recíproco na Criação, e essa lei da reciprocidade se encontra também no segredo da determinação de vossas conduções. Não encontrareis nenhuma lacuna, nenhum espaço vazio em que seja possível acrescentar qualquer coisa que não pertença categoricamente a esse lugar, segundo a lei.

Após as últimas dissertações, já podeis hoje imaginar quantos fios correm ao redor de vós, que convosco se encontram entrelaçados, e vós com eles. Mas isso é apenas uma pequena parte do conjunto. E nessa grande trama que vos envolve não existe interstício! Nada pode ser intercalado ou encaixado arbitrariamente, não há aqui intromissão alguma, não sendo possível nenhum desligar-se ou libertar-se, sem que tenha sido por vós redimido e extinto de acordo com a lei.

De maneira análoga ocorre também com vossa condução! A condução que possuís se encontra firmemente ligada a vós, de alguma maneira. E em muitos casos devido à atração da igual espécie!

Assim, muitos dos guias podem e devem resgatar *para si*, através da atuação de guiar, acontecimentos que os ligam à pesada matéria grosseira. Isso é novo para vós, porém facilmente

30. O guia espiritual do ser humano

compreensível. Pelo fato de um guia, por intermédio de sua condução, procurar preservar um ser humano terreno de cometer sobre a Terra os mesmos erros que ele próprio cometeu, apesar do cidadão terreno ter inclinação para tanto, ele resgata *por meio disso* sua culpa também na pesada materialidade, sem ter de encarnar-se especialmente por causa disso. Pois é *sobre a Terra,* onde ele outrora errou, que o efeito de sua condução se mostra, através do protegido que lhe é concedido conduzir. Desse modo, também para os do Além se fecham muitos círculos de acontecimentos, justamente naquele ponto onde têm de encerrar-se, sem que o do Além, que se encontra preso aos fios, tenha de ser encarnado mais uma vez sobre a Terra.

Trata-se de um fenômeno simples, que corresponde à lei, mas oferecendo alívio a quem conduz um ser humano terreno e simultaneamente dando também vantagens aos seres humanos terrenos.

Justamente a lei da atração da igual espécie traz facilmente muitos, que querem conduzir, para perto de *tais* seres humanos terrenos que contêm qualquer igual espécie e se encontram no perigo de cair nos mesmos erros em que já caiu antes quem agora os quer conduzir. E a lei cria então os fios que ligam o guia aos protegidos.

Observai assim com exatidão a graça que reside reciprocamente no processo para *ambas* as partes, para o guia e para aquele a quem ele é automaticamente forçado, digamos, agraciado a conduzir, devido à reciprocidade, na lei da atração da igual espécie!

E muitas outras são ainda as graças que provêm somente desse *único* processo, pois correm com isso novos fios para todos os lados e que novamente encerram efeitos recíprocos, fortalecendo, soerguendo, promovendo e libertando, em vários pontos, aqueles que estão ligados a esses dois principais participantes. Pois graça e amor, única e exclusivamente, encontram-se nos efeitos de *todas* as leis que existem na Criação, e as quais, ascendendo, convergem por fim para a única e grande lei fundamental: a lei do amor!

Sim, o amor é *tudo!* O amor é justiça e é também pureza! Não existe nenhuma separação entre os três. Os três são um só, e nisso, por sua vez, repousa a perfeição. Atentai nestas minhas palavras, tomai-as como chave para todo acontecer da Criação!

30. O guia espiritual do ser humano

Para vós, que conheceis a minha Mensagem, será bem evidente que, em primeiro lugar, só pode obter ligação aquilo que se encontra mais próximo de vós, visto serem necessárias para isso condições bem determinadas, que não admitem nenhuma lacuna.

Assim, está inserido na lei da Criação que um guia, que quer ser ligado a vós, *somente* poderá ser ligado se ainda possuir em volta de si o invólucro, isto é, um corpo, cuja espécie seja a mais próxima do vosso corpo, para que possa aderir o fio que deve ligar-vos a ele.

Disso deveis tirar a conclusão de que aquele que vos guia não pode de modo algum ser um "espírito elevadíssimo", pois só quem se encontra ainda bastante perto desta Terra pode guiar um ser humano terreno, caso contrário já estaria por demais alheio a tudo, e não teria sentido, nem poderia trazer-vos grande proveito, se aí existisse um abismo. Ambos então não se compreenderiam. Nem o guia o seu protegido, e nem este o seu guia.

Um *único* abismo teria de tornar impossível uma condução bem sucedida. Mas não existe nenhum abismo na regularidade das leis referentes aos acontecimentos da Criação. Portanto, também não neste caso, pois um único abismo faria desmoronar completamente a grande obra da Criação.

Por conseguinte, entre o guia e aquele que é guiado existe uma rígida reciprocidade, condicionada pela lei da atração da igual espécie.

Caso queirais perguntar como é possível que também alguma vez venha de um lugar espiritual mais elevado algo para o ser guiado na Terra, tais exceções não alteram a lei. Basta pensardes que a mesma lei, que vos dá o guia imediato, também dá *a este* um guia, e a este então novamente, e assim por diante. Trata-se de *uma* só lei, que forma uma *corrente inteira* que tem de vibrar nessa lei!

Assim, pode suceder que um guia de um lugar mais elevado vos comunique qualquer coisa por meio dessa corrente, ou melhor, através dos fios dessa corrente. Isso apenas acontece em se tratando de coisas totalmente especiais. O desenrolar ocorre, contudo, sempre dentro das leis imutáveis, uma vez que nem existem outros caminhos.

30. O guia espiritual do ser humano

É uma escada que tem de ser usada de degrau em degrau, tanto para cima como para baixo, e outra possibilidade não existe. Quanto aos processos mediante capacidades mediúnicas, dou explicações especiais. Não vêm ao caso, aqui.

Para o ser humano terreno, a graça da lei reside no fato de ele possuir sempre um guia, que conhece muito bem as falhas de que sofre a pessoa guiada, pois tais falhas também ele outrora possuía, tendo passado por todas as *consequências* delas.

É por isso que consegue aconselhar e ajudar em todos os casos, devido à própria experiência. Pode preservar de muita coisa a pessoa por ele guiada, na pressuposição de que esta observe bem seus velados apelos ou advertências, pois forçá-la não pode. Também só pode ajudar *lá,* onde a pessoa guiada tem em si o desejo, o anseio ou o pedido, não de outro modo. Ele tem de deixar ao ser humano terreno a decisão de seu livre-arbítrio, e isso também de acordo com a lei a que ele próprio se encontra ligado. Ligado, por sua vez, através de uma reciprocidade, que, aliás, *só* pode deixá-lo intuir algo, *se através de vossa vontade apelais para isso.*

Com a irradiação dessa vossa vontade esticam-se os fios que vos unem com vossas conduções. Somente por meio de tais fios o vosso guia intui *convosco* e somente *nesse caminho* pode apoiar-vos também. Ele não pode modificar-vos, mas somente fortalecer e apoiar! Nisso também se encontra a condição de vos ocupardes com isso em *primeiro lugar* e *seriamente.* Não imagineis que seja tão fácil!

Em tais processos reside para o guia sempre também, além dessa grande graça da possibilidade de resgate, às vezes um castigo, caso ele desse modo *tenha de intuir conjuntamente* que vós, apesar de sua advertência, agis de modo diferente, assim como ele próprio agiu outrora. Com isso vivencia em vós uma repetição que o entristece, mas que também o fortalece e amadurece em seu propósito de nunca mais errar dessa maneira!

Tanto maior, porém, é também a sua alegria, quando ele intui conjuntamente convosco o *sucesso* de sua condução. Com isso, ele também é absolvido da sua culpa.

Após tal resgate ocorre uma mudança de vossa condução, pois muitos que estão no Além esperam poder guiar um ser humano terreno, para, ajudando, resgatar assim suas próprias culpas. Contudo, o desejo de resgate *não* deve evidentemente ser *a força motriz* que impulsione a vontade de guiar! Se isso deva resgatá-lo de uma culpa, então é necessário que realmente o queira *por amor aos seus semelhantes,* para protegê-los das consequências de caminhos terrenos errados! Só quando um dos que se encontram no Além está *nessas condições* é que pode *então* guiar seres humanos terrenos, e o resgate chega para ele como graça por sua boa vontade! E essa obrigatoriedade, assim como o ulterior consentimento, encontra-se nos efeitos de seus próprios fios do destino, que se orientam segundo a espécie das irradiações de sua vontade, na mais perfeita justiça.

Não deveis esquecer que fora do pesadume terreno tudo é sempre *vivência.* A pretensa inteligência do pensar intelectivo deixa de existir. Por essa razão, tudo é legítimo. Lá não ocorre que um espírito humano queira ou possa agir de maneira *interesseira,* mas realmente vivencia tudo! *Sem premeditação,* exatamente conforme seu respectivo estado.

Assim é, portanto, com *uma* espécie de guias. A seguir, existem espécies que estão ligadas de maneira especialmente forte a vós e que talvez já conhecestes na Terra. Parentesco não conta evidentemente nisso. Mas o *conceito* terreno sobre parentesco por consanguinidade ata muitos fios fortes, que vos mantêm ligados por algum tempo.

Somente o *conceito* que vós mesmos criastes faz ligação, não acaso o parentesco, como pensastes até agora. Vosso conceito a tal respeito produz os fios, ou vosso amor, vosso ódio, sucedendo assim que também parentes falecidos possam ainda guiar-vos.

Contudo, têm de estar capacitados para guiar, têm de vos *dar* algo através de suas próprias vivências, pois do contrário não podem guiar. Somente estar pendurado em vós não basta para isso.

No entanto, muitas outras coisas entram aí em cogitação novamente. Assim, é possível que alguém na Terra vos tenha educado erradamente, de qualquer forma. Por causa disso, fica ligado a vós. Se após seu falecimento, de algum modo veio a ficar ciente do seu erro, então esses fios o atraem para vós. Chamemos a isso

30. O guia espiritual do ser humano 231

fios do *arrependimento!* E só quando tiver conseguido modificar-vos nisso, é que ficará libertado; antes, não.

Se, porém, não vos libertardes do errado que aprendestes dele e o transmitirdes novamente aos vossos filhos, ele ficará ligado a vós e a esses filhos, e assim por diante, até que finalmente consiga reparar seu erro num descendente.

Existem assim muitas maneiras de vos advirem guias, os quais só poderão servir para o vosso bem, tão logo atenteis em sua influência silenciosa. Eles, porém, *nunca* podem *obrigar-vos,* mas em sua atuação formam para vós a *"consciência",* que vos admoesta e vos adverte!

Prestai atenção nisso! A atuação dos guias forma uma parte de vossa consciência, cuja origem e espécie nunca pudestes pesquisar direito. Hoje vos dou para isso um fio em vossas mãos.

Decisivo para a espécie do guia, como em toda parte nesta Criação, é sempre o *respectivo estado* do *próprio* espírito humano guiado. Quanto mais amadurecer em si próprio o espírito do ser humano terreno, mais alto conseguirá ascender, mesmo quando isso sucede terrenamente de modo *inconsciente,* conforme ocorre quase sempre.

Onde então se encontra o *limite* da própria e segura ascensão do espírito, lá é o plano do respectivo guia, o qual muda com o amadurecimento do espírito humano guiado. O guia estará sempre, em suas próprias vivências, meio degrau acima da pessoa que ele pode ou tem de guiar. Contudo, as espécies em todos os casos diferem *tanto,* que seria errado se eu quisesse mencionar e explicar determinados casos. Poderíeis ficar desorientados, porque então, com bem determinadas imagens, somente vos ligais a ideias *fixas.*

Por causa disso, dou-vos a conhecer apenas os próprios efeitos, sem descrever determinadas espécies. Desse modo, permaneceis inteiramente livres e independentes neste saber, pois tudo isso mais tarde se manifestará de múltiplas formas, com o próprio vivenciar. —

Assim que um guia possa ser desligado de vós, logo aparece um novo. Em muitos casos são guias que possuíam outros de vossos erros, diferentes daqueles que o guia anterior pôde resgatar. Não é dito, portanto, que, na troca de um guia, o guia imediato tenha de estar em plano mais elevado do que o anterior.

Só pode vir para vós um guia mais elevado, se *também vós* nesse meio-tempo atingistes espiritualmente um degrau mais elevado, pois o guia nunca pode estar abaixo de vós, mas muitas vezes *lado a lado* convosco. Somente por causa de sua própria vivência, ele *é mais experiente do que vós,* nem sempre se encontrando um degrau inteiro acima, pois tem ainda de *compreender--vos,* tem ainda de intuir convosco, ou melhor, *intuir* o que vós sentis, e isso condiciona que não possa estar muito longe de vós!

E certamente nenhum ser humano, com algum saber da regularidade inabalável das leis da Criação, imaginaria estar ligado diretamente com o Filho de Deus, Jesus, o que para um espírito humano é *inteiramente impossível!*

Mas tal privilégio reivindicam para si justamente inúmeros pequenos médiuns, sem saber que nem sequer poderiam suportar a força de uma *aproximação!* E milhares de seres humanos vaidosos se deixam iludir e seduzir por esses erros, porque lhes são agradáveis e porque gostam de embalar-se com tais ilusões, pois com isso se sentem lisonjeados.

Minhas explicações nada têm a ver com as inúmeras e confusas tagarelices dos pequenos médiuns. Falo apenas a respeito de conduções sérias, e não de tagarelas, que podem ser encontrados também entre *aqueles* falecidos, que povoam *densamente* o *ambiente mais próximo* desta Terra de matéria grosseira. Isso constitui outro capítulo, do qual nos ocuparemos em outra oportunidade mais minuciosamente.

Dou-vos somente aquilo que possa ser realmente útil e que, por isso, vos conduz para cima. Nos setores que não precisais conhecer de perto, tocaremos apenas de leve. Por enquanto nem merecem ser mencionados.

Que os seres humanos gostem tanto de ocupar-se justamente com isso, e prefiram ouvir falar disso, é apenas um triste sinal do baixo nível espiritual atual. Deixai de lado tais entusiastas, que só querem deleitar-se ou envolver-se em presunçoso bem-estar, em que jamais pode haver uma ascensão, nem uma possibilidade para isso. Tagarelas do Além só vos afastam da atividade séria e

30. O guia espiritual do ser humano 233

do pensar sério, pois trata-se de uma peculiaridade deles, visto que também eles desperdiçam e malbaratam seu tempo, ao invés de aproveitá-lo cheios de gratidão.

Levarão um grande susto quando, de repente, reconhecendo, tiverem de resvalar para baixo, por serem imprestáveis para o novo tempo.

Resumindo, quero dizer-vos mais uma vez: Primeiro se trata somente de *auxiliares* que, devido à mesma espécie de *vossos erros,* puderam deixar-se ligar a vós; somente mais tarde, quando já não tiverdes de carregar erros e apenas possuirdes a saudade das alturas luminosas, *então* entram em consideração para vós verdadeiros *guias,* que são ligados a vós devido à mesma espécie de *vossas qualidades* e *virtudes.*

Estes, na verdade, passam então a conduzir-vos para cima, fortalecendo vossas virtudes e atuando sobre vós por meio de sua grande força, como um poderoso ímã.

Estes são então os *guias* que podeis realmente denominar guias! Seguram-vos já agora firmemente, de maneira misteriosa e completamente desconhecida de vós, porque sua força perpassa o Universo. Mas logicamente seguram apenas aqueles que ainda trazem em si *virtudes* vivas, não demasiadamente soterradas.

Destes guias, porém, não podeis falar ainda aqui na Terra, pois para vós, em primeiro lugar, os *auxiliares* ainda têm de desenvolver sua atividade, a fim de apoiar-vos, para que possais limpar vossas vestimentas de toda a sujeira que atraístes. Todos os auxiliares, porém, ainda têm, *eles próprios,* que resgatar, o que se dá no auxílio concedido a vós.

Acima de todos eles, no entanto, já se encontram os verdadeiros guias, esperando-vos e segurando-vos nesse ínterim, para não cairdes nem naufragardes durante a vossa grande purificação.

Também aqui tudo se efetiva de acordo com a lei da atração da igual espécie! São os *primordialmente criados,* que tão poderosamente atuam.

Aquele primordialmente criado, por exemplo, que corporifica o heroísmo, atua dessa forma sobre *todos* os posteriormente criados que trazem em si o heroísmo como virtude, e os outros, por sua vez, em sua bem determinada espécie.

Para cada espécie existe sempre no reino espírito-primordial um determinado primordialmente criado. Em sua irradiação ele atua então sobre *grupos* de igual espécie que se encontram ainda no espiritual primordial, mais abaixo. E descendo mais ainda, existem também no Paraíso *grupos* de todas as espécies, entre os perfeitos dos espíritos humanos criados posteriormente e desenvolvidos, e de lá se estendem então as irradiações sempre mais para baixo, para toda a Criação posterior, para aqueles em que elas ainda possam obter ligação.

Assim, existe no espiritual primordial, no ponto mais elevado para as virtudes, somente *uma* personificação, que nisso é *guia* para *todos* os espíritos humanos de mesma espécie! E esses poucos são então os *verdadeiros* guias, mas somente na mais pura e abrangedora objetividade por meio de sua irradiação, *nunca pessoalmente*.

Também isto já foi dito claramente na Mensagem.

Jamais pode o ser humano, portanto, designar um primordialmente criado como seu guia *pessoal*. Seria errado. E muito menos ainda Jesus, o Filho de Deus.

Compenetrai-vos, seres humanos, de que a respeito dessa grande e verdadeira condução só os que estão realmente despertos podem sentir algo no verdadeiro saber, o qual proporciona a *convicção*. E nem todos que disso se vangloriam estão realmente despertos no espírito e com isso nascidos de novo!

É muito melhor que faleis primeiro dos *auxiliares,* que se encontram muito mais perto de vós do que os guias, e que vos trazem grande proveito nos imensos esforços que despendem por vós! Estendei para eles com gratidão e alegremente a vossa mão e ouvi suas advertências, que constituem uma parte de vossa consciência!

FIOS DE LUZ SOBRE VÓS!

JUNTAI as dissertações que vos dei a respeito do enteal e do ambiente mais próximo dos seres humanos terrenos, nas quais falei do ondular e tecer que vos rodeiam constantemente, e procurai observar as ditas dissertações em conjunto, como *um só* quadro.

Absolutamente não é tão difícil assim. De maneira rápida e fácil, podereis reconhecer nisso as conexões que aí existem entre si e com vós próprios. Colocai, como num jogo de armar, tudo em movimento, através de vossa capacidade de imaginação; primeiro, nos efeitos isolados em diversas direções, *um após o outro*, e, por fim, *agindo conjuntamente um dentro do outro;* e vereis como com o tempo o quadro se desenrolará de modo vivo perante vós.

Procurai ver então como cada mau pensamento ou vontade má corre como sombra através do tecer, turvando com maior ou menor intensidade as áreas claras e destruindo num ou noutro lugar a beleza, ao passo que o puro e bom pensamento ou vontade boa atravessa iluminando os fios, espalhando beleza e brilho ao longo dos caminhos percorridos.

Tal mecanismo em breve se tornará tão familiar, que constituirá para vós um apoio, fazendo-vos pensar ou querer apenas o bem e, finalmente, também agir assim.

Não poupeis esforços para tanto, pois disso vos advirá rica recompensa, que ninguém poderá diminuir. E quando afinal tiverdes o quadro em movimento diante de vós, então acrescentai ainda algo que dê um remate e uma moldura condigna.

Imaginai no lugar do teto fios luminosos e delicados que pendem como um fino e transparente véu acima do "tecer ao vosso redor", do qual emana um perfume delicioso capaz de fortalecer e vivificar de maneira singular, tão logo se esteja capacitado a senti-lo conscientemente, dando-lhe atenção.

Trata-se de incontáveis fios, com múltiplas possibilidades de aproveitamento, e que estão sempre prontos a baixar sobre *aqueles* lugares que mostrem anseio por eles. Caso no movimento inferior apareça uma fagulha em qualquer lugar, evidenciando um anseio, um pedido ou um forte desejo, os fios de uma espécie igual estendem-se imediatamente em direção a essa fagulha, unindo-se magneticamente com ela, fortalecendo-a para que se torne mais luminosa e clara e, consequentemente, afastando de sua volta rapidamente tudo o que é mais escuro e turvo. E quando a fagulha se inflama, tornando-se uma chama, queima todos os lugares que ainda ligam *aquele* fio grosso com as trevas ou com o mal, e por onde a fagulha procurou desenvolver-se. Por causa disso, aquele fio grosso será rapidamente libertado de tudo que o segurava embaixo.

Mas somente desejos ou pedidos luminosos e puros podem obter ligação com os fios luminosos, continuamente suspensos acima do movimento que cerca constantemente uma alma humana ou um ser humano terreno. Desejos trevosos jamais encontrarão apoio aí, porque não conseguem criar nenhuma ligação.

A ligação desses fios, provenientes do enteal, efetua-se para cada ser humano terreno através do manto ou corpo de matéria grosseira média, que se costuma chamar corpo astral. Este é correspondentemente traspassado pelas irradiações da alma, em cada uma de suas manifestações. Se as manifestações da alma forem de espécie escura, os fios luminosos que pendem prontos não encontram nenhuma passagem para o auxílio. Somente nas manifestações luminosas, pode o corpo astral irradiar de *tal forma,* que se abre de modo inteiramente automático para *aqueles* fios vindos de cima e que são da mesma espécie que as respectivas manifestações da alma.

Assim, esse corpo astral de matéria grosseira média é a verdadeira porta de entrada e saída da alma. Na realidade, os citados fios agem, pois, no plano de matéria grosseira média, que denominamos plano astral, e atuam por meio dele, conforme a espécie de sua incandescência.

31. Fios de luz sobre vós! 237

Imaginai tudo isso. É tão simples, e nisso tão seguro e justo, que é impossível qualquer pensamento ou vontade para o bem permanecer sem auxílio. Tudo é sempre tão facilitado ao espírito humano. *Demasiadamente fácil* para que ele, em sua maneira esquisita, ainda atente ao valor que esses fenômenos merecem e encerram.

Contudo, para que em vossa capacidade de imaginação não fique nenhuma lacuna, quero mostrar-vos também a origem desses fios, do contrário os considerarieis pendurados ainda no ar, o que é impossível, visto que nesta Criação tudo possui e *tem* de possuir um bem determinado ponto de origem, sem o qual não poderia existir.

Os fios são as irradiações de muitos mediadores enteais, os quais, em sua atividade, ainda não se tornaram bem familiares para vós, mas que já eram bem conhecidos de povos antigos.

Assim como vós, na qualidade de espíritos humanos, devíeis ser na Terra coletores e em seguida mediadores para transmissão de todas as irradiações daqueles espíritos humanos, que mais amadurecidos do que vós se encontram em planos mais elevados da Criação, e os quais, por sua vez, fazem a mesma coisa em ligação com outros espíritos humanos ainda mais elevados, mais amadurecidos e mais luminosos, até que, finalmente, através disso se efetue a ligação com o Paraíso, onde os espíritos humanos perfeitos e desenvolvidos desta Criação posterior vivem em alegre atividade e que, da mesma forma, têm contato superior, através de uma corrente de mediadores, com os mais perfeitos dos primordialmente criados no espiritual primordial; da mesma forma, e em escala igual, acontece também com todos os enteais que atuam convosco auxiliando na Criação inteira, porém sempre meio degrau acima de vós.

O que nisso desenvolve atividade, em redor ou abaixo de vós, encontra-se em parte certamente também ligado a vós, porém não daquela maneira. Permaneçamos primeiro com a*queles* fios que eu mencionei.

Os fios são tão multilaterais, que nada existe em que o ser humano terreno e também a alma, já distanciada da Terra, não pudessem encontrar e receber ajuda, fortalecimento, consolo e apoio no momento em que seu ansiar ou pedir por isso dispuserem

31. Fios de luz sobre vós!

de uma bem determinada força, na verdadeira vontade. Não antes, pois palavras formadas jamais conseguem sozinhas estabelecer a ligação. E nem qualquer pensamento fugaz.

Tem de ser um ardente, legítimo e verdadeiro anseio ou desejo, sem cálculo intelectivo, sem espera de recompensa, sem qualquer coisa aprendida que, contudo, nunca pode vir realmente do coração ou da alma, pois para isso a *palavra terrena* formada já ata forte demais. A palavra terrena apenas pode dar o rumo para a vontade de uma alma, abrir uma estrada para o caminho por onde queira seguir a intuição, mas nunca deve bastar por si como um *todo*.

Quando o ser humano não puder reunir ambas, a palavra com a sua vontade, quando tiver de *pensar* sobremodo, a fim de dar forma certa às suas palavras, então será melhor apenas orar e agradecer, ou pedir com a intuição, *sem* palavras! Então, certamente será mais puro! A palavra formada turva facilmente demais, restringindo cada intuição.

Será mais belo e também mais forte, se puderdes abandonar as vossas palavras e deixardes surgir em seu lugar *apenas uma imagem* espiritual, na qual possais derramar a intuição grande e pura! Deveis experimentar o que vos seja mais fácil e que não vos restrinja.

Será então vossa *alma* que falará, tão logo puderdes abandonar as palavras terrenas. A alma, tal como falará, quando se tiver desprendido desta Terra e de todos os planos da matéria grosseira, pois então ficará *para trás* a palavra formada.

Provavelmente perguntareis de novo, intimamente, como acontece, então, que almas da matéria fina ainda possam falar através de seres humanos que possuam aptidões mediúnicas, ou como possam seres humanos mediúnicos *ouvir* tais almas, receber e transmitir pela escrita ou oralmente o que elas dizem. Sei que muitas perguntas desse teor surgirão logo em vós.

Se, entretanto, pesquisardes a fundo a minha Mensagem encontrareis logo a resposta a todas essas perguntas, que nada mais são do que dúvidas de vosso raciocínio. Aceitai de modo *certo* o que eu vos digo e assim podereis vós próprios construir tudo *tão* logicamente, que não se apresentarão mais dúvidas.

31. Fios de luz sobre vós! 239

Já vos expliquei, há tempos, a atividade do cérebro terreno, que dividimos em cérebro posterior e cérebro anterior. O cérebro posterior é *impressionado pela intuição*. Só recebe imagens da vontade intuitiva e as conduz preparadas para o cérebro anterior. O cérebro anterior as recebe e as torna mais *terrenas*, ao reformulá-las novamente e condensá-las de acordo com sua capacidade diferente de irradiação, transformando-as em matéria terrena mais grosseira. Com isso, as imagens são prensadas em formas mais restritas, mais firmes, apresentando novo cunho para a expressão da palavra terrena.

Assim é a atividade dos cérebros desse invólucro terreno de cada ser humano terreno. Constituem os cérebros uma oficina amplamente ramificada, sendo uma milagrosa obra repleta de vivíssima atividade. E visto que o cérebro anterior executa o assim chamado trabalho pesado, isto é, transformando todas as impressões, que lhe são transmitidas pelo cérebro posterior, em formas mais pesadas e mais densas, que devido à sua maior densidade são muito mais delimitadas, a fim de se tornarem nítidas à compreensão terrena, por isso o cérebro anterior também se cansa e necessita de sono, ao passo que o cérebro posterior não precisa compartilhar desse sono e continua a trabalhar serenamente. Também o próprio corpo não necessitaria desse sono, mas sim meramente de *repouso*, de descanso.

O sono é unicamente necessidade do cérebro anterior!

Contudo, isto também é fácil de entender e compreensível para vós.

Precisais apenas refletir com calma e logicamente sobre tudo isso. Pensai, portanto: quando o corpo descansa, podeis permanecer acordados, não precisando dormir. Isso já tendes presenciado frequentemente em vós mesmos. Se, porém, repousa o cérebro anterior, que vos proporciona o *pensar*, isto é, que efetua a transformação das impressões intuitivas em formas mais grosseiras, mais delimitadas e mais densas; se esse cérebro precisa repousar, então cessa também o pensar, naturalmente. Não conseguireis, portanto, pensar nada, durante esse repouso do cérebro anterior.

E somente essa possibilidade de pensar denominais aqui na Terra estar acordado, e a impossibilidade de pensar denominais sono ou inconsciência. Trata-se sempre somente do chamado estado de consciência *diurna,* que é exclusivamente atividade do cérebro anterior. O cérebro posterior está sempre acordado. — Após esta divagação, voltemos à linguagem das almas, em que estão suprimidas as palavras de formas restritas, persistindo somente as imagens, que têm de formar o conceito. Essas imagens da vontade ou da vivência das almas falecidas imprimem-se exatamente da mesma maneira no cérebro posterior do ser humano terreno, quando querem comunicar--lhe algo, como sua própria vontade, e o cérebro posterior, correspondentemente à sua espécie, transmite imediatamente essas imagens recebidas e adaptadas ao cérebro anterior, que, por sua vez, de acordo com sua espécie, condensa as imagens recebidas, deixando-as expressar-se no pensar, na palavra ou na escrita.

Para tantas pessoas mediúnicas isso ocorre naturalmente assim, como se *ouvissem* direito tais palavras, originadas já então por funcionamento do cérebro anterior, o qual também está ligado ao *ouvido,* recebendo as impressões *deste,* a fim de trabalhá-las correspondentemente.

Nestes casos aqui mencionados, porém, quando se trata da chamada "clariaudição" da matéria fina, o cérebro anterior, durante a elaboração em densidade maior, irradia as imagens intuitivas recebidas do cérebro posterior em caminho *inverso,* também para o ouvido, o qual então é levado a vibrar junto com a modulação das palavras que se formam, visto existir a ligação e estar sempre receptível.

Através desse caminho *inverso,* rumo ao ouvido de matéria grosseira, isso naturalmente soa para o indivíduo mediúnico um pouco diferente, porque o tipo das vibrações difere das produzidas pelas ondas sonoras da matéria grosseira e que atingem o ouvido do corpo terreno pesado, que as retransmite para o cérebro anterior.

Nesse processo de clariaudição, não entra em consideração a matéria grosseira externa mais pesada do ouvido, mas sim a matéria grosseira mais fina. Disso podeis fazer uma ideia, porque a matéria externa mais pesada é demasiado grossa e rígida para

31. Fios de luz sobre vós! 241

responder às vibrações delicadas vindas do cérebro. Em tal caso, vibra apenas a matéria grosseira mais fina, que é da mesma espécie das vibrações do cérebro anterior.

Os lugares de recepção ou de captação do ouvido *externo* são atingidos e acionados eficazmente somente pelas ondas sonoras mais grosseiras *vindas de fora.*

Penso que pudestes seguir-me facilmente nessas considerações, por isso tornei-me mais pormenorizado, para vos fazer tudo bem compreensível. Assim é, portanto, o processo de transmissão por meio de imagens ao invés de palavras, conforme as empregam as almas da matéria fina, para incutir nos seres humanos terrenos a noção de sua vontade.

Assim, também o "ouvir" das almas que se tornaram mais luminosas e mais leves é, lá, *de dentro para fora!* O processo segue caminho *inverso* ao da matéria grosseira com o invólucro protetor devido à sua espessura, mas também estorvante, cuja proteção na matéria fina não é mais necessária.

Com isso podeis explicar também mais facilmente a circunstância de que as almas que não se abrem *interiormente,* são *surdas* lá, bem como *cegas,* pois o verdadeiro ver é o ver *do espírito,* conforme já esclareci numa dissertação anterior.

Muitos indivíduos astuciosos e particularmente intelectivos que, no entanto, seriam melhor designados como presos ao cérebro terreno, aqui talvez esbarrem *com o fato* de que o modo de expressão de diversas almas falecidas, através do mesmo médium, com muita frequência, é *também* totalmente diferente, apesar de usarem o mesmo cérebro como instrumento.

Essa circunstância teria de indicar na realidade mais *para o fato* de que elas, *no entanto,* na expressão de sua palavra, ainda usam um idioma para se fazerem compreender, visto tais manifestações aparecerem também algumas vezes em idiomas que o médium ignora por completo, como inglês ou francês, latim, japonês, turco e outros mais.

Mas isso não é o caso, porque tais manifestações provêm sempre só de planos *que ainda pertencem à matéria grosseira,* que abrange, sim, muitos planos. Aí o processo ainda se assemelha à pesada matéria grosseira da Terra. Também em certos médiuns o cérebro é tomado temporariamente de modo completo pelos do Além, como instrumento, para expressão direta.

Somente na *matéria fina*, que é de espécie totalmente diferente da matéria grosseira, modifica-se com essa espécie também a forma de expressão das mesmas leis da Criação, sobre o que já me referi várias vezes na Mensagem.

Não deveis cometer o erro de querer comprimir no vosso pequeno mundo de pensamentos a minha Mensagem que, tal como *é,* abrange toda a obra da Criação e ainda vai mais longe! Com isso não iríeis adiante, pois muitas vezes eu concentrei amplitudes imensas numa única frase pequena, a fim de dar para vossa compreensão pelo menos uma imagem básica global, na qual encontreis um apoio, para não terdes de continuar a vagar sem alvo num campo que não abrange sequer a mínima parte do vosso ambiente mais próximo. Para compreenderdes direito a minha Mensagem tendes de *trabalhá-la dentro de vós!*

Antes de tudo, quero dar-vos *conexões,* e não pormenores! Só quando tiverdes fixado o grande conjunto das conexões, podeis encaminhar-vos conscientemente para os pormenores, sem perderdes a noção do conjunto.

Quanto mais alto chegardes, menor será a possibilidade de expressar os fenômenos com palavras; por fim tudo será para vós somente *irradiação;* então cessará tudo o mais.

Para vós, acentuo de modo especial; portanto, para o espírito humano terreno, para o espírito tornado forma, da Criação posterior! Tudo o mais, que não estiver abaixo ou ao lado de vós, jamais podereis compreender.

Aquilo que para vós se torna irradiação é, para tudo o que está acima de vós, ainda visível, palpável e formado. Assim continua, cada vez mais alto, até que por fim somente o divino pode reconhecer tudo no divino, constituído em formas, menos o próprio Deus, que mesmo pelos divinos não pode ser reconhecido em Sua inentealidade.

Lembrai-vos disso sempre de novo e aproveitai aquilo que vos dou, *sempre trabalhado somente por vós, com vistas ao presente e ao vosso ambiente mais próximo!* Não escaleis fantasticamente, com o querer saber, *aquelas* alturas onde nada podeis

31. Fios de luz sobre vós! 243

fazer nem reconhecer. Porém as *conexões* vos são de conhecimento indispensável, se quereis andar *direito*, lá onde tendes de permanecer conforme a lei! E para tal fim quero transmitir-vos as *conexões*.

Voltemos, pois, aos nossos fios, que pendem por cima da tecedura que em redor de vós se move constantemente. Trata-se de irradiações de mediadores enteais, que se encontram na grande corrente que desce lá de cima. Vindas *de cima* para baixo, não deveis esquecer, do contrário perdereis a conexão. Anteriormente expliquei somente em escala ascendente, porque então me encontrava nas *extremidades* dos fios pendentes, a fim de completar a imagem que fizemos surgir diante de nós.

Há, portanto, espécies bem diversas desses fios. Eles têm sua origem na irradiação dos respectivos entes que, depois de terem acolhido a força fornecida por um mediador mais elevado, transmitem-na novamente, ocorrendo aí uma modificação, por ocasião do perfluimento, pelo que a irradiação é adaptada *àquela* espécie, que ela então, na sua descida, alcançará por primeiro.

Desses fios os seres humanos terrenos podem receber fortalecimento para *cada* virtude e para cada boa vontade! A qualquer tempo, pois tais fios pendem *sempre* sobre vós, prontos e esperando que tenhais anseio por eles.

Quero dar-vos notícias apenas de *uma* espécie, para que saibais como esses processos ocorrem, em exato cumprimento das leis primordiais da Criação, através de seus próprios efeitos.

Elisabeth, a Rainha Primordial da feminilidade, abrange em sua perfeição *todas* as virtudes e predicados.

Dela promanam as irradiações, correspondentes à sua espécie, para baixo, na região do divino, e também para fora, para o reino espírito-primordial, onde se encontram as muitas gradações de todos os primordialmente criados.

Em cada degrau para baixo, as irradiações apartam-se em espécies individuais, que se corporificam logo no enteal como cópias de sua origem, isto é, como cópias de Elisabeth, o ponto de partida dessas irradiações. Isso acontece no enteal *e* no espiritual, visto que da Rainha Primordial promanam *ambas* as espécies de irradiações, que ela mantém reunidas em si.

Suas formas se constituem exatamente segundo a respectiva e bem determinada espécie individual das irradiações, que elas corporificam e que propriamente *são*. Com isso aparecem naturalmente também diversas alterações no aspecto ou aparência das cópias, que sempre exprimem de maneira clara e inequívoca *aquilo* que a referida espécie de irradiação contém e efetua. Assim vai aumentando cada vez mais o número das espécies individuais que se corporificam. Foram denominadas pelos povos antigos deuses e deusas, porque esses seres humanos outrora não podiam ver mais longe e imaginavam que as mediadoras dessas irradiações já fossem os legítimos pontos de partida e por isso consideravam-nas como as mais elevadas existentes.

Por isso, tomando como ponto de partida os espíritos humanos, imaginando agora em sentido inverso, para cima, encontramos muitas dessas mediadoras no enteal, como também mediadores. Por intermédio deles pode cada ser humano terreno obter *tudo,* se anseia por algo disso com pureza. A castidade, que, aliás, é na realidade totalmente diferente do que os seres humanos supõem, a fidelidade, a fertilidade, a veracidade, a graça, a modéstia, a aplicação (vibrando na lei do movimento) e muito mais. Cada uma é corporificada por uma mediadora para toda a feminilidade, assim como também existem mediadores para toda a masculinidade, como, por exemplo, para a força, a coragem, a intrepidez, destreza, verdadeira e pura fidalguia e tudo o mais que aqui não é necessário citar, porque apenas quero desenvolver-vos uma imagem aproximada, para melhor compreensão daquilo que estou dando hoje.

De cada um desses mediadores, que através das apartações das partes individuais se tornaram necessários, emergem os fios que vos descrevo. E cada um desses mediadores tem também, por sua vez, muitos auxiliares, que se encontram em redor dele e atuam dentro das irradiações. Há um alegre movimento em toda essa atividade!

No entanto, se olhardes *hoje,* na época *atual,* para esses fios se abrirá aos vossos olhos uma imagem desoladora, pois muitos desses fios, sim, a maior parte deles, pendem ao léu, sem encontrar ligações com os seres humanos terrenos. Pendem a esmo, inteiramente inaproveitados, sem serem recebidos pelos lugares para os quais foram destinados por amor auxiliador.

Esses fios assim pendentes demonstram *vossa culpa,* ó seres humanos terrenos, assim como muitas coisas mais já clamam vossa culpa na Criação, e para cima, ao Criador, O qual até agora tanto vos cumulou com Seu amor, e que, nas sagradas leis, tanto vos facilitou, para reconhecerdes exatamente os caminhos que deveríeis trilhar! Como tereis de envergonhar-vos, quando o reconhecimento chegar! Vós, seres humanos, sois absolutamente os únicos que não transmitem direito o recebido e que, neste caso, também falharam completamente como mediadores, porque já faz muito tempo que não sois capazes de receber.

A tal respeito já não há muito mais o que dizer. Tristes se quedam todos os mediadores da entealidade, que estão em ligação convosco, ó seres humanos. Acusadoramente levantam os fios, que também a eles, através da utilização pelos seres humanos terrenos, deviam trazer correntes recíprocas, as quais vivificam, com o mais belo colorido, a unilateralidade da irradiação isolada, deixando-a dessa maneira fortalecer-se e incandescer-se de modo mais poderoso e benfazejo ainda. Os fios secaram nas extremidades e definharam.

Apenas aqueles mediadores que se encontram em ligação com animais, plantas e pedras ainda se mantêm firmes e alegres, pois seus fios de irradiação estão esticados no circular da reciprocidade, através do dar e do receber, que também tem de residir nisso, obedecendo alegremente à lei da Criação, gratos por ter sido dada a possibilidade para isso, no amor universal de Deus, que nisso se revela.

Por incentivardes o pensar errado, abristes um rasgão feio e prejudicial no quadro que mostra aquela parte do tecer da Criação, que está bem estreitamente ligada a vós. Espalhais coisas feias ao vosso redor, ó seres humanos, por onde quer que estejais e andeis. Até onde vossos pensamentos puderam alcançar, lá destruístes a harmonia e, com isso, a beleza e também a possibilidade de amadurecimento conforme as leis. Muito tendes de responder e também expiar.

A RAINHA PRIMORDIAL

DESDE muito vibra nos seres humanos um saber a respeito da Rainha Primordial, designada por alguns também Mãe Primordial ou Rainha do Céu. Há ainda muitas outras denominações e, como sempre, os seres humanos imaginam com a denominação algo bem determinado, que corresponde aproximadamente à respectiva *denominação,* a qual somente serve para despertar uma imagem no espírito.

Tal imagem se orienta sempre naturalmente de acordo com a respectiva espécie de uma denominação e, não por último, também fortemente de acordo com o caráter e grau de cultura da pessoa que, ao ouvir, deixa surgir em si a imagem. Sempre, porém, cada denominação *diferente* deixará surgir também uma imagem diferente. Nem pode ser de outra maneira com o espírito humano. A denominação verbal desperta uma imagem, que, por sua vez, forma a seguir o *conceito.* Nessa sequência reside o círculo de movimentação do ser humano terreno ou, melhor dito, do espírito humano encarnado na Terra.

Após partir desta Terra, cai para ele também a denominação verbal, como é condicionada e conhecida durante a permanência na Terra, permanecendo-lhe ainda a imagem, que nele então tem de formar o conceito.

A palavra terrena e a imagem que surge no espírito são, portanto, para o espírito humano, os meios auxiliares para a formação do conceito. A esses meios auxiliares juntam-se ainda, por fim, a cor e o som, para completarem direito o conceito. Quanto mais alto o espírito humano chegar na Criação, tanto mais forte sobressaem a cor e o som em seus efeitos; na realidade, não são duas coisas separadas, mas sim *uma só.* Para o ser humano

32. A Rainha Primordial

parecem ser duas, porque em sua espécie terrena não está capacitado a abrangê-las como uma só.

A coparticipação da cor e do som na formação de um conceito também já encontramos aqui na Terra, nesta matéria grosseira, mesmo que proporcionalmente seja esboçado somente de modo fraco, pois muitas vezes, na formação do conceito a respeito de uma pessoa, a escolha das cores para seu ambiente e seu vestuário, mesmo que inconsciente na maioria dos casos para os seres humanos, representa um papel que não deve ser subestimado.

E no falar, através da entonação alternada, utilizada involuntariamente ou também de maneira propositada, fica este ou aquele dito formalmente sublinhado, realçado e, conforme se diz muito bem: "acentuado", a fim de despertar com o que foi dito uma "impressão" bem *determinada,* o que não significa outra coisa senão querer deixar surgir com isso o conceito certo nos ouvintes.

Na maioria dos casos, isso também é alcançado, porque de fato facilita aos ouvintes, com a entonação correspondente, formarem uma melhor "ideia" referente ao dito.

Não diferentemente é também quanto ao efeito das diversas denominações a respeito da Rainha Primordial. Com a denominação Rainha Primordial surge uma imagem bem diferente da que decorre com a denominação Mãe Primordial. Também a expressão Rainha Primordial cria desde logo certa e justificada distância, ao passo que a expressão Mãe Primordial quer ligar mais intimamente.

De mais a mais, tudo a esse respeito terá de permanecer sempre um *vago* conceito para os seres humanos, visto cada uma de suas tentativas para discernimento só poder redundar em imensa restrição e diminuição do que é verdadeiro, não lhe transmitindo *aquilo que é!*

Ainda assim quero dizer algo a respeito, porque do contrário a fantasia doentia dos seres humanos, incentivada, orientada e também dirigida por sua presunção, cria ideias, que, novamente, como sempre nisso, têm por finalidade impelir notoriamente qualquer importância e valor dos espíritos humanos terrenos para o primeiro plano.

32. A Rainha Primordial

Para que isso não possa acontecer e a fim de evitar equívocos, quero falar sobre isso, principalmente porque também nas ideias já existentes encontra-se muita coisa errada.

Concorrem para isso o demasiado pensar próprio e desejar dos seres humanos. E isso sempre acarreta confusão, quando se trata de coisas que o ser humano sequer pode imaginar, mas que simplesmente só sendo oferecido de cima é que consegue receber, na pressuposição de que tenha preparado em si o terreno para a recepção, para o que é necessário *humildade,* coisa que o ser humano dos tempos atuais não possui.

E para aumentar ainda mais a confusão, muitas pessoas também denominam a *mãe terrena de Jesus* Rainha do Céu, o que, com alguma noção das rígidas leis primordiais da Criação, nunca poderia ser possível, porque um espírito humano terreno, como foi Maria de Nazaré, jamais conseguiria ser Rainha do Céu!

Assim também com relação às inspirações e aparições que muitos artistas e outras pessoas tiveram da Rainha do Céu com a coroa, nunca se referiam a Maria de Nazaré, se é que se tratava de imagens outorgadas do alto. Em muitos casos, tratava-se somente de próprias configurações de fantasia.

As *legítimas* aparições, porém, mostravam sempre imagens de Elisabeth com o menino Parsival, ou também sem ele. Foram apenas imagens móveis, mostradas pelos guias, nunca a própria Elisabeth, que não pode ser vista pelos seres humanos.

Contudo, tais imagens sempre ficaram incompreendidas pelos seres humanos. Era, sim, a Rainha do Céu; nisso estavam certos, pois para ela haviam dirigido na maior parte das vezes seus anseios e seus pedidos, mas ela não correspondia à Maria de Nazaré. A tal respeito os próprios seres humanos outra vez juntaram algo, sem encontrar a verdadeira e legítima conexão. Infelizmente sempre fazem *assim,* conforme *eles* cuidam e supõem, e que então também tem de estar certo, ao passo que nem são capazes de com seus pensamentos atingir até o divino.

Também neste ponto os seres humanos terrenos causaram muita desgraça, dada a presunção do seu querer saber próprio, e dificultaram com isso de maneira inenarrável o caminho de Maria de Nazaré. Foi para ela um tormento ver-se ligada

32. A Rainha Primordial 249

forçosamente, pelos próprios seres humanos terrenos, aos caminhos errados deles.

Tais erros têm sua origem, perfeitamente compreensível, novamente na maior epidemia dos espíritos humanos, inimiga da Luz: a *indolência espiritual* que, sob o domínio do raciocínio, ou os torna espíritos presunçosos presos à Terra ou os faz cair por motivos religiosos no lado oposto, em toda sorte de imaginações pueris, considerando tudo possível. Chamo isso categoricamente de *pueril*, porque infantil não é, pois o infantil contém em si muito mais formas sadias, ao passo que a presunção presa à Terra bem como a imaginação pueril só resultam em obras doentias e fragmentárias.

Por isso torno a clamar hoje: *aprendei a receber,* seres humanos, só então podereis tornar-vos realmente grandes nesta Criação! Nisso reside *tudo* para vós, se quiserdes tornar-vos felizes e sábios. Para tanto, contudo, *deveis* dispor-vos, do contrário nada podereis obter. Por isso até agora vos foi vedado usufruir as verdadeiras *preciosidades* desta Criação.

A vós que quereis receber, posso hoje esclarecer algo mais, caso tenhais assimilado bem a dissertação sobre "O Enteal", pois ela vos habilita a compreender-me também. Tal dissertação tinha de preceder os esclarecimentos que agora seguirão pouco a pouco.

Também já me referi na Mensagem à Rainha Primordial da feminilidade, de nome "Elisabeth". A designação Mãe Primordial também lhe é conferida acertadamente, só que o ser humano com isso tem de fazer uma ideia certa, se quiser aproximar-se da verdade quanto ao conceito.

O "fazer uma ideia" é a imagem da qual eu falei e que constitui o meio auxiliar para a formação do conceito, na atividade do espírito humano.

Deixai primeiro que surjam perante vós minhas dissertações sobre o enteal, em que afirmo que a feminilidade, por conseguinte também a mulher, constitui sempre a transição, a ponte de um degrau para o outro da Criação, tanto para cima como para baixo!

Trata-se de uma lei que se estabelece *naquele* degrau onde tem início a autoconsciência das espécies enteais individuais. E esse degrau encontra-se *primeiro no divino,* na região divina!

32. A Rainha Primordial

Já sabeis que unicamente Deus é inenteal! Tudo o mais é enteal. E a isso pertencem em primeiro lugar os arcanjos, como colunas do trono! Estes vibram ainda completa e exclusivamente na vontade de Deus, sem quererem algo diferente por si próprios. E como nada existe que na Criação não tome forma automaticamente, segundo a lei de Deus, dessa maneira esses anjos, que não agem por nenhuma vontade própria, mas vibram somente na vontade de Deus, têm asas, portanto *vibrações!* As asas são a expressão formada de sua espécie e uma prova de que eles vibram de modo puro na vontade de Deus, nada mais querendo. Se mudassem nisso, o que só seria possível em distância imensurável de Deus, como outrora ocorreu com Lúcifer, suas asas teriam de atrofiar-se automaticamente, caindo por fim totalmente enrijecidas, tão logo deixasse de existir um vibrar na vontade de Deus.

E quanto mais puros eles vibram na vontade de Deus, tanto mais luminosas e mais puras são também suas asas!

Onde, porém, a autoconsciência possa surgir, lá caem essas asas, e nos espíritos elas não estão absolutamente desenvolvidas desde o início, porque o espiritual tem de desenvolver sua *própria* vontade e não vibra de modo incondicional na vontade de Deus.

Precisais apenas habituar-vos à ideia de que na Criação tudo é imediatamente *real,* e no enteal tanto mais pronunciado, porque lá nem entra em consideração a vontade própria, e sim tudo se adapta sem reserva à vontade de Deus.

Mas exatamente *nessa* circunstância reside uma força da qual nem podeis fazer ideia. Na abdicação de si mesmo, ou entregar-se, origina-se a força capaz de transformar também aquilo que denominais natureza.

No entanto, quero falar-vos da *Rainha Primordial!*

No divino, *entre* os arcanjos e aqueles que se tornaram autoconscientes, os eternos, denominados anciãos, e que têm sua existência diante dos degraus do trono de Deus, lá, onde o Supremo Templo do Graal se encontra na esfera divina, ocorre necessariamente uma transformação que abrange Universos.

Não deveis imaginar isso pequeno demais. Distâncias que abrangem Universos existem entre os arcanjos e o ponto de saída

32. A Rainha Primordial 251

da esfera divina, onde o Supremo Templo do Graal no divino está ancorado desde a eternidade, onde, portanto, é o limite do efeito *imediato* das irradiações de Deus.

Isso nada tem a ver com a parte do Supremo Templo do Graal, o qual até agora vos foi dado a conhecer em imagens, como o mais elevado *na Criação,* pois essa parte, conhecida por vós através de descrição, encontra-se somente no espiritual primordial, fora da imediata irradiação de Deus.

Os *degraus* do trono de Deus *até aí* já abrangem por si só distâncias de Universos e, na verdade, também Universos.

Conforme vós próprios podeis concluir após alguma reflexão sobre minha dissertação "Mulher e Homem", é necessário que em cada transformação na Criação exista incondicionalmente a feminilidade, como ponte! Essa lei não é transgredida nem na esfera divina.

Os anciãos eternos no divino, que no limite da esfera divina puderam tornar-se autoconscientes porque a grande distância da imediata proximidade de Deus o permitiu, não poderiam existir, tampouco poderia haver a formação dos arcanjos, se *antes* não houvesse a Rainha Primordial, na qualidade de feminilidade primordial, como mediadora para essa transformação e formação, como ponte necessária.

Naturalmente isso nada tem a ver com a maneira e o pensar terrenal de matéria grosseira. Não há nisso nada de pessoal, absolutamente, mas encerra acontecimentos bem maiores, que certamente jamais podereis imaginar. Precisais procurar seguir nisso, conforme vos é possível.

Elisabeth é a primeiríssima corporificação das irradiações *divino-enteais,* que, como única dentro delas, tomou a forma feminina mais ideal. Ela é, portanto, a configuração primordial da *irradiação* do amor de Deus, que nela se manifesta como primeira forma!

Jesus é a forma do próprio amor vivo e inenteal de Deus, como uma parte de Deus.

Apenas falo dessas coisas para que não surja em vós nenhuma imagem errada e para que ao menos possais pressentir a conexão além daquele ponto onde vós, em vossa compreensão progressiva, tendes de permanecer parados, se tomardes como base que as leis também mais acima continuam *uniformes*, já que elas promanam de lá. São até mais simplificadas, porque somente mais tarde, seguindo para baixo, nas muitas apartações, também têm de fragmentar-se e por isso parecem muito mais ramificadas do que são na realidade.

Quando vos digo que cada intuição, cada movimento lá em cima se torna um acontecimento, que faz irradiar seu efeito para todos os mundos, descendo sobre bilhões de personalidades menores; além de tudo quanto é objetivo, estas palavras deficientes que eu posso dar-vos a respeito são apenas palavras de vosso próprio idioma, com as quais tendes de procurar formar uma ideia.

A verdadeira grandeza do fato em si é completamente impossível de reproduzir em palavras, mal pode ser esboçada.

Lá se encontra, portanto, a Rainha Primordial.

Ela tem sua origem no divino, possui o grande divino-enteal dos arcanjos e traz em si, apesar disso, a autoconsciência na forma mais pura. Ao lado dela encontram-se os arcanjos e, mais para baixo, os eternos jardins de todas as virtudes, nos quais age uma configuração principal em cada um, e como o mais alto deles o jardim da pureza, do "lírio puro", aos pés da Rainha Primordial, proveniente de suas irradiações.

Na parte mais baixa dessa esfera divina encontram-se então os anciãos, que somente são chamados dessa maneira porque são eternos e assim sempre foram, desde a eternidade, da mesma forma que o **Supremo Templo do Graal** no divino, como ancoragem da irradiação de Deus, a qual, como Ele, foi e é eterna, como também é Elisabeth, a Rainha Primordial da feminilidade.

No entanto, ela é *virgem!* Apesar de ser chamada Mãe Primordial e Parsival chamá-la de mãe. Um mistério divino, que o espírito humano jamais conseguirá compreender, por se encontrar demasiado distante de tudo isso e assim tem de permanecer sempre. Ela é no divino a imagem primordial de toda feminilidade, de acordo com a qual se formou a feminilidade dos primordialmente criados, como cópias.

O CIRCULAR DAS IRRADIAÇÕES

TENHO ainda muita coisa a esclarecer a respeito dos enteais grandes e maiores, sem falar por enquanto dos pequenos auxiliares desses grandes, pois dos pequenos e dos ainda menores há tal número, que nem podeis imaginar.

Muitas vezes chego a perder o ânimo, quando procuro imaginar *de que maneira* devo explicar-vos tudo isso, utilizando as palavras disponíveis do idioma, sem que percais a grande visão, e principalmente de tal maneira, que, apesar disso, compreendais integralmente as conexões.

É exatamente a grande simplicidade, existente na multiplicidade inapreensível para vós, que torna isso tão difícil, porque o ser humano terreno só é capaz de ver com nitidez determinado número de coisas, de forma que nunca pode chegar à situação de abranger ao mesmo tempo *o conjunto* como *um só,* do qual resulta então a simplicidade.

Cada separação aí em diversas partes tem de dificultar-vos a necessária visão geral do todo, pois cada parte já é tão grande por si e tão estreitamente ligada com as outras através de efeitos recíprocos, que uma verdadeira parte *isolada* nem pode haver, porque não existem partes isoladas nesta Criação, que é um todo por si!

E o ser humano não *pode* abranger com a vista o todo, jamais poderá, porque lhe falta a capacidade para isso, visto que também ele é somente uma parte, aliás mínima, da Criação, que não pode ultrapassar seus próprios limites, naturalmente nem mesmo na compreensão.

Por isso, sou obrigado a ficar nesses vossos limites, e só posso dar-vos perspectivas de tudo ou a respeito de tudo quanto é e tenha de permanecer inacessível para vós. Aí, de nada adiantam todos os esforços.

Quando, porém, em vosso saber vos tiverdes finalmente conformado *com o fato* de que não sois capazes para *tudo* na Criação, então também possuireis *humildade* e estareis felizes com aquilo que obtivestes de ampliação do vosso saber de até agora, por intermédio da minha Mensagem.

Vós vos ocupareis então com o presente e com o vosso ambiente mais próximo muito mais minuciosamente do que até agora, porque aprendereis a conhecer e utilizar tudo de maneira muito mais precisa através de todas as perspectivas inatingíveis para vós, que eu pude dar, as quais, porém, deixam reconhecer nitidamente a estreita conexão que existe entre vós e aquilo que vos rodeia.

E é *disso* que necessitais, para entenderdes e utilizardes com proveito o presente. Com proveito para a ascensão!

As perspectivas podem levar-vos *para cima,* até os mais altos limites que jamais sois capazes de alcançar. Exatamente porque vos faço entrever o que para vós é inatingível, conseguireis utilizar-vos de tudo *aquilo* que *aqui* vos é dado, e do que ainda não conhecíeis muita coisa.

Precioso para vós é esse saber das *conexões* de vossa existência com tudo quanto se encontra *acima* daquele limite, que ficará sempre rigorosamente determinado para vossa compreensão, devido à origem do vosso espírito.

É justamente *isso* que quero dar-vos com a Mensagem: o saber das conexões! Quem procurar com seriedade e com vontade realmente sincera ganhará muito com isso. Ainda aprendereis a reconhecer o valor de tudo, pois aquilo que os seres humanos até agora denominaram saber, mal chega à centésima parte daquilo que realmente *poderiam* saber. O limite do saber da humanidade em relação a toda a Criação é sem dúvida pequeno, porém, em comparação ao saber atual, de uma grandeza que nem podeis imaginar e que se aproxima do milagroso.

E para alcançar esses limites máximos, as perspectivas daquilo que vos permanece sempre inatingível só vos ajudam, se eu descrever vossas conexões com isso, bem como as de vossos

33. O circular das irradiações

ambientes. O saber disso vos proporcionará, com o tempo, a possibilidade de conhecerdes *exatamente* as leis dentro da parte dos vossos limites, o que sem essa ajuda, da transmissão das conexões com o que vos é inatingível, teria de permanecer impossível.

Procurai entender-me nisso agora e reconhecei *aquilo* que quero dar-vos! Não ultrapasseis o real, pois só quero dar-vos *aquilo* que pode *favorecer-vos dentro dos vossos limites* e ser-vos útil; não mais. Algo mais não teria nenhuma finalidade para a humanidade!

Por conseguinte, não vos tortureis *com isso,* de querer transformar tudo *isso* em vosso *saber,* tudo quanto para vós é inatingível! Não o conseguireis nunca, e nem vos falo disso para que dirijais nesse rumo o vosso saber ou para que vos tortureis com inúteis tentativas de *abranger* tudo de modo total e real! Isso não podeis absolutamente, nem o dou nesse sentido, mas sim o recebereis de mim com *aquela* finalidade de aprenderdes a conhecer todas as *conexões,* que de lá se dirigem para vós.

Quando mais tarde estabelecerdes esse saber das conexões como base orientadora e inabalável para as vossas futuras pesquisas e a vontade de encontrar, então subireis mais alto em todas as capacitações e realizareis feitos em *todos* os campos, que terão de deixar na sombra tudo quanto até agora pudestes realizar.

Seres humanos, vossas *obras-primas devem* assim *ainda surgir,* e vós podereis realmente criá-las dentro dos limites que vos foram firmemente demarcados e que nunca são transponíveis! Mas os limites são na realidade tão vastos para vós, que podeis rejubilar-vos com isso, só tendo de agradecer a Deus por toda a graça que Ele vos proporciona.

Deveis, portanto, permanecer no terreno e solo de toda a humanidade no pensar e no atuar e em todos os deveres para com vosso Criador. Nada mais será exigido de vós, pois nisso reside o mais sublime que podeis oferecer-Lhe como agradecimento, e tudo quanto a tal respeito *vós* fizerdes será também para *Sua* honra!

Pois nas maiores realizações, em que, como seres humanos, deveis e podeis tornar-vos mestres, residem a oferta e a apresentação do agradecimento ao Criador, por *vos ter concedido* realizar tais *coisas grandes* através de Sua vontade na Criação, que encerra Suas leis.

E nas realizações extraordinárias também *O honrais* concomitantemente, porque a *grandeza de vossas obras* mostra ao mesmo tempo a grandeza de *Sua graça!* Quanto mais na Criação puderdes agir através da própria Criação, mais nitidamente comprovareis quão grandes são nisso as leis de Deus e quanta riqueza, quanta graça reside nisso para vós.

Honrareis *então* a Deus no sentido *mais verdadeiro e puro,* se, *trabalhando alegremente, utilizardes* tudo quanto a Criação vos oferece; pois isso só vos será possível, se souberdes essas leis e também as compreenderdes, e então, acima de tudo, se *agirdes* realmente de acordo com elas! Só *então* a Criação vos dará tudo quanto contém de beleza. Ela dará alegremente, auxiliando-vos.

E então, quando agirdes de tal maneira segundo as leis da Criação, já estareis também com isso transformados e completamente diferentes do que éreis até agora. Sereis então seres humanos agradáveis a Deus, sereis seres humanos como sempre deveríeis ter sido, sereis seres humanos conforme a vontade de Deus, porque *vivereis* Suas leis!

Não haverá então mais nada em vós para censurar. Estareis radiantes e cheios de júbilo na Criação, por toda parte em que vos encontrardes, se na Terra ou em qualquer plano, e nem faríeis outra coisa senão louvar a Deus pela *ação,* pois tais obras se assemelham a um hino de louvor, que é vivo e que vibra dentro de todas as leis desta Criação.

Trata-se de um alvo tão belo, tão maravilhoso e para vós tão facilmente atingível, que *por isso* me esforço em abrir-vos um caminho para lá, através da minha Mensagem.

Sereis então *seres humanos!* Seres humanos atuantes, para os quais tudo aflui na Criação, porque vibrareis com ela, no júbilo da maior felicidade.

Isso, então, é ser criatura humana em honra de Deus! Ser feliz no *mais verdadeiro* sentido é, sim, o maior agradecimento que podeis dar a Deus. Mas aí não se trata da felicidade ilusória da comodidade preguiçosa, que reside no sossego indolente. Isso é

33. O circular das irradiações

um entorpecente para o espírito, atuando de maneira muito pior do que o ópio para vosso corpo.

Vós, porém, atingireis essa felicidade legítima, se para tanto tiverdes a forte vontade dentro de vós! E deveis ser o rochedo para todos aqueles que quiserem salvar-se da maré das baixas paixões e cobiças, que agora se derramam sobre esta humanidade terrena como frutos de sua vontade errada de até então, quando muitas vezes se serviu do nome de Deus, mas nunca pensou seriamente em obedecer à vontade Dele, se ela não coincidisse com a sua.

Procurai assimilar de maneira certa minha vontade, *naquele* sentido em que eu a transmito, utilizando-a correspondentemente, *então* tereis atingido a essência, na qual se alicerça profundamente a intenção da minha Mensagem. Somente *então* podereis tirar verdadeiro proveito.

Vamos procurar agora dar mais um passo no saber referente ao tecer da Criação.

Estais agora, provavelmente, diante de um novo enigma, pois certamente não existe um só entre vós que julgue possível haver algum erro ou alguma contradição em meus esclarecimentos. Por isso, considerais muita coisa como ainda não esclarecida, que não pudestes coordenar de modo inequívoco numa lógica conformação de pensamentos, de que necessitais, pois, para poderdes compreender.

Falei dos grandes guias espirituais primordiais, que personificam as virtudes, mas falei também dos muitos mediadores enteais, que personificam as mesmas virtudes. Ambas as espécies eu designei como estando a atuar sobre os seres humanos, em suas respectivas espécies.

Falta-vos ainda, quanto a isso, a conexão certa que possa completar-vos uma imagem nítida, sem alterar o que ouvistes até agora.

Tudo isso pode ser dito em poucas palavras, mas é melhor que eu procure evidenciá-lo em imagens, de maneira objetiva, como realmente é em suas *formas*.

Sabeis que as irradiações apartam-se e dividem-se em bem determinadas subespécies. Em cada plano seguinte, em direção

33. O circular das irradiações

para baixo, no resfriamento, desprende-se sempre, portanto separa-se, uma nova subespécie, que, sob a mais forte pressão ainda existente até esse limite correspondente, não tinha podido desligar-se e somente por esse ulterior resfriamento, e a consequente diminuição de pressão ou grau de calor, conseguiu soltar--se e tornar-se independente.

Cada um desses desprendimentos ou desligamentos produz simultaneamente também uma nova formação da espécie que se desliga, numa correspondente configuração enteal. Trata-se de um processo que se realiza automaticamente de acordo com a lei da Criação. Surge assim uma corrente inteira com seus diversos agrupamentos colaterais de enteais, que ajudam e constroem, e dos quais já vos falei.

E todos estão ligados entre si, de modo que pode ser dito: todos se dão as mãos.

Essa corrente inteira de *enteais* se encontra somente na vontade de Deus. Eles são corporificações, entroncamentos das *próprias* irradiações, transmitindo adiante, e em suas bem determinadas espécies são sempre os *doadores* na Criação, os quais, atuando dessa maneira *irradiante para baixo,* traspassam toda a Criação.

Portanto, bem entendido, os enteais são os *doadores* das forças radiantes da irradiação divina e que, obedecendo à pressão ou estando na pressão *vinda de cima, sempre irradiam para baixo.*

A corrente contrária é dada pelos espíritos corporificados, que recebem dessas irradiações e, *utilizando-as, irradiam-nas para cima!*

Nisso reside o circular das irradiações através da Criação! Ficais um tanto confusos no primeiro momento e pensais haver alguma contradição nisso, porque também falamos que os primordialmente criados do espiritual primordial irradiam para baixo, sobre todos os espíritos humanos, e julgais agora que duas espécies de irradiações correm uma ao lado da outra para baixo, na Criação: a enteal e a espiritual.

Isso em si não está errado, pois essas duas espécies de irradiações se encontram, sim, uma ao lado da outra, mas há uma diferença em seu atuar, que produz o circular.

33. O circular das irradiações

Sabeis que falei das irradiações dos espíritos primordiais primordialmente criados. Mas o efeito *dessas* irradiações é diferente daquele dos enteais primordialmente criados. A irradiação dos enteais é *doadora, transmissora, mediadora,* conforme acentuei. Mas também já de início indiquei na minha Mensagem que os primordialmente criados do espiritual primordial, isto é, os espíritos primordiais, em suas diversas espécies, atuam sobre a humanidade *como gigantescos ímãs;* portanto, *atraindo* ou *aspirando*. Só hoje posso completar a imagem disso para vós, já que as outras dissertações tinham de preceder e preparar explicativamente o terreno para isso. Na realidade ampliamos hoje somente o que até agora foi dito e a cujo respeito provavelmente não fizestes uma imagem bem exata, quando se falou de irradiações, com o que as imaginastes *agindo sempre só para baixo.*

Mas existem duas espécies, de efeitos diferentes. As irradiações vão, sim, quanto aos espíritos primordiais primordialmente criados, também para baixo, normalmente, mas seu efeito é ascendente, por meio da força de atração que os enteais não possuem, os quais são sempre somente *doadores,* portanto *presenteadores!*

O espiritual *exige,* por meio da capacidade de *atração.* E, se refletirdes bem, verificareis que nessa atividade de atração, propriamente, se encontra ancorado também o assim chamado livre-arbítrio de decisão. E até mesmo mais do que isso; reside aí, também, a absolutamente justa distribuição da recompensa ou do castigo, que vem como consequência da decisão da respectiva pessoa!

Refleti serenamente sobre isso e imaginai esses processos em todos os seus pormenores. Vereis nisso, diante de vós, de repente, a surpreendente *simplicidade* da regularidade da lei na Criação, a incondicional clareza nisso, e, apesar do concedido livre-arbítrio de decisão para o espiritual, também a vinculação às consequências que se efetivam na *mesma* lei e que estão ligadas a isso.

Uma *única* capacidade do espiritual realiza, portanto, múltiplas coisas, *tão* justas e *tão* lógicas, que tendes de ficar admirados diante disso, tão logo o reconheçais direito.

É inteiramente compreensível que essa capacidade de atração magnética do espiritual, dentro da lei da atração da igual espécie, atraia sempre apenas *aquilo* que é *desejado* na capacidade de decisão e nada mais. E, aliás, exatamente da mesma forma em todas as mais finas gradações e matizes, quer do bem, quer do mal! Basta que mediteis profundamente. Não é difícil. *Cada* ser humano tem de saber desenvolver tanta capacidade de imaginação.

Como contrapeso desse poder de atração do espiritual, é dada a capacidade de decisão, que não é necessária ao enteal, que sempre doa apenas segundo sua própria espécie. O espiritual também atrai naturalmente sempre só o correspondente à sua respectiva vontade, porque cada vontade abrange imediatamente todo o espírito, iluminando-o ou incandescendo-o, no que a capacidade de atração só então é desencadeada, surgindo correspondentemente.

O espírito não pode desfazer-se dessa capacidade de atração, pois ela lhe é inerente, ou dito de modo mais claro, propriedade ou parte de sua espécie. Disso ele não se livra. Uma outra parte da espécie espiritual consiste na capacidade de decisão que lhe foi dada, como algo determinante, que é o desejo ou vontade, da qual igualmente não pode desfazer-se, porque deve atuar de modo *auxiliador,* pois do contrário o espiritual atrairia simplesmente *tudo* o que existe, em desordenada confusão, e poderia ficar pesadamente sobrecarregado.

Tais erros, porém, são excluídos da Criação, através da justa lei da atração da igual espécie, que age, em seus efeitos, como um grande e incorruptível guarda da ordem. Ligai, pois, tudo isso; deixai que perante vossos olhos se formem imagens vivas, e tereis ganho aí muito para o vosso saber. No entanto, tendes de esforçar-vos e, se for preciso, ocupar-vos profundamente durante horas e dias com isso, até terdes compreendido direito. Então tereis outra vez uma chave na mão, que vos abrirá muitas, quase todas as portas da Criação para a compreensão!

Não descuideis disso, portanto! É importante agir, pois também *vosso* núcleo íntimo e *vosso* verdadeiro ser, como também vossa *origem* é *espiritual* e, por isso, estais sujeitos às capacidades de vosso espírito. Designamos até agora esse processo como uma lei.

33. O circular das irradiações

Mas na verdade trata-se de uma simples capacidade, de uma parte integrante do espírito, que se efetua automaticamente e que por isso parece uma lei!

Considerando rigorosamente, não existem propriamente leis na Criação, mas apenas capacidades, que, de acordo com sua correspondente espécie, atuam automaticamente e por isso, exclusivamente por isso, parecem leis inflexíveis!

Por conseguinte, aprendei a conhecer as vossas *próprias* capacidades, bem como aquelas das outras partes da Criação, e com isso conhecereis as leis que na realidade se congregam numa *única* lei que apenas é múltipla em seus efeitos. Assim que vos tiverdes aprofundado suficientemente em vossos conhecimentos, cairá subitamente como que uma venda de vossos olhos e ficareis emocionados diante da simplicidade!

Daí resulta, por fim, não existir propriamente mais leis para vós, tão logo se tiver estabelecido o verdadeiro saber, visto que com o saber tudo se torna um *sábio aproveitamento de todas as capacidades* e com isso vos tornareis livres, pois será a mesma coisa que o cumprimento de todas as leis.

Portanto, pensai agora mais uma vez nisso e procurai compreender o grande pulsar da Criação. Vou, por conseguinte, repetir:

O enteal irradia e *doa* para baixo; o espiritual primordial irradia também para baixo, porém age atraindo à maneira de um ímã!

E como os espíritos primordiais primordialmente criados se encontram, segundo sua espécie, no limite mais alto da Criação, possuindo também a maior força de atração sobre o espiritual, agem assim como ímãs gigantescos com relação a tudo o que tenha espécie espiritual, *segurando,* e fazendo fluir *para cima* tudo quanto corresponda à sua espécie, portanto neste e em todos os casos *sempre somente o bem* elaborado de todos os planos, enquanto que tudo o que foi elaborado por eles próprios é então, por sua vez, aspirado ou subtraído pelo divino, cuja força de atração é naturalmente ainda mais forte.

E, bem entendido, sempre somente o bem *elaborado* é atraído para cima, isto é, apenas as *irradiações* propriamente ditas, que também podem ser denominadas o resultado da atividade espiritual.

Falta-vos, no entanto, a noção quanto à necessária *elaboração*.

A elaboração ocorre *unicamente na vontade* do espiritual, que lhe é específica, e que, por isso, não pode atuar de outra maneira senão sempre e exclusivamente querendo algo, nem que seja somente num impulso interior.

E esse processo ou atividade, que também podemos denominar *movimento* da vontade, atrai, no incandescimento da respectiva espécie da vontade, o que há de igual espécie das irradiações doadas pelo enteal.

Na *união* da irradiação da vontade do espiritual com aquela de mesma espécie dessa vontade, doada pelo enteal, ambas ficam mais fortemente incandescidas, e essa ligação ainda mais estreita, decorrente desse incandescimento, ocasiona uma nova irradiação de conteúdo diferente e mais forte também.

Nisso reside a chamada *elaboração*. E as *irradiações* assim *modificadas através de nova ligação* são atraídas pelo plano imediato *mais elevado,* soerguidas, dirigindo-se, portanto, para cima.

Esse processo se repete constantemente de plano em plano, em direção ascendente, a não ser que... por vontade má ou por comodismo espiritual fique interrompido e cortado esse impulso ascendente, visto que somente a vontade boa conduz para o alto.

O comodismo é um estorvo, porque não conserva o movimento necessário. Ocorre então uma paralisação em toda a Criação. E é *nisso* que a humanidade terrena tem pecado tanto, pecado contra a Criação inteira e, com isso, contra a vontade de Deus, contra o Espírito Santo!

A humanidade acarretou uma paralização no circular, que só agora é posto novamente no verdadeiro e até aumentado movimento, arrasando com isso tudo o que até agora se lhe opôs, formando obstáculo. —

Não são, por conseguinte, unicamente as irradiações do espiritual, por si, que conduzem para cima; a tal respeito tendes de procurar compreender primeiro de modo claro. Essas simples irradiações já estão *adaptadas* ao respectivo plano em que se encontra o espiritual em suas corporificações humanas e, por isso, estão também adequadamente resfriadas e teriam de permanecer sempre no mesmo plano, se a vontade impulsionante

33. O circular das irradiações

do espiritual não atraísse dádivas ou irradiações enteais, transformando-as simultaneamente. Também tudo isso se processa de modo automático. Forma-se uma ligação correspondente de irradiações, a qual, no movimento espiritual da vontade, recebe um maior grau de calor e, através disso, proporciona a possibilidade de ligação da atração do plano mais elevado, que se efetiva imediatamente.

O circular das irradiações podeis imaginar mais ou menos *assim* como a circulação do sangue no corpo humano, que proporciona, sim, uma ideia aproximada do processo na Criação.

O movimento das irradiações na Criação é, portanto, muito simples, e ao mesmo tempo bem determinado: o enteal irradia somente para baixo e sempre *doando,* presenteando. O espiritual irradia também de si para baixo, mas apesar disso atua atraindo para cima, segundo a descrição que acabei de vos fazer.

Isso se refere naturalmente apenas às *irradiações* propriamente ditas, e não aos espíritos que se *personificaram,* os espíritos humanos. Estes encontram seu caminho para cima ou para baixo pela ou na lei da gravidade, que na realidade está estreitamente ligada à lei da atração da igual espécie, e as quais se efetivam praticamente como uma lei.

Se o anseio, portanto a vontade e o desejar de um espírito humano, se dirige para cima, então as irradiações transformadas por ele e que são sempre atraídas de cima, formam *o caminho,* a estrada para ele mesmo em direção ascendente, sobre a qual ele caminha para cima de maneira completamente de acordo com a lei. Ele atrai com isso também do enteal as irradiações situadas cada vez mais alto, que o ajudam a subir como cordas ou fios, pois durante a transformação delas sua forma espiritual também vai recebendo sempre mais calor, o que o faz subir constantemente, cada vez mais luminoso, mais leve e mais incandescente.

Não obstante as estreitas relações de todos os processos, existem ainda muitos processos colaterais especiais, que estão entrelaçados e que permanecem condicionados a uma sequência, uns saindo dos outros.

Se, porém, eu não quiser dificultar-vos a compreensão, não devo tocar ainda nos processos colaterais. Mas o que vos disse hoje basta para dar-vos um apoio seguro para continuardes a progredir, bem como para as próprias pesquisas futuras.

O enteal, portanto, está sempre somente *doando,* segundo a vontade de Deus, ao passo que o espiritual, devido à sua capacidade de atração da vontade, permanece sempre, na realidade, somente exigindo e recebendo.

Conforme já disse, o ser humano, por ser espiritual, sempre se serve como hóspede na mesa desta Criação, posta pelo enteal.

Infelizmente, porém, ele se serve exigindo egoisticamente, ao invés de agradecer alegremente, levantando os olhos para Aquele que lhe oferece tudo isso. E *nisso* ele tem de modificar-se agora.

Quero ainda referir-me aqui a um ponto da dissertação "Mulher e Homem" que pode ter provocado em muitos de vós pensamentos que não são certos. Nas histórias da Criação, dos diversos povos, muitas vezes é mencionado que o homem e a mulher surgiram *simultaneamente.* Em algumas, no entanto, também é dito que o homem surgiu *primeiro.*

Mesmo que as simples ideias dadas sobre isso nem possam ser tomadas em consideração, pois foram dadas de acordo com os degraus de desenvolvimento dos povos individuais e suas épocas, ao passo que *aqui* tratamos do *verdadeiro saber da Criação,* rigorosamente de acordo com a lei, ainda assim não encontrareis nenhuma contradição, pois através dos fenômenos de conformidade com a lei, até agora descritos para vós, sabeis que primeiro tinha de ser separado ou desligado do enteal, naturalmente, o mais grosseiro, puramente masculino, positivo, antes que pudesse ficar o puramente feminino!

Assim seria possível descrever, pois, o homem como tendo surgido primeiro, ao passo que, pela mesma razão, pode ser dito que ambos surgiram *simultaneamente. Ambos* os modos de descrição anteriores devem ser considerados como certos no verdadeiro, grande e *real* acontecimento, pois o espiritual feminino mais delicado ou a mulher espiritual só pode surgir, por sua vez, quando o grosseiro espiritual masculino estiver separado do enteal, não diferentemente.

Portanto, em *qualquer* direção que as transmissões de outrora forem consideradas, não obstante a diversidade de imagens,

33. O circular das irradiações 265

estará expresso de modo *certo*, pois as descrições da Criação não se referem à formação na matéria mais grosseira, *mas sim essencialmente ao princípio da Criação*, e esse se estabeleceu no reino do espiritual primordial, no ápice da Criação, evoluindo depois progressivamente, partindo daí em direção para baixo.

Ocorre nessas descrições o mesmo que em tudo o que os seres humanos terrenos fazem, como também ocorreu na descrição dos acontecimentos em torno de Parsival e do Supremo Templo do Graal: aos seres humanos que se aprofundam espiritualmente são dadas inspirações, que não conseguem compreender claramente e as quais então simplesmente, na retransmissão já distorcida por essa razão, comprimem nos seus respectivos ambientes bem como nos acontecimentos, hábitos e costumes que lhes são terrenamente conhecidos, ocasião em que o raciocínio, em especial, não perde oportunidade para contribuir com sua parte não pequena. Nem preciso acentuar de modo especial que naquelas coisas que o raciocínio terreno de maneira alguma pode compreender, ele não pode agir favorecendo nem esclarecendo, pelo contrário, tem de agir de modo deformante.

E assim todas essas descrições só surgiram sempre em reproduções leve ou gravemente distorcidas, nas quais vós, que agora sois sabedores, nunca deveis agarrar-vos fortemente demais.

As antigas descrições, que já desde muito precisam de apresentações mais exatas para o novo tempo, também não apresentam nenhuma contradição quanto ao fato de que o feminino sempre forma e permanece a ponte para o degrau superior seguinte da Criação e, como parte passiva, é a parte doadora, mais forte, condicionada e capacitada através de sua espécie peculiar, que conserva e encerra ainda uma parte do enteal próximo mais elevado.

Mas como o enteal é sempre doador, não atraindo, não pôde, apesar de sua espécie mais elevada, impedir a queda da vontade da mulher terrena. Pois está sempre pronto a dar, lá onde é solicitado.

Esforçai-vos, pois, em compreender direito a minha Mensagem e em agir de acordo com ela.

Não tenho a intenção de apresentar-vos tudo comodamente analisado nos pormenores, pois vós próprios deveis movimentar-vos e tendes de contribuir com *aquilo* que estiver em vossas forças.

Os limites de tudo quanto é possível aos espíritos humanos terrenos pensarem, intuírem e atuarem, eu conheço exatamente, melhor ainda do que vós próprios, e espero dos leitores e ouvintes de minha Mensagem e de meus esclarecimentos *o máximo* do que é capaz o ser humano da Criação posterior, se realmente quiserem seguir-me, pois assim estará certo e será proveitoso para vós, segundo a vontade de Deus, que exige movimento e vibração em conjunto, no circular de todas as irradiações que atravessam a Criação.

Vibrai, por isso, nesse sentido! *Vós* é que tendes de fazer aquilo que nos limites de *vossa* compreensão seja possível acolher. Deixo isso inteiramente para vós, apenas indico o rumo, construindo fundamentos sobre os quais deveis e podeis continuar a construir.

Se quiserdes omitir indolentemente o vosso *próprio* trabalho e se vos contentardes em assimilar unicamente o sentido da Mensagem, sem *aproveitá-lo* de maneira certa para continuar a construir, então não tereis nenhum proveito da Palavra, pois o valor *real* terá de permanecer-vos fechado como um livro com sete selos.

Somente com vossa *própria* movimentação se abrirá também para vós a Mensagem, e ricas bênçãos se derramarão sobre vós. Sede, portanto, *ativos* no espírito! Dou-vos o *estímulo* para isso com a minha Palavra!

EVITAI OS FARISEUS!

A EXPRESSÃO fariseu tornou-se um conceito que nada de bom encerra em si, mas sim significa uma associação de arrogância espiritual, hipocrisia, astúcia e às vezes também maldade. Indivíduos que merecem essa denominação vós os encontrais hoje por toda parte, em todos os países e em todos os círculos. Isso nada tem a ver com raças ou nações, e há deles agora muito mais do que antigamente. Toda profissão demonstra possuir os seus fariseus. A maioria, porém, pode ser encontrada lá onde já anteriormente podiam ser encontrados a qualquer momento em grande número: entre os servos e os representantes dos templos e das igrejas.

É esquisito: onde quer que algum mensageiro da Luz tivesse de anunciar a Verdade de acordo com a vontade de Deus, era atacado, conspurcado, caluniado e perseguido em primeiro lugar pelos representantes e servidores dos cultos religiosos vigentes, que alegavam servir a Deus, e por aqueles seres humanos que até se atreviam a ser representantes da vontade divina.

Isto sempre foi assim, desde o mais simples curandeiro e feiticeiro, até os mais altos sacerdotes. Todos, sem exceção, sempre se sentiram ameaçados pela Verdade e, por isso, agitavam às escondidas ou instigavam abertamente contra cada ser humano que fora designado, agraciado ou enviado por Deus para trazer Luz a esses seres humanos terrenos.

Contra esse fato irrefutável não adianta nenhuma negação, nenhuma deturpação, nenhuma atenuação, pois a *História do mundo é testemunha disso.* De maneira clara, inequívoca e inapagável, ela testemunha que isso nunca foi diferente e que em nenhum dos muitos casos houve uma exceção. Sempre, mas sempre, foram justamente os sacerdotes os mais ferrenhos adversários da Luz e, por conseguinte, inimigos de Deus, Cuja vontade não quiseram respeitar, e a qual sempre combateram, opondo-lhe sua própria vontade.

Que adianta se *depois* vinha, às vezes, o reconhecimento, frequentemente quando para muita coisa já era demasiado tarde. Isso apenas prova, ao contrário, que exatamente os sacerdotes nunca estiveram em condições de reconhecer em tempo certo a Verdade e a Luz.

O reconhecimento se encontrava sempre somente com alguns elementos do povo, mas não com os sacerdotes ou com aqueles que se ocupavam de maneira puramente profissional com a vontade de reconhecer Deus.

E esses poucos do povo mantinham-se firmes até que mais tarde também os sacerdotes julgavam mais prudente seguir conforme a maneira *deles,* a fim de não perderem a supremacia. Os servidores e os representantes de um culto religioso nunca receberam de bom grado e com alegria um mensageiro de Deus. Significativo é o fato de que nem tais mensageiros nem o Filho de Deus puderam vir de suas fileiras! E é esquisito que nenhum ser humano reflita que o próprio Deus nisso sempre pronunciou a Sua *sentença,* mostrando assim *nitidamente* a Sua vontade.

Experiências milenares confirmam sempre e sempre de novo que os sacerdotes nunca foram capazes de reconhecer a Verdade de Deus, mas sim sempre se fecharam em sua presunção diante dela; às vezes também por medo ou por indolente comodismo. Também confirmaram isso constantemente, porque *sempre* combateram *cada* mensageiro de Deus com os meios mais sórdidos que um ser humano seja capaz de aplicar. Quanto a isso nem se pode discutir, pois o próprio passado fornece as mais irrefutáveis provas!

De todas as maneiras, e mesmo com o Filho de Deus. Também não foi amor pela humanidade que impeliu os sacerdotes, mas inveja profissional, nada mais! A Verdade *os incomodava,* porque nunca ensinaram fielmente a Verdade, que eles próprios não conheciam.

34. Evitai os fariseus!

E admitir que muito ainda não sabiam, espalhando por essa razão concepções erradas em algumas coisas, para isso eram humanamente demasiado fracos e também incapazes, devido à preocupação de que seu prestígio pudesse ser abalado com isso. Aprofundai-vos em pesquisas sérias da História mundial e verificareis que nunca foi diferente. Mas nenhum ser humano quis tirar uma lição disso. Ninguém deixa que isso sirva de advertência, porque o fato, constantemente igual, mostra-se sempre numa forma nova, de maneira que o ser humano pensa, novamente por comodidade, que justamente agora, em *sua* época, seja diferente. Mas conforme se deu antes, continua sendo ainda hoje. O presente não mostra *nenhuma diferença* com relação ao passado. A tal respeito nada mudou; pelo contrário, ainda se agravou mais!

Ide perguntar às pessoas sinceras que servem à igreja e que, apesar disso, ainda têm coragem de confessar abertamente os seus sentimentos íntimos, aquelas que não têm receio de ser honestas consigo mesmas... todas terão de admitir que ainda hoje a igreja quererá arrasar qualquer pessoa, agitando contra ela, caso possa pôr em perigo os dogmas rígidos que sustentam as igrejas!

Da mesma forma, se Jesus Cristo subitamente aparecesse caminhando novamente entre elas, como ser humano terreno, com a mesma aparência de outrora! E se ele não admitisse que elas em sua maneira possuem a única concepção certa, logo o tratariam *como inimigo,* e nem hesitariam em acusá-lo outra vez de blasfemador contra Deus! Atirariam imundícies nele, não deixando faltar as torpes difamações.

Assim é, e não diferentemente! O motivo de tal atuação errada não é, porém, o anseio de honrar a Deus Todo-Poderoso, mas sim a luta por influência humana, poder terreno e pão terreno! —

Vós, seres humanos, porém, não tirais nenhuma conclusão útil, para vós mesmos e para vossas pesquisas, desses muitos fatos, os quais são, pois, tão facilmente reconhecíveis, já pelas brigas de todas as igrejas entre si. Levianamente vos conformais com isso.

Só não penseis que também Deus em Suas leis sagradas deixe que isso seja abonado para vós! Sereis despertados súbita e rudemente dessa indolência irresponsável! —

34. Evitai os fariseus!

O segundo círculo dos inimigos da Verdade é constituído pelos arrogantes espirituais não pertencentes à casta sacerdotal. São os presunçosos por quaisquer motivos. Trata-se, por exemplo, de um ser humano que talvez, segundo sua índole, tenha tido uma vivência íntima, não importa o motivo. Não precisa ter sido sempre sofrimento. Pode ser às vezes alegria, alguma imagem, alguma festa; em suma, estímulos para isso existem muitos.

Nesse único fato, que o comoveu tanto, ele se agarra, não percebendo que tal vivência bem provavelmente surgiu dele mesmo, nem sendo, por conseguinte, uma vivência verdadeira. Contudo, ele procura rapidamente soerguer-se acima dos seus semelhantes com a autotranquilização: "Tive minha vivência e sei, portanto, que me encontro no verdadeiro reconhecimento de Deus!"

Mísero ser humano. A vivência de um espírito humano tem de ocorrer de milhares de maneiras, se ele quiser realmente amadurecer para um reconhecimento mais elevado! E tal indolente espiritual, que se julga um espírito humano terreno superior, guarda firmemente em si, como que num relicário, uma *única* vivência e procura não largá-la, porque pensa que com isso já aconteceu *tudo* e que ele já fez bastante em prol de sua vida. Os tolos, que assim agem, chegarão agora ao despertar, pois têm de ver que dessa maneira dormiram.

Está certo, sim, se um ser humano alguma vez tenha uma vivência, mas isso ainda não é o suficiente. Não deve parar, tem de continuar a andar constantemente, tem de permanecer ativo no espírito. Nesse caminho, então, logo teria constatado que sua vivência fora apenas uma transição, a fim de despertar para o reconhecimento verdadeiro.

Assim, porém, floresce nele a arrogância espiritual, julgando-se superior aos outros que não sigam seu caminho e pertençam a outras crenças.

O ser humano tem de continuar, *continuar* em seu caminho através da Criação, e continuar sempre também no reconhecimento de tudo quanto encontra na Criação. Nunca deve sentir-se a salvo e vangloriar-se de *uma* vivência que o atingiu alguma vez. Continuar, continuar sempre para frente, com toda a força. Parar

34. Evitai os fariseus! 271

é ficar para trás. E aqueles que ficam para trás correm perigo. Na ascensão, porém, os perigos estão sempre *atrás* de cada espírito humano, nunca na *frente;* disso deve estar ciente.

Por conseguinte, deixai de lado *aqueles* seres humanos que, tão convencidos, procuram *falar* de si mesmos. Prestai atenção em sua *atuação,* em seu modo de ser, e logo reconhecereis com quem estais lidando. São muitos, muitos os que pertencem a esse círculo. São frutos ocos que têm de ser jogados fora, pois não assimilam mais nada, porque em sua presunção julgam já possuir tudo. —

O terceiro grande círculo dos imprestáveis são os fantasistas e os entusiastas, que, facilmente inflamáveis quanto às coisas novas, prejudicam tudo o que é realmente bom. Querem sempre conquistar logo o mundo, porém desanimam rapidamente, quando é necessário mostrar força na *perseverança,* trabalhar continuamente *em si próprios.*

Como conquistadores se prestariam algumas vezes, se a resistência não fosse demorada e se valesse a pena cair sobre o próximo, querendo doutrinar, sem mesmo já possuir em si a base firme. Fogos de artifício, que depressa se inflamam e logo apagam. Pertencem aos levianos, que não possuem muito valor.

A esse círculo se junta mais um, que contém *aqueles* seres humanos que não podem deixar de ligar seus próprios pensamentos a coisas dadas a eles, a fim de, na divulgação de uma gota de verdade, que tiveram oportunidade de receber, conseguir algum brilho para si *próprios!* Não podem deixar de imiscuir suas próprias concepções, em coisas que leem ou escutam, e de continuar urdindo tudo conforme surge em sua fantasia.

Por sorte, tais seres humanos não são numerosos, porém tanto mais perigosos, porque de um grãozinho de verdade criam e espalham doutrinas erradas. São muito nocivos não só a si próprios, como também a muitos de seus semelhantes, na variada forma de suas atividades. Tomemos um pequeno exemplo, que todos conhecem. Romances e novelas fantásticas. Quanta coisa não é produzida criminosamente aí, baseada num aparente grãozinho de verdade, ou, melhor dito, quanta coisa não produz um ser humano assim sobrecarregado de fantasias!

Não se pode admitir sempre, como motivo, que o escritor queira apenas ganhar dinheiro, quando vai ao encontro da fantasia doentia de seus semelhantes, oferecendo-lhes as mais incríveis histórias, com as quais eles possam regalar-se arrepiados. Os motivos, na maioria das vezes, são mais profundos. Tais seres humanos querem principalmente brilhar com seus trabalhos e revelações. Querem que seu espírito brilhe perante os outros; pensam proporcionar perspectivas para pesquisas, e estímulos para feitos extraordinários.

No entanto, quantos disparates vêm com isso muitas vezes à luz do dia! Examinemos algumas das fantásticas narrativas que foram escritas e impressas sobre marcianos! Cada linha demonstra incompreensão em face das leis de Deus na Criação. E, no entanto, temos de incluir, pois, Marte na *Criação,* como tudo o mais.

São descritas aí criaturas que realmente se originam de uma fantasia *doentia,* tendo raízes no pensamento de que os seres humanos, lá, têm de ser de formação completamente diferente do que aqui na Terra, porque Marte é um *outro* planeta.

Os esclarecimentos a tal respeito surgem através do conhecimento das leis da Criação. Esse conhecimento das leis abre então aos eruditos e aos técnicos perspectivas bem diferentes, com bases exatas, e traz com isso também, em todos os campos, progressos e êxitos bem diferentes.

Eu já disse muitas vezes que não há nenhuma razão para imaginar algo diferente na Criação, porque se encontra mais longe da Terra ou porque não pode ser visto com olhos de matéria grosseira. A Criação surgiu de leis *uniformes,* também é uniforme em seu desenvolvimento e é mantida também do mesmo modo uniforme. É errado deixar livre curso à fantasia doentia a tal respeito, ou mesmo dar-lhe atenção.

Cada *ser humano* da Criação posterior é uma cópia das primordialmente criadas imagens de Deus. Por isso, em toda a Criação os seres humanos trazem a única forma determinada a eles, como ser humano, mais ou menos enobrecida. Mas a forma em si é sempre reconhecível, e não pode ter, por acaso, três pernas ou, de modo geral, apenas um olho no meio da cabeça,

34. Evitai os fariseus! 273

a não ser que se trate de um monstro que apareça uma vez ou outra, isoladamente. Mas nisso não há nada de básico.

Aquilo que *não* tem a forma básica humana não pode ser denominado ser humano. Um germe espiritual, por exemplo, em seus respectivos degraus de desenvolvimento não é ainda um ser humano, mas não teria formas tão divergentes como as descritas pelos nocivos fantasistas.

Na parte média e fina da matéria grosseira dos planos escuros e mais escuros são encontradas formas fantásticas com rostos humanos, que se assemelham a animais, as quais correspondem sempre às espécies nas quais um espírito humano pensou e atuou na Terra, mas essas formas são produzidas geralmente apenas através do *pensar* humano. Têm temporariamente o rosto *daquele* ser humano que as gerou, porque descendem dele como produtos de sua mente.

E se um ser humano chegou mesmo a *tal* ponto, que fica literalmente absorvido pelo ódio ou pela inveja e outras paixões nocivas, acontece-lhe então que fora da gravidade terrestre se forma em redor de seu espírito tal corpo. Com isso, porém, perdeu também todos os direitos de ser um ser humano, de maneira que também não deva nem possa ter mais nenhuma semelhança com a forma das cópias das imagens de Deus. Na realidade, ele não é mais um ser humano, mas decaiu para algo ainda desconhecido do ser humano terreno e por isso ainda não pôde ser designado por nenhum nome. —

Contudo, imaginações erradas do cérebro de seres humanos fantasistas em breve deixarão de ser espalhadas, porque próximo está o tempo em que o saber das leis de Deus na Criação terá progredido tanto, que tais coisas inverídicas desaparecerão automaticamente. E então os seres humanos rirão, quando olharem para trás, para o tempo atual, que mostra em tantas coisas nitidamente a sua ignorância. —

POSSESSO

Rapidamente, os seres humanos estão sempre prontos a emitir uma opinião sobre coisas que não entendem. Esse hábito, em si, ainda não seria tão ruim, se não encontrasse tão frequentemente propagação, para então subitamente se estabelecer como um julgamento firme, aceito por muitos círculos de espíritos indolentes como sendo um determinado saber.

Esse saber então simplesmente aí está e mantém-se firme com uma surpreendente tenacidade, embora ninguém saiba dizer *como* surgiu.

Quantas vezes declarações levianas também desencadeiam ainda grandes danos. Mas isso não incomoda os seres humanos, que continuam a tagarelar, porque gostam. Tagarelam sem cessar, por obstinação, por teimosia, leviandade, negligência, para passar o tempo, não raro até pela mania de se fazerem ouvir ou com premeditação num malquerer. Sempre se descobre nisso uma causa nociva. Raros são os seres humanos que de fato se entregam somente por divertimento ao péssimo hábito de tagarelar.

Também essa epidemia de falar surgiu somente em consequência do corrosivo domínio do raciocínio. Falar em demasia, porém, suprime a pura capacidade de intuir, que requer maior *aprofundamento em si próprio!*

Não é sem fundamento que um tagarela não goza de confiança, mesmo quando é inofensivo, mas apenas aquele *que sabe ficar calado.* Há tanta coisa no instintivo temor pelos tagarelas, que cada ser humano teria que estar atento, a fim de tirar ensinamentos para as próprias relações com o seu próximo.

Tagarelas no mais verdadeiro sentido são, antes de tudo, aqueles que rapidamente têm sempre à mão palavras, quando se trata de coisas que não entendem.

35. Possesso

São nocivos em sua leviandade, causam grande mal e indizível sofrimento.

Tomemos um caso qualquer. Encontram-se muitas vezes nos jornais relatos sobre as chamadas aparições de fantasmas, que surgem de repente em casas onde anteriormente jamais sucedera tal fato. Objetos mudam de lugar ou são levantados; panelas são arremessadas, e coisas parecidas.

Vêm de diversas regiões ou países tais notícias. Em todos esses casos, os acontecimentos se agrupam sempre em redor de uma bem determinada pessoa.

Onde *esta* se encontra é que ocorrem tais fenômenos. Imediatamente num ou noutro lugar é emitida a opinião de que tal pessoa deve estar "possessa". Qualquer outra hipótese nem entra em cogitação; simplesmente se fala de modo irrefletido e inescrupuloso de possessão.

Autoridades e igrejas foram em diversos países muitas vezes consultadas e, quando se chegava à constatação de que não havia fraude de nenhum dos lados, então se faziam num ou noutro lugar também exorcismos eclesiásticos contra demônios. Mas estes não podem ajudar muito, porque permanecem estranhos aos fatos.

Antigamente tais pessoas seriam submetidas — em sua maior parte crianças ou mocinhas — simplesmente a um interrogatório penosíssimo de um processo por bruxaria, até que a pessoa atormentada declarasse tudo *assim* como os juízes e os servidores da igreja queriam. A seguir ainda procediam a um último espetáculo repugnante, livrando a humanidade devota de tal supliciado, através da morte na fogueira.

Na realidade, tudo isso acontecia apenas para se entregarem a uma pecaminosa mania de poder terreno e para obter forte influência sobre os seres humanos, outrora tão puerilmente crédulos, a qual, assim, aumentava cada vez mais. O motivo não estava na convicção sincera de com isso servir a Deus! Tais maquinações blasfemas contra Deus só faziam surgir medo nos seres humanos, medo esse que suprimia toda a confiança em Deus, dando livre curso ao vício da mais baixa difamação.

O triste final em qualquer caso podia ser previsto com certeza já no início e podiam ser assassinados sem mais nada todos os levianamente acusados. A culpa dos assassinos, dessa forma, teria sido ainda menor do que a culpa dos monstros daquele tempo, em suas vestes de servidores da igreja e em suas togas de juízes.

Não quero fazer comparações dos tempos antigos com os de hoje, nem quero construir pontes mediante explicações especiais, mas *espiritualmente* o fenômeno causado por palavrórios irrefletidos é ainda inteiramente o mesmo! Só é atenuado agora de modo *grosso-material terreno* por causa das leis mais modernas.

Os ignorantes seres humanos, apesar disso, ainda pensam erradamente como antes nessa direção e segundo ela também agiriam, se as leis não os impedissem.

Nas tribos negras inferiores, tais pessoas ainda são supersticiosamente perseguidas, mortas ou também... veneradas. Os dois contrastes se encontram sempre bem próximos um do outro nos procedimentos humanos.

E, em tribos inferiores e ignorantes, vê-se o feiticeiro torturar a seu modo o "possesso", a fim de banir da cabana tais espíritos malignos.

Encontramos semelhanças nessas coisas por toda a Terra, entre todos os povos. Fatos que cito apenas para que se possa compreender melhor.

As pessoas, porém, que dessa maneira são consideradas "possessas", são em todos esses casos completamente inocentes! Não têm nenhum sinal de possessas e menos ainda de demônios que aí se procura exorcizar. Tudo isso é apenas tagarelice pueril, superstição medieval, resíduos do tempo das bruxas. Só se carregam de culpa, na realidade, aqueles que por ignorância, devido a concepções erradas e juízos levianos, querem ajudar.

Possessos são encontrados nos *manicômios,* mais do que os seres humanos supõem. E esses *são* curáveis!

Hoje, porém, essas pessoas dignas de lástima são consideradas simplesmente como loucas, e não se faz diferença alguma entre os realmente doentes e os possessos, porque ainda nada se entende a respeito disso.

Tal incompreensão decorre unicamente da ignorância da Criação. Falta o *saber da Criação,* que pode dar a base para o

35. Possesso

conhecimento de *todos* os fenômenos e modificações que ocorrem dentro e ao redor dos seres humanos e que conduz, por conseguinte, ao verdadeiro saber, àquela futura ciência que não precisará tatear em lamentáveis experimentos para conseguir chegar *com isso* primeiro a uma *teoria,* que, em muitos casos, depois de dezenas de anos, se comprova como errada.

Aprendei, seres humanos, a conhecer a *Criação* com as leis nela atuantes e não precisareis mais tatear e procurar, pois então possuireis tudo quanto necessitais para vossa ajuda, nos acontecimentos durante vossa vida terrena, e ainda muito além, em *toda* vossa *existência.*

Então, não haverá mais os chamados cientistas, pois eles se terão tornado *sábios,* aos quais, na existência dos seres humanos, nada pode vir ao encontro que lhes seja estranho.

Uma parte surpreendentemente grande dos hoje designados como loucos incuráveis e que têm de passar a vida enclausurados em manicômios, não são loucos, e sim possessos. Ocorre aqui como em muitas coisas: não se *procura* nesse sentido e, por isso, também nada se pode encontrar, na efetivação da expressão de Cristo que condiciona de maneira inequívoca e exige sem nenhuma dúvida: *Procurai,* e encontrareis!

Essa é a expressão da Verdade que deve ser aplicada a *tudo* na vida! Em cada forma. Por isso também já indiquei diversas vezes que só encontrará valores em minha Mensagem *aquele* ser humano que com toda a seriedade *procurar valores nela!*

Ninguém mais, pois a Palavra viva somente dá, se for tocada por uma séria procura, proveniente da alma. Somente então ela se abre em toda sua plenitude. —

A palavra "possesso" ouve-se e encontra-se realmente até agora e também hoje ainda sempre somente lá onde ela não vem ao caso!

E onde ela é apropriada, ninguém pensa nisso.

Mas também aqui o sentido formado na palavra dos seres humanos já atingiu *involuntariamente* o certo no lugar *adequado,* pois nos manicômios encontrareis muitos a respeito dos quais é dito, num encolher de ombros: "No mais ele se apresenta normal; é possuído apenas por uma ideia fixa!"

Involuntariamente, os seres humanos aqui acertam outra vez, porém sem refletir *mais* a esse respeito.

Contudo, não somente os dessa espécie devem ser chamados possessos, mas também aqueles que não apenas têm uma ideia fixa e os assim chamados momentos ou horas de lucidez, mas que permanentemente falam coisas confusas, podem ser possessos. Nem sempre são de fato doentes. —

Examinemos agora, porém, como exemplo, um dos muitos casos em que uma mocinha é considerada pelos que a rodeiam como possessa, ou pelo menos suspeita como tal, porque *na presença dela* acontecem de repente coisas tão estranhas, sobre cujas origens nada se sabe.

Para isso existem diversas possibilidades de esclarecimentos que correspondam à realidade; nenhuma, porém, compatível com a possessão.

Um *espírito humano* pode estar *preso à Terra,* na respectiva casa, por qualquer motivo, pois em *todos os casos* somente pode tratar-se de *espíritos humanos* já falecidos na Terra. Demônios ou coisas semelhantes não entram em consideração absolutamente.

Tal espírito humano se encontra talvez preso à casa por qualquer ação, ou apenas preso ao lugar, àquele ponto. Também não é imprescindível que tenha feito alguma coisa *nesse tempo* de existência da casa: pode ter sido *antes,* naquele lugar ou nas proximidades do ponto onde atualmente se encontra a casa.

Esse espírito às vezes está preso ali há decênios ou séculos, por causa de um assassinato ou por qualquer negligência de graves consequências, por dano feito a outra pessoa ou devido a outros acontecimentos, dos quais existem muitos para formar tal atamento.

Portanto, não é imprescindível que ele esteja ligado com as pessoas que *atualmente* moram na casa. Não obstante sua constante presença na casa, nunca teve antes qualquer possibilidade de manifestar-se de modo grosso-material terreno, o que *só então* aconteceu através da mocinha, em sua peculiaridade especial, *mas também somente temporária.*

Essa peculiaridade da mocinha é uma coisa por si, que apenas dá ao espírito oportunidade para uma determinada espécie de materialização de sua vontade. Além disso, nada tem ela a ver com o espírito.

O motivo dessa peculiaridade reside na respectiva irradiação do sangue, logo que este apresente uma *bem determinada composição*. *Daí* extrai o espírito humano, sem invólucro terreno de matéria grosseira, a força para a execução de seus desejos, de fazer-se notar, o que frequentemente evolui em má-criações incômodas.

Cada pessoa tem diversas irradiações sanguíneas, sobre o que já me referi anteriormente, e essa composição se modifica várias vezes durante a vida terrena e acarreta sempre a mudança também na espécie de irradiação desse sangue. Por esse motivo, o esquisito efeito de algumas pessoas desencadearem acontecimentos estranhos verifica-se na maioria dos casos somente durante um bem determinado tempo, portanto *passageiramente*. Não existe quase nenhum caso em que isso perdure toda a existência terrena. Às vezes dura apenas semanas ou meses, raramente anos.

Quando, portanto, tal acontecimento cessa repentinamente, isso não prova que o referido espírito não esteja mais presente ou se tenha libertado, mas sim que ele na maioria dos casos de repente não tem mais nenhuma possibilidade de manifestar-se assim grosseiramente.

Portanto, não quer dizer que ele já esteja "expulso" ou desaparecido; da mesma forma que ele antes desde muito podia estar preso naquele lugar, sem ter sido notado pelas pessoas. Permanece para os seres humanos, aliás, tão imperceptível quanto o permanente âmbito espiritual deles. Na verdade, sim, os seres humanos nunca estão sozinhos.

Com essa consideração referi-me apenas a *uma* possibilidade, na qual se trata de um espírito preso num *determinado lugar*.

Pode ser também um espírito humano que por qualquer acontecimento esteja preso a uma *pessoa* que viva na casa, conforme já foi mencionado tantas vezes na minha Mensagem. Não é preciso tratar-se justamente daquela mocinha, que, devido à composição do seu sangue, oferece passageiramente apenas a possibilidade para uma atividade terrena visível. O verdadeiro motivo pode ser também o pai, a mãe, o irmão, a irmã, ou qualquer pessoa que more na mesma casa ou que apenas a frequente.

E também nisso, por sua vez, existe ainda uma outra diferença, pois uma culpa pode estar aderida no já falecido espírito humano, assim como também numa das pessoas que vivem na casa, da vida atual ou de uma anterior.

As probabilidades são *tantas* e tão diversas, que de modo algum se pode apresentar uma forma fixa, sem incorrer no perigo de provocar pensamentos errados nas pessoas e de apoiar sentenças apressadas e irrefletidas em casos isolados.

Menciono apenas todos esses motivos possíveis, a fim de mostrar a multiplicidade aí existente e para advertir através disso que não se deve ser precipitado com uma expressão leviana, pois com ela seria proferida muitas vezes uma suspeita não justificada.

Por essa razão, sede cautelosos ao falardes de coisas de que não entendeis! Tendes inteira responsabilidade a esse respeito e poderíeis talvez também ficar atados com uma palavra durante anos e até mesmo decênios! —

Pode em tal acontecimento o referido espírito ter sido mau e estar preso por uma culpa. Ele não se modifica tão facilmente nisso e fará conhecer, segundo sua maneira, o seu ódio contra outras pessoas, se receber de qualquer parte a força para uma atuação grosso-material terrena. Ou ele mesmo foi o prejudicado e se fixa espiritualmente na pessoa que o prejudicou outrora e que reside agora naquela casa. Em todos os casos, porém, ele se ata sempre de novo com tais ações malévolas e perturbadoras e se enreda cada vez mais, ao passo que, munido de *boa* vontade, poderia libertar-se e ascender. Tal espírito barulhento prejudica apenas a si próprio, na maioria dos casos.

A pessoa, porém, que através da irradiação de seu sangue dá oportunidade passageira a isso, não precisa estar em nenhuma conexão com tais assuntos. Naturalmente é possível que esteja ligada por uma culpa anterior ou, de maneira inversa, que o espírito esteja ligado a essa pessoa. Tudo isso não está fora de cogitação. Uma *possessão*, porém, não entra em consideração de modo algum!

Se um ser humano fosse possuído por outro espírito, isto é, se um espírito estranho usasse temporária ou permanentemente

35. Possesso

o corpo que não lhe pertence, para atuações grosso-materiais terrenas, teria esse *mesmo* corpo terreno em questão de executar tudo quanto acontece, por conseguinte arremessar coisas, bater, arranhar e destruir, ou aquilo que então se manifesta.

Logo que alguém está possesso, o referido espírito estranho age *sempre diretamente através daquele* corpo terreno com o qual pôde ligar-se, do qual tomou posse em parte e se utiliza para seus fins. Disso surgiu, pois, a expressão "possesso", porque um espírito estranho toma posse do corpo de um ser humano terreno, apodera-se dele para poder manejá-lo de maneira grosso-material terrena. Reivindica a posse desse corpo terreno que lhe é estranho. E esse corpo é então por ele "possuído", ou podemos dizer também "ocupado". Instala-se nele, apossa-se dele ou apossara-se dele temporariamente.

É bem natural que o processo da tomada de posse ocorra em primeiro lugar *nos cérebros*. Tais seres humanos terrenos, aos quais isso acontece, são então designados como não normais espiritualmente ou como loucos, porque muitas vezes dois espíritos humanos diferentes estão disputando e lutando para utilizarem os cérebros.

Expressam-se desse modo pensamentos, palavras e ações que se contradizem, irrompendo frequentemente em sequência desordenada e confusão incompreensível, porque se trata de dois espíritos diferentes que procuram imprimir sua vontade. O legítimo dono e o intruso. Isso causa, naturalmente, uma sobrecarga dos nervos cerebrais, que assim são literalmente sacudidos e agitados, e a pessoa que observa isso de fora só pode constatar, por essa razão, uma confusão do cérebro, embora o cérebro em si possa estar inteiramente sadio. É somente a luta e o choque dos dois espíritos diferentes que ocasionam a confusão.

Também sucede uma vez ou outra que um espírito humano estranho, ao tomar posse violenta de um corpo terreno, não se sirva apenas do cérebro, mas se arrogue ainda o direito de subjugar, para suas finalidades, outras partes do corpo também, empurrando para fora aquela alma, que é a dona legítima do corpo, só restando uma pequena parte, que ele não pode roubar, sem colocar em perigo a vida desse corpo.

Acontece então que em casos assim graves surgem as vidas duplas de uma pessoa, já tantas vezes mencionadas em relatos e que tanta dor de cabeça deram aos eruditos, tendo levado até ao suicídio as pessoas atacadas, por desespero a respeito de sua maneira de ser.

Mas também esses fenômenos encontram explicação segundo as leis da Criação. Estão sempre rigorosamente ligados a bem determinadas condições, que têm de ocorrer preliminarmente em *ambos* os lados. O ser humano não fica sujeito, sem mais nada, à penetração de um espírito estranho.

Assim, por exemplo, será sempre indolente ou fraco o *espírito* de tal ser humano, cujo corpo oferece a possibilidade de ser explorado dessa maneira por um espírito estranho, ficando mais ou menos sujeito a ele, pois do contrário sua própria defesa natural teria que ser bastante forte para impedir isso.

Indolência ou fraqueza do espírito decorre sempre de culpa própria, mas isso não pode ser reconhecido pela humanidade. Tal contingência é outra vez uma consequência do predomínio do raciocínio, que constringe e amuralha o espírito, oprimindo-o. Portanto, a consequência do pecado hereditário, que descrevi exatamente em minha Mensagem, com todos os seus maus efeitos, entre os quais se conta também a possibilidade de ficar possesso.

Uma pessoa de espírito cansado pode, contudo, ser extraordinariamente viva no pensar, bem como no aprender, porque indolência de espírito nada tem a ver com raciocínio aguçado, conforme sabem os leitores de minha Mensagem.

Justamente o espírito de notáveis eruditos é muitas vezes fortissimamente preso à Terra e restrito. Como expressão adequada para isso poderia empregar-se "impossibilitado de voar espiritualmente", porque dá uma melhor noção. O espírito de muitos grandes intelectuais cochila em verdade rumo já à morte espiritual, enquanto a referida pessoa na Terra é venerada sobremodo pelos seres humanos como um luminar especial.

Por conseguinte, tal pessoa pode ser extraordinariamente sagaz e inteligente e, contudo, ter um espírito cansado, que deixa seu corpo terreno ser disputado parcialmente por outro espírito humano fora da matéria.

35. Possesso

Tornai-vos, portanto, seres humanos, *mais sábios* nas leis primordiais da Criação de Deus, e podereis afastar de vós muitas desgraças! Livrai-vos da vossa vazia *presunção* de saber, que só traz obra fragmentária, mal aproveitável nas mínimas necessidades.

Para reconhecer *essas* coisas, falta o *saber* à ciência atual, pois aquilo que a ciência até hoje ensina e quer saber prova de maneira clara e inequívoca que realmente ainda nada sabe da Criação. Falta-lhe a grande conexão e, com isso, a imagem real do verdadeiro acontecimento. Ela é míope, restrita e passou ao lado de todas as grandes verdades. Mas está chegando um novo tempo, que também nisso fará *surgir tudo novo!* —

Não se pode, por conseguinte, suspeitar sempre de uma criança ou de um adulto, quando desencadeiam coisas, tais como o barulho e o arremesso de objetos materiais. O solo para tais causas é tão variado, que somente em cada caso isoladamente e no devido local pode ser feita uma verificação por verdadeiros conhecedores.

Com o que aqui foi dito, nem de longe estão esgotadas todas as possibilidades, porém uma coisa é certa: *possessão está fora de cogitação nesse caso!*

Com pessoas que através da irradiação momentânea de seu sangue tornam possível tais efeitos de um espírito estranho preso à Terra, podem naturalmente ocorrer durante tais acontecimentos também convulsões do corpo, febre e até mesmo perda de consciência.

Tudo isso, porém, ocorre apenas porque o espírito humano estranho se apodera das respectivas irradiações que o ajudam, arrebata-as formalmente com violência do corpo terreno, provocando assim perturbações na harmonia das irradiações normais do corpo, o que naturalmente se faz notar logo nesse corpo.

Trata-se, porém, de fenômenos muito simples e que com uma boa observação podem de maneira fácil e lógica ser fundamentados, tão logo se saibam as verdadeiras conexões.

Tagarelices inúteis e suposições a tal respeito não têm nenhum sentido, só podem prejudicar esta ou aquela pessoa, que nada tem a ver com tudo isso.

35. Possesso

Portanto, acautelai-vos com vossas palavras, seres humanos! Porque também essas têm de puxar-vos para baixo, visto que tudo quanto é *desnecessário* perturba na Criação, e tudo o que perturba tem de afundar segundo a lei da gravidade! Se, no entanto, falardes o que é verdadeiro e bom, então beneficiareis tudo e vos tornareis, na luz das vossas palavras, mais leves e sereis elevados, porque também nisso correm e se entrelaçam fios da mesma forma como em vosso pensar e atuar. E depois, não querendo mais falar a respeito de coisas inúteis, vós vos tornareis mais calados, mais reservados, com o que se acumularão forças em vós, que já designei como o poder do silêncio!

Tornar-se-á natural para vós, tão logo quiserdes falar apenas o que é *útil*, conforme o ser humano deveria ter feito sempre desde o começo. Então mal preencherá, com suas conversas, a terça parte *daquele* tempo que ainda hoje emprega com isso.

Infelizmente, porém, prefere o falar leviano, ao silêncio tão nobre, e com isso deixa-se arrastar cada vez mais para baixo, segundo a lei da gravidade, que comprime para baixo e deixa afundar como imprestável tudo quanto é desnecessário na Criação.

Por conseguinte, atentai para vossas palavras, seres humanos, não considereis demasiadamente leve o mal da irrefletida tagarelice!

PEDI, E VOS SERÁ DADO!

O SER humano ainda permanece em dúvida sobre a forma da oração. Quer fazer o certo e não negligenciar nada. Cisma com honestíssima vontade, e não encontra nenhuma solução que lhe dê a certeza de que não está seguindo caminhos errados.

Mas o cismar não conduz a nada, apenas mostra que ele sempre procura aproximar-se de Deus com seu *raciocínio,* e isso nunca conseguirá, pois assim *sempre* ficará distante do Altíssimo.

Quem assimilou *direito* a minha Mensagem encontra-se a par de que as palavras têm limites demasiadamente restritos para, na espécie delas, poderem elevar-se às alturas luminosas. Somente as *intuições* que as palavras encerram vão mais para cima, além dos limites das palavras formadas, e isso conforme sua força e sua pureza.

As palavras valem, em parte, apenas como indicadoras de caminho, que mostram a direção que devem tomar as irradiações da intuição. A outra parte das palavras desencadeia *a espécie* das irradiações na própria pessoa, que usa as palavras formadas como apoio e invólucro. A *palavra* pensada durante a oração vibra no ser humano retroativamente, quando ele a vivencia ou se esforça em torná-la viva dentro de si.

Com essa explicação já vedes diante de vós duas espécies de orações. Uma espécie que surge da intuição, sem reflexão, no próprio vivenciar, que é, portanto, a forte intuição de um dado momento, e que só ao brotar ainda se forma em palavras; e então a outra espécie que, raciocinando, molda *antes* as palavras, e procura, através delas atuando retroativamente, produzir as respectivas intuições, que, portanto, quer preencher com intuições as palavras já formadas.

36. Pedi, e vos será dado!

Não precisa ser dito qual espécie dessas orações é a mais vigorosa, pois vós próprios sabeis que o *mais natural* é também sempre o *mais certo*. Nesses casos, portanto, *aquela* oração que surge do brotar de uma intuição repentina, e só então procura condensar-se em palavras.

Suponde que vos atinja inesperadamente um pesado golpe do destino, que vos faz estremecer até o âmago mais profundo. O medo vos constringe o coração por causa de algo amado. Em vosso desespero surge então um grito de socorro em vós, com tamanha força, que abala todo o corpo.

Nisso vedes a força da intuição, que é capaz de subir até as alturas luminosas, se... essa intuição contiver *pureza humilde*, pois sem ela já é interposto no caminho para qualquer escalada um bem determinado obstáculo, por mais forte e poderosa que seja a intuição. Sem humildade isso é completamente impossível, a intuição jamais conseguiria atingir a pureza, que rodeia em imenso arco tudo quanto é divino.

Uma intuição assim forte será também sempre acompanhada somente de um *balbuciar* de palavras, porque sua força nem admite que se deixe comprimir em palavras estreitas. A força flui para muito além dos limites de todas as palavras, pondo abaixo impetuosamente as barreiras que as palavras querem erigir com a limitada atividade do cérebro terreno.

Qualquer um de vós já deve ter vivenciado isso dessa forma em sua existência. Podeis, portanto, compreender o que quero dizer. E *essa* é a intuição que deveis ter durante a oração, se esperais que ela seja capaz de subir até as alturas de pura Luz, de onde vêm todas as concessões para vós.

Contudo, não é somente nos medos que deveis dirigir-vos às alturas, mas também a alegria pura pode brotar com igual força em vós, bem como a felicidade, o agradecimento! E essa espécie *cheia de alegria* vibra ainda mais rapidamente para cima, porque permanece sem turvação. O medo turva bem facilmente a pureza de vossa intuição e forma uma espécie errada. Com demasiada frequência, encontra-se ligada a isso uma reprovação silenciosa de que tenha de acontecer justamente a *vós* aquilo que tão pesadamente atingiu vossa alma; ou até

36. Pedi, e vos será dado!

rancor, e isso naturalmente não é o certo. Tem de reter embaixo vossos clamores.

Para a oração não é necessário que formeis palavras. As palavras são *para vós,* para *vos* conceder o apoio às intuições, a fim de que fiquem mais concentradas e não se percam de diversas maneiras.

Também não estais acostumados a pensar de modo nítido sem palavras e a aprofundar-vos sem perder a direção certa, porque vos tornastes excessivamente superficiais e distraídos devido ao demasiado falar. *Precisais* ainda das palavras como indicadoras de caminho e também como invólucros, para concentrardes determinadas espécies de vossas intuições, para imaginar mais claramente em palavras aquilo que quereis depor em vossa oração.

Assim é a maneira de orar, quando o impulso surge da intuição; portanto, quando é uma vontade do vosso *espírito!* Nos seres humanos de hoje, porém, isso ocorre raramente. Somente quando são atingidos por algum choque, através de sofrimento, alegria, ou também através de uma dor física. Voluntariamente, sem algum choque, ninguém mais se dá ao trabalho de pensar uma vez ou outra em Deus, o doador de todas as graças.

Voltemo-nos agora para a segunda espécie. Trata-se de orações que são realizadas em ocasiões bem determinadas, sem nenhum dos motivos de que agora tratamos. O ser humano se propõe a rezar. Trata-se de uma oração refletida, especialmente *premeditada.*

Com isso também muda o processo. O ser humano pensa ou diz determinadas palavras de oração que ele próprio compôs ou aprendeu. Habitualmente tais orações são pobres de intuição. O ser humano *pensa* em demasia para combinar as palavras corretamente, e *isso por si* já o desvia da verdadeira intuição daquilo que fala ou pensa.

Reconhecereis facilmente a exatidão deste esclarecimento em vós próprios, se refletirdes e vos examinardes cuidadosamente. Não é fácil, em tais orações, intercalar a pura capacidade intuitiva. Já a mínima obrigação enfraquece, ela exige uma parte da concentração.

Nesse caso, as palavras formadas têm de tornar-se primeiro vivas em vós próprios, isto é, *as palavras* têm de desencadear em vós *aquela espécie de intuição* que elas designam em sua forma. O processo então não brota de dentro para fora, através do cérebro posterior para o vosso cérebro anterior, que rapidamente forma as correspondentes palavras, conforme as impressões, mas sim o cérebro anterior começa com sua formulação de palavras *primeiro*, as quais precisam ser então retroativamente recebidas e trabalhadas pelo cérebro posterior, a fim de exercer, a partir daí, uma correspondente pressão sobre o sistema nervoso do plexo solar, o qual, após novos processos, só então pode desencadear uma *intuição* correspondente à palavra.

Tudo se dá tão rapidamente em suas sequências, que ao observador parece se passar *simultaneamente;* no entanto, tais configurações não são tão fortes, tão originais como aquelas que surgem no caminho inverso. Não podem devido a isso obter o efeito desejável e, na maioria dos casos, permanecem vazias de intuição. Já o fato de diariamente repetirdes *sempre de novo as mesmas* palavras faz com que elas percam para vós a força, tornando-se um hábito sem significação.

Por isso, tornai-vos *naturais* na oração, seres humanos, tornai-vos livres e sem artifícios! O que é aprendido torna-se facilmente uma recitação. Com isso apenas tornais tudo mais difícil para vós.

Se principiardes vosso dia com uma verdadeira intuição de gratidão para com Deus e com uma intuição de gratidão também o findardes, e mesmo que se trate de agradecimento apenas pelo ensinamento recebido nesse dia através da vivência, então vivereis certo! Deixai surgir cada *trabalho,* através da aplicação e do cuidado, tal qual uma oração de agradecimento, deixai que cada palavra que profirais reflita o amor que Deus vos concede, assim a existência nesta Terra se tornará logo uma alegria para todo aquele a quem é permitido viver nela.

Isso não é tão difícil e nem vos rouba tempo. Um curto momento de sincera intuição de gratidão é muito melhor que horas e horas de oração aprendida e que não podeis seguir com vossa intuição. Além disso, tal orar superficial somente

36. Pedi, e vos será dado!

vos rouba tempo para o verdadeiro agradecimento mediante alegre atividade.

Uma criança, que ama realmente seus pais, prova em *seu modo de ser* esse amor, através do comportamento, e não com palavras bajuladoras, que em muitos casos são apenas a expressão de insinuante vaidade, quando não se trata de mero desejo egoístico. Os assim chamados bajuladores raramente valem alguma coisa; pensam sempre em si e na satisfação de seus próprios desejos.

Não diferentemente vos encontrais perante vosso Deus! Provai com atos o que Lhe quereis dizer! —

Assim, sabeis agora *como* deveis orar, e já vos encontrais receosos diante da pergunta, *o que* deveis orar.

Se quereis saber a maneira certa para isso, então tendes de *separar* primeiro a oração de vossos pedidos. Fazei uma diferença entre oração e pedido! Não procureis sempre qualificar vossos pedidos como oração.

A oração e o pedido têm de significar *duas coisas* para vós, pois a oração pertence à adoração, ao passo que o pedido não pode pertencer a ela, se é que quereis realmente orientar-vos de acordo com o sentido.

E é necessário que desde já vos orienteis de acordo com isso e não misturais tudo.

Dai-vos na oração! Eis o que vos quero bradar e na própria palavra tendes a explicação.* *Dai*-vos ao Senhor em vossa oração, dai-vos a Ele inteiramente e sem reservas! Para vós, a oração deve ser um abrir de vosso espírito aos pés de Deus, em veneração, louvor e agradecimento por tudo quanto Ele vos concede em Seu grande amor.

É tão imenso e inesgotável. Só que até agora ainda não compreendestes, perdestes o caminho que vos pode deixar usufruir com plena consciência todas as capacidades de vosso espírito!

Só quando tiverdes encontrado *esse* caminho, através do reconhecimento de todos os valores de minha Mensagem, *então não*

---

* *Nota de tradução* – A palavra alemã "Gebet" significa "dai-vos" e também "oração".

vos restará mais nenhum pedido. Tereis somente louvor e gratidão, logo que dirigirdes as mãos e o olhar para cima, para o Altíssimo, que Se revela a vós no amor. Então vos encontrareis *constantemente* em oração, segundo o Senhor espera de vós, pois podeis tomar da Criação o que necessitais. A mesa está, pois, posta dentro dela o tempo todo.

E pelas capacidades de vosso espírito vos é permitido escolher dela. A mesa vos oferece sempre *tudo* de que necessitais, e não tendes necessidade de pedidos, à medida que vos esforceis de maneira *certa* para movimentar-vos nas leis de Deus!

Tudo isso já foi dito nas palavras bem conhecidas de vós: "Procurai, e encontrareis! Pedi, e vos será dado! Batei, e vos será aberto!"

Essas palavras ensinam-vos a atividade *necessária* do espírito humano na Criação; antes de tudo, também o emprego *acertado* de suas capacidades. Mostram-lhe exatamente de *que* maneira deve adaptar-se à Criação, e também o caminho que o faz *progredir* dentro dela.

Essas palavras não devem ser avaliadas somente de maneira cotidiana, porém seu sentido é mais profundo, ele abrange a existência do espírito humano na Criação, segundo a lei do movimento necessário.

O "Pedi, e vos será dado!" indica bem claramente a capacidade do espírito que já mencionei na minha dissertação "O Circular das Irradiações", que o induz sempre, sob um determinado e inevitável impulso, a querer ou desejar algo, que depois em sua irradiação atrai imediatamente a *igual espécie,* na qual lhe é *dado* automaticamente o desejado.

O impulso de desejar, porém, deve permanecer sempre *um pedido,* não deve constituir-se numa exigência unilateral, conforme infelizmente todo ser humano atual se habituou a fazer. Pois se permanece como pedido, então a *humildade* se encontra ancorada aí concomitantemente e por isso encerrará sempre o bem e também acarretará o bem.

Jesus demonstrou claramente com essas palavras *como* o ser humano deve agir, a fim de conduzir para o rumo *certo* todas as capacidades autônomas do seu espírito!

36. Pedi, e vos será dado!

Assim é com todas as suas palavras. Infelizmente, porém, elas foram imprensadas no círculo estreito do raciocínio terreno dos seres humanos e, com isso, muito torcidas; por tal motivo nunca mais foram compreendidas nem interpretadas direito. Que isso não se refere às relações com os seres humanos será facilmente compreensível para cada um, pois a sintonização dos seres humanos nunca foi, nem naquele tempo nem hoje, *de maneira* a se poder esperar *deles* o cumprimento de tais indicações. Ide aos seres humanos e pedi, e *nada* vos será dado. Batei, e *não* vos abrirão. Procurai entre os seres humanos e suas obras, e *não* encontrareis aquilo que procurais! —

Jesus também não se referia à posição do ser humano para com Deus pessoalmente, omitindo todos os mundos imensos intercalados, os quais não podem ser postos de lado como se nem sequer existissem. Com isso também não se referia unicamente à Palavra viva, mas sim Jesus falou sempre partindo da sabedoria primordial e nunca a imprensou no mesquinho pensar ou nas situações terrenas. Quando falava, via diante de si o ser humano *dentro da Criação* e escolhia suas palavras *abrangendo tudo.*

Dessa omissão, de pensar *nisso,* padecem todas as reproduções, traduções e interpretações. Estas foram sempre apenas misturadas e executadas com o pensar humano mesquinho e terrenal, ficando assim torcidas e deformadas. E lá, onde faltou a compreensão, foi acrescida coisa própria, que nunca pôde preencher a finalidade, mesmo quando movida por boa intenção.

O que é humano sempre permaneceu mesquinhamente humano, ao passo que o divino sempre abrange tudo! Por isso, o vinho foi muito misturado com água e acabou surgindo algo diferente do que era originalmente. Nunca deveis esquecer isso.

Também com o "Pai Nosso" Jesus procurou apenas através dos pedidos nele mencionados dirigir a vontade do espírito humano, da forma mais simples, *naquele* rumo que fizesse com que esse espírito humano desejasse apenas o favorável para sua ascensão, a fim de que isso lhe fosse proporcionado pela Criação.

Não existe nisso nenhuma contradição, mas sim foi o melhor indicador de caminho, o bastão infalível para cada espírito humano *naquela* época.

O ser humano de hoje, porém, precisa de todo o seu vocabulário, que ele criou nesse ínterim, bem como a aplicação de cada conceito daí surgido, se deva abrir-se um caminho para ele sair da confusão de suas sutilezas intelectivas.

Por isso tenho de proporcionar-vos, seres humanos dos tempos *atuais*, esclarecimentos mais amplos, que na realidade tornam a dizer exatamente a mesma coisa, só que segundo a *vossa* maneira! Aprender isso é, *agora, vosso* dever, pois vos tornastes mais sabedores da Criação! Enquanto no saber não cumprirdes os deveres que as capacidades de vosso espírito impõem para o desenvolvimento, também não tereis nenhum direito de pedir!

Mediante o fiel cumprimento dos deveres na Criação, porém, recebereis reciprocamente *tudo,* e não haverá mais razão para nenhum pedido, mas de vossa alma se desprenderá então apenas o *agradecimento* para Aquele que, na onisciência e no amor, vos presenteia ricamente dia após dia!

Ó seres humanos, se pudésseis finalmente *orar* direito! *Orar realmente!* Quão rica seria então a vossa existência, pois na oração se encontra a maior felicidade que podeis obter. A oração vos impele incomensuravelmente para cima, de modo que a intuição de felicidade vos perflui bem-aventuradamente. Que possais *orar,* seres humanos! Isso é o que desejo agora para vós.

Então não perguntareis mais, em vosso mesquinho pensar, a *quem* deveis e podeis orar. Só existe *um,* a quem podeis consagrar vossas orações, somente um: DEUS!

Em momentos solenes aproximai-vos Dele com sagradas intuições e derramai perante Ele aquilo que o vosso espírito possa conseguir em agradecimento! Dirigi-vos *somente a Ele* na oração, pois unicamente a Ele cabe o agradecimento e unicamente a Ele tu pertences, ó ser humano, pois através de Seu grande amor é que também pudeste surgir!

AGRADECIMENTO

"**O**BRIGADO! Mil vezes obrigado!" estas são palavras que cada ser humano certamente já pôde ouvir muitas vezes. São pronunciadas com tão diversas entonações, que não podem ser classificadas simplesmente *numa* determinada espécie, conforme o *sentido* das palavras realmente condiciona.

Justamente aqui o sentido *das palavras* só entra em consideração em segundo ou até em terceiro lugar. É muito mais o *tom,* o *timbre,* que empresta valor às palavras ou mostra sua falta de valor.

Em muitos casos, quando não em todos, trata-se apenas de uma expressão de hábito superficial, nas formas diárias da cortesia social. É então como se nem tivessem sido pronunciadas, permanecem palavras vazias, que, para todos aos quais são dirigidas, mais parecem ofensas do que reconhecimento. Só algumas vezes, e isso bem raramente, pode ouvir-se nelas uma vibração que testemunhe a intuição de uma alma.

Não é preciso possuir uma audição extraordinária para reconhecer *qual* a intenção do ser humano que pronuncia tais palavras. Nem sempre há algo de bom nisso, pois as vibrações das almas são, para as mesmas palavras, muito diversificadas.

Nisso pode mostrar-se o descontentamento ou a decepção, sim, até inveja e ódio, falsidade e algum malquerer. De todas as maneiras, essas bonitas palavras de verdadeiro agradecimento são frequentemente utilizadas de modo abusivo, para encobrir assim com cuidado outra coisa, quando não permanecem totalmente vazias e só por isso ainda são pronunciadas, como mera formalidade de acordo com o uso e costume, ou por hábito.

Em geral é a expressão das pessoas habituadas a receber, as quais sempre têm na boca essas palavras, mantendo-as sempre

37. Agradecimento

prontas para tudo, irrefletidamente, semelhante à tagarelice dos intermináveis rosários de múltiplas fórmulas de orações, que são encontradas frequentemente, as quais, no entanto, são somente uma afronta à santidade e grandeza de Deus, no seu monótono palavreado, sem a mínima intuição!

Iguais a flores maravilhosas em solo árido, porém, brilham na Criação de maneira notável *aqueles* casos, em que as palavras são usadas verdadeiramente segundo *aquele* sentido que procuram exprimir, em que, portanto, a alma vibra no teor da palavra, em que as palavras formadas se tornam realmente a expressão de puras vibrações da alma, conforme sempre deve ser, quando um ser humano forma palavras!

Se refletirdes bem, tudo quanto é falado sem intuição ou permanece mero tagarelar vazio, com o que o ser humano desperdiça o tempo que devia ser empregado de maneira diferente, ou só pode conter uma vontade errada, quando as palavras simulam algo a seus semelhantes, que a pessoa que fala não sente intuitivamente. Algo sadio, construtivo, nunca pode surgir disso. Isso as leis da Criação impedem.

Não ocorre de maneira diferente, mesmo que seja bastante triste e mostre nitidamente todo o charco que os seres humanos com seu múltiplo tagarelar amontoam na região da parte fina da matéria grosseira, que age retroativamente sobre a existência terrena e que toda alma humana tem de transpor primeiro, antes de poder ingressar nas regiões mais leves.

Nunca vos esqueçais de que cada uma de vossas palavras faz surgir uma forma, que mostra claramente a contradição de vosso intuir com as palavras, quer queirais quer não queirais. Nada podeis mudar nisso. Refleti sobre isso em tudo quanto falardes. Mesmo que para vossa felicidade sejam apenas configurações leves, que logo desapareçam, ainda assim sempre subsiste o perigo de que tais configurações recebam repentinamente afluências de um lado completamente estranho, que as fortaleçam e condensem na mesma espécie, fazendo com que cheguem a atuar, o que tem de tornar-se maldição para vós.

Por esse motivo, procurai chegar ainda a ponto de falar apenas *aquilo* em que vossa alma vibra.

37. Agradecimento

Julgais que isso nem seja possível na Terra, porque em relação ao atual hábito poderíeis ter muito pouco a dizer e a vida ameaçaria tornar-se monótona e tediosa, principalmente nas horas de convívio social. Há muitas pessoas que pensam assim e receiam isso.

Contudo, somente quando o ser humano tiver chegado até tal ponto com seu pensar, verá também quanta coisa de seu tempo terreno de até então teve de ficar completamente sem conteúdo, sem valor e, com isso, sem finalidade. Então não lamentará mais tal falta de conteúdo de muitas horas e, bem pelo contrário, no futuro terá medo *disso*.

O ser humano em si é tão vazio quanto o seu ambiente e tem de procurar preencher seu tempo com palavras ocas, somente para relacionar-se socialmente com seus semelhantes. Mas isso ele não confessa a si mesmo. Consola-se com o fato de que não pode falar sempre só coisas sérias, de que assim se tornaria tedioso aos outros; em suma, que só é culpa dos *outros,* se não fala daquilo que talvez ainda o sensibilize.

Mas com isso ilude a si mesmo. Pois se o seu próximo de fato for como ele julga, isso é uma prova de que ele próprio nada tem de diferente a oferecer, visto que somente a igual espécie forma, na atração, o seu ambiente, com o qual ele se relaciona. Ou seu ambiente fez com que fosse atraído pela igual espécie. As duas hipóteses vêm a dar no mesmo. A voz do povo já está certa nisso quando afirma: "Dize-me com quem andas, que eu te direi quem és!"

Seres humanos vazios, que não almejam conseguir o verdadeiro conteúdo de suas vidas, fugirão daquelas pessoas que trazem em si valores espirituais.

Valores espirituais ninguém pode esconder, pois o espírito tende naturalmente para a atividade, segundo a lei do movimento da Criação, desde que não esteja soterrado no ser humano, mas sim realmente ainda vivo. Procura externar-se de maneira irresistível, e tal pessoa encontrará também outras, às quais ela possa dar qualquer coisa em compensação, por meio de sua atividade espiritual, a fim de também poder receber delas, seja apenas com um novo estímulo ou através de perguntas sinceras.

37. Agradecimento

É inteiramente impossível que o tédio aí ainda possa encontrar um lugar! Pelo contrário, os dias são então demasiado curtos, o tempo passa mais depressa ainda e não é suficiente para ser preenchido com tudo aquilo que um espírito tem para dar, quando de fato se movimenta!

Encaminhai-vos aos vossos semelhantes, escutai, dentre as muitas palavras que falam, quais as que têm conteúdo digno de ser citado, e reconhecereis depressa e sem esforço como está morta espiritualmente a humanidade de hoje, a qual, no entanto, devia *agir* espiritualmente, isto é, de maneira substanciosa e construtiva em cada palavra proferida, porque ela advém do espírito!

Vós próprios roubastes toda a elevada força que vossas palavras deviam conter na lei da Criação, devido à aplicação errada da última expressão de vosso pensamento. O idioma tem de ser o poder e a espada do ser humano, para beneficiar e proteger a harmonia, mas não para espalhar sofrimento e discórdia.

Quem fala impelido pelo espírito, esse não *pode* formar muitas palavras, porém nele cada palavra se tornará também ação, porque ele vibra em sua palavra e essa vibração traz realização pela lei da reciprocidade, que se cumpre na lei da atração das espécies iguais.

Por isso, o ser humano nunca deve também pronunciar de modo leviano palavras de *agradecimento,* pois não constituem um agradecimento, se não possuírem conteúdo anímico.

As singelas palavras: Obrigado! Mil vezes obrigado! não soam, pois, como um cântico jubiloso, logo que saem da boca de uma pessoa com uma intuição de felicidade?

E é mais, na realidade muito mais, pois tal agradecimento da alma emocionada é também ao mesmo tempo uma oração! Um agradecimento a Deus!

Em todos esses casos, as intuições das palavras elevam-se incondicionalmente para o alto e, como efeito recíproco, desce a bênção sobre este ou aqueles seres humanos que provocaram essas intuições; portanto, para aquele lugar ao qual foram dirigidas essas palavras de verdadeiro agradecimento.

Nisso repousa a justa compensação, que se cumpre com a bênção, a qual também se forma e tem de tornar-se visível terrenamente.

37. Agradecimento

Mas... não é em toda parte que a bênção consegue florescer de maneira visível, pois o processo condiciona uma coisa: seja lá o que tenha feito aquele a quem são dedicadas as palavras de tal verdadeiro agradecimento, *tem de ter feito com amor e com a intenção de proporcionar alegria ao outro!* Quer tenha sido um presente ou qualquer ação, ou também apenas um conselho realmente bem-intencionado através de uma boa palavra.

Não existindo essa condição preliminar da parte do doador, então a bênção da reciprocidade, que desce após o agradecimento que se elevou, não encontra nenhum solo em que poderia ancorar-se e assim, em todos esses casos, *terá* de faltar a justa bênção, apesar de tudo, porque aquele que deveria recebê-la não está capacitado para a recepção ou para o acolhimento!

Encontra-se nesse fato uma justiça que o ser humano terreno não conhece e que somente as vivas e automaticamente atuantes leis da Criação trazem em si, as quais são indesviáveis e ininfluenciáveis.

Assim, por exemplo, uma pessoa que faça qualquer coisa premeditadamente, a fim de obter glória ou boa reputação, jamais poderia receber a verdadeira bênção de suas boas ações, por não possuir o solo para a recepção, *exigido* pela lei. Pode no máximo receber uma vantagem *terrena* efêmera, morta e, por isso, passageira, mas nunca uma verdadeira recompensa de Deus, que só pode ser recebida por uma pessoa que viva e aja segundo o sentido da vontade divina na Criação.

Mesmo se um ser humano doasse milhões para os pobres ou se, conforme também sucede com frequência, os desse para a ciência, não tendo o verdadeiro amor como motivo disso e o desejo da alma em auxiliar, não lhe seria dada nenhuma recompensa de Deus, porque *não* lhe *pode* ser dada, visto que tal ser humano não é capaz de recebê-la, nem de acolhê-la!

A bênção, inteiramente de acordo com a lei, encontra-se sobre essa pessoa, desceu para ela, como consequência de legítimos agradecimentos provindos de círculos dos beneficiados; no entanto, tal pessoa, por sua própria culpa, não é capaz de participar dela, por não oferecer em si o solo para a recepção.

37. Agradecimento

O resgate sobrevém de qualquer forma, em se tratando de um legítimo agradecimento. O grau de efetivação, porém, é determinado novamente de conformidade com a lei, de acordo com a sintonia da alma daquele para o qual veio a bênção na reciprocidade. Quem deveria receber é, portanto, propriamente culpado, se tal bênção não possa formar-se para ele, porque não possui em si a capacidade de recebê-la, segundo o regulamento da lei primordial da Criação, porque lhe falta o calor anímico necessário.

O abuso de belas palavras de agradecimento, porém, não é cometido apenas por um lado, apenas pelos que recebem, mas também pelos doadores o conceito de agradecimento é desviado e deformado por completo.

Entre os seres humanos não são poucos aqueles que aparentemente fazem muita coisa boa e prestam ajuda somente para colherem o agradecimento.

Calculam friamente quando dão. Age somente a esperteza do raciocínio. Entre eles também existem alguns que em dado momento oferecem auxílio por sentimento, porém mais tarde procuram relembrar constantemente essa ação ao que a recebeu outrora, esperando agradecimento por toda a vida!

Seres humanos dessa espécie são ainda piores do que os mais perniciosos usurários. Não têm receio de esperar que quem recebeu alguma vez qualquer ajuda deles se *escravize* a eles *a vida toda*.

Com isso, não só destroem o valor da ajuda de outrora perante si e para si mesmos, mas sim se algemam e se sobrecarregam com imensa culpa. São criaturas desprezíveis, indignas de respirar sequer uma hora na Criação e de usufruir suas graças, que o Criador lhes concede de novo a cada momento. São os mais infiéis dos servos, que têm de ser rejeitados através deles próprios.

Exatamente esses, porém, fazem questão da moral terrena e são também apoiados por moralistas desta Terra, que sempre procuram fomentar com palavras altissonantes as mesmas acepções erradas sobre o dever da gratidão, cultivando com isso algo que segundo as leis primordiais da Criação pertence à maior imoralidade.

Alguns louvam a gratidão como virtude; outros, como dever de honra! De modo unilateral e com incompreensão são

37. Agradecimento

manifestadas e levianamente espalhadas opiniões que já trouxeram a muitos seres humanos pesados sofrimentos.

Por isso, o ser humano deve ficar bem esclarecido a respeito *do que* é realmente a gratidão, o que ela produz e de que maneira age.

Então muitas coisas se modificarão aí, e cairão todas as correntes escravizantes surgidas de concepções erradas sobre a gratidão. A humanidade será finalmente libertada disso. Não imaginais quanta dor se estendeu sobre esta humanidade terrena através dessa mutilação e dos conceitos errados de pura gratidão que lhe foram impostos, dor essa que se estendeu como uma mortalha para a dignidade humana e para o nobre e jubiloso desejo de ajudar! Incontáveis famílias foram particularmente contaminadas com isso, fornecendo vítimas acusadoras, desde milênios.

Afastai para longe essa falsa ilusão, que procura arrastar profundamente para a imundície, de maneira consciente e voluntária, cada ação nobre, natural à dignidade humana!

A gratidão não é *nenhuma virtude!* Não deve e não quer ser contada entre as virtudes. Pois toda virtude é de Deus e, por isso, ilimitada.

Tampouco deve a verdadeira gratidão ser classificada como um dever! Pois então não poderá desenvolver em si *aquela vida,* aquele calor de que necessita para receber, pelo efeito recíproco, a bênção de Deus advinda da Criação!

A gratidão está estreitamente ligada à alegria! Ela própria é uma expressão da mais pura alegria. Onde, portanto, a alegria não constitui a base, onde o impulso alegre não é a causa para o agradecimento, aí está *erradamente* empregada a expressão gratidão, aí se abusa dela!

Em tais casos ela nunca será capaz de desencadear *aquela* alavanca que a verdadeira gratidão desencadeia de maneira automática segundo as leis da Criação. A bênção faltará então. Em seu lugar tem de advir confusão.

Tal abuso, porém, é encontrado quase em toda parte, onde os seres humanos *hoje* falam de gratidão, de agradecimento.

O agradecimento realmente intuído é um *valor de compensação* desejado por Deus, que proporciona o equivalente àquela

37. Agradecimento

quem cabe o agradecimento, em obediência à lei da compensação necessária nesta Criação, que só pode ser conservada e beneficiada pela harmonia, que se encontra no cumprimento de todas as leis primordiais da Criação.

Vós, seres humanos, no entanto, causais emaranhamentos em todos os fios das leis vigentes. E isso através de vossas utilizações erradas e concepções falsas. Por isso, dificultais também a obtenção da verdadeira felicidade e da paz. Com vossas palavras sois hipócritas na maioria dos casos. Como podeis esperar que daí floresçam a Verdade e a felicidade para vós? Tendes, pois, de colher sempre aquilo que semeardes.

Também tudo aquilo que semeais com vossas palavras e pela maneira como empregais as palavras! Como vós próprios vos colocais em relação a essas vossas palavras.

Nada diferente pode surgir daí para vós, isso deveis ter presente em *tudo* quanto falardes!

Pensai sobre isso em cada anoitecer, procurai reconhecer o conteúdo das palavras que trocais no decorrer do dia em vossas relações com o próximo e ficareis espantados diante do vazio! Já da falta de conteúdo de muitas horas de apenas um único dia! Fazei essa tentativa, sem atenuantes. Com horror tereis de ver o que daí também tem de formar-se para vós na oficina da Criação bem conhecida de vós através da minha Mensagem, com os efeitos automáticos de tudo quanto emana de vós, no intuir, pensar, falar e no atuar!

Examinai-vos com seriedade e sincero reconhecimento. Dessa hora em diante vos modificareis em muitas coisas.

Não que devais ficar calados por isso na vida terrena, a fim de seguirdes o caminho certo. Mas deveis evitar superficialidades no falar, bem como a falta de sinceridade que se encontra atrás da parte principal de todas as conversas desses seres humanos terrenos.

Pois assim como fazeis com as expressões de agradecimento, agis também com todas as vossas conversas, e, no entanto, louvais aí em vós próprios aqueles momentos, como sendo sublimes, sérios, solenes e importantes, em que vós, com vossas palavras, dais também simultaneamente vossas intuições.

37. Agradecimento

Contudo, isso só acontece raramente, quando devia acontecer *sempre!* Tantos seres humanos se consideram muito sagazes e sábios, e até espiritualmente muito desenvolvidos, quando sabem esconder atrás de suas palavras sua intuição e sua verdadeira vontade, nunca deixando que seus semelhantes, apesar de animadas conversas, vejam sua verdadeira face.

Essa maneira é chamada diplomática, como expressão tranquilizadora para a mistura especial de habilidade no logro, na hipocrisia e falsidade, na cobiça sempre espreitadora, a fim de conseguir vantagens triunfantes a custo das fraquezas descobertas dos outros.

Na lei da Criação, porém, não há nenhuma diferença, tanto faz se um ser humano empreende isso para si pessoalmente ou somente em benefício de algum Estado. Agir em tais casos é agir, o que tem de desencadear todos os efeitos dessas leis.

Quem conhece as leis e seus efeitos não precisa ser profeta para prever o fim de tudo isso, qual o destino dos povos isolados e da humanidade terrena, pois a humanidade inteira não é capaz de deslocar ou desviar algo nisso!

Ela somente poderia ter tentado ainda, através de *oportuna* mudança de atuação no reconhecimento e cumprimento sincero das leis, amenizar muita coisa, a fim de com isso aliviar muitas aflições. Mas para isso já é agora demasiado tarde! Pois todos os efeitos de suas ações precedentes já estão em movimento.

Todas as dificuldades aí, porém, servem na verdade somente para bênção. É uma graça! Traz purificação lá onde se encontra o errado, acarretando agora o desmoronamento como última consequência, seja no Estado ou na família, no próprio povo ou no relacionamento com outros; encontramo-nos dentro do grande ajuste final de contas, que rege acima do poder da força humana. Nada pode ser excluído ou ocultado.

Falam ainda somente as leis de Deus, que se efetivam automaticamente com exatidão e inflexibilidade sobre-humanas em tudo quanto até agora aconteceu, pois penetrou nelas uma força nova proveniente da vontade de Deus, fazendo-as fecharem-se como muros férreos em redor dos seres humanos, protegendo ou também aniquilando, conforme a maneira como os próprios seres humanos se colocarem em relação a elas.

37. Agradecimento

Elas também permanecerão no futuro como muros em redor de tudo, por muito tempo ainda, e com a mesma força, a fim de que não possa produzir-se novamente tal confusão, como aconteceu até agora. Em breve os seres humanos serão forçados por meio disso a movimentarem-se somente nas formas desejadas por Deus, para seu próprio bem, para sua salvação, enquanto ela ainda for possível, até que então trilhem por si mesmos, novamente conscientes, os caminhos certos, que são de acordo com a vontade de Deus.

Olhai, portanto, em torno de vós, seres humanos, aprendei a vibrar em vossas palavras, para que nada percais!

FAÇA-SE A LUZ!

F AÇA-SE A LUZ! Quão distante se encontra ainda o ser humano da compreensão dessa grande sentença da Criação! Distante até da vontade certa de aprender a compreender esse processo! E ainda assim, há milênios ele se ocupa continuamente com isso. Mas de acordo com *sua* maneira. Não quer tomar com humildade uma centelha de compreensão da Verdade e recebê--la pura, mas sim apenas sofismar, ele próprio, sobre tudo, de modo intelectivo.

Cada tese, que estabelece a respeito, quer sempre fundamentá-la segundo o teor e a necessidade de seu cérebro terreno. Isso está certo no que diz respeito às *coisas terrenas* e a tudo que faz parte da matéria grosseira, a que também pertence o cérebro, do qual brota o raciocínio, pois o raciocínio outra coisa não é senão a percepção grosso-material. Por essa razão, os seres humanos que se submetem somente ao raciocínio, e que somente querem considerar como sendo justo e certo aquilo que pode ser incondicionalmente comprovado de modo intelectivo, são todos bem *estreitamente limitados* e indissoluvelmente ligados à matéria grosseira.

Eles estão, com isso, distanciados ao máximo do verdadeiro saber e do saber em geral, apesar de justamente eles se julgarem sábios.

Nessa pobreza se encontra hoje a ciência inteira diante de nós, se a contemplarmos direito. Restringindo-se a si própria, oprimindo tenazmente e recusando medrosamente tudo o que não pode comprimir nos limites estreitos de sua compreensão tão presa à Terra. Recusando realmente com medo, porque tais eruditos, apesar da rigidez, não podem negar que exista algo *mais* do que aquilo que eles são capazes de catalogar no registro de seus cérebros grosso-materiais e que, portanto, ainda pertence de modo absoluto ao plano de matéria grosseira, às últimas ramificações na extremidade inferior desta grande Criação!

Devido ao seu medo, alguns se tornam maldosos e até perigosos em relação a todos aqueles que não querem deixar-se envolver nessa rigidez, mas que esperam *mais* do espírito humano e por esse motivo não pesquisam somente com o raciocínio preso à Terra, mas sim com o *espírito,* indo além dos processos grosso-materiais, assim como é digno de um espírito humano ainda sadio e como é seu dever nesta Criação.

Os seres humanos de raciocínio querem a *qualquer preço* subjugar espíritos *vigilantes.* Assim foi durante milênios. E as trevas, que cada vez mais céleres se espalharam, principalmente por intermédio dos seres humanos de raciocínio, como consequência de tal restrição grosso-material, prepararam com o decorrer do tempo o solo que tornou possível o desenvolvimento do poder terreno do raciocínio.

Tudo quanto não podia ser justificado através do raciocínio foi hostilizado e sempre que possível ridicularizado, a fim de não encontrar acolhida e não poder inquietar os seres humanos de raciocínio.

Preventivamente, procurou-se difundir como sabedoria que tudo aquilo que não pudesse ser averiguado e confirmado pelo raciocínio pertence apenas a uma teoria insustentável!

Essa tese apresentada pelos seres humanos de raciocínio tem sido o seu orgulho e também a sua arma e o seu escudo durante milênios, até mesmo seu trono, que terá de ruir agora, já no início do despertar *espiritual!* O despertar espiritual mostra que essa tese tem sido completamente errada e foi torcida com atrevimento ilimitado, apenas para proteger a estreiteza presa à Terra e conservar o espírito humano em sono inativo.

Ninguém viu que justamente nessa afirmação foi dada também, ao mesmo tempo, a prova de quão distante o trabalho do raciocínio tem de situar-se do verdadeiro saber.

Rompei os limites estreitos que foram traçados apenas pela esperteza, a fim de que não fôsseis capazes de sobrepujar a

38. Faça-se a Luz! 305

arrogante erudição terrena do raciocínio humano! Aprendereis a intuir depressa que exatamente tudo aquilo que pode ser comprovado pelo raciocínio pertence à *teoria*, pois somente a teoria construída terrenamente pode ser comprovada como obra, o *verdadeiro saber nunca!*

Por conseguinte, também aqui é exatamente o contrário do que até agora foi afirmado. Também nisso, tudo tem de tornar-se novo, conforme o Senhor prometeu aos seres humanos! — O que pode ser *comprovado* pelo raciocínio é tudo teoria terrena, nada mais! E sobre isso se apoia a ciência de hoje, *assim* ela se mostra diante de nós. Isso, porém, nada tem a ver com sabedoria, isto é, com o verdadeiro saber! Existem eruditos que, segundo as leis primordiais da Criação, isto é, segundo a realidade, fazem parte dos espíritos humanos *mais broncos,* mesmo que tenham grande projeção terrena e sejam altamente considerados pelos seres humanos. Exercem na Criação apenas um papel ridículo.

Para os espíritos humanos desta Terra, porém, alguns dentre eles podem tornar-se muito perigosos, por guiarem através de caminhos errados e estreitos, nos quais o espírito nunca será capaz de desenvolver-se. Mantêm os seres humanos oprimidos, procuram constrangê-los dentro de sua própria erudição, que no fundo não passa de estreiteza terrena do raciocínio, envolta com futilidades.

Despertai e ampliai-vos, criai espaço para o voo às alturas, ó espíritos humanos, pois não fostes criados para permanecer somente na matéria grosseira, da qual deveis *utilizar*-vos, mas não considerar como pátria.

Na época atual, tão errada, um camponês é *espiritualmente* mais desperto e, com isso, *mais valioso* na Criação do que um erudito, no qual a intuição pura se perdeu completamente. Existe já um sentido profundo quando se fala em trabalho *árido* do raciocínio, ou em erudição árida. Quantas vezes o ser humano mais simples encontra com uma expressão intuitiva infalivelmente o certo. A expressão "árido" significa aqui "sem vida", portanto morto! Não há vida nisso. E essa expressão traz verdade em si.

Por esse motivo, o ser humano nunca poderá compreender com o raciocínio o elevado conceito da sentença sagrada: "Faça-se a Luz!" Apesar disso, ou talvez exatamente por isso, o "Faça-se" não o deixa em paz em seu pensar! Sempre e sempre de novo procura formar uma imagem disso para chegar ao *como*. Sabendo, porém, do como, então logo segue a pergunta: *por quê?* Ele quer finalmente saber ainda *por que* Deus fez surgir a Criação! Assim é o ser humano em sua espécie. Gostaria de *perscrutar* tudo, ele próprio. *Perscrutar,* no entanto, *nunca* poderá! Pois para o perscrutar precisaria utilizar-se da atividade de seu próprio espírito. Este, porém, nem poderia chegar à atividade com o atual trabalho dominante e expresso do raciocínio, por estar devido a isso demasiadamente restrito e atado ao que é *exclusivamente de matéria grosseira,* ao passo que o princípio da Criação se encontra infinitamente longe e acima da matéria grosseira, por pertencer a uma espécie completamente diferente.

O ser humano em seu estado atual não teria, devido a isso, nem sequer a perspectiva de um pressentimento, mesmo que fosse capacitado para isso interiormente. Mas também isso não *ocorre.* O espírito humano não pode absolutamente perscrutar fenômenos em tal altura, porque se encontram muito *acima* do ponto onde o espírito humano pode "saber" algo; portanto, onde é capaz de receber algo conscientemente!

De um querer perscrutar, portanto, nunca se pode falar nesse caso. Por esse motivo, também não há razão de o ser humano querer ocupar-se com isso. Pode somente captar em imagens, tão logo estiver disposto a receber com verdadeira humildade um saber a respeito disso. No entanto, "saber a respeito disso" não constitui, naturalmente, o próprio saber, que ele nunca poderá obter.

Tendo, portanto, o anseio sincero, porém humilde, de saber algo disso, então poderá imaginá-lo figuradamente. Quero descrever-lhe o fenômeno, tal como ele é capaz de receber. Para desenrolá-lo em toda sua grandeza diante do espírito humano, para fazê-lo surgir mesmo figuradamente, para isso não bastam *aquelas* expressões dadas ao espírito humano para compreender. —

Já expliquei na minha dissertação "A vida" como, em virtude do ato da vontade de Deus, contido nas palavras "Faça-se a Luz!",

38. Faça-se a Luz! 307

as irradiações se projetaram para fora e para além do limite do divino, e depois, em direção para baixo, resfriando sempre mais, tiveram de efetivar-se, com o que, na elasticidade ou pressão cada vez menores, devido ao resfriamento, diversas entealidades pouco a pouco puderam chegar à consciência própria, primeiro na intuição, e depois, fortalecendo-se também pouco a pouco, na atuação para fora. Exprimindo-me melhor, digo que a pressão não diminui pelo resfriamento, mas sim o resfriamento resulta da pressão que diminui.

Que cada processo isolado, cada modificação mínima no resfriamento abrange, pois, amplitudes e distâncias imensas, que novamente não podem ser compreendidas e percebidas pelo espírito humano, isso não preciso mencionar aqui de maneira especial.

Contentei-me naquela dissertação em dizer simplesmente que as irradiações, devido a um ato de vontade, foram impulsionadas para além dos limites do divino. Sobre o próprio ato de vontade não falei pormenorizadamente.

Hoje quero prosseguir nisso e explicar por que as irradiações *tinham* de transpor os limites da região divina, pois tudo no desenvolvimento da Criação ocorre apenas porque não pode ser de outra forma, portanto incondicionalmente de acordo com a lei. —

O Santo Graal foi desde a eternidade o polo final da irradiação imediata de Deus. Um cálice no qual se concentrava a irradiação no último e extremo ponto para, refluindo, renovar--se sempre. *Em volta* dele estava o divino Supremo Templo do Graal, com os portais, que abriam para fora, firmemente fechados, de maneira a nada poder sair dele e não haver possibilidade de ulterior resfriamento. Cuidado e guardado fora tudo pelos "anciaos", isto é, pelos eternamente imutáveis, capazes de levar uma existência consciente no extremo limite da região das irradiações divinas. —

Tem o ser humano de refletir agora, antes de tudo — se é que deseja seguir-me direito em minha descrição — que, no *divino,* vontade e ação são sempre uma só. A cada palavra segue--se imediatamente a ação, ou, mais precisamente, cada palavra já *é* a própria ação, porque a Palavra divina possui força criadora, transformando-se, portanto, imediatamente em ação. Assim também na grande sentença: "Faça-se a Luz!"

Luz é somente o próprio Deus! E da Sua irradiação natural resulta o círculo imensurável, para o sentido humano, da região divina, cuja ancoragem extrema é e foi desde toda a eternidade o Supremo Templo do Graal. Se Deus quisesse, pois, que além do limite da irradiação imediata divina também houvesse Luz, não poderia tratar-se aí de uma *expansão* simples e arbitrária das irradiações, *mas tinha de ser colocada Luz no ponto extremo do limite da irradiação imediata da perfeição divina,* a fim de, a partir de lá, as irradiações penetrarem no que até então não tinha sido iluminado.

Por conseguinte, Deus não pronunciou as palavras "Faça-se a Luz!" apenas segundo as noções humanas, mas isso foi simultaneamente uma ação! Foi o grandioso acontecimento da emissão ou do nascimento fora do divino de uma parte de Imanuel! A colocação para fora de uma parte de Luz da Luz Primordial, a fim de que iluminasse e aclarasse de forma autônoma além da irradiação imediata de Deus. O começo do grandioso despontar da Criação foi consequência simultânea da emissão de uma parte de Imanuel.

Imanuel é, portanto, a origem e o polo de partida da Criação, devido à emissão de uma parte dele. Ele é a vontade de Deus, que traz em si de maneira viva a sentença "Faça-se a Luz!", que é ele mesmo. A vontade de Deus, a Cruz viva da Criação, em torno da qual pôde e teve de formar-se a Criação. Por isso, ele também é a Verdade, assim como a lei da Criação, que através dele e a partir dele pôde formar-se!

Ele é a ponte saindo do divino, o caminho para a Verdade e a vida, a fonte criadora e a força que advém de Deus. —

Trata-se de uma imagem nova, que se desenrola diante da humanidade e que, no entanto, não desvia nada, mas sim endireita o que está torcido nas concepções humanas.

Resta-vos agora ainda a pergunta quanto ao "porquê"! Por que Deus enviou Imanuel? Se bem que esta pergunta, formulada pelo espírito humano, seja também bastante esquisita e até arrogante, mesmo assim quero explicá-la, tendo em vista que tantos seres humanos terrenos se sentem como vítimas desta Criação, na ilusão de que se eles podem errar é porque Deus os criou defeituosos.

A arrogância vai tão longe, que fazem disso uma *crítica* com a própria desculpa de que bastaria Deus ter criado o ser humano de tal forma que nunca pudesse pensar nem agir erradamente; com isso teria sido evitada também a queda da humanidade. Mas unicamente a capacidade de livre decisão do espírito humano foi que o levou à decadência e à queda! Tivesse ele observado e obedecido sempre às leis da Criação, então poderia existir para ele *somente* ascensão, felicidade e paz, pois assim querem essas leis. Deixando de cumpri-las, naturalmente se choca com elas, tropeça e cai. —

No círculo da perfeição divina, unicamente o *divino* pode usufruir as alegrias da existência *consciente,* as quais a irradiação de Deus oferece. É o mais puro do puro na irradiação, que pode formar-se, como, por exemplo, os arcanjos; em distância maior, no mais extremo limite de alcance da irradiação, formam-se então também os anciãos, que são ao mesmo tempo os guardiões do Graal no Supremo Templo do Graal, dentro do divino.

Com isso, é extraída a parte mais forte e mais poderosa da irradiação! Das partes restantes formam-se, no divino, animais, paisagens e construções. Com isso se modifica cada vez mais a espécie dos últimos resíduos, mas encontram-se subordinados à mais alta tensão na imensa pressão decorrente da proximidade de Deus, muito embora também aqui a Sua distância tenha de permanecer incomensurável e incompreensível para o espírito humano.

Nesses últimos resíduos, que, como ramificações e sobras extraídas das irradiações, não têm mais capacidade de produzir formas *no divino,* e em cujos limites extremos apenas passam e flutuam como nuvenzinhas luminosas, está contido também o espiritual. Não pode desenvolver-se sob essa alta pressão nem chegar à consciência. *O forte impulso para isso,* porém, encontra-se em todo o espiritual, e *é este impulso* que se eleva como uma grande súplica da flutuação permanente, a qual, nesse limite, não pode chegar a tecer-se nem formar-se.

E foi, por sua vez, a essa súplica no impulso inconsciente que Deus atendeu em Seu grande amor, permitindo que se realizasse, pois somente *fora* dos limites de todo o divino é que o espiritual, seguindo seu impulso, poderia desabrochar, para, em parte, usufruir conscientemente as bênçãos das irradiações divinas, viver dentro delas cheio de alegria, empenhando-se em construir para si próprio um reino que, florescendo e em harmonia, pudesse tornar-se um monumento em honra de Deus, como agradecimento à Sua bondade, por haver concedido oportunidade a todo o espiritual para o mais livre desenvolvimento e, com isso, para a formação de todos os desejos!

Segundo a espécie e as leis das irradiações de Deus, *tinha* de surgir *apenas felicidade e alegria* para todos quantos se tornassem conscientes. Nem podia ser de maneira diferente, já que para a própria Luz as trevas são completamente estranhas e incompreensíveis.

Assim, o grande ato foi um sacrifício do amor de Deus, que separou uma pequena parte de Imanuel e a enviou para fora, somente para conceder ao impulso constantemente suplicante do espiritual uma fruição consciente da existência.

Para chegar até lá, o espiritual tinha de ultrapassar os limites da região divina. Para tal acontecimento, porém, somente uma parte da Luz viva podia abrir caminho, porque a atração da Luz Primordial é tão forte, que tudo o mais ficaria retido no limite da irradiação imediata, sem poder prosseguir.

Para a concessão da realização do impulso de todo o espiritual havia, portanto, apenas *uma* possibilidade: a emissão de uma parte da própria Luz! Somente dentro dessa força podia o espiritual ultrapassar o limite, a fim de tornar-se autoconsciente, servindo-se do caminho da irradiação daquela parte da Luz, como ponte.

Mas isso também não era o suficiente, porque mesmo essa pequena parte da própria Luz, de acordo com a lei, teria sido atraída de volta pela Luz Primordial. Em virtude disso, essa parte da Luz ainda tinha de ser *ancorada* fora dos limites da região divina, pois do contrário o espiritual ali localizado estaria como que perdido.

38. Faça-se a Luz!

Tendo uma vez o espiritual transposto o limite da irradiação imediata de Deus, o que só pôde acontecer com a ajuda de uma parte da Luz, então, devido ao resfriamento resultante do afastamento cada vez maior e ao fato de tornar-se consciente em parte, não estava mais sujeito a essa força de atração original, não tendo mais, devido a isso, esse firme apoio, porque no resfriamento surgiu uma outra espécie e, com isso, um abismo separador. Unicamente a parte da Luz, como espécie igual da Luz Primordial, permaneceu sempre ligada com esta e também submetida diretamente à respectiva lei de atração.

Então teria ocorrido, como consequência infalível, que essa parte da Luz enviada fosse atraída novamente para a Luz Primordial, o que teria de ocasionar uma constante repetição da emissão e, com isso, interrupções correspondentes do ato de graça. Isso devia ser evitado, porque num retorno da parte da Luz para dentro do limite da região divina, em direção à Luz Primordial, o espiritual fora do limite teria ficado imediatamente entregue a si próprio e, com isso, sem apoio, sem aprovisionamento de força e, dessa maneira, incapaz de continuar a existir. Isso teria significado o perecimento de tudo o que se encontrasse fora da região divina.

Por esse motivo, então, a Luz Primordial, Deus, ligou a parte de Imanuel enviada por Ele com uma parte do mais puro extrato de todo o espiritual, como manto, com o que se deu uma ancoragem da parte da Luz com todo o existente fora do limite. Isso foi um sacrifício do amor de Deus em prol do espiritual, que com isso pôde tornar-se e *permanecer* consciente.

Assim, o espiritual, e tudo quanto surgiu dele, encontrou um apoio fora do limite do divino e uma fonte eterna de vida, da qual pôde desenvolver-se continuamente. Ao mesmo tempo estava lançada com isso a ponte do divino para fora, semelhante ao abaixamento de uma ponte levadiça, de maneira que o espiritual podia renovar-se permanentemente e expandir-se.

Então, uma parte de Imanuel, constituindo o "Faça-se a Luz", tornou-se para a Criação o ponto de partida e permanente corrente de vida, o núcleo, em torno do qual toda a Criação pôde formar-se.

Primeiro a região do espiritual primordial como Criação básica, para a qual Imanuel formou a ponte. Com isso ele tornou-se o Filho *extragênito* de Deus, em cuja irradiação pôde surgir o mundo espiritual primordial para tornar-se autoconsciente. Portanto, o Filho, em cuja irradiação se desenvolveu a humanidade, de onde tem origem a denominação "O Filho do Homem". *Aquele* Filho, que se encontra imediatamente acima dos espíritos humanos, porque estes somente através dele puderam desenvolver-se para a tomada de consciência.

Por ocasião do mistério da separação e da emissão de uma parte de Imanuel, esta permaneceu no Supremo Templo do Graal da região *divina,* por efeito da lei, como Rei do Santo Graal de acordo com sua origem; abriu o portal para fora e estabeleceu dessa forma a ponte de passagem para o espiritual. Ele, pessoalmente, *não* se encontrava *fora* do limite. Somente as suas irradiações passaram desse limite para fora, para o espaço até então ainda sem Luz.

Assim surgiu, no espiritual primordial, Parsival, vindo de Imanuel através de uma ligação, ou dito melhor, através de uma irradiação indestrutível em ligação permanente com Imanuel. *Dessa* maneira pode o ser humano imaginar essa união. São dois, mas na atuação um só! A parte de Imanuel, na parte divina do Supremo Templo do Graal, no mais extremo limite da região divina, encontrando-se ainda dentro desta e formando apenas a ponte, que é mantida aberta em direção ao espiritual primordial por seu intermédio, sim, através dele próprio, e Parsival, na parte espírito-primordial do Supremo Templo do Graal, que se originou com a tomada de consciência do espiritual e com a formação, a isso ligada, de todas as paisagens e construções. Ambas as pessoas inseparavelmente ligadas e atuando como *uma só,* sendo, portanto, também uma só!

Parsival está ligado por uma faixa de irradiação com Imanuel e simultaneamente também por uma faixa de irradiação com Elisabeth, a Rainha da feminilidade no divino, como mãe, e forma assim através da ligação das irradiações a eterna ancoragem. Elisabeth deu das irradiações do seu manto o primeiro invólucro para o núcleo de irradiação inenteal de Parsival.

38. Faça-se a Luz! 313

A Criação posterior pôde então surgir *da atuação dos espíritos primordiais* primordialmente criados. O processo é descendente e sempre uma contínua repetição, mesmo que enfraquecida, da Criação primordial, que se realiza conforme as leis correspondentes, pelo que, com a respectiva transformação das leis, naturalmente se modifica correspondentemente também a espécie dos acontecimentos.

Para a Criação posterior não existia mais nenhuma ligação direta com Imanuel, uma vez que ela se desenvolveu somente como sequência da Criação primordial, em decorrência da vontade dos espíritos primordiais. Esse fenômeno, porém, baseou-se igualmente apenas no amor ao espiritual, o qual, permanecendo inconsciente no reino espiritual primordial, desenvolveu o mesmo impulso para a tomada de consciência, como antes acontecera com o espiritual primordial na região divina. Só que a força do espiritual não era suficiente para que se formasse logo conscientemente na Criação posterior, como o conseguiu o espiritual primordial mais forte.

Na Criação posterior, o último sedimento do espiritual tinha de desenvolver-se só lentamente, sob a influência dos espíritos primordiais primordialmente criados, por não ser tão rico de conteúdo como o espiritual primordial.

Visto que a Criação posterior fora obscurecida pelos seres humanos, que se desenvolviam lentamente, e pela respectiva queda, decorrente do cultivo unilateral do raciocínio, era necessário intervir. A fim de tornar a endireitar auxiliadoramente tudo quanto a humanidade deformou, Parsival foi ligado com a matéria grosseira em Abdruschin. Abdruschin foi, portanto, Parsival, devido à ligação da irradiação imediata conduzida mais além, e cuja execução custou grandes preparativos e esforços. Com a sua existência na Terra, pôde ser conferida novamente à Criação posterior correspondente força da Luz, para esclarecimento, fortalecimento e auxílio a todo o espiritual e, através deste, para toda a Criação posterior.

A humanidade da Criação posterior, porém, opôs-se obstinadamente e não aceitou isso devido à sua presunção, porque não se importou com as leis da Criação, preferindo ficar com suas próprias asserções. Também não deu atenção à missão do Filho de Deus, que devia trazer-lhe ajuda *antes* do Juízo universal.

O Juízo universal é em si um processo natural e a consequência da formação de uma linha reta com a Luz, que se realizou com a peregrinação de Parsival através das partes do Universo. A Terra foi nesse caminho o ponto decisivo como limite extremo da matéria grosseira, porque, através da espécie espiritual de poucos seres humanos, ainda ofereceu um ancoradouro para isso e por essa razão pode ser salva conjuntamente como último planeta, muito embora já pertença ao reino das trevas. Aquilo que se encontra *ainda* mais baixo do que a Terra, portanto ainda mais envolto pelas trevas, será abandonado à decomposição, a que serão submetidas todas as trevas com tudo aquilo que elas mantêm agarrado.

A Terra ficou sendo, por conseguinte, o *último* baluarte da Luz em terreno inimigo. Por isso, encontra-se ancorado *aqui* também o ponto final da Luz. Quanto mais esticada ficar dia a dia a linha direta da trindade da atuação da Luz: Imanuel — Parsival — Abdruschin, tanto mais perceptível e visível se tornará o efeito da força da vontade divina, a qual estabelece a ordem e endireita novamente à força tudo o que a humanidade entortou, isto é, até onde se deixar endireitar. Aquilo que *não* se deixar endireitar terá de quebrar. A força da Luz jamais admite um meio-termo.

Somente na tensão *direta* dessa linha da Luz, o mundo estremecerá com a força divina, e a humanidade reconhecerá então Imanuel em Abdruschin!

Assim é a evolução em toda a sua simplicidade. Por amor fora satisfeito a todas as criaturas o anseio para o vivenciar consciente, anseio que as impulsionava! Por amor àqueles, porém, que querem a felicidade e a paz, na observação das leis naturais desta Criação, será então aniquilado tudo o que perturba a paz, por ter-se mostrado indigno de poder ser autoconsciente. Nisso reside o Juízo universal, temido com toda a razão! A grande transformação universal!

O espírito humano não tem nenhum direito de indagar o "porquê" da Criação, pois é uma exigência dirigida a Deus,

38. Faça-se a Luz!

exigência essa que ele não tem o direito de fazer, já que *ele próprio se fechou*, com o pecado original voluntário, a toda a sabedoria e à possibilidade de reconhecimentos mais elevados!

Eu dei, porém, explicação, a fim de desfazer as absurdas imaginações dos seres humanos de raciocínio, para que os espíritos humanos, que anseiam sinceramente pela Verdade e estejam dispostos a recebê-la com humildade, não se deixem transviar por tão criminosa e blasfemadora presunção, no momento de todas as decisões finais para o ser ou não ser de cada criatura! —

Para aquele que procura realmente, o saber a respeito disso muito dará, pois vós todos não podereis viver de outra maneira do que na lei! Na lei *viva!*

Se fordes capazes de compreender isso, é assunto vosso, pois nisso não posso ajudar-vos. A humanidade perguntou, pediu, e eu respondi sobre coisas que estão muito além da capacidade de compreensão do espírito humano, que se realizam em distâncias imensas, girando nas órbitas férreas da justiça e da perfeição divina. Com humildade incline-se o ser humano!

INENTEAL

A PALAVRA "enteal" é uma expressão da Criação. É tão abrangente, que o espírito humano, como uma partícula da Criação, nunca poderá ter dela um conceito certo. Como o contrário de enteal é utilizada a expressão "inenteal". O que significa inenteal o ser humano muito menos ainda pode imaginar. Terá sempre uma ideia confusa disso, pois trata-se de algo que sempre terá de permanecer um enigma para ele. Nem pode formar a tal respeito uma noção, por não existir para o inenteal nenhuma forma no sentido do espírito humano.

No entanto, a fim de levar-vos pelo menos um pouco mais perto da compreensão, quero empregar para expressões referentes à Criação expressões terrenas, mesmo que estas possam significar apenas uma diminuta sombra em relação à realidade.

Como enteal pensai no que é *dependente,* e como inenteal no único *independente!*

Isto vos dará, pensando de maneira humana, a melhor possibilidade de aproximar-vos *objetivamente,* mesmo que também não possa transmitir nem designar *o que* realmente é ou como é, pois esse *"o que"* nunca podereis compreender, ao passo que podeis fazer dessa maneira pelo menos uma imagem aproximada sobre o *"como"*.

O inenteal é, portanto, o único independente, ao passo que tudo o mais depende dele em *todo sentido* e por isso é denominado enteal, ao qual pertence também todo o espiritual e, da mesma forma, todo o divino, ao passo que o inenteal é unicamente Deus!

Daí vedes, portanto, que entre o divino e Deus há ainda uma grande diferença. O divino ainda não é Deus, pois o divino é

39. Inenteal

enteal, mas Deus é inenteal. O divino e tudo o mais existente depende de Deus, não pode existir sem Deus. Deus, porém, é de fato independente, se quisermos utilizar expressões terrenas para isso, as quais naturalmente não podem dar a entender aquilo que realmente é, visto que noções terrenas ou humanas não conseguem abranger tamanha grandeza.

Deus, portanto, não é divino, atentai bem nisso; Deus é *Deus*, visto que Ele é inenteal, e o inenteal não é divino, é Deus!

NATAL

NOITE SAGRADA! Jubiloso cantar em radiante agradecimento perfluiu outrora todos os planos da Criação, quando o Filho de Deus, Jesus, nasceu no estábulo de Belém, e os pastores dos campos — aos quais fora tirada a venda dos olhos espirituais durante aquele alegre abalo do Universo, para que pudessem testemunhar o grande acontecimento imensurável e chamar a atenção dos seres humanos — caíram de joelhos, *cheios de medo,* pois estavam dominados por aquilo que para eles era novo e incompreensível.

Medo tiveram os pastores, que momentaneamente foram tornados clarividentes e também clariaudientes para aquele fim. Medo ante a grandeza do acontecimento, ante a onipotência de Deus, que naquilo se mostrava! Por isso o anunciador das alturas luminosas também lhes falou primeiro tranquilizando: *Não tenhais medo!*

Essas são as palavras que sempre encontrareis, quando das alturas luminosas um anunciador fala aos seres humanos, pois é sempre medo o que primeiro sentem os seres humanos terrenos, quando avistam e ouvem anunciadores elevados; medo causado pela pressão da força, para a qual estão também um pouco abertos em tais instantes. Em parte mínima somente, pois um pouco mais já teria de esmagá-los e queimá-los.

E, no entanto, devia ser alegria e não medo, tão logo o espírito humano se esforçasse em direção às alturas luminosas.

Esse acontecimento não se revelou para toda a humanidade na Noite Sagrada! Além da estrela, que se mostrou de forma grosso--material, nenhum dos seres humanos terrenos viu aquele anunciador luminoso e a multidão luminosa que o rodeava. Ninguém viu nem ouviu, a não ser os poucos pastores escolhidos, que na sua simplicidade e ligação com a natureza podiam mais facilmente estar abertos para isso.

E anunciações de semelhante grandeza nunca podem realizar--se aqui na Terra de maneira diferente do que através de alguns poucos escolhidos! Lembrai-vos disso sempre, pois a regularidade da lei na Criação não pode ser revogada por vossa causa. Portanto, não construais formas de fantasia para não importa quais acontecimentos, que nunca podem ocorrer *assim* como *vós* pensais! Trata-se de exigências veladas, que nunca promanam de legítimas convicções, mas sim são um indício de descrença escondida e de uma indolência espiritual daqueles que não receberam a Palavra da minha Mensagem *conforme* esta o exige, a fim de poder tornar-se viva no espírito humano.

Naquela época, *acreditava-se* nos pastores; pelo menos durante algum tempo. Hoje pessoas assim só são ridicularizadas, tidas como excêntricas ou até como impostoras, visando obter com isso vantagens terrenas, porque a humanidade caiu demasiadamente fundo, para ainda poder tomar como verdadeiros os chamados vindos das alturas luminosas, principalmente se ela própria não pode vê-los nem ouvi-los.

Acreditais então, seres humanos, que Deus, devido à vossa profunda queda, derrube as leis perfeitas da Criação, só para servir-vos, para aplainar vossos erros e compensar vossa indolência espiritual? A perfeição de Suas leis na Criação é e permanece intangível, imutável, pois encerram a sagrada vontade de Deus!

Assim, também as grandes anunciações que esperais nunca poderão realizar-se aqui na Terra de maneira diferente do que pela forma que já conheceis há muito, e as quais também *reconheceis,* desde que datem de tempos remotos.

Um assim chamado bom cristão denominaria, sem mais nada, de blasfemador e grande pecador *aquele* ser humano que ousasse afirmar que a anunciação aos pastores do nascimento do Filho de Deus, Jesus, não passa de uma lenda.

Contudo, esse mesmo bom cristão rejeita com veemente indignação as anunciações do tempo atual, apesar de serem dadas da *mesma forma,* através de pessoas agraciadas para isso, e chama esses portadores, sem mais nada, *também* de blasfemadores, nos casos mais favoráveis talvez apenas de fantasistas ou doentios, frequentemente de desorientados.

Refleti vós próprios, porém, onde se encontra aí um pensamento sadio, onde, uma consequência rigorosa e onde, a justiça? Unilaterais e doentiamente restritas são essas concepções de fiéis rigorosos, conforme gostam de denominar a si próprios. Contudo, na maioria dos casos trata-se de indolência de seus espíritos e a sempre daí decorrente presunção humana dos espiritualmente fracos, que se empenham, pelo menos aparentemente, em agarrar-se tenazmente a determinado ponto de um acontecimento anterior aprendido, mas nunca realmente *vivenciado;* no entanto, de modo algum estão capacitados para um progresso de seus espíritos e, por *essa razão,* repelem todas as novas revelações.

Quem dentre os *fiéis,* aliás, já pressentiu a grandeza de Deus, que se patenteia no acontecimento ocorrido serenamente naquela Noite Sagrada, através do nascimento do Filho de Deus. Quem pressente a graça que com isso foi outorgada à Terra, como um presente!

Naquela época houve júbilo nas esferas; hoje há tristeza. Apenas sobre a Terra, muitos seres humanos procuram proporcionar alegria para *si* ou para outros. Mas nada disso é realizado naquele sentido como teria de ser, se o reconhecimento ou enfim a verdadeira noção de Deus se manifestasse no espírito humano.

Se houvesse um mínimo pressentimento da realidade, aconteceria com todos os seres humanos, como com os pastores; sim, não poderia ser diferente, ante tamanha grandeza: cairiam imediatamente de joelhos... *por medo!* Pois no pressentir teria de surgir primeiro o medo, de modo intenso, e prostrar o ser humano, porque com o pressentimento de Deus evidencia-se também a grande culpa com que o ser humano se sobrecarregou na Terra, só na maneira indiferente com que toma para si as graças de Deus e nada faz para servir realmente a Deus!

Quão estranho é, pois, que cada ser humano, que deseje que a festa de Natal atue de maneira excepcionalmente certa sobre ele, procure transportar-se para a infância!

40. Natal

Isto é, pois, um sinal suficientemente nítido *de que* ele nem é capaz de vivenciar, como *adulto*, a festa de Natal com a *intuição!* É a prova de que *perdeu* alguma coisa que *possuía* quando criança! Por que isso não dá o que pensar aos seres humanos! Trata-se novamente de indolência espiritual, que os impede de se ocuparem seriamente com essas coisas. "Isso é para crianças", pensam eles, e os adultos não têm absolutamente tempo para isso! Eles têm de pensar em *coisas mais sérias.*

Coisas mais sérias! Com essas coisas mais sérias referem-se somente à caça às coisas da Terra, isto é, trabalho do raciocínio! O raciocínio rechaça depressa e para longe as recordações, a fim de não perder a primazia, quando uma vez é dado lugar à intuição!

Em todos esses fatos aparentemente tão pequenos, seriam reconhecidas as *maiores* coisas, se o raciocínio somente desse tempo para isso. Mas ele tem o predomínio e luta por isso com toda a astúcia e malícia. Isto é, não ele, mas na realidade luta aquilo que se utiliza dele como instrumento e que se esconde atrás dele: as trevas!

Não querem deixar encontrar a Luz nas recordações. E *como* o espírito anseia encontrar a Luz e dela haurir nova força, reconhecereis aí que com as recordações do Natal da infância desperta também uma indeterminada e quase dolorosa saudade, que é capaz de enternecer passageiramente muitas pessoas.

Esse enternecimento poderia tornar-se o melhor terreno para o *despertar*, se fosse utilizado logo e também com toda a força! Mas infelizmente os adultos alcançam isso somente em devaneios, com o que desperdiçam e perdem a força que surge. E nesses devaneios passa também a oportunidade, sem poder trazer proveito ou sem ter sido utilizada.

Mesmo quando certas pessoas deixam cair algumas lágrimas com isso, envergonham-se delas, procuram escondê-las, recompõem-se com um impulso físico, no qual tantas vezes se torna reconhecível uma inconsciente teimosia.

Quanto poderiam os seres humanos aprender com tudo isso. Não é em vão que nas recordações da infância se insere uma leve melancolia. Trata-se do sentimento inconsciente de ter perdido alguma coisa que deixou um vazio, a incapacidade de intuir ainda infantilmente.

Mas certamente tendes notado muitas vezes o efeito maravilhoso e revigorante que causa uma pessoa, apenas com sua presença silenciosa, de cujos olhos irrompe de vez em quando um brilho *infantil.*

O adulto não deve esquecer que o infantil não é pueril. Ignorais, porém, por que o infantil pode atuar assim, o que ele é na realidade! E por que Jesus disse: Tornai-vos como as crianças!

Para descobrir o que é infantil, deveis primeiro ficar cientes de que o infantil absolutamente não está ligado à criança em si. Com certeza vós próprios conheceis crianças, às quais falta a verdadeira e bela infantilidade! Existem, portanto, crianças sem infantilidade! Uma criança maldosa nunca se comportará infantilmente, tampouco uma criança mal-educada; na realidade, *não* educada!

Disso resulta claramente que infantilidade e criança são duas coisas independentes.

Aquilo que na Terra se chama infantil é um ramo da atuação da *pureza!* Pureza no sentido mais elevado, e não apenas no sentido humano-terrenal. O ser humano que vive na irradiação da pureza divina, que concede lugar para a irradiação da pureza dentro de si, adquiriu com isso também o infantil, seja ainda na idade da infância ou já como adulto.

A infantilidade é o resultado da pureza interior, ou o sinal de que tal ser humano se entregou à pureza, servindo-a. Estas são apenas maneiras diferentes de expressão; na realidade, porém, sempre a mesma coisa.

Por conseguinte, somente uma criança pura pode comportar-se infantilmente, assim como um adulto que cultive a pureza dentro de si. Por isso ele exerce um efeito *revigorante* e vivificador, despertando também confiança!

E onde existir a verdadeira pureza, poderá surgir também o verdadeiro amor, pois o amor de Deus atua na irradiação da pureza. A irradiação da pureza é o seu caminho, por onde ele segue. Não seria capaz de seguir por outro.

40. Natal

Quem não tiver absorvido, dentro de si, a irradiação da pureza, a esse nunca poderá chegar a irradiação do amor de Deus!

Lembrai-vos sempre disso e dai a *vós* próprios, como presente de Natal, o firme propósito de abrir-vos para a pureza, a fim de que, para a Solenidade da Estrela Radiante, que é a Solenidade da Rosa no amor de Deus, a irradiação do amor possa penetrar em vós pelo caminho da pureza!

Então tereis festejado de modo *certo* a festa da Noite Sagrada, de acordo com a vontade de Deus! Proporcionareis com isso o verdadeiro agradecimento pela inconcebível graça de Deus, que Ele sempre de novo outorga à Terra com a Noite Sagrada!

Hoje em dia são celebrados muitos serviços a Deus[*] em memória do nascimento do Filho de Deus. Percorrei em espírito ou também na memória as igrejas de toda espécie, deixai falar vossa intuição e decididamente vos afastareis das reuniões que são chamadas serviços a Deus!

No primeiro momento o ser humano surpreende-se que eu fale dessa maneira, ele não sabe o que quero dizer com isso. Mas isso só acontece, porque até agora ele nunca se esforçou em refletir sobre a expressão "serviço a Deus" e depois fazer uma comparação com os acontecimentos que se denominam serviço a Deus. Aceitastes isso simplesmente como tanta coisa que existe como hábito desde séculos.

E, no entanto, a expressão "serviço a Deus" é tão inequívoca, que nem *pode* ser usada em sentido errado, se o ser humano não tivesse o costume de aceitá-la e perpetuá-la *indiferentemente*, desde séculos, sem hesitação. O que *atualmente* é denominado serviço a Deus é na melhor das hipóteses uma oração, ligada a tentativas de interpretação humana daquelas palavras ditas pelo Filho de Deus e só mais tarde escritas por mãos humanas.

Nesse fato nada pode ser alterado, nenhum ser humano pode contradizer tais declarações, se quiser ser sincero perante si mesmo e perante aquilo que realmente aconteceu. Acima de tudo, se não for demasiado indolente para refletir profundamente

---

[*] *Nota de tradução* – Cultos religiosos.

sobre isso e não utilizar expressões vazias, transmitidas por outros, como autodesculpa.

E, no entanto, a expressão "serviço a Deus" é tão viva em sua especificação e fala por si mesma *tão* nitidamente aos seres humanos, que, havendo apenas um pouco de intuição, dificilmente poderia ser empregada para aquilo que ainda hoje se designa assim, não obstante o ser humano terreno se julgar muito avançado.

O serviço a Deus tem de tornar-se *vivo*, se a expressão deva transformar-se em realidade com tudo o que ela encerra. Tem de mostrar-se na *vida*. Quando pergunto o que vós, seres humanos, entendeis por serviço, isto é, por *servir*, não haverá um que não responda logo senão pela palavra: *trabalhar!* Isso está bem explícito na palavra "serviço", e nem se pode imaginar algo diferente.

O *serviço* a Deus na Terra não é naturalmente outra coisa do que *trabalhar* aqui na Terra no sentido das leis de Deus, atuando e vibrando nisso terrenamente! Transformar em ação na Terra a vontade de Deus!

E isso falta por toda parte!

Quem procura, pois, servir a Deus na atividade terrena! Cada qual só pensa em si mesmo e, em parte, naqueles que lhe estão próximos terrenamente. Mas pensa que *serve* a Deus quando Lhe dirige a oração!

Refleti, pois, vós próprios, onde na realidade se encontra nisso o servir a Deus? É, no entanto, tudo, menos *servir!* Assim é uma parte do hoje chamado serviço a Deus, que engloba a *oração.* A outra parte, a interpretação da palavra que foi escrita por mão humana, pode ser considerada, por sua vez, apenas como aprendizagem para aqueles que realmente se esforçam por conseguir uma compreensão. Os indiferentes e os superficiais estão fora de cogitação.

Não é absolutamente sem razão que se diz "frequentar" um serviço a Deus ou "assistir" a ele. Essas são as expressões *certas* para isso, que falam por si próprias!

Serviço a Deus, porém, o ser humano deve *executar pessoalmente,* e não assistir a ele. "Pedir" não é servir, pois no pedir o ser humano quer geralmente obter de Deus alguma coisa, Deus deve fazer algo para ele, o que está muito longe da noção de "servir". Por conseguinte, o pedir e a oração não têm nada a ver com o *serviço* a Deus.

Certamente isso se tornará compreensível a *cada* ser humano, sem mais nada. Tudo aquilo que o ser humano faz na Terra tem que ter sentido; não pode abusar como quiser do idioma que lhe foi presenteado, sem que isso lhe cause prejuízo. Já que não adquiriu nenhum conhecimento sobre o poder que reside também na palavra humana, nada pode protegê-lo diante disso.

É erro *seu,* se descuida disso! Fica sujeito então às consequências do emprego errado das palavras, que se transformam para ele em obstáculo em vez de auxílio. A tecedura automática de todas as leis primordiais da Criação não para e nem vacila perante as faltas do ser humano; pelo contrário, toda contextura da Criação prossegue sua marcha com inabalável exatidão.

Eis o que os seres humanos nunca consideram e por isso também não atentam, para dano próprio. Repercute sempre, de modo correspondente, até mesmo nas coisas mínimas e mais insignificantes.

A denominação em si errada das reuniões referidas como "serviço a Deus" também contribuiu muito para que o verdadeiro serviço a Deus não tenha sido levado a efeito pelos seres humanos, porque cada qual acreditava já ter feito bastante, assistindo a tal serviço a Deus, que nunca foi verdadeiramente um *serviço* a Deus. —

Denominai essas reuniões uma hora de *adoração conjunta* a Deus e então ficaria mais próximo do sentido e, até certo grau, justificaria a instituição de horas especiais, muito embora a adoração a Deus também se encontre em cada olhar, cada pensamento e cada ação, podendo expressar-se através deles.

Muitas pessoas certamente pensarão que isso não é possível sem parecer artificial e demasiado forçado. Mas não é assim. Quanto mais irromper a verdadeira adoração a Deus, tanto mais natural se tornará o ser humano em todo seu atuar e até mesmo em seus mais simples movimentos. Ele vibra então em sincera gratidão para com o seu Criador, usufruindo as graças na forma *mais pura.*

Transportai-vos hoje para a festa da Noite Sagrada em qualquer dos serviços a Deus aqui na Terra.

Jubiloso agradecimento e felicidade devia vibrar em cada palavra, pela graça que Deus concedeu outrora aos seres humanos. Até o ponto em que, aliás, se saiba avaliar essa graça entre os seres humanos, pois compreender *inteiramente* a verdadeira grandeza o espírito humano não consegue.

Mas *aí* se procura em vão por toda parte. Falta o impulso alegre para as alturas luminosas! De agradecimento jubiloso nenhum sinal. Muitas vezes até se torna perceptível uma opressão, que tem sua origem numa decepção, que o ser humano não sabe explicar a si mesmo.

Só uma coisa se encontra por toda parte, algo que a espécie do serviço a Deus de todos os credos reproduz, como se estivesse gravado com o cinzel mais afiado, caracterizando ou forçando a corporificação audível de tudo o que vibra no serviço a Deus: através de todas as vozes que pregam percorre um som monótono, como que melancólico, que cansa por sua contínua repetição e se estende como um véu cinzento sobre as almas que estão adormecendo.

Apesar disso, soa às vezes também como um lamento velado por algo perdido! Ou por algo não encontrado! Ide lá pessoalmente e escutai. Por toda parte encontrareis essa situação esquisita e estranha!

Não se torna consciente aos seres humanos, mas, falando com termos usuais: isso se dá assim mesmo!

E nisso reside verdade. Isso se dá assim, involuntariamente, por parte do orador e mostra bem nitidamente a maneira em que tudo vibra. Não se pode falar de um alegre impulso ascendente nem de um entusiasmo flamejante; pelo contrário, é como uma combustão difusa e fraca, que não consegue a força para irromper livremente para cima.

Onde o orador não se deixa "levar" pela vibração difusa e fraca desse serviço a Deus, quando permanece intocado por isso, o que equivaleria a certa indiferença ou a um consciente alheamento, aí todas as palavras parecerão *untuosas,* equiparando-se ao ressoar de um metal, frio, sem calor, sem convicção.

40. Natal

Em ambos os casos falta o ardor da convicção, falta a força do saber vitorioso que quer falar disso ao próximo em alegria jubilosa!

Se, como na expressão "serviço a Deus", for utilizada uma denominação enganosa para algo cujo conteúdo seja diferente daquilo que a expressão indica, então esse erro tem consequências. A força que poderia ter é quebrada de antemão com o emprego de uma denominação errada, não podendo surgir um verdadeiro e uníssono vibrar, porque através da expressão indicadora se originou outro conceito, que não se cumpre. A execução do serviço a Deus se encontra em contradição com aquilo que a expressão "serviço a Deus" faz surgir como imagem na mais íntima intuição de cada espírito humano.

Ide e aprendei, e logo reconhecereis onde vos é oferecido o verdadeiro pão da vida. Antes de tudo, utilizai as reuniões em conjunto como *horas de solene adoração a Deus*. Serviço a Deus, porém, mostrai na atuação inteira do vosso ser, na própria vida, pois é *assim* que deveis *servir* ao vosso Criador, gratos, cheios de júbilo pela graça de poderdes existir!

Transformai tudo o que pensais e fazeis num *servir* a Deus! Então vos sobrevirá *aquela* paz pela qual ansiais. E quando os seres humanos vos afligirem pesadamente, seja por inveja, maldade ou baixos costumes, tereis a paz *dentro* de vós para sempre, e ela vos ajudará, por fim, a vencer todas as dificuldades!

NÃO *CAIAIS* EM TENTAÇÃO!

V ELAI E ORAI para não *cairdes* em tentação! Essa advertência vinda da Luz foi considerada pelos seres humanos até agora somente como um conselho bondoso do Filho de Deus, Jesus, em virtude da maneira branda que se atribuiu ao Filho de Deus, como consequência da tão pronunciada presunção humana.
Tenho de repeti-la hoje!
Contudo, é mais do que apenas um conselho, pois é uma *exigência* de Deus para vós, ó seres humanos, se quiserdes salvar-vos dos frutos venenosos das vossas concepções e conceitos errados.
Não penseis que agora, sem mais nada, sereis tirados por Deus do pântano repugnante, que vos segura com tamanha tenacidade, com a mesma tenacidade que usastes para formar tal pântano, com obstinada teimosia contra a vontade de Deus.
Deus não vos tirará como gratidão, pelo fato de talvez agora quererdes finalmente; oh! não, *vós mesmos* tendes de esforçar-vos para sair, da mesma forma que vos deixastes afundar.
Vós é que tendes de esforçar-vos, de maneira sincera e com grande aplicação, a fim de poderdes subir novamente para terra saudável. Se *fizerdes* isso, só *então* vos será dada a força para tanto, mas sempre na mesma medida de vossa vontade; isso exige inexoravelmente a justiça que está em Deus. —
E *nisso* reside o auxílio que vos está prometido e que se concretizará no mesmo momento em que vossa vontade se tiver transformada finalmente em ação; não antes.
Como *presente* de Deus vos é dada a Palavra, que vos indica com toda a clareza o caminho que tendes de seguir, se quiserdes salvar-vos! Na Palavra está a graça que Deus outorga em Seu incomensurável amor, conforme já sucedeu uma vez através de Jesus.

41. Não caiais em tentação!

A *Palavra é o presente.* O grande *sacrifício* de Deus, porém, é o *ato* de enviar a Palavra até as materialidades grosseiras para vós, seres humanos, o que sempre está ligado a grande sofrimento, devido à atitude hostil dos seres humanos para com a Luz, decorrente da presunção. E ninguém mais pode dar aos seres humanos a Palavra verdadeira, a não ser uma parte da própria Palavra. O portador da Palavra viva tem, portanto, de *originar-se* também da *própria* Palavra!

Se, porém, depois de principiada a escuridão entre os seres humanos na Terra, *não* lhes tivesse sido dada a Palavra, teriam eles de sucumbir na decomposição, junto com as trevas que os envolvem densamente.

E por causa do pequeno número daqueles que ainda trazem em si a saudade da Luz, apesar da escuridão que os seres humanos formaram, mais uma vez Deus, em Sua justiça e amor, enviou a Palavra viva para essa escuridão, a fim de que os poucos, por causa da justiça, não *tenham* de perder-se com os outros, mas ainda possam salvar-se pelo caminho que a Palavra lhes indica.

Para que a Palavra, porém, pudesse indicar o caminho que conduz para fora da escuridão, ela tinha de aprender a conhecer antes essa escuridão e vivenciá-la em si, tinha de propriamente mergulhar nela, a fim de seguir primeiro o caminho para fora e com isso abrir passagem aos seres humanos que quisessem segui-la.

Somente à medida que a Palavra seguia o caminho para fora dessa escuridão, podia ela também explicar o caminho e fazer com que os seres humanos compreendessem melhor!

Por si só, sem esse auxílio, os seres humanos nunca teriam conseguido isso. Compreendei, portanto, ó seres humanos, que tal decisão, que se tornou necessária apenas por causa de um pequeno número de pessoas, foi efetivamente um grande sacrifício de amor, que unicamente *Deus,* em Sua imutável justiça, pode realizar!

Esse foi o *sacrifício* que *tinha* de cumprir-se, inteiramente de acordo com a lei, por causa da justiça e do amor, na perfeição intangível e inflexível da vontade de Deus.

Mas isso não é nenhuma desculpa para os seres humanos, pois tal sacrifício somente se tornou necessário devido ao falhar da humanidade que se afasta da Luz.

Portanto, se o sacrifício ocorreu também dentro das leis da sagrada vontade de Deus, nem por isso diminui a culpa da humanidade, pelo contrário, é ainda maior, porque ela criminosamente dificultou tudo, torcendo e confundindo tudo aquilo que lhe foi confiado por Deus.

Fica, portanto, o grande sacrifício totalmente isolado, como uma consequência da perfeição de Deus, da sacrossanta vontade.

Se, contudo, ainda quiserdes salvar-vos realmente, é *assunto vosso* exclusivamente, pois essa perfeição divina, da qual resultou o grande sacrifício de Deus, como algo incondicional, exige também a destruição de tudo quanto na Criação inteira não for capaz de adaptar-se voluntariamente de acordo com as leis de Sua vontade.

A tal respeito, não existe misericórdia nem fuga, nenhuma exceção nem desvio, mas sim unicamente a efetivação conforme as leis da Criação, no fechamento do ciclo de todo o atuar de até então.

Por isso a exigência: Velai e orai para não *cairdes* em tentação!

Compreendei bem essas palavras, e então aprendereis a reconhecer a severa exigência contida nelas. Velai! apela para a vivacidade da vossa *intuição* e exige com isso a movimentação do espírito! Unicamente nisso é que reside a verdadeira vigilância. E também *nisso*, novamente, a feminilidade tem de seguir na frente, porque lhe foi dada uma sensibilidade mais ampla e mais fina.

A feminilidade deve ser vigilante na força da sua pureza, à qual tem de servir, se quiser cumprir fielmente a missão da feminilidade nesta Criação. Isso, porém, ela só pode fazer como sacerdotisa da pureza!

Velai e *orai*, diz a sentença que vos é dada mais uma vez no caminho. O *velar* refere-se à vossa vida terrena, na qual deveis estar automaticamente preparados, a qualquer momento, para intuir nitidamente as impressões que se precipitam sobre vós, e também pesá-las cuidadosamente, assim como examinar antecipadamente, com cuidado, tudo o que sai de vós.

41. Não caiais em tentação!

O orar, porém, traz a manutenção da ligação com as alturas luminosas e o abrir-se às sagradas correntezas de força para utilização terrena.

Para isso destina-se a oração, que vos força a dirigir o vosso sentido desta Terra para o alto. *Por isso* a exigência, cujo cumprimento só vos traz inenarráveis proveitos através de fortes auxílios, a cuja afluência vós, em caso contrário, vos fechais devido à inobservância das leis da Criação.

Cumprindo *ambas* as exigências, nunca podereis *cair* em tentação! Interpretai também direito esta indicação, pois se vos é dito: "para não cairdes em tentação", então isso não quer dizer que se velardes e orardes nenhuma tentação mais vos atingirá, que elas ficarão afastadas, que, portanto, não caireis em tentações, porém deve significar: se permanecerdes sempre vigilantes e orardes, então nunca podereis sucumbir às tentações que venham a vosso encontro; podereis enfrentar vitoriosamente todos os perigos!

Acentuai certo a frase, conforme é intencionado. Por isso, não coloqueis acentuação na palavra "tentação", mas sim na palavra "*cairdes*", então, sem mais nada, tereis compreendido o sentido certo. É dito: "Velai e orai para não *cairdes* em tentação!" Velar e orar é, portanto, uma proteção diante da *queda,* mas não exclui aqui no meio das trevas a aproximação das tentações, que, se vossa disposição estiver certa, só podem fortalecer-vos e inflamar vosso espírito para um maior incandescimento, devido à pressão da necessária resistência, trazendo-vos, portanto, grande proveito.

Tudo isso, porém, não mais se tornará um perigo para a humanidade, mas sim uma alegria, um bem-vindo movimento espiritual, que somente traz progresso ao invés de obstruir, *assim que a feminilidade cumprir fielmente a sua missão,* que lhe foi concedida pelo Criador e para a qual foi especialmente preparada.

Se ela finalmente quiser com sinceridade, então não lhe será difícil cumprir realmente. Sua missão reside no sacerdócio da pureza!

Isso ela pode realizar *por toda parte,* a qualquer momento, sem precisar para tanto de compromissos especiais; pode cultivar isso, sem mais nada, em *cada olhar* e em *cada palavra* que sai de sua boca, até mesmo em qualquer movimento; isso tem de tornar-se inteiramente natural para ela, pois vibrar na Luz da pureza é o seu verdadeiro elemento, ao qual ela se manteve fechada até agora por mera leviandade e por vaidade ridícula.

Despertai, ó senhoras e moças! Segui o caminho do cumprimento da vossa feminilidade humana, que o Criador vos traçou nitidamente e que, aliás, é a razão de poderdes estar nesta Criação! Então não tardará a revelar-se perante vós milagre após milagre, pois com isso florescerá tudo, para onde quer que vosso olhar se volva, porque a bênção de Deus vos perfluirá ricamente, tão logo a pureza de vossa vontade aplainar para isso o caminho e abrir os portais dentro de vós!

Felicidade, paz e alegria, como jamais houve, cobrirão radiosamente esta Terra, quando a feminilidade formar a ponte para os páramos luminosos, conforme está previsto na Criação, e quando ela, mediante sua existência exemplar, conservar desperta a saudade da Luz em todos os espíritos e tornar-se a guardiã da chama sagrada!

Ó mulher, o que te foi dado, e como desperdiçaste criminosamente toda a preciosidade da sublime graça de Deus!

Reflete e torna-te sacerdotisa da pureza na mais íntima intuição, a fim de poderes caminhar bem-aventuradamente através de uma região florida, onde seres humanos, de olhos brilhantes, agradecem jubilosamente ao seu Criador pela graça da vida terrena, da qual se servem como degraus para os portais dos jardins eternos!

Encarai vossa missão, ó senhoras e moças, como futuras sacerdotisas da pureza divina aqui na Terra, e não descanseis enquanto não tiverdes alcançado aquilo que vos falta para isso!

CONCEITO DE FAMÍLIA

Doce lar! Nessas palavras, encontra-se um som que indica claramente *como* deve ser um lar, que o ser humano constitui aqui na Terra.

A *expressão* já é bem certa, como tudo o que a palavra dá aos seres humanos; contudo, também aqui o ser humano torceu o sentido claro e o arrastou consigo na decadência. Despojou-se assim de um apoio após outro, que podiam dar-lhe segurança na existência terrena, e tudo quanto havia de puro na origem foi fortemente turvado pelas conceituações erradas dos seres humanos e muitas vezes até criminosamente transformado num charco, que evoluiu numa vala comum das almas.

Disso faz parte também o conceito de família em sua forma de *até agora,* que tão frequentemente é louvado e salientado como algo nobre e íntegro, de valor especialmente elevado, como algo que proporciona ao ser humano grande apoio, que o fortalece e beneficia, tornando-o um respeitável cidadão terreno, que, seguro e protegido, está capacitado para a luta pela existência, como hoje os seres humanos gostam de denominar cada vida terrena.

Mas como sois tolos, ó seres humanos; como é estreita e limitada vossa visão sobre tudo, principalmente sobre aquilo que se refere a *vós* e à vossa peregrinação através das Criações.

Exatamente o conceito de família tido por vós em tão alta conta é uma daquelas armadilhas que, com grande precisão, exige numerosas vítimas e também as consegue, pois muitas pessoas são, sem a menor consideração, arremessadas para dentro através das leis não formuladas dos costumes humanos e retidas nelas por milhares de braços, até que, atrofiando-se animicamente de modo lastimável, se entrosem indefesas na massa inerte que as arrasta para as profundezas de apagada impessoalidade!

E esquisito: justamente todas aquelas pessoas que, com tenaz energia, procuram agarrar-se a tais formas erradas, ainda imaginam com isso continuar diante de Deus como especialmente valiosas. Mas eu vos digo, devem ser consideradas como elementos nocivos que *impedem* o desenvolvimento e o fortalecimento de muitos espíritos humanos, ao invés de favorecer!

Rompei, pois, finalmente, os portais de vossa intuição, para que vós próprios possais reconhecer, agora, o errado que se aninhou em *todas* as coisas e costumes que o ser humano formou para si, pois ele os formou, sim, sob o domínio do raciocínio torcido, guiado por Lúcifer!

Quero tentar dar uma imagem que possa levar-vos mais próximos da compreensão. Ela está intimamente ligada ao grande circular de acordo com as leis da Criação, que, impulsionado pela lei do movimento, deve manter tudo sadio, porque somente no movimento certo podem permanecer o frescor e a força.

Consideremos, pois, como *deve* ser na Terra, e não como é agora. Então, todo o espiritual na Terra se assemelharia a um líquido límpido que se encontra em constante movimento circular e assim permanece, a fim de que não engrosse ou até mesmo enrijeça.

Pensai também num riacho alegremente murmurante. Como é deliciosa sua água, como é refrescante e vivificante, oferecendo alívio a todos os sedentos e com isso trazendo alegrias e proporcionando bênçãos no percurso que segue.

Se, contudo, dessa água, num ou noutro lugar, uma pequena parte se separa, ao sair de modo independente para o lado, então essa parte que se separou fica, na maioria dos casos, logo retida e inerte, qual pequena poça, que, em sua separação, perde rapidamente o frescor e a limpidez, exalando mau cheiro, porque, sem movimento, pouco a pouco se deteriora, devendo tornar-se ruim e podre.

Exatamente assim é com o vibrar espiritual dos seres humanos terrenos. Enquanto circular harmoniosamente, de acordo com a lei do movimento, sem impedimentos ou pressa, também se desenvolverá, abençoadamente, alcançando uma força inimaginada, trazendo dessa forma continuamente ascensão, porque é favorecido ao mesmo tempo por todas as espécies de vibrações

42. Conceito de família

da Criação inteira, ao passo que nada se opõe a ele, mas sim tudo se liga alegremente, fortalecendo a atuação de modo auxiliador.

Assim foi o vibrar outrora, há longos, longos tempos, e com desenvoltura saudável e naturalidade cada espírito humano ascendia sempre mais e mais, desenvolvendo-se alegremente no reconhecimento. Agradecido, absorvia todas as irradiações que lhe podiam ser enviadas auxiliadoramente da Luz, e assim fluía uma corrente refrescante de forças espirituais da água viva para baixo, até a Terra, e dela, em forma de agradecida adoração e como fluxo do contínuo vivenciar cheio de paz, voltava novamente para cima, para a fonte de conservação.

Um prosperar maravilhoso foi a consequência por toda parte, e, como um jubiloso cântico de louvor, no alegre e desimpedido circular do movimento harmonioso, soavam, pela Criação inteira, acordes majestosos de pureza não turvada.

Assim foi outrora, até que se iniciou a torção dos reconhecimentos, através da formação de conceitos básicos errados, em decorrência da vaidade dos seres humanos, trazendo com isso perturbações no maravilhoso entrelaçamento de todas as irradiações da Criação, que nas suas constantes intensificações terão de forçar por fim o descalabro de tudo aquilo que se ligou estreitamente a eles.

A tais perturbações pertence, entre muitas outras coisas, também o atual rígido conceito de família em sua forma errada, de inacreditável expansão.

Precisais apenas imaginar isso figuradamente. No harmonioso vibrar e circular do espírito em ascensão, que irradiava revigorantemente ao redor da Terra, traspassando-a luminosa e abençoadamente, em conjunto com a entealidade, e elevando-a consigo na forte saudade da Luz, formaram-se repentinamente interrupções, devido a pequenas condensações que circulavam conjuntamente apenas de modo indolente.

Tal como numa sopa que está esfriando, onde a gordura se separa ao coagular. É para vós talvez mais compreensível ainda, se eu comparar o processo com o sangue doente que, engrossando-se num ou noutro lugar, pode apenas ainda fluir lentamente pelo corpo, impedindo assim o perpulsar indispensável e conservador.

42. Conceito de família

Nessa imagem reconheceis melhor o fundamental e sério significado do pulsar *espiritual* na Criação, o qual encontra no sangue do corpo terreno, como uma pequena cópia, sua expressão mais grosseira. Para vós, é mais claramente compreensível do que a imagem da sopa e do riacho murmurante.

Como comparação adicional, também pode ainda servir a de que numa máquina bem lubrificada sejam lançados grãos de areia estorvantes.

Logo que o conceito de família, em si inteiramente natural, se desenvolve doentia e erradamente, ele tem de atuar de modo obstrutivo e rebaixador no indispensável vibrar da lei do movimento alegre em direção às alturas, pois o atual conceito de coesão familiar tem como fundamento apenas a educação e a conservação de vantagens *materiais* e também comodidades, nada mais.

Assim, originaram-se, pouco a pouco, os aglomerados familiares que sobrecarregam e paralisam todo vibrar espiritual, e que em suas esquisitas espécies nem podem ser denominados diferentemente, pois aqueles que a isso pertencem *atam-se* mutuamente, penduram-se uns aos outros, formando assim um peso que os mantém embaixo e os arrasta cada vez mais para o fundo.

Tornam-se dependentes uns dos outros e perdem gradualmente a *individualidade* específica que os caracteriza como espirituais e, por essa razão, também os compromete a isso.

Com isso, afastam descuidadamente o mandamento da vontade de Deus destinado a eles e se tornam uma espécie de alma coletiva, algo que, devido à sua constituição, nunca poderão ser na realidade.

Cada um se intromete no caminho do outro, querendo muitas vezes até determinar, e assim amarra fios indestrutíveis e ligadores, que os acorrentam uns aos outros e os oprimem.

Dificultam o indivíduo, no despertar de seu espírito, a desligar-se disso e seguir sozinho seu caminho, no qual pode desenvolver-se e o qual também lhe está traçado pelo destino. Assim, torna-se impossível a ele libertar-se de seu carma, para a ascensão de seu espírito, desejada por Deus.

Tão logo ele apenas queira dar o primeiro passo no caminho para a liberdade de *seu* espírito, o qual será o certo só *para ele* e *sua* maneira de ser, não, porém, simultaneamente para todos

42. Conceito de família

aqueles que se denominam membros da família, imediatamente se levantam gritarias, advertências, pedidos, recriminações, ou também ameaças de todos aqueles que assim procuram puxar de volta esse "ingrato", para o domínio de seu amor familiar ou de suas concepções!

O que não se faz nesse sentido, o que não se argumenta, principalmente quando se trata das coisas mais valiosas que um ser humano possui, como a força de decisão de sua livre vontade, no sentido *espiritual,* dada a ele por Deus e também necessária, pelo que *unicamente ele,* e ninguém mais, será levado à responsabilidade pela lei da reciprocidade.

É da vontade de Deus que o ser humano se desenvolva, transformando-se incondicionalmente em uma personalidade *própria,* com a mais pronunciada consciência de responsabilidade para com o seu pensar, sua vontade e seu atuar! No entanto, as possibilidades para o desenvolvimento da personalidade própria, para o fortalecimento de uma capacidade autônoma de decisão e, acima de tudo, também a necessária têmpera do espírito e a conservação de sua mobilidade para um contínuo estado de vigilância, o que somente pode surgir como uma consequência do estado de independência, *isso tudo sucumbe inteiramente no tolhido conceito de família.* Ele embota, asfixia o brotar e o alegre florescer do mais precioso no ser humano, o que, aliás, o caracteriza ante as outras criaturas de matéria grosseira como ser humano, *a personalidade própria,* para o que a origem espiritual o capacita e destina.

Ela não pode chegar ao desenvolvimento, pois se o conceito de família for de maneira *deformada,* apresentando apenas exigências de direitos na realidade inexistentes, então muitas vezes se transforma num inaudito tormento, rompe a paz e destrói qualquer felicidade. A consequência é que, por fim, toda a força para a ascensão se dissipa.

Basta chamar *aquelas* pessoas que já tiveram de sofrer com isso, atrofiando-se animicamente; serão multidões dificilmente calculáveis!

E quando, através do conceito de família, o amor dos seres humanos terrenos, ou o sentimento que os seres humanos denominam amor, sopra benevolentemente, então não é muito melhor, pois aí se procura sempre tornar tudo o mais cômodo possível ao indivíduo, poupando-lhe justamente aquilo que obrigaria suas forças espirituais ao desabrochamento... por amor, cuidados ou dever familiar.

E tais pessoas, às quais cada caminho é aplainado, frequentemente são invejadas e, por isso, talvez até odiadas! Na realidade, porém, são apenas dignas de lástima, pois o amor assim erradamente dirigido ou os costumes de um conceito de família erradamente aplicados nunca são de se considerar como benefício, pelo contrário, atuam como um insidioso veneno que, com infalível certeza, não deixa desabrocharem as forças dessas pessoas, apenas enfraquecendo assim os seus espíritos.

É tirada dos seres humanos a temporária pressão, prevista na evolução natural, a qual provoca o desabrochar de todas as forças espirituais, oferecendo exatamente com isso o melhor e o mais seguro auxílio para um desenvolvimento espiritual, como graça do onisciente Criador, a qual encerra grande bênção para a conservação e para todos os progressos.

O atual conceito de família, conhecido por todos e valorizado é, em seu significado mais amplo, como um perigoso sedativo para cada espírito humano, que o cansa e paralisa. Segura e impede a necessária ascensão do espírito, porque aos membros individuais é afastado do caminho exatamente tudo aquilo que pode auxiliá-los, a fim de se fortalecerem. São criadas e cultivadas plantas de estufa, espiritualmente cansadas, mas não espíritos fortes.

São milhares as espécies de costumes prejudiciais e estorvantes que o conceito de família erradamente aplicado acarreta como consequências más. Deveis aprender a reconhecê-las bem rápida e facilmente, quando vos tiverdes tornado aptos a considerar tudo do ponto de vista certo, que terá de trazer vida e movimento para a massa até agora inerte dos aglomerados familiares paralisantes, que se revolvem, de modo represante e obstrutivo, no circular de acordo com as leis da Criação desejado por Deus e no movimento sadio do espírito, paralisando e envenenando todo o radiante vigor, enquanto se prendem, concomitantemente, com milhares de garras, em volta de espíritos humanos que se esforçam para o alto, a fim de que estes não lhes escapem nem tragam, na rotina

42. Conceito de família

cotidiana, nenhuma inquietação que tivesse de perturbá-los em sua presunção.

Vereis com espanto como vós próprios ainda vos encontrais presos em muitos desses fios, qual uma mosca na teia de uma aranha mortífera.

Se apenas vos movimentardes, se tentardes libertar-vos disso para atingir vossa autonomia espiritual desejada por Deus, uma vez que também tereis de assumir sozinhos a responsabilidade, vereis então com horror de que maneira ampla já a tentativa de vosso movimento subitamente se faz valer, e só nisso podereis então reconhecer quão múltiplos são esses fios, nos quais os costumes errados vos enredaram inexoravelmente!

Medo então cairá sobre vós com esse reconhecimento, que somente podeis encontrar no *vivenciar*. Mas o vivenciar o tereis rapidamente, irromperá ao redor de vós, tão logo vosso ambiente veja que tomais *a sério* a transformação do vosso pensar e intuir, que vosso espírito quer despertar e trilhar seus *próprios* caminhos que lhe estão previstos para o desenvolvimento, bem como, ao mesmo tempo ainda, para a libertação e salvação, como efeito recíproco de decisões anteriores.

Ficareis surpreendidos, sim, assustados, ao verdes que de bom grado estariam dispostos a perdoar-vos qualquer erro mais grosseiro, tudo, mesmo o pior, mas não os esforços para vos tornardes livres *espiritualmente* e ter nisso convicções *próprias!* Mesmo se nem quiserdes falar a tal respeito, se deixardes os outros em paz, vereis que nada disso é capaz de alterar algo, porque eles não *vos* deixam em paz!

Se, no entanto, observardes e examinardes com toda a calma, então isso somente terá de fortalecer-vos no reconhecimento de todo o errado que os seres humanos trazem em si, pois *mostram*-no bem claramente na maneira *como* se apresentam no zelo subitamente despertado de reter-vos. Um zelo que só desabrocha devido à inquietação do não rotineiro e que vem do impulso de continuar na costumeira mornidão e de nela não serem perturbados.

É o medo *daquilo,* de se verem repentinamente colocados diante de uma *Verdade,* que é completamente diferente daquilo em que até então se embalavam em indolente presunção.

DOCE LAR

São aos milhares os entrelaçamentos em que os seres humanos se enredam com aparente bem-estar. Somente aqueles que sentem em si a lei de Deus do movimento espiritual e se esforçam para o despertar intuem as ligações de modo extremamente doloroso, porque estas ferem somente quando aquele que se encontra assim enredado tenta libertar-se delas.

E, no entanto, esse libertar-se é a única coisa que pode trazer salvação da queda no sono da morte espiritual!

Hoje mal compreendereis direito estas minhas palavras em toda sua incisiva verdade, porque a humanidade amarrou-se nisso demasiadamente e mal pode ainda ter uma possibilidade de livre visão disso, ou uma compreensão total para tanto.

Por essa razão, os laços serão agora *cortados* pela justiça de Deus, destruídos, mesmo que tenha de ser muito doloroso para os seres humanos, tormentoso, se de outra maneira não for possível. Somente *depois* do corte e da queda dos laços e das amarras sereis capazes de compreender direito as minhas palavras, numa horrorosa visão retrospectiva a respeito de vosso errado pensar de até agora!

Não obstante, quero destacar da multiplicidade alguns pequenos exemplos, que talvez possam dar-vos uma ideia.

Olhai, pois, junto comigo para a atual vida humana:

Está certo que os filhos sejam conduzidos através de sua infância fielmente protegidos e guardados, que para a juventude em crescimento seja dado, através de correspondente instrução, o recurso para os caminhos através da vida terrena.

Contudo, então tem de ser deixada para cada ser humano individual a possibilidade, e até ser *dada,* de progredir por *si próprio*, desde o começo! Não deve, desde o início, tudo lhe ser tornado cômodo! No tornar cômodo, ou facilitar, está o maior perigo como incentivo para a indolência espiritual! E isso sempre aconteceu até agora no benevolente conceito de família.

Já é veneno para um espírito humano se, quando criança, é educado na crença de que tem direito à posse dos bens terrenos que os pais adquiriram.

Eu falo agora dos danos do ponto de vista puramente espiritual, que é o *essencial* em todas as atividades de um ser humano. Inclusive no futuro deve ficar sempre consciente disso, se ele e as relações de seu ambiente devam realmente ser sanadas.

Contudo, também do ponto de vista *terreno* uma transformação nisso mudaria muita coisa imediatamente e eliminaria muitos males. Admitamos, por exemplo, que um filho, legalmente até uma bem determinada idade, apenas tivesse *direito* de usufruir a proteção e os cuidados dos pais, com uma correspondente instrução; depois, porém, dependeria meramente do livre arbítrio dos pais de como quisessem dispor de suas posses pessoais.

Quão diferentes se tornariam tantos filhos, só por causa disso! Muito mais esforço *próprio* teria de resultar daí, muito mais seriedade para a vida terrena, muito mais aplicação. E, não por último, resultaria também mais amor para com os pais, o qual não poderia permanecer tão unilateral como tantas vezes hoje se apresenta.

Os sacrifícios dos pais amorosos recebem também com isso um valor muito mais elevado, visto que então ocorrem de fato somente por amor espontâneo, ao passo que tais sacrifícios, hoje, frequentemente nem são valorizados pelos filhos; pelo contrário, apenas aguardados e exigidos como algo muito natural, sem que sejam capazes de provocar verdadeira alegria.

A alteração nisso, sem mais nada, já contribuiria para formar pessoas mais valiosas, com maior autoconsciência, de espírito mais forte e com aumentada energia.

Mas também crimes seriam evitados frequentemente, se não existisse nenhum *direito* de posse em fortuna pessoal de outros.

Para os filhos, seria mais apropriado conquistar o amor de seus pais, em vez de se prevalecerem da filiação e também de seus direitos, filiação essa que de qualquer forma tem um sentido completamente diferente do que hoje é suposto, uma vez que os filhos devem ser gratos por seus pais lhes terem dado a oportunidade da encarnação terrena, mesmo que aí os resgates e os benefícios sejam mútuos como se dá em todos os efeitos das leis de Deus.

Na realidade, esses filhos são, pois, todos eles, espíritos estranhos aos seus pais, *personalidades autônomas,* que apenas devido à sua igual espécie ou qualquer ligação anterior puderam ser atraídos para a encarnação.

Os pais terrenos oferecem proteção e ajuda para a época que o espírito necessita, a fim de conduzir de maneira plena e autorresponsável seu novo corpo terreno; depois, porém, o ser humano terreno tem de ficar absolutamente independente, do contrário jamais conseguirá fortalecer-se como seria útil para ele, no grande vibrar das leis de Deus. Ele *deve* lutar e ter obstáculos para, vencendo-os, subir espiritualmente, rumo às alturas.

Uma alteração na ideia de até agora do direito de um filho nas posses dos pais teria, porém, muito mais efeitos ainda do que os já mencionados, pressuposto que direções governamentais construtivas se enquadrem correspondentemente em sua atuação para o povo e, abrindo caminho, ajudem tanto os pais como os filhos nesse sentido.

Também o conceito de aquisição de cada um, com isso, tem de desenvolver-se de modo diferente. Hoje muitas pessoas procuram aumentar sempre mais as suas posses, só para proporcionar aos filhos uma vida mais fácil, deixando-as para eles como herança. Todo o pensar é orientado só nesse sentido e se torna o motivo do acúmulo egoístico de bens terrenos.

Mesmo que isso não viesse a cair totalmente, visto que este ou aquele, apesar de tudo, ainda escolheria esse sentido como base de toda a sua atividade de vida, haveria assim também muitos outros que dariam às suas atividades terrenas um alvo mais elevado e mais amplo para bênção de muitos.

43. Doce lar 343

Então cairão os calculados matrimônios imorais, bem como a fraude da triste caça aos dotes. Tantos males cairão assim por si mesmos, e algo salutar ocupará os seus lugares; honestidade de íntima intuição sobressairá, e os matrimônios se tornarão *legítimos!* De antemão se chegará a um casamento com muito mais seriedade.

Para a juventude adolescente deve ser oferecida a oportunidade de não apenas poder, mas *ter* de desenvolver suas forças espirituais, a fim de adquirir o necessário para sua vida! Unicamente isso seria o certo, pois então, mas também somente então, ela *progrediria* espiritualmente, porque *teria de movimentar-se* espiritualmente.

Ao invés disso, porém, para tantos filhos, exatamente esse caminho, para eles necessário à sanidade espiritual, é demasiadamente facilitado pelos pais ou outros membros da família, e lhes é tornado *tão cômodo* quanto possível. A isso, então, se chama conceito de família e amor ou, também, dever familiar.

Não quero enumerar os danos que através disso surgem, mesmo com a melhor boa vontade, pois inclusive cada ser humano bom necessita, uma vez ou outra, para fortalecimento, impulsos exteriores e obrigações. *Voluntariamente,* apenas raras vezes se colocaria numa situação em que fosse obrigado a esforçar-se para aplicar todas as forças espirituais, a fim de tornar-se senhor da situação e resolvê-la favoravelmente. Na maioria dos casos, se tivesse uma escolha, optaria pelo caminho *mais cômodo,* a fim de ter tudo facilmente, o que, porém, espiritualmente, não lhe traz proveito algum.

O autorrespeito, a confiança em si próprio, porém, aumentará, se com esforço e dedicação ele mesmo se realizar terrenamente, e se tudo isso for uma consequência de *seu* trabalho.

Avaliará então muito mais acertadamente as posses, dará valor ao trabalho e também a cada mínima alegria; valorizará também, correspondentemente, cada favor de alguém e poderá alegrar--se muito mais vivazmente do que uma pessoa a quem muito é jogado no colo sem o mínimo esforço próprio e que somente procura preencher o tempo com distrações.

Para uma *acertada capacidade de progredir,* deve-se procurar proporcionar os meios, se realmente se deseja ajudar. Não se deve simplesmente dar a alguém, sem determinadas obrigações, *aqueles* frutos que outro conseguiu com seus esforços.

Naturalmente, os pais sempre podem dar tudo de presente aos seus filhos, se quiserem, ou podem por falso amor sacrificar-lhes a finalidade e o tempo de toda sua vida terrena, podem tornar--se seus escravos, pois nisso lhes fica o livre-arbítrio, mas uma vez que nenhuma lei terrena aí os obriga a algo, terão de arcar, na reciprocidade da vontade de Deus, com a plena responsabilidade disso, *completamente sós,* pela sua própria negligência na Criação e, em parte também, pelo dano espiritual que assim atinge os filhos.

Os seres humanos não se encontram aqui na Terra em *primeiro* lugar para os filhos, mas sim para *si mesmos,* a fim de que *eles* possam amadurecer espiritualmente e fortalecer-se. Por falso amor, porém, isto não foi mais observado. Apenas os animais ainda vivem aí dentro da lei!

Examinai, pois, severamente os costumes familiares:

Duas pessoas querem unir-se em matrimônio, querem constituir um lar próprio, a fim de, juntas, caminharem através da existência terrena e, para essa finalidade, estabelecem o noivado.

O noivado é, portanto, o primeiro passo para o matrimônio. Ele representa o mútuo compromisso de união, para que, baseado naquele compromisso, possa iniciar-se o sério preparo do lar.

Um noivado nada mais é do que a base terrena para a formação de um novo lar e o início para a aquisição de tudo aquilo que é necessário terrenamente.

Aí, porém, logo começam novamente costumes errados.

Na realidade, esse noivado se refere, pois, exclusivamente *àquelas* duas pessoas que, conjuntamente, querem constituir um lar. Que as famílias ou os pais compartilhem na aquisição de tudo aquilo que é necessário terrenamente para isso é uma coisa totalmente à parte, que deveria permanecer puramente externa, a fim de estar certo. Podem presentear, se quiserem, ou podem auxiliar de alguma forma. Isso tudo permanece *coisa externa* e não liga, não forma nenhum fio do destino.

Mas o noivado devia ser também incondicionalmente o último, *o mais extremo* limite de toda e qualquer ligação familiar. Assim como um fruto maduro cai da árvore, se a árvore e o fruto querem cumprir a finalidade da existência, sem prejudicar-se mutuamente, assim um ser humano, depois do seu amadurecimento, tem de separar-se da família, dos pais, pois também estes têm, como ele mesmo, ainda incumbências *próprias!*

As famílias, porém, consideram isso de modo diferente, até mesmo o *último* momento, que é quando duas pessoas se encontram e se comprometem. Bem frequentemente se arrogam aí direitos aparentes, que nem sequer possuem.

Tão só pela força de Deus lhes é presenteado cada filho, que, aliás, desejaram, pois do contrário não poderiam tê-lo recebido. É simplesmente realização de um desejo, que se manifesta pela união íntima de duas pessoas!

Não têm direito algum ao filho, o qual lhes é apenas emprestado, mas nunca lhes pertence! Também lhes é tirado, sem que possam retê-lo ou sem que sejam antes consultados a esse respeito! Daí veem, pois, bem nitidamente, que não lhes são outorgados direitos sobre isso pela Luz, a origem de toda a vida.

Que até a época da maturidade também assumam obrigações, é completamente natural e uma compensação pela realização de seu desejo, pois não teriam recebido filho algum, se não tivessem provocado a oportunidade para isso, o que equivale a um pedido nas leis primordiais desta Criação. E em troca dessas obrigações eles têm, como compensação, alegria, se cumprirem *direito* esses deveres.

Depois da época da maturidade, porém, têm de deixar cada pessoa seguir os *próprios* caminhos, os quais não são os seus.

Nos noivados e matrimônios as duas pessoas, de qualquer forma, *separam-se* das famílias, a fim de, elas mesmas, se unirem num lar próprio. Ao invés disso, porém, ambas as famílias julgam que através desse noivado e matrimônio também foram ligadas conjuntamente, como se fizessem parte, apesar de que, observado de modo bem objetivo, esse nem é o caso e já a ideia causa muita estranheza.

Um noivado de duas pessoas não traz para uma família, ampliando seu círculo, uma filha e, à outra, um filho; pelo contrário, ambas as pessoas, individualmente, unem-se *completamente sós*, sem ter a intenção de cada uma carregar consigo sua respectiva família.

Se as pessoas adivinhassem de que modo nocivo essas estranhas opiniões e hábitos *têm* de efetivar-se, talvez por si mesmas deixassem isso; não sabem, porém, quanta desgraça é assim causada.

Os hábitos errados não se processam sem ligações na parte fina da matéria grosseira. Fios se entrelaçam dessa forma em torno do casal em via de constituir um lar próprio, e esses fios estorvam, enredam e com o tempo dão cada vez mais nós, provocando, frequentemente, coisas desagradáveis, cuja origem as pessoas não conseguem explicar, não obstante elas mesmas terem dado causa para tanto, com seus hábitos frequentemente ridículos e importunos, aos quais *sempre* falta a verdadeira e profunda seriedade.

Pode ser dito, sem exagero, que falta *sempre,* pois quem compreende realmente a seriedade da união de duas pessoas, seriedade com relação ao noivado e ao matrimônio, esse afastará para longe de si os usuais hábitos familiares, preferindo, em vez disso, horas serenas de íntima introspecção, que, com muito mais certeza, conduzem a um feliz convívio, do que todos os maus costumes exteriores, pois de bom costume isso não pode ser denominado. —

Após o noivado, quando as condições o permitem e seja possível, é montado ao casal um lar que, de antemão, nada mais deixa a desejar, que, portanto, já desde o início tem de *excluir,* ou pelo menos por muito tempo, uma ascensão alegre, pois pensaram em tudo, e nada mais falta.

Fica assim tirada do casal qualquer possibilidade de participar na decoração do seu lar com dedicação e afinco, mediante a aquisição *própria,* de alegrar-se *com o fato* de que *juntos* se esforçam, como uma das metas terrenas, para um lento aperfeiçoamento do próprio lar, a fim de então, com orgulho e amor, dar valor a cada uma das peças individuais adquiridas, nas quais se ligam recordações de tantas palavras carinhosas, de tantos esforços e lutas, que, com alegria, venceram corajosamente, ombro a ombro, e, também, de tanta felicidade cheia de paz!

43. Doce lar

De antemão já se tira a alegria de tantos e só se tem em vista tornar tudo tão *cômodo* quanto possível. As duas pessoas, porém, permanecerão nesse lar sempre estranhas, enquanto não tiverem aí objetos que elas próprias puderam adquirir.

Não preciso falar sobre isso muito mais, pois vós próprios com o tempo reconhecereis o errado e, antes de tudo, também o nocivo nisso, tanto espiritual como terrenamente, quer queirais quer não, pois também nisso, finalmente, tudo tem de tornar-se novo e certo, assim como está suficientemente claro nas leis de Deus.

Dai às pessoas e aos jovens casais a possibilidade de um progresso ascensional *próprio;* unicamente *isso* lhes causará alegria duradoura, visto aumentar-lhes o autorrespeito e também a autoconfiança, despertando com isso a intuição de autorresponsabilidade, e assim agis *certo!* Dessa forma, dais mais do que quando quereis tirar-lhes todas as preocupações da vida ou quando procurais facilitar-lhes tanto quanto possível, com o que apenas podeis enfraquecê-los, impedindo-os do indispensável fortalecimento.

Com isso vos tornais inimigos deles; não, porém, os verdadeiros amigos que quereis ser. Com demasiados favores e facilidades roubais deles mais do que hoje, com as minhas palavras, talvez possais supor.

Muitos seres humanos serão dolorosamente atingidos por isso, porém arranco-os desse modo da vala comum, à medida que os liberto do errado e nocivo conceito de família, paralisador do espírito, que por intermédio de pressuposições totalmente erradas pouco a pouco se formou.

Também nisso, finalmente, tudo tem de tornar-se *novo,* pois focos de perturbações de tais espécies serão impossíveis nesta Criação, após a purificação.

FIÉIS POR HÁBITO

Deve ter chamado a atenção dos seres humanos que menciono tão frequentemente, como sendo nefasto, o irrestrito domínio do raciocínio e a grande indolência do espírito, mas é necessário, pois ambos os fenômenos estão inseparavelmente ligados e devem ser considerados como pontos de partida de muitos males e até como *verdadeira* causa, hostil à Luz, do retrocesso e queda dos desenvolvidos.

Hostil à Luz porque impede o reconhecimento de todos os acontecimentos e auxílios da Luz, uma vez que o raciocínio preso à Terra, chegando a dominar, corta, como primeira coisa, na reciprocidade, a ligação para a possibilidade do reconhecimento da Luz, *atando* assim o espírito, que aguarda o desenvolvimento no invólucro de matéria grosseira, com esse invólucro que devia servir-lhe.

Esse processo, em seu efeito objetivo, inteiramente de acordo com as leis da Criação, é tão horrível, que o ser humano nem é capaz de fazer uma ideia correta, pois do contrário haveria de desintegrar-se pelo medo.

Justamente *por isso* é especialmente terrível, porque tudo aí *tem* de desenvolver-se em direção à perdição, e nem pode ser de outro modo, desde que o espírito humano terreno, com criminosa vontade própria contra a sacrossanta vontade de Deus, *deu* uma *direção errada a seu próprio desenvolvimento,* a qual forma toda a desgraça sob a pressão das leis automáticas desta Criação, de cuja atuação o ser humano privou-se da possibilidade de reconhecer.

Virou de modo violento e leviano, no mecanismo da maravilhosa obra de Deus em perfeito funcionamento, uma chave de desvio, de tal forma que no curso progressivo do *seu* trem

44. Fiéis por hábito

de destino há de seguir-se, como acontecimento inevitável, o descarrilamento.

E esse acontecimento, por sua vez, que atinge em primeiro lugar a humanidade terrena, põe ao mesmo tempo em máximo perigo aí também o seu ambiente, que nada tem a ver com essa falha e que de qualquer forma sempre teve de sofrer com isso, tendo seu desenvolvimento retido.

Ponderai vós próprios, com toda a serenidade, o que tem de significar, se esse instrumento, o raciocínio, que o Criador cheio de graça deu a cada espírito humano terreno como auxílio para o necessário *desenvolvimento* na matéria grosseira, em contraste à sua incumbência, ainda *estrangule* ao espírito qualquer possibilidade de ligação com as correntezas de força ascendentes da Luz, *como consequência de vossa atuação,* ao invés de, subordinando-se, servi-lo e propagar a vontade da Luz no ambiente material, enobrecendo esse ambiente cada vez mais, para torná-lo naquele paraíso terreno que devia surgir.

Essa falha, forçada pela cobiça e presunção, é, em virtude da livre vontade, *tão* inaudita, que tal culpa do indolente espírito humano terreno se apresenta demasiadamente grande a cada um que desperta, para mais uma vez conseguir o perdão no amor do Onipotente.

Somente a condenação, através da retirada de todas as graças provindas da Luz, e a decomposição teriam de ser o merecido destino dos espíritos humanos terrenos, que impulsionaram constantemente toda uma parte da Criação para a inevitável destruição, com presunçosa teimosia, se esse amor do Onipotente não estivesse ligado ao mesmo tempo com perfeita justiça, uma vez que ela é *amor de Deus,* que permanecerá eternamente incompreensível aos espíritos humanos.

E a justiça de Deus não é capaz de abandonar algo *totalmente* à destruição, enquanto aí arderem fagulhas que não o mereçam.

Por causa desse diminuto número de fagulhas espirituais, que almejam a Luz, foi trazida mais uma vez para esta parte da Criação, próxima da desintegração, a *Palavra do Senhor,* para que possam salvar-se todos aqueles que trazem em si a vontade certa para isso e que se *movimentam* realmente nesse sentido com toda a força que ainda lhes restou.

Contudo, essa vontade tem de ser constituída *de maneira diferente* do que muitas das numerosas pessoas na Terra, que creem em Deus, imaginam!

O domínio do raciocínio exclui completamente o espírito de qualquer possibilidade do seu indispensável desenvolvimento. Esse fato em si não é uma maldade do raciocínio, mas um efeito completamente natural.

Ele age com isso meramente segundo a *sua espécie,* por não poder de maneira diferente do que fazer desabrochar unicamente a *sua espécie* e desenvolvê-la à plena força, se for unilateralmente cultivado e colocado no lugar errado, ao lhe ser submetida irrestritamente toda a existência terrena.

E essa sua espécie é *ligada à Terra;* jamais será diferente, porque ele, como produto do corpo terreno, também tem de permanecer dentro dos seus limites, portanto puramente de matéria grosseira terrena, pois a matéria grosseira não pode gerar o que é espiritual.

O erro se encontra unicamente no próprio ser humano e no fato de ter transmitido o domínio ao raciocínio, escravizando-se assim pouco a pouco também a si próprio; portanto, atando-se à Terra. Com isso, perdeu-se para ele completamente a verdadeira finalidade da existência terrena, a possibilidade de reconhecimento espiritual e de amadurecimento espiritual.

Simplesmente não compreende mais porque os canais lhe estão bloqueados. O espírito se encontra no corpo terreno como que num saco, que em cima está amarrado pelo raciocínio. Assim, o espírito nada mais pode ver, nada mais pode ouvir, ficando dessa forma cortado qualquer caminho para dentro, em direção a ele, bem como para fora.

Que pudesse ter sido tão bem fechado pelo raciocínio terreno reside no fato de a amarração já se processar *antes* do amadurecimento corporal; portanto, para os adolescentes antes da época em que o espírito deva exteriorizar-se eficazmente através do corpo, a fim de estabelecer uma ligação dominante com a matéria circunjacente, para o fortalecimento de sua vontade.

A essa época, porém, o raciocínio já foi desenvolvido excessivamente de modo unilateral pelo ensino errado, mantendo já firmemente fechado o invólucro de matéria grosseira em torno do espírito, de modo que este nem *pode* vir a desenvolver-se nem fazer-se valer. Unilateralidade perniciosa do ensino, ao qual faltou a compensação espiritual! Ao *espírito* foi apenas imposto um rígido dogma, que nada pode dar-lhe, que não o anima para a convicção própria e livre de tudo aquilo que se encontra em conexão com Deus, porque os próprios ensinamentos não têm vida e *não* estão em ligação com a Luz, visto que por toda parte, nas doutrinas, o raciocínio do ser humano terreno e sua presunção já provocaram muita destruição.

O ensino de até agora sobre o saber a respeito do Criador esteve sobre bases demasiadamente frágeis ou, melhor dito, já enfraquecidas pelos seres humanos, para que pudessem ajustar o passo com o raciocínio, robustecido cada vez mais rapidamente pelo cultivo unilateral.

O ensinamento destinado ao *espírito,* isto é, para a sensibilidade de intensa atividade intuitiva, permaneceu sempre rígido e, com isso, sem vida, não podendo por isso jamais ser *recebido* espiritualmente de modo real.

Assim, tudo foi apenas empurrado para o *aprendizado,* o qual não podia transformar-se em vivência, com o que também aquilo que se destinava predominantemente ao *espírito,* como tudo o mais, teve de ser assimilado pelo *raciocínio,* sendo retido por este sem poder aproximar-se do espírito! Desse modo, as gotas da água viva, se ainda existiam num ou noutro lugar, também tiveram que desaparecer.

A consequência foi, e *tinha* de ser, que o espírito não recebia *nada* e o raciocínio tudo! Com isso, chegou-se por fim *àquele* estado em que o espírito, absolutamente, nada mais podia receber. Isso trouxe a paralisação e o inevitável retrocesso do germe espiritual que, sem impulso exterior, de qualquer forma sempre teve a tendência para a inatividade.

Na inatividade e sem atritos, ele se tornou cada vez mais fraco, a ponto de hoje apresentar-se um quadro deplorável na Terra: seres humanos saturados de sagacidade intelectiva presa à Terra, com espíritos completamente enfraquecidos e em grande parte, também, já realmente adormecidos!

Em muitos deles o sono já se transformou em sono da morte. *Esses* são os *mortos* que agora têm de acordar para o Juízo! A *esses* se refere o que já foi anunciado: Ele virá para julgar os vivos e os mortos! Com isso devem ser compreendidos os *espiritualmente* vivos e os *espiritualmente* mortos, pois outros não há, visto que o corpo terreno não pode ser considerado como vivo ou morto. Ele próprio nunca foi vivo, mas apenas *vivificado* por algum tempo.

Vós, seres humanos, não conheceis, absolutamente, o perigo em que vos encontrais, e quando agora *tiverdes* de reconhecê--lo, para muitos já será tarde demais, pois não possuem mais a força para despertar desse enfraquecimento, que tão horríveis desgraças tem causado.

Por essa razão, em todos os males da humanidade, tenho de voltar sempre de novo às suas causas reais: o domínio do raciocínio e a indolência do espírito a isso ligada, que surgiu como consequência imediata.

Também a maioria dos que atualmente creem em Deus faz parte, em *primeiro lugar,* dos espiritualmente indolentes que, tal como os mornos, deverão ser cuspidos* durante o Juízo!

Se examinásseis uma vez *corretamente* esse estado, com um pouco de vontade, e quisésseis tirar daí as correspondentes conclusões, então teríeis de enxergar com nitidez e poder formar a esse respeito um juízo certo, sem nenhuma dúvida. Tendes de refletir aí apenas logicamente, nada mais.

Olhai em torno de vós como os seres humanos recebem hoje a *ampliação,* necessária para eles, *do saber da Criação!* Só disso já podeis tirar suficientes conclusões sobre o seu verdadeiro estado.

Se hoje se faz referência à necessidade do progresso do saber *espiritual,* porque agora é chegado aos seres humanos o tempo para isso, ouvis então toda sorte de coisas como causas da recusa da nova revelação proveniente da Luz!

Dessas, não quero mencionar todas, pois são por demais em suas bem ramificadas variedades e não chegariam a um fim, porém, *no verdadeiro sentido,* são *todas iguais,* porque têm somente *uma* origem: indolência espiritual!

---

* *Nota de tradução* – A palavra alemã "Ausgespieen" significa "cuspidos" e também "vomitados".

44. Fiéis por hábito

Tomemos apenas uma delas, pois muitos dos aparentemente bem-intencionados fiéis das igrejas, entre os cristãos, falam: "A Palavra da Mensagem em si está certa em muitas coisas, porém não me diz nada de novo!"

Quem assim fala, apesar de sua imaginação ao contrário, *não* compreendeu aquilo que julga já ter aprendido *até agora* em sua escola ou igreja, nem o conhece, senão teria de saber que na Mensagem se encontra muitíssimo *completamente novo,* o que, porém, naturalmente, não *está em oposição àquela* Mensagem que Jesus trouxe, porque ambas se originam da *mesma* fonte, da *Verdade* viva!

O que é *novo nem* sempre equivale à *negação* do que se sabe até agora, mas sim pode vibrar também no antigo e *conduzir adiante* na *construção,* assim como acontece com a verdadeira Mensagem de Jesus, que se une com a minha!

Contudo, exatamente pelo fato de minha Mensagem estar *completamente* de acordo com as *verdadeiras* palavras de *Jesus,* muitas pessoas na leitura têm a intuição de que nela nada há de novo! Mas apenas por serem, a Mensagem de Jesus e a minha, na realidade, *uma só!*

Por esse motivo, tudo vibra também *uniformemente,* exceto aquilo que os seres humanos, em sua pretensa inteligência, acrescentaram às palavras trazidas por Jesus, o que, na maioria dos casos, está errado. Com esse acréscimo, ou transmissão *diferente,* as minhas palavras naturalmente não podem concordar. Porém estão em absoluta concordância com as próprias palavras de Jesus!

E essa intuição do idêntico vibrar, que o *espírito* reconhece como proveniente da mesma origem, e que permanece inconsciente para o raciocínio, permite aos seres humanos pensarem, sem reflexão, que nela nada de novo foi dado.

Assim é uma parte dos seres humanos. Outros, porém, aceitam o novo como evidente e já dado anteriormente, por não conhecerem direito o antigo, que julgavam possuir, e, por essa razão, não sabem, absolutamente, qual é o novo que se encontra para eles na minha Mensagem.

Não há, no entanto, dissertação alguma em minha Mensagem que não traga realmente, para os espíritos humanos, algo completamente novo, *ainda não* conhecido por eles *até agora!*

Muitos seres humanos não conhecem, portanto, nem aquilo que julgam possuir nem aquilo que eu lhes trago! São também demasiadamente indolentes para assimilar *realmente* algo disso.

Para todos *aqueles,* contudo, cujo espírito seja capaz de pelo menos perceber a vibração *uniforme* de ambas as Mensagens, justamente essa circunstância devia ser uma prova de que ambas as Mensagens promanam de *uma só* fonte.

Mas disso os indolentes não se tornam conscientes. Tagarelam simplesmente, mostrando assim o seu vazio, de modo que qualquer um há de reconhecê-los, clara e prontamente, como espiritualmente indolentes.

Outros fiéis, por sua vez, opõem-se a ampliar seu saber, na suposição ou medo de que assim possam fazer algo errado! Isso, porém, somente em poucos casos é medo, mas sim meramente presunção, que se encontra arraigada na estupidez e que só consegue, aliás, desenvolver-se em tal solo, pois presunção em si já é estupidez; ambas não podem separar-se.

Mas a estupidez nesse caso refere-se ao *espiritual* e não ao terrenal, visto que exatamente tais pessoas, que segundo o raciocínio são consideradas terrenamente como especialmente fortes e astutas, na maioria dos casos são espiritualmente enfraquecidas, não possuindo perante Deus valor algum como seres humanos na Criação, pois falharam para a sua existência propriamente dita e não se encontram em condição de criar, com seus conhecimentos intelectuais, quaisquer valores para a eternidade, ou de utilizar o raciocínio para isso.

Deixemos, porém, aqui tudo o mais de lado e consideremos apenas os fiéis entre os *cristãos,* dos quais de qualquer maneira não são muitos os que possam ser considerados realmente fiéis, pois a maioria deles se compõe de supostos cristãos, vazios por dentro, e nada mais.

Estes falam, em certo sentido, da mesma maneira que os primeiro citados, ou declaram com certa expressão teatral, que deve aparentar respeitoso temor, conforme procuram fazer crer, pelo menos para si próprios:

"Temos o nosso Jesus, o nosso Salvador, a quem não deixamos, e mais também não precisamos!"

44. Fiéis por hábito

Assim é aproximadamente o sentido de todas as suas palavras, mesmo que essas palavras soem de maneira diferente, conforme a pessoa que as pronuncie.

Essas legítimas reproduções dos fariseus, já por Jesus tão severa e frequentemente censurados, são, na realidade, nada mais do que indolentes espirituais, acrescentando-se nesse caso, porém, uma acentuada *presunção*. Já a maneira, às vezes tão repugnante do estilo de falar, caracteriza-os mais do que claramente.

Quando vos aprofundardes nas pessoas de tal espécie, reconhecereis que elas não trazem em si uma verdadeira convicção, mas apenas um simples e vazio *hábito* desde a juventude! Em sua indolência, não querem mais ser perturbadas, pois essas coisas poderiam causar-lhes inquietação espiritual, caso se ocupassem com elas profundamente.

Procuram evitar isso cuidadosamente, sem se tornarem conscientes de que assim pecam contra a importante lei de Deus do movimento espiritual, que lhes oferece a conservação da sua alma, bem como a do corpo, em cuja atuação e cumprimento, unicamente, residem a ascensão e a capacidade de amadurecer para a perfeição!

Exatamente aquilo que consideram grandeza e procuram mostrar com orgulho, a fim de se iludirem com um apoio que nem trazem em si, tornar-se-á fatalidade e destruição para eles!

Se, obedecendo à lei, elas se movimentassem um pouco *espiritualmente,* uma vez que fosse, teriam de reconhecer bem rapidamente que a sua crença de até então não fora nada disso, pelo contrário, algo *aprendido,* que se tornou hábito benquisto, porque além de algumas exterioridades nada exigia delas e, *por essa razão,* foi considerada por elas como agradável e *certa.*

No entanto, não deveriam evitar a inquietação, mas sim teriam de *agradecer* a ela por ser o melhor sinal para o despertar do seu espírito, ao qual, evidentemente, há de preceder primeiro uma inquietação, antes que a segurança de verdadeira e livre convicção possa surgir, a qual desenvolve a sua força somente no sincero e diligente examinar e no real *vivenciar* do espírito a isso ligado.

Onde surgir inquietação, lá é dada a prova irrefutável de que o espírito *dormiu* e quer chegar ao despertar; onde, porém, ocorrer uma recusa com a orgulhosa afirmação de um direito de posse pessoal de Jesus, lá se patenteia apenas que esse espírito humano já está entregue à agonia, a qual conduz ao sono da morte.

Prova, ainda mais, que exatamente *esses* espíritos, também na época terrena de Jesus, teriam recusado rigorosamente a ele e à sua Palavra, com igual presunção vazia, agarrando-se ao até aí já aprendido, se ela lhes tivesse sido oferecida como nova revelação no necessário ponto de conversão de outrora, para escolha e decisão própria!

Pelo mesmo motivo de simples comodismo, eles se teriam agarrado ao antigo, o qual tem de formar o solo para o *progredir,* se não deva ocorrer estagnação.

São negadores de *tudo* quanto é novo, porque não se sentem capazes ou suficientemente fortes para examinarem de maneira sincera e livre de preconceitos o que é incisivo, ou porque já são por demais indolentes para isso e procuram preferivelmente agarrar-se aos hábitos de até então.

É de supor-se com certeza que eles teriam decididamente recusado Jesus, se isso não lhes tivesse sido ensinado *de modo obrigatório* já desde a infância.

Não é diferente também com aqueles que procuram recusar tudo quanto é novo, fazendo referência à profecia sobre o aparecimento de falsos profetas! Também nisso nada há de diferente, do que mais uma vez somente a *indolência do espírito,* pois nessa profecia, a que eles se referem, está concomitantemente expresso de maneira clara que o *certo,* o *prometido, virá* exatamente *nessa época* do aparecimento dos falsos profetas!

Como pensam então em reconhecê-lo, se para sua comodidade simplesmente liquidam tudo de modo leviano com tal referência! Essa pergunta fundamental nenhuma pessoa ainda a formulou para si mesma!

Mas *elas próprias* têm de encontrar a legitimação *na Palavra,* que os seres humanos, exceto pouquíssimos, também não quiseram observar com relação a Jesus, esperando, antes, outras provas ainda.

Sua Palavra da Verdade, que foi a legitimação propriamente, ainda não tinha valor para eles naquele tempo. A própria indolência espiritual de cada um, para onde quer que olheis, acontece hoje novamente, assim como outrora, só que muito pior ainda, pois agora cada centelha espiritual está quase que totalmente soterrada.

Os fiéis de hoje aceitaram tudo apenas como *doutrina*, sem ter trabalhado nada disso dentro de si ou transformado em coisa sua! Espiritualmente são demasiado fracos para intuir que a sua crença nada mais é do que *o hábito desde a infância,* o qual eles denominam agora como sua convicção, com total ignorância sobre si próprios.

Seu comportamento perante o próximo mostra, frequentemente, de modo bem nítido, que não são *verdadeiros* cristãos, mas tão só supostos cristãos, vazios e indolentes espiritualmente!

Com minhas palavras, conduzo para Deus e também para Jesus! Mas de maneira *mais viva* do que até agora foi conhecido, e não como os seres humanos moldaram com seu pendor pela comodidade espiritual.

Afirmo que Deus quer ter espíritos vivos na Criação, conscientes de sua *própria* responsabilidade, *assim* como está nas leis primordiais da Criação! Que cada um tem de responder por si e plenamente por tudo que pensa, fala e faz, e que isso não podia ser remido com o assassínio outrora perpetrado pela humanidade contra o Filho de Deus.

Jesus foi, pois, assassinado, porque com suas idênticas exigências *também* foi considerado incômodo, parecendo perigoso *aos sacerdotes,* que ensinavam de modo diferente, muito mais cômodo, para assim terem *terrenamente* cada vez maior afluxo, o que, ao mesmo tempo, devia proporcionar e conservar o aumento de seu poder terreno pela crescente *influência* terrena.

A isso eles não queriam renunciar! Os seres humanos, à comodidade, e os sacerdotes, à influência, ao seu poder. Os sacerdotes não queriam absolutamente ser *instrutores* e *auxiliadores,* mas apenas dominadores!

Como verdadeiros *auxiliadores,* deveriam ter educado os seres humanos para uma *autonomia interior,* dignidade de espírito e grandeza espiritual, a fim de que esses seres humanos se enquadrassem na vontade de Deus por livre convicção e agissem de acordo com ela, alegremente.

Os sacerdotes fizeram o contrário e *ataram* o espírito, a fim de que ele lhes permanecesse obediente para suas finalidades terrenas.

Deus, no entanto, exige dos seres humanos aperfeiçoamento espiritual mediante Suas leis da Criação! Progresso contínuo com a ampliação do saber da Criação, para que nela estejam e atuem de modo certo e não se transformem em estorvo nos vibrantes círculos de movimentação!

Mas quem agora não quiser *prosseguir,* procurando permanecer *naquilo* que julga já saber, e recusando por isso novas revelações provenientes de Deus ou opondo-se hostilmente, esse ficará para trás e será lançado fora no Juízo universal, porque o Juízo derruba qualquer obstáculo, para que, finalmente, surja de novo na Criação a clareza, a qual *beneficia* daí por diante o desenvolvimento progressivo que se encontra na vontade de Deus para a Sua Criação.

Jesus foi uma nova revelação e trouxe outras com sua Palavra. Para aquela época *tudo* isso era novo e um progresso igualmente necessário como hoje, no qual, no entanto, não se devia ter parado eternamente.

A Jesus não se deve renunciar, como Filho de Deus, por minha Mensagem; pelo contrário, ele deve agora com maior razão ser reconhecido *como tal,* não, porém, como servo e escravo de uma humanidade estragada, para carregar ou remir a sua dívida, a fim de que lhe seja mais cômodo!

E exatamente aqueles que *realmente* aceitaram Jesus como Filho de Deus, não *podem,* absolutamente, fazer outra coisa senão saudar com *alegre agradecimento* a minha Mensagem e as novas revelações a ela ligadas, provenientes da graça de Deus! Também não lhes será difícil compreender e assimilar corretamente tudo o que eu digo.

Quem não o fizer, ou não puder, também não reconheceu a Mensagem e a própria existência do Filho de Deus, Jesus, mas apenas erigiu para si mesmo algo de estranho e errado, por concepção *própria* e presunção e... não por último... pela indolência de seu espírito comodista, que teme o movimento determinado por Deus!

O sentido e a finalidade da Mensagem proveniente da Luz, através de mim, em cumprimento da sacrossanta vontade de Deus, é a necessária ampliação do saber para a humanidade.

Aí não valem as evasivas dos espiritualmente indolentes, nem a fraseologia de vaidoso farisaísmo, e também as traiçoeiras calúnias e ataques terão de retroceder e sumir como debulho diante da justiça da Trindade de Deus, pois nada é maior e mais poderoso do que Deus, o Senhor, e o que provém de Sua vontade!

O espírito humano terreno tem de tornar-se *vivo* e fortalecer-se na vontade de Deus, a cujo serviço lhe é permitido ficar nesta Criação. O tempo é chegado! Não serão mais tolerados por Deus espíritos escravizados! E será quebrada a vontade própria dos seres humanos, se ela não quiser enquadrar-se espontaneamente nas leis primordiais de Deus, que Ele inseriu na Criação.

A elas pertence também a lei do movimento contínuo, que condiciona o progresso sem estorvos no desenvolvimento. A isso fica ligada a ampliação do saber! Saber da Criação, saber espiritual é o verdadeiro conteúdo de toda a vida!

Por isso vos foram proporcionadas novas revelações. Se as recusardes devido à indolência de vosso espírito, e se quiserdes deixar que este continue a dormir tranquilamente como até agora, então ele acordará no Juízo, para depois desintegrar-se pela decomposição.

E ai de todos aqueles que ainda quiserem manter atado o espírito dos seres humanos! Esses sofrerão danos dez vezes maiores e, no último momento, tarde demais, *terão* de reconhecer cheios de horror aquilo com que se sobrecarregaram, para então, sucumbindo sob esse fardo, afundar na pavorosa profundeza!

O dia é chegado! As trevas têm de desaparecer! Maravilhosa Luz de Deus quebra agora tudo quanto é errado e queima o que é indolente nesta Criação, a fim de que ela possa seguir seus cursos somente na Luz e na alegria, para bênção de todas as criaturas, como uma jubilosa oração de agradecimento por todas as graças de seu Criador, para a honra de Deus, do único, Todo-Poderoso!

VÊ O QUE TE É ÚTIL!

Por que vós, seres humanos, quereis sempre, espiritualmente, algo *diferente* daquilo que vos é efetivamente *necessário* e útil! Qual grave epidemia essa esquisita particularidade atua devastadoramente entre todos aqueles que procuram.
Pouco adiantaria se eu quisesse perguntar-vos a esse respeito, pois não podereis prestar contas disso, mesmo que vos esforçásseis em refletir sobre isso dia e noite.
Observai-vos com toda a calma, olhai as perguntas que se tornam vivas dentro de vós, segui o curso de vossos pensamentos para onde quer que ele conduza, e em breve reconhecereis que na maior parte se trata sempre daquelas regiões que jamais alcançareis, por estarem acima de vossa origem, e que, por essa razão, também nunca podereis compreender.
No entanto, poder compreender é condição fundamental para tudo aquilo que vos deva ser *útil!*
Tornai isso claro em todo vosso pensar, vosso atuar, e orientai-vos de acordo. Então tudo se tornará mais fácil para vós. Ocupai-vos, portanto, apenas com aquilo que puderdes compreender realmente; que, portanto, estiver ancorado no âmbito de vossa condição humana.
A região de vossa possibilidade de conscientização como um espírito humano é, sim, estritamente limitada em direção às alturas luminosas, mas nem por isso pequena. Dá-vos lugar para toda a eternidade e com isso também, respectivamente, grandes campos de ação.
Sem limites para vós é unicamente a possibilidade de vosso *desenvolvimento*, que se mostra no crescente aperfeiçoamento de vossa atividade dentro desses campos de ação. Observai, portanto, muito bem, o que aqui vos anuncio:

45. Vê o que te é útil!

O progresso de vosso aperfeiçoamento na *atuação* espiritual é absolutamente ilimitado; a esse respeito não existe fim. Podereis ficar cada vez mais fortes nisso e com esse tornar-se mais fortes se ampliará sempre, também, automaticamente, o campo de ação, mediante o que encontrareis paz, alegria, felicidade e bem-aventurança.

Também a respeito da bem-aventurança, todos os seres humanos fizeram até agora uma ideia errada. Ela reside unicamente na radiante alegria do trabalho abençoado, não acaso na inatividade indolente e nos prazeres ou como, de modo astuto, o errado é acobertado com a expressão *"doce* ociosidade".

Por esse motivo, também chamo muitas vezes o Paraíso humano de "luminoso reino da jubilosa atuação"!

O espírito humano não pode receber a bem-aventurança de *maneira diferente* do que em alegre atividade para a Luz! Unicamente nisso lhe é, finalmente, outorgada a coroa da vida eterna, que garante ao espírito humano poder coparticipar *eternamente* no circular da Criação, sem perigo de cair na decomposição como inútil pedra de construção.

Portanto, os seres humanos, apesar da possibilidade que lhes foi concedida benevolentemente de um constante aperfeiçoamento do espírito, não podem ultrapassar jamais o âmbito do seu campo de existência na Criação, e jamais derrubar os limites nela estritamente fixados da possibilidade de conscientização humana. Na simples condição de não *poder* reside para eles a circunstância inteiramente natural de não ter *permissão,* o que sempre atua por si mesmo, mas exatamente por isso se efetiva de modo intransponível.

O aperfeiçoamento reside nas irradiações cada vez mais luminosas do espírito, o que se mostra correspondentemente na aumentada força de atuação.

A luminosidade espiritual crescente, por sua vez, origina-se da clarificação e purificação da alma, quando, com vontade para o bem, se esforça para cima. Uma coisa aí sempre se desenvolve da outra, na mais severa consequência lógica.

Se vos ocupardes *de modo exclusivo* e sério com o bem, então tudo o mais decorrerá automaticamente. Portanto, nem é tão difícil. Com vossa vontade, porém, avançais sempre muito além e assim, desde o princípio, tornais frequentemente muito difícil e até impossível aquilo que é tão simples.

Ponderai que, na perfeição crescente, mesmo o irradiar mais forte de vosso espírito nunca pode modificar a sua *espécie,* mas sim apenas o seu *estado!*

Por isso, nunca será possível ultrapassar o âmbito do limite da conscientização humana, porque os limites são determinados pela *espécie,* e não unicamente por seu estado. Esse estado, porém, ainda constrói para si, dentro do grande âmbito da espécie, limites parciais, extremamente pequenos, que, com a modificação do estado, também podem ser ultrapassados.

São extensões gigantescas que se encontram nesse âmbito, mundos que também espiritualmente se perdem de vista para vós e nos quais podeis permanecer por toda a eternidade e atuar infinitamente.

Se vos ocupardes de modo intensivo e profundo *com isso, então* sereis felizes! Em minha Mensagem, dei-vos a saber exatamente com o que estais em conexão e o que está ligado a vós, como agis nisso através do vosso pensar e do vosso atuar, e o que *tendes* de alcançar com isso.

Ao invés, porém, de dedicar-vos ao que vos foi oferecido, com toda a seriedade no sentido certo e de, assim, preencher finalmente o lugar que o ser humano, individualmente, tem de ocupar nesta Criação, todos os vossos pensamentos, vossas perguntas e também desejos vão sempre de novo muito além disso, a regiões que o espírito humano nunca poderá alcançar conscientemente.

Por isso não lhe é possível compreender realmente algo daquilo. Todo o tecer, irradiar, aspirar, em suma, tudo quanto existe nessas regiões, permanecerá eternamente incompreensível e sobremaneira distante para o ser humano. Por isso, não pode trazer-lhe proveito algum, se ficar cismando a esse respeito. Apenas desperdiça o tempo e também a força que lhe é oferecida para o seu próprio desenvolvimento necessário e tem de perecer afinal como inútil.

Movimentai-vos, pois, finalmente, com toda a força *naquela* região que o Criador *vos* concedeu, a fim de que a conduzais

45. Vê o que te é útil!

à mais pura beleza, fazendo dela um jardim de Deus, semelhante ao Paraíso, e que se iguale a uma oração de agradecimento tornada forma, elevando-se jubilosamente até os degraus do trono de Deus, para, através da ação, louvar humildemente o Criador de todas as coisas pelas ricas graças. — Seres humanos, como sois pequenos e, contudo, quão desmedidamente pretensiosos e convencidos. Se quisésseis movimentar-vos só um pouco de maneira *certa,* de modo a vibrar com clareza, em harmonia *com* as leis primordiais da Criação, e não atuar sempre estorvando, como até agora, devido à vossa ignorância, então por toda parte, onde quer que colocásseis a mão, brotariam as mais ricas bênçãos, não importando o que vos esforçásseis em fazer.

Nem poderia ser diferente, e com a mesma constante segurança, com que há muito já estais resvalando para a decadência, vós vos veríeis elevados pela mesma força, que conduz à riqueza do espírito e à tranquilidade terrena.

Contudo, tendes de *conhecer* primeiro a vossa pátria na Criação e dentro dela tudo quanto vos ajuda e favorece. Precisais saber como tendes de caminhar e atuar aí, antes que possa começar o florescer.

Procurai, antes de tudo, sintonizar-vos *terrenamente* de modo certo com as vibrações das leis divinas, as quais nunca podereis contornar, sem vos prejudicar muito, bem como ao vosso ambiente, e apoiai nelas também as *vossas* leis, deixai que elas se originem daí, e então tereis logo a paz e a felicidade, que favorecem o soerguimento tão almejado por vós, pois sem isso todos os esforços serão totalmente em vão e mesmo a máxima capacidade do mais aguçado raciocínio será inútil, redundando em malogro.

Depende de *vós,* unicamente de vós, de cada um individualmente, e não sempre dos outros, conforme de tão bom grado procurais iludir-vos. Experimentai-o primeiro convosco, mas isso não quereis! Pois supondes que sois muito superiores nesse sentido, ou o início vos parece pequeno demais e secundário.

Na realidade, porém, trata-se apenas de indolência de vosso espírito, que é capaz de manter-vos afastados disso, e à qual todos vós já estais escravizados há milênios. Vosso raciocínio, que amarrou vossas capacidades espirituais, não mais pode ajudar-vos agora, quando se trata, daqui em diante, de curvar-se perante a pura força de Deus ou perecer.

Tendes de ativar o espírito, despertá-lo dentro de vós, para reconhecer a vontade de Deus e ouvir o que Ele exige de vós, pois unicamente a Ele, e a ninguém mais, o ser humano se encontra submetido desde os primórdios, a Ele tem de prestar contas agora de tudo quanto fez na parte da Criação que lhe foi emprestada como pátria.

E o vosso desditoso pendor, de sempre querer atingir somente o que está mais alto, de almejar o que é desconhecido, ao invés de alegrar-vos com aquilo que vos rodeia, voltar-se-á depondo contra vós, como um dos vossos piores males. O mal nasceu da indolência de vosso espírito, que não pode ser confundido com o raciocínio, pois raciocínio não é espírito!

Terrenamente também vos mantivestes sempre assim. Ao invés de embelezardes com toda a força e alegria o vosso ambiente, de torná-lo mais perfeito e de estimulá-lo para a plena florescência, quereis muitas vezes *sair* dele, porque assim vos parece mais cômodo, prometendo sucesso mais rápido. Quereis separar-vos dele para encontrar a desejada melhoria, já que, em todo desconhecido, simultaneamente, esperais também melhoria, embelezamento!

Procurai, antes de tudo, *aproveitar de modo certo* o que vos foi *dado!* Encontrareis aí milagre após milagre.

No entanto, para aproveitar algo de modo certo, é necessário antes *conhecê-lo* profundamente. E isso vos falta totalmente. Fostes sempre demasiadamente indolentes para reconhecer a vontade de vosso Deus, que se torna visível para vós de modo claro e nítido na Criação.

Preciso sempre de novo tocar na velha ferida que trazeis em vós, seres humanos, e da qual muitas vezes já arranquei todas as ataduras, que, no entanto, sempre de novo procurais repor com todo o cuidado. A ferida, que constitui a origem de todo o mal, sob o qual tendes agora de sofrer, até vos libertardes dele ou sucumbirdes por completo, é e continua sendo a voluntária indolência de vosso espírito!

Muitos dentre esses seres humanos terrenos não serão mais capazes de livrar-se do cerco mortífero do mal, pois demoraram demasiadamente para cobrar ânimo para tanto.

É natural que a astúcia do raciocínio procure encobrir toda a sonolência do espírito, porque com o despertar de vosso espírito terminaria logo o domínio do raciocínio.

Só a indolência do espírito não atenta suficientemente ao que foi dado, não se dá ao trabalho de descobrir sua beleza e de torná-lo constantemente mais perfeito, mas sim pensa encontrar melhoria só na *modificação,* procura a felicidade em tudo quanto lhe é *desconhecido.*

O ser humano aí não pensa que a modificação condiciona antes o desarraigamento, colocando em seguida esse desarraigado em solo *estranho,* com o qual ainda nada sabe fazer e por isso comete facilmente grandes erros, que acarretam consequências inimaginadas e maléficas. Quem coloca suas esperanças nas *modificações,* não sabendo o que fazer com aquilo que foi *dado,* a este falta a vontade sincera, bem como a capacitação; encontra-se de antemão no terreno vacilante do aventureiro!

Reconhecei-vos primeiro a vós próprios de modo certo e aproveitai aquilo que Deus vos oferece para utilização; utilizai-o de maneira a ser *capaz* de florescer, então a Terra e todo o plano da Criação, dado ao espírito humano para atuação, *tornar-se-á obrigatoriamente* um *paraíso,* onde só habitará alegria e paz, pois a lei da Criação trabalhará então *para vós* com a mesma firmeza com que tem de trabalhar *agora* contra o vosso atuar, e ela é inalterável, mais forte do que a vontade dos seres humanos, pois repousa na irradiação da Luz Primordial!

Não está longe a hora em que os seres humanos *terão* de reconhecer que não será difícil viver de maneira diferente do que até agora; conviver em *paz* com o próximo! O ser humano se tornará apto a ver, porque lhe será tirada por Deus toda a possibilidade do seu atuar e pensar *errado* de até agora.

Então terá de reconhecer, envergonhado, como se portou de maneira ridícula na correria de sua atividade, sem importância para a *verdadeira* vida, e como ele foi *perigoso* para toda aquela parte da Criação que lhe foi confiada benevolentemente para utilização e para sua alegria.

Com relação ao seu próximo, viverá no futuro somente para a *alegria* dele, assim como também este em relação a ele, e não sentirá inveja nem cobiça por aquilo que ainda não possui. Despertará a capacidade de desenvolver a beleza de seu próprio ambiente até a maravilhosíssima florescência, moldando-o inteiramente de acordo com a sua espécie, tão logo o coloque na grande e benéfica vibração das singelas leis primordiais da Criação, as quais pude ensinar-lhe com a Mensagem, através do amor de Deus que, desta vez, castigando, ajuda, a fim de salvar aqueles que ainda são de boa vontade e humildes no espírito!

Se quiserdes construir, então *clarificai* primeiro *vosso espírito,* tornando-o forte e puro. *Clarificai-o,* isto é, deixai-o atingir a maturidade! A Criação já se encontra na época da *colheita,* e com ela o ser humano, como criatura.

Ele, no entanto, ficou para trás, devido à sua obstinada vontade errada; ele mesmo se colocou fora de todo o vibrar desejado pela Luz e tem de ser expulso do jubiloso circular da Criação, agora já *reforçado,* porque não pode manter-se nele com a sua imaturidade.

A voz do povo fala bem acertadamente de espírito *esclarecido!* É facílimo reconhecer uma pessoa amadurecida ou esclarecida, pois está na Luz e evita toda escuridão. Também por seu modo de ser ela estabelecerá a paz em redor de si.

Aí não haverá mais nenhuma manifestação raivosa, apenas serena objetividade no grande impulso da atuação alegre, ou severidade imparcial, que ilumina de modo afável, elucidando as fraquezas daqueles que ainda não podem estar fortalecidos no espírito, mas sim ainda sujeitos à fermentação, que tem de produzir purificação e esclarecimento, ou... perdição.

Só as trevas podem manifestar-se raivosamente, jamais a Luz, que sempre mostra serena pureza e reflexão cheia de paz, na força consciente do elevado saber.

Por conseguinte, onde quer que no ser humano ainda possa *manifestar-se* a raiva, aí ainda há fraquezas a serem extirpadas, tal espírito ainda pode sucumbir aos ataques das trevas ou

45. Vê o que te é útil!

servir-lhes de instrumento. Ele não é "esclarecido", ainda não está suficientemente purificado.

Assim acontece com *todas* as fraquezas que tendes em vós e das quais aparentemente não podeis livrar-vos, ou só com grandes dificuldades.

Na realidade, não seria difícil, tão logo tivésseis vontade de finalmente tratar de modo razoável *aquilo* que Deus vos deu, de aplicar de modo *certo aquilo* que já tendes em mão, adaptando--vos às vibrações das leis, cujo conhecimento já pudestes ganhar através da minha Mensagem. Então será fácil, como que para crianças, no mais verdadeiro sentido.

Deixai de ocupar-vos predominantemente com perguntas que ultrapassem o âmbito que vos foi indicado, e aprendei primeiro a reconhecer profundamente tudo *aquilo* que se encontra *dentro* de vós próprios e *ao* vosso *redor*, então virá a ascensão por si só, pois sereis automaticamente elevados pelos efeitos de vossa atividade.

Sede *simples* no pensar e no atuar, pois na simplicidade reside a grandeza e também a força! Com isso, não retrocedereis, pelo contrário, progredireis e erguereis uma construção *sólida* para uma nova existência, na qual cada ser humano pode orientar-se, por não estar mais confuso e enredado, mas sim com visão ampla, luminoso e claro em todos os sentidos, enfim: sadio! natural!

Desenvolvei-vos como *seres humanos* interiormente corretos e verdadeiros, e tereis logo íntima ligação com a Criação inteira, que vos favorecerá em tudo quanto vos for útil e naquilo que necessitardes para a ascensão. Em nenhum outro caminho podereis conseguir isso!

Então afluirá para vós em rica abundância tudo quanto precisardes e que vos proporcionará alegria e paz; antes, porém, de nenhum modo, mesmo que vos esforçásseis sobremaneira por isso, pois agora é chegado o tempo em que o ser humano na Terra *tem* de abrir-se à Palavra de Deus, o que equivale a adaptar-se às leis vigentes da sagrada vontade de Deus, que conservam a Criação e a favorecem!

ONISCIÊNCIA

Com minha Palavra, conduzo-vos de volta a Deus, de Quem vos deixastes desviar pouco a pouco, por intermédio de todos aqueles que colocaram o seu querer saber humano acima da sabedoria de Deus.

E aqueles que ainda estão compenetrados da certeza da onisciência de Deus, que querem inclinar-se humildemente perante aquela grande e carinhosa condução, que se encontra nos efeitos das leis inabaláveis desta Criação, imaginam essa onisciência de Deus de modo diferente do que é!

Imaginam a sabedoria de Deus demasiadamente *humana* e, por isso, diminuta demais, comprimida em limites demasiado estreitos! Com a melhor boa vontade fazem da onisciência somente uma *obrigatoriedade de saber tudo* terrenamente.

Mas todo o seu bom pensar é a tal respeito excessivamente humano; cometem sempre de novo aquele grande erro, procurando imaginar Deus e o divino como um *ponto culminante* do *humano!*

Não saem da espécie humana, absolutamente; pelo contrário, deduzem subindo apenas de sua própria constituição, partindo do solo *humano,* aperfeiçoado até o ponto mais alto e mais ideal de uma mesma espécie. Em sua ideia sobre Deus, não abandonam, apesar de tudo, seu próprio solo.

Também quando procuram aumentar a expectativa até o que lhes é completamente inapreensível, tudo permanece, pois, sempre no mesmo canal de pensamentos e não pode, por essa razão, mesmo no querer pressentir, jamais encontrar uma sombra sequer do conceito da verdadeira grandeza de Deus.

46. Onisciência

Não é diferente quanto ao conceito da onisciência divina! No vosso pensar mais arrojado, fazeis disso apenas um mesquinho *saber tudo* terrenamente!

Supondes que a onisciência divina deva *"conhecer"* o vosso pensar e intuir *humano*. Esse conceito exige ou espera, portanto, da sabedoria divina, um ilimitado aprofundar-se e sintonizar-se no personalíssimo e ínfimo pensar de cada um, individualmente, aqui na Terra e em todos os mundos! Um cuidar e um compreender de cada pequeno espírito humano, e mais ainda: um preocupar-se com isso!

Tal obrigatoriedade de saber não é sabedoria! Sabedoria é muito maior, muito superior.

Na sabedoria reside *providência!*

Providência, contudo, não equivale a prever a condução, conforme entendem, isto é, conforme pensam tantas vezes os seres humanos com relação à "sábia providência". Também nisso erram, porque em seu raciocinar humano *partem* outra vez *de baixo,* e imaginam para cada grandeza uma *intensificação* de tudo aquilo que eles próprios, *como seres humanos,* trazem em si!

Também na melhor sintonização não se desviam desse hábito, e não pensam que Deus e o divino são para eles de *espécie* completamente *estranha,* e que todo o raciocinar a esse respeito só tem de ocasionar enganos, sempre que tomarem por base a espécie humana!

E nisso reside todo o errado de até agora, cada erro dos conceitos. Pode-se dizer calmamente que até agora nenhum dos conceitos quanto ao pensar, refletir e pesquisar foram realmente certos a esse respeito; devido à sua pequenez humana, nunca puderam aproximar-se da Verdade efetiva!

Providência é atuação *divina,* está ancorada na sabedoria divina, na onisciência. E a onisciência tornou-se ação através das leis divinas desta Criação! Reside nelas, e nelas também reside a providência que se efetiva em relação aos seres humanos.

Não penseis, portanto, que a onisciência de Deus deva conhecer os vossos pensamentos e saber como passais terrenamente. O atuar de Deus é muito diferente, maior e mais abrangente. Deus

46. Onisciência

abrange com a Sua vontade tudo, mantém tudo, beneficia tudo através da lei viva que proporciona a cada um *aquilo* que merece, isto é, aquilo que cada um teceu para si.

Nem um sequer pode escapar aí das consequências de seu proceder, seja bom ou mau! *Nisso* se mostra a onisciência de Deus, que está ligada à justiça e ao amor! No atuar desta Criação, *tudo* está sabiamente previsto para o ser humano! Inclusive que *ele* tem de *julgar*-se!

O que virá no Juízo de Deus é o *resgate* das sentenças que os seres humanos tiveram de pronunciar para si próprios, segundo a lei de Deus em sábia providência!

Já há anos a humanidade fala de modo estranho da *transformação universal* que deverá vir, e nisso tem excepcionalmente razão. Mas a transformação já está aí! A humanidade encontra-se em pleno acontecimento de alcance universal, que ela ainda espera, não o percebendo porque *não quer.*

Como sempre, ela a imagina *de modo diferente* e não quer reconhecer como *realmente* é. Por causa disso, porém, perde, para si, o tempo certo de sua própria possibilidade de amadurecimento, e falha. Falha como sempre, pois a humanidade nunca *cumpriu aquilo* que Deus pode esperar dela, tem de esperar, se Ele quiser deixá-la por mais tempo nesta Criação.

Na atuação dos seres humanos, encontra-se uma tão obstinada restrição, que se repete sempre da mesma maneira em *cada* acontecimento da Luz; encontra-se tal obstinação pueril e presunção ridícula, que não restam muitas esperanças para possibilidades de salvação.

Por esse motivo, a Criação será agora purificada de todo esse tipo de mal. A vontade sacrossanta traz a purificação no fechamento do ciclo de todos os acontecimentos, de todo atuar!

O fechamento do ciclo é provocado pela força da Luz; tudo tem de julgar-se nela, tem de purificar-se ou sucumbir, afundando na terrível decomposição.

Está condicionado naturalmente pelas leis da Criação que agora, no fim, todas as más qualidades produzam a máxima florescência, tendo de proporcionar seus repugnantes frutos, para assim, mútua e intrinsecamente, exaurirem-se!

46. Onisciência

Tudo tem de chegar ao ponto de ebulição, na força da Luz! Mas do borbulhar pode subir desta vez apenas a humanidade *amadurecida,* capaz e disposta a aceitar, com agradecimento e júbilo, as novas revelações provenientes de Deus, e viver segundo elas, a fim de que peregrine através da Criação, atuando de modo certo. — Por ocasião de cada transformação, o Criador ofereceu aos espíritos humanos em amadurecimento novas revelações, até então desconhecidas por eles, que deveriam servir para a ampliação do saber, a fim de que seus espíritos, com o conhecimento ampliado, se tornassem capazes de ascender às alturas luminosas, de onde saíram outrora inconscientemente, como germes espirituais.

Contudo, sempre foram somente poucos aqueles que se mostraram dispostos a receber com gratidão as descrições vindas do divino e que, por meio disso, puderam ganhar valor e força espiritual, tanto quanto era necessário para os seres humanos. A maioria de todos os seres humanos recusou essas elevadas dádivas de Deus em sua limitação sempre crescente de compreensão espiritual.

As épocas de tais transformações universais sempre estiveram ligadas ao grau dos respectivos amadurecimentos da Criação. O amadurecimento da Criação, no desenvolvimento segundo a sagrada lei de Deus, foi cumprido sempre com toda a exatidão, porém os *seres humanos,* na Criação, colocaram-se tantas vezes, devido à sua indolência espiritual, *de maneira obstruidora* no caminho desses desenvolvimentos!

Durante a semeadura do progressivo reconhecimento de todo o atuar de Deus na Criação, distribuída em épocas universais para os seres humanos, estes quase sempre se mantiveram fechados.

Uma vez que os seres humanos se arrogaram como ponto de partida de toda a existência, não queriam acreditar que houvesse algo que eles não pudessem compreender com os sentidos terrenos. Limitavam seu saber unicamente a isso e, por essa razão, não queriam concordar com outras coisas, eles, as menores ramificações da Criação, que, distanciados ao máximo da verdadeira existência e da vida real, malbaratam criminosamente o seu tempo de graça, de poderem amadurecer no progressivo reconhecimento.

Agora chega uma nova e grande transformação, que também traz consigo novo saber! Dessa transformação eles próprios já falam, mas tornam a imaginá-la somente como realização de vaidosos desejos humanos, de uma forma concebida por eles próprios. Não acaso que *eles* tenham deveres com isso, não, apenas esperam novamente que da Luz lhes seja jogado no colo melhoria das comodidades terrenas! *Assim* deve ser a transformação, pois o seu pensar não vai mais adiante.

A nova obrigatoriedade de saber, que está ligada estreitamente a essa transformação, a fim de poderem ascender espiritualmente e, com isso, finalmente transformar também o ambiente nos planos materiais, não lhes interessa. O que não existia até agora, recusam simplesmente, devido à indolência de seu espírito.

Mas os seres humanos serão *obrigados* agora por Deus a aceitarem isso, já que do contrário não poderão mais ascender espiritualmente, pois *têm* de saber disso! —

Está no atuar da onisciência que, em bem determinados amadurecimentos da Criação, sejam dadas aos espíritos humanos, sempre de novo, novas revelações do atuar de Deus.

Assim, também foram enviados a esta Terra, outrora, nos primórdios, *espíritos criados,* depois que os germes espirituais, em seu lento evoluir, já haviam desenvolvido os corpos animais, para isso escolhidos, até as formas do corpo humano, o que ocorreu simultaneamente com a conscientização espiritual no corpo terreno. Isso foi numa época indizivelmente remota, *antes* do conhecido período glacial desta Terra!

Uma vez que já dei conhecimento dos *primordialmente* criados, tem de haver, também, os posteriormente criados, ou criados, porque também falei dos desenvolvidos, aos quais, só então, a humanidade terrena pertence.

Esses criados, dos quais até agora ainda não havia falado, povoam planos da Criação, entre os primordialmente criados, da Criação primordial, e os desenvolvidos, da Criação posterior.

46. Onisciência

Nas tribos em amadurecimento, daqueles que se desenvolveram dos germes espirituais, encarnou-se nos tempos iniciais, uma vez ou outra, também um criado, a fim de, liderando, proporcionar as ligações com o próximo degrau no necessário esforço ascensional de todo o espiritual. Essas foram *então* as grandes transformações na época inicial. Mais tarde surgiram os profetas, como agraciados. *Assim* trabalhou o amor universal proveniente da Luz, a fim de, auxiliando, assistir os espíritos humanos nas épocas dos respectivos amadurecimentos da Criação, mediante sempre novas revelações, até que afinal veio também a sagrada notícia sobre o divino e seu atuar.

Desse modo, na atual efetivação da grande transformação universal, também advém a absoluta necessidade da ampliação do saber.

Ou o espírito humano se esforça para alcançar o saber, ou permanece parado, o que equivale para ele ao começo da desintegração, devido à imprestabilidade por superamadurecimento inerte de um espírito humano parado, que não sabe mais usar direito a força da Luz que nele se acumula. Assim, aquilo que pode *ajudar,* e que ajudaria, torna-se para ele destruição, como qualquer energia erradamente aplicada.

Deus é o Senhor, *unicamente Ele,* e quem não quiser reconhecê-Lo com humildade, assim como Ele realmente *é,* e não conforme *vós* O *imaginais,* esse não poderá ressurgir para a nova existência.

A mim foi permitido desenrolar-vos o quadro do tecer na Criação a que pertenceis, a fim de ficardes esclarecidos e, de modo consciente, poderdes usufruir as bênçãos e utilizá-las para o vosso bem, as quais se encontram na Criação para vós! A fim de que, no futuro, só vos *ajudem* para cima e não tenham de castigar dolorosamente ou até condenar. Agradecei ao Senhor que Se lembra de vós com tanto amor, permitindo-me dizer-vos com a Mensagem aquilo que vos ajuda e também aquilo que vos é perigoso.

Mostrei-vos *aqueles* caminhos que conduzem às alturas luminosas. Agora, *segui* por eles!

O SEXO FRACO

SE QUISERDES reconhecer tudo quanto está errado nas concepções, costumes e hábitos de até agora desses seres humanos terrenos, não vos custará muito esforço, pois nada tendes a fazer senão apanhar qualquer expressão e examiná-la *profundamente*. Será errada, porque já a base de todo pensar desses seres humanos terrenos está completamente torcida. Em base errada, porém, nunca pode desenvolver-se o pensar *certo*, pelo contrário, de acordo com a base, deve igualmente estar errado.

Tomemos hoje a denominação comumente difundida para a feminilidade terrena, como sendo o "sexo fraco". Por certo não haverá uma pessoa entre os ouvintes que ainda não tenha ouvido essa expressão. É usada carinhosamente, bem como de forma mordaz, benevolentemente e também de modo irônico, mas é aceita sempre sem reflexão como existente, e é conservada irrefletidamente ou então sem exame.

Na realidade, contudo, na Terra a feminilidade é igualmente tão forte quanto a masculinidade, só que de outra maneira.

Em minhas dissertações já esclareci muitas vezes que o *conceito propriamente dito* com relação à feminilidade e à masculinidade parte da *espécie de atuação* na Criação, que, portanto, a espécie da atividade é básica para isso e então determina a forma, que deixa reconhecer a pessoa na Terra como feminina ou masculina.

A diferença mostra-se imediatamente, tão logo os germes dos espíritos humanos deixam o seu plano de origem. Aqueles que se inclinam para a atividade positiva, portanto mais grosseira, adquirem formas masculinas, ao passo que em volta daqueles que querem atuar de forma passiva, portanto mais delicada,

47. O sexo fraco

constituem-se formas femininas. São duas espécies diferentes de atuação, porém igualmente fortes; de uma espécie mais fraca aí não se pode falar absolutamente.

Essas duas espécies dão também a interpretação da própria Cruz viva, que em si é perfeita! A barra vertical da Cruz é a vida positiva, portanto ativa; a barra horizontal, igualmente forte e de igual comprimento, é a vida negativa, portanto passiva. A Cruz viva traz ambas em si!

A Cruz da Criação, partindo da qual e em volta da qual a Criação inteira se desenvolve, diz e mostra o mesmo. A barra vertical é a atuação positiva, ativa, e a barra horizontal, a atuação negativa, passiva.

Os anciãos na esfera divina, que são simultaneamente os guardiões do Santo Graal na parte divina do Supremo Templo do Graal, mostram em suas irradiações, igualmente, a Cruz isósceles. Neles, porém, não é a própria Cruz viva que constitui a sua irradiação, mas deixa reconhecer que esses anciãos são espíritos completos em sua espécie, trazendo integralmente *ambos* em si, o ativo e o passivo, em harmonioso atuar.

Na Criação, porém, o ativo é *separado* do passivo em seus efeitos. Cada espírito traz em si ou *apenas* o ativo ou *apenas* o passivo, como depois se repete também com as sementes espirituais.

Estas atuam, ou passiva ou ativamente, *uma ao lado da outra* e, contudo, almejam permanentemente uma pela outra, uma vez que ambas as espécies somente podem realizar algo completo na atuação *conjunta*. Completo, no entanto, somente quando ambas as espécies atuarem *igualmente fortes* e almejarem por *um* alvo: em direção à Luz!

Para poderem fazer isso, não precisam viver juntas em matrimônio terreno, não precisam absolutamente estar estreitamente ligadas na matéria grosseira, nem mesmo precisam conhecer-se pessoalmente. Apenas o *alvo* tem de ser um só: em direção à Luz!

Menciono isso expressamente para que não se tirem, por acaso, conclusões erradas de minha dissertação, pois matrimônios e aproximações físicas na matéria grosseira são uma coisa totalmente à parte, que não estão condicionadas com o almejar pela Luz, mas, sendo puras, também não estorvam.

Contudo, esta dissertação se destina, antes de tudo, à expressão errônea: o sexo mais fraco. Aí eu não devo desviar-me demais, mas quero mostrar por que motivo pôde surgir outrora a expressão e como pôde manter-se continuamente.

Isso no fundo não é tão difícil. Também vós podeis reconhecê-lo facilmente, se quiserdes esforçar-vos e examinar tudo, focalizando nitidamente o que o vosso próximo diz.

Sabeis que toda a feminilidade na Terra tem de manter acordada a saudade da Luz, como guardiã da chama da saudade da Luz, que conserva e conduz para cima.

Para essa finalidade, desenvolve-se nela também a capacidade intuitiva mais delicada, porque em seu impulso para a atividade mais delicada não se desligou dela tanto espírito-enteal como na masculinidade, que se inclina para a atividade mais grosseira.

Assim, cada mulher é receptora e mediadora de irradiações que a masculinidade não pode mais receber. A feminilidade se encontra aí meio degrau acima, mais voltada para a Luz do que qualquer homem. Pressuposto, naturalmente, que ela se situe de maneira *certa* e não desperdice as suas capacidades ou até as amuralhe.

Que a mulher dispõe por causa disso de sensibilidades que o homem não traz mais em si, e também não pode trazer, pela espécie de sua atividade, uma vez que elas, em caso contrário, o impediriam de muitas coisas grosseiras que, no entanto, são necessárias, isso o homem intui de modo inconsciente. Ele, na verdade, não se apercebe disso de maneira nítida, ou então apenas mui raramente, mas intui nisso um tesouro que quer ser *protegido*. Sente-se impulsionado a *proteger* na matéria grosseira esse tesouro invisível, porque terrenamente, isto é, grosso-materialmente, ele se sente como o *mais forte*.

Existem apenas poucos homens que não intuem isso. Esses são, no entanto, de qualquer forma, embrutecidos e não podem ser considerados como homens no verdadeiro sentido.

A necessidade tácita, porque apenas inconscientemente intuída, de proteger levou o homem, com o tempo, a ver erradamente na feminilidade o sexo *mais fraco,* que necessita de sua proteção. Essa denominação não se origina, portanto, de má intenção ou de julgamento depreciativo, mas apenas de ignorância da verdadeira causa de suas próprias intuições.

Com o progressivo embotamento nas maneiras erradas de pensar dos seres humanos terrenos e a limitação, cada vez mais forte, de sua capacidade de compreensão para as coisas que se encontram fora da matéria mais grosseira, naturalmente se estabeleceu também aqui uma interpretação cada vez mais inferiorizada daquela denominação.

Na realidade, o homem não é o sexo *mais forte,* mas apenas o *mais grosseiro,* isto é, mais grosso-material e, assim, mais denso; a feminilidade, porém, não é o sexo mais fraco, mas sim o *mais delicado,* menos denso, o que nada tem a ver com fraquezas.

O homem é, devido à sua maior atividade material, mais *condensado* na matéria grosseira, o que, porém, não é um erro, uma vez que disso necessita para a execução de sua atividade na Criação, a fim de se fixar mais firmemente no solo terrestre e poder agir mais diretamente na densa matéria grosseira e sobre ela. Assim ele se encontra mais firmemente ligado à Terra e mais afeito a ela.

A tendência da mulher, no entanto, dirige-se mais para cima, para o que é mais fino, mais delicado, menos denso. Nisso ela é o que completa o espiritual humano, segurando, soerguendo... naturalmente apenas quando ela se encontra no *seu* lugar, que o Criador lhe destinou.

Pela conservação de uma bem determinada espécie de enteal mais elevado no seu corpo, este não é tão fortemente condensado, porque o corpo de matéria grosseira continua perpassado por esse enteal, que o mantém menos denso.

Mas isso, por sua vez, não é uma falha nem uma fraqueza, pelo contrário, uma *necessidade* para a recepção e a transmissão de irradiações, cujo auxílio o homem, em sua atividade, não pode dispensar e que ele, contudo, não é capaz de receber diretamente, devido à sua espécie grosseira.

Tudo isso se estende naturalmente, também, da maneira mais simples para as coisas da matéria mais grosseira. Tomemos, pois, um nascimento. O homem, já *por essa razão*, não poderia oferecer absolutamente a possibilidade de uma alma poder aproximar-se dele, para fins de uma encarnação na Terra, mesmo que existissem em seu corpo os órgãos para isso.

Falta-lhe *a ponte* para a alma, que é propiciada por aquele delicado enteal que a feminilidade ainda traz em si, e que teve de se desprender automaticamente da masculinidade, devido à sua vontade ativa.

Por essa razão, mesmo existindo órgãos para isso, poderia desenvolver-se sempre apenas o *começo* de um corpo terreno, nada mais, por então faltar a coparticipação da nova alma, a qual não pode aproximar-se, se não existir aquela ponte mais delicada do enteal. Mesmo de algumas mulheres pode, sim, aproximar-se, às vezes, uma alma, mas então não se firma, se essa ponte se tiver tornado defeituosa, por ter a mulher adquirido características masculinas, as quais desalojaram os delicados dotes enteais da feminilidade. As almas tornam a desligar-se, antes que o nascimento terreno possa ocorrer.

Tudo isso alcança muito mais longe do que podeis imaginar. Também a saúde terrena dos vossos filhos é condicionada, dificultada ou favorecida pela integridade e pureza dessa ponte enteal mais elevada que a mãe oferece.

Não são unicamente os órgãos a causa da falta de filhos ou de muitos nascimentos não ocorrerem *assim* como deveriam num curso normal. A causa principal nas dificuldades, doenças e fraquezas encontra-se muitas vezes apenas na imperfeição das pontes que as almas necessitam para uma peregrinação segura e forte por seus caminhos terrestres.

Quantas vezes, por brincadeira estúpida ou por vaidade condenável, uma mulher adquiriu características masculinas, que tiveram de enfraquecer ou afastar totalmente a parte enteal mais elevada, que lhe fora dada como distinção! As consequências disso são tão múltiplas em espécie e forma de suas configurações, que muitas vezes os seres humanos quebram a cabeça sobre como são possíveis tantas coisas.

Ainda pior, porém, do que nesses acontecimentos de matéria grosseira, que se tornam imediatamente visíveis, são os danos

47. O sexo fraco 379

nos planos da parte fina da matéria grosseira, provocados por tal falhar da feminilidade e que então se mostram também na Terra, mesmo que só depois de longos tempos.

Muito ainda podereis ouvir disso, quando um dia eu passar para esses setores, e vos sobrevirá um horror ante a leviana culpa da feminilidade, que ainda foi favorecida pelos homens e fortalecida em criminosa atividade, porque ela lhes foi muito bem-vinda!

Durante decênios ainda vos enrubescereis diante disso, porque esta época de decadência se conservará em vossa lembrança ainda por bastante tempo, como uma carga repugnante.

Estes são, por ora, fenômenos ainda misteriosos para a humanidade, cujos véus ainda levantarei numa época em que os seres humanos estiverem amadurecidos para poder compreendê-los, pois também eu atuo nisso incondicionalmente de acordo com a lei. A humanidade pode saber *tudo* através de mim, mas sempre falarei somente quando ela se tiver tornado apta para a recepção, através do amadurecimento interior. Esse processo se efetiva de modo inteiramente automático, como algo que se liga ou acende. Por isso, a humanidade saberá através de mim também somente tanto quanto for capaz de assimilar, não mais.

Disso, contudo, não precisais estar sempre conscientes, pois eu intuo o despertar *interior* e a movimentação do espírito, que é muito diferente da consciência diurna do raciocínio. E *isso* é o que desencadeia minha Palavra.

Por isso, também vos dou hoje, muitas vezes, aparentemente já muito mais do que podeis assimilar na realidade de modo consciente. Vosso espírito, porém, ao qual eu falo, assimila-o sem que saibais disso terrenamente. Assim, parece como se eu já desse agora muito para tempos vindouros, ao passo que vosso *espírito*, porém, já o assimilou.

Só que a compreensão da consciência diurna vos advirá mais tarde, talvez somente em decênios, de modo que apenas *então* sabereis aplicar isso *terrenamente* com inteira compreensão.

Tão logo caminhardes espiritualmente de maneira vigorosa junto comigo, poderei revelar-vos a Criação inteira. Depende sempre somente de vós, seres humanos! Por isso, permanecei vigilantes e ativos no espírito, para que eu nada tenha de ocultar-vos!

Dou de bom grado e alegremente, porém sou atado à lei, porque eu mesmo não posso agir diferentemente! A mim é permitido dar-vos na medida de vossa capacidade de recepção, e não mais! Mantende isso na lembrança. Aproveitai, por isso, o tempo, enquanto eu estiver convosco, a fim de que nada percais. Guardai a minha Palavra e utilizai-a, ela pode dar-vos *tudo!*

A PONTE DESTRUÍDA

LAMENTÁVEL é ver como o ser humano terreno age diligentemente para seu retrocesso e, com isso, para sua queda, na crença errada de que com isso caminha para cima. O ser humano terreno! Ao nome dessa criatura associa-se um gosto amargo para tudo o que se realiza na Criação dentro da vontade de Deus, e para os seres humanos seria aparentemente melhor se não fosse mais proferido, uma vez que em cada menção desse nome perpassa, simultaneamente, através da Criação inteira, uma indignação e um mal-estar, o que se estende como um peso sobre a humanidade terrena, pois essa indignação, o mal-estar, é uma acusação viva que se forma automaticamente e tem de colocar-se hostilmente contra toda a humanidade terrena.

Assim, o ser humano terreno, através de sua atuação errada, que se tornou perceptível nesta Criação como obstrutiva, estorvante e continuamente prejudicial, tornou-se hoje, por fim, um proscrito por si mesmo, em seu ridículo querer saber tudo melhor. Ele forçou, teimosamente, sua expulsão, uma vez que se tornou incapaz de ainda *receber* simplesmente e com humildade as graças de Deus.

Ele quis tornar-se criador, aperfeiçoador; quis submeter a atuação do Todo-Poderoso inteiramente à sua vontade terrena.

Não existe palavra que possa designar acertadamente tal presunçosa arrogância em sua ilimitada ignorância. Aprofundai-vos nesse comportamento inacreditável; imaginai o ser humano terreno, como ele, com ares de importância, quer colocar-se acima da engrenagem da obra maravilhosa desta Criação de Deus, para ele até agora desconhecida, a fim de dirigi-la, ao invés de ajustar-se a ela obedientemente, como uma pequena parte dela... então, não sabereis se deveis rir ou chorar!

Um sapo, que se encontra diante de um rochedo alto e quer ordenar que ele ceda diante de seus passos, não parece tão ridículo como o ser humano atual em sua megalomania perante seu Criador.

A imaginação disso deve ter um efeito repugnante também para cada espírito humano que agora chega ao despertar no Juízo. Um horror, um calafrio e um pavor se apossarão dele, quando, repentinamente, ao reconhecer a luminosa Verdade, chegar a ver tudo diante de si *assim* como *realmente* foi já desde muito, apesar de que ele até agora não tenha podido observar dessa maneira. Envergonhado, gostaria então de fugir para os confins de todos os mundos.

E o véu encobridor agora se rasgará, será despedaçado em trapos cinzentos, levados pelo vento, até que a irradiação da Luz possa fluir integralmente para dentro das almas profundamente atormentadas pelo remorso e que, em humildade novamente despertada, queiram inclinar-se perante seu Senhor e Deus, a Quem não puderam mais reconhecer nas confusões que o raciocínio, preso à Terra, provocou em todos os tempos em que lhe foi permitido dominar irrestritamente.

Contudo, tendes de vivenciar profundamente o asco ante o atuar e o pensar dos seres humanos terrenos, primeiro *junto* a vós e também *dentro* de vós, antes que a libertação disso possa vir. Tendes de experimentar o asco *da mesma forma* que a humanidade terrena sempre fez com todos os enviados da Luz, na sua hedionda infâmia, hostil à Luz. Não podereis chegar à libertação de outra forma!

É o único efeito recíproco libertador de vossa culpa, que agora vós próprios *tendes* de vivenciar, porque de outra forma ela não vos pode ser perdoada.

Entrareis nesse vivenciar já em tempo bem próximo, e quanto mais cedo isso vos atingir, tanto mais fácil se tornará para vós. Que ao mesmo tempo se abra, para vós, o caminho às alturas luminosas.

48. A ponte destruída

E novamente a feminilidade terá de intuir *primeiro* a vergonha, uma vez que a sua decadência a obriga agora a se expor a essas coisas. Ela mesma se colocou levianamente num degrau, que a obriga a submeter-se aos pés de uma masculinidade embrutecida. Com ira e desprezo, a masculinidade terrena olhará agora irritada para todas aquelas mulheres que não são mais capazes de dar *aquilo* a que foram destinadas pelo Criador, e do que o homem tanto necessita para sua atuação.

Isso é *autorrespeito,* que faz, de cada verdadeiro homem, um homem! Autorrespeito, e não autoilusão. Autorrespeito, porém, o homem só poderá ter levantando o olhar para a *dignidade da mulher,* e, ao protegê-la, obterá e também manterá o respeito perante si mesmo!

Esse é o grande, até agora não expresso, mistério entre mulher e homem, que é capaz de incentivá-lo a grandes e puros feitos aqui na Terra, que incandesce todo o pensar de modo purificador e, com isso, estende sobre toda a existência terrena um sagrado vislumbre da elevada saudade da Luz.

Tudo isso, porém, foi tirado do homem pela mulher, a qual sucumbiu depressa às seduções de Lúcifer, mediante as ridículas vaidades do raciocínio terreno. Com o despertar do reconhecimento dessa grande culpa, o homem considerará a feminilidade apenas como *aquilo* que ela realmente teve de tornar-se por sua própria vontade.

Mas essa vergonha dolorosa é, por sua vez, apenas um grande auxílio para *aquelas* almas femininas que, sob os justos golpes do Juízo, ainda veem, despertando e reconhecendo, que enorme roubo cometeram em relação ao homem, com sua errada vaidade, pois empregarão toda sua força a fim de recuperarem a dignidade assim perdida e que elas próprias lançaram de si como um bem sem valor, que as embaraçava no caminho escolhido para baixo.

Ainda não ficastes bem esclarecidos a respeito da impetuosidade das consequências prejudiciais que tiveram de cair sobre a humanidade terrena inteira, quando a feminilidade terrena procurou, em seu errado comportamento, romper diligentemente a maior parte das pontes que a ligavam com as correntezas da Luz.

48. A ponte destruída

As consequências prejudiciais apresentam-se sob *centenas de formas* e sob múltipla configuração, agindo por todos os lados. Apenas precisais procurar colocar-vos no curso dos inevitáveis efeitos das leis da Criação. O reconhecer, então, não será, absolutamente, difícil.

Pensai mais uma vez no simples acontecimento que se processa na severa regularidade da lei:

Tão logo a mulher procure masculinizar-se em seu pensar e atuar, essa vontade já se efetiva correspondentemente. Primeiro, em tudo o que da parte dela estiver intimamente ligado com a entealidade; depois, também com as matérias finas, bem como, após um bem determinado tempo, na parte mais fina da matéria grosseira.

A consequência é que nas tentativas de um atuar positivo, em oposição à missão de uma mulher terrena, todos os componentes mais finos de sua espécie feminina, por serem passivos, são repelidos e, por fim, desligam-se dela, porque estes, perdendo pouco a pouco em força devido à inatividade, são retirados da mulher pela igual espécie básica.

Assim, fica então destruída a ponte que capacita a mulher terrena, na sua espécie passiva, a receber irradiações mais elevadas e retransmiti-las à matéria mais grosseira, na qual ela, mediante seu corpo, está ancorada através de uma bem determinada força.

Contudo, essa é também *aquela* ponte de que uma alma precisa para a encarnação terrena no corpo de matéria grosseira. Faltando essa ponte, fica impossibilitada a cada alma a entrada no corpo em formação, pois ela mesma não consegue transpor o abismo que assim teve de surgir.

Se essa ponte, porém, for apenas parcialmente destruída, o que depende da espécie e da intensidade da masculinização desejada na atividade de uma mulher, podem, não obstante, encarnar-se almas que do mesmo modo não são inteiramente masculinas nem inteiramente femininas, constituindo, portanto, misturas sem harmonia e sem beleza, as quais, mais tarde, encerram toda sorte de anseios insatisfeitos, sentindo-se constantemente incompreendidas na sua existência terrena, e vivendo, por isso,

48. A ponte destruída

em constante inquietação e descontentamento com si mesmas e com seu ambiente.

Para tais almas, bem como para o seu posterior ambiente terreno, seria melhor se não tivessem encontrado oportunidade para uma encarnação, pois carregam-se dessa forma apenas de culpa e jamais remirão algo, porque na realidade não pertencem à Terra.

A oportunidade e a possibilidade para tais encarnações, não desejadas pela Criação, e, por conseguinte, pela vontade de Deus, apenas as oferecem *aquelas* mulheres que, em seus caprichos e em sua vaidade ridícula, bem como na sua indigna mania de um falso valor, se inclinam para certa masculinização. Não importa de que espécie seja.

Almas delicadas, *legitimamente femininas,* nunca chegam à encarnação através de tais mulheres masculinizadas, e assim, pouco a pouco, o sexo feminino na Terra vai sendo completamente envenenado, porque essa torção se espalhou cada vez mais, atraindo sempre novas almas dessa espécie, que não podem ser inteiramente mulher nem inteiramente homem, espalhando assim algo de ilegítimo e desarmonioso sobre a Terra.

Felizmente, as próprias e sábias leis da Criação delinearam, também nessas coisas, um limite bem definido, pois com tal desvio, violentamente forçado pela vontade errada, surgem, primeiro, partos difíceis ou prematuros, filhos doentios e nervosos, com desequilíbrio das intuições e, por fim, ocorre após um bem determinado tempo a esterilidade, de maneira que um povo que permite à sua feminilidade aspirar pela masculinização, a ela imprópria, está condenado a uma lenta extinção.

Naturalmente, isso não ocorre de hoje para amanhã, de modo a tornar-se visível bruscamente aos seres humanos contemporâneos, mas sim tal acontecimento também tem de seguir o caminho do desenvolvimento. Mesmo que devagar, porém seguramente! E já é necessária a passagem de algumas gerações, antes que as consequências de tal mal da feminilidade possam ser retidas ou reparadas, a fim de conduzir novamente um povo da decadência ao saneamento e salvá-lo da completa extinção.

É lei inalterável que lá onde o tamanho e a força de ambas as barras da Cruz da Criação não consigam vibrar em completa

48. A ponte destruída

harmonia e pureza, portanto onde o positivo masculino bem como o negativo feminino não estejam igualmente fortes e sem torção, entortando-se dessa forma também a Cruz isósceles, a decadência se seguirá e por fim também a queda, para que a Criação novamente se torne livre de tais absurdos.

Por essa razão, nenhum povo pode ter uma ascensão ou ser feliz, se não apresentar a legítima e genuína feminilidade, em cujo séquito, unicamente, pode e tem de desenvolver-se a legítima masculinidade.

De mil formas são as coisas que nesse sentido estragam a legítima feminilidade. Por essa razão, também todas as consequências disso se apresentam completamente diferentes, mais ou menos incisivas em seus efeitos prejudiciais. Mas de qualquer forma se apresentarão sempre!

Não quero falar aqui ainda das imitações levianas, por parte das mulheres, dos maus costumes dos homens, aos quais se conta, sim, em primeiro lugar o fumar, pois essa é uma epidemia completamente à parte, que constitui um crime em relação à humanidade, que um ser humano por enquanto mal ousa imaginar.

Ao reconhecer melhor as leis da Criação, a arrogância injustificada e impensada do fumante de entregar-se ao seu vício, inclusive ao ar livre, pelo que fica envenenado o presente de Deus do ar fresco e construtivo, que deve permanecer acessível a cada criatura, bem rapidamente desaparecerá, notadamente quando tiver de saber que esse mau costume forma os focos de várias doenças, sob cujo flagelo a humanidade de hoje geme.

Sem levar em consideração os próprios fumantes, a imposição de aspirar tal fumaça do tabaco impede nos bebês e nas crianças o desenvolvimento normal de alguns órgãos, principalmente a indispensável consolidação e o fortalecimento do fígado, que é especialmente importante para cada pessoa, porque com o funcionamento *certo* e sadio ele pode impedir o foco do câncer, como o meio mais seguro e melhor para o combate desse flagelo.

A mulher de hoje escolheu na maioria dos casos um caminho errado. Os seus esforços enveredam para a *des*feminização, seja no esporte, nos excessos ou divertimentos, principalmente na participação dos *círculos de atividade positiva,* que competem à

48. A ponte destruída

masculinidade e com ela devem permanecer, se é que deva haver verdadeira ascensão e paz.

Assim, basicamente tudo sobre a Terra já se desviou, saiu do equilíbrio. Também as sempre crescentes discórdias, bem como os malogros, decorrem das obstinadas *misturas,* entre todos os seres humanos terrenos, das atividades positivas e negativas, condicionadas pela Criação como *permanentemente puras,* o que deve ter como consequência a decadência e a queda na confusão assim forçada.

Como sois tolos, seres humanos, por não quererdes aprender a reconhecer a simplicidade das leis de Deus, que em sua incondicional consequência lógica são facilmente observáveis.

Tendes, sim, sábios ditados, que de bom grado fazeis ouvir. Somente esta sentença já vos diz muito: Pequenas causas, grandes efeitos! Contudo, não os seguis. Em tudo o que acontece em torno de vós, que vos ameace, aflija e oprima, nem pensais em procurar primeiro a pequena causa, para evitá-*la,* a fim de que os grandes efeitos sequer possam surgir.

Isto é demasiado simples para vós! Por essa razão, preferis atacar primeiro os efeitos graves, se possível com grande alarde, para que o feito seja plenamente avaliado e vos traga glória terrena!

Assim, porém, *nunca* alcançareis a vitória, mesmo que julgueis estar sobremaneira preparados para isso, se não vos dignardes a procurar com toda a simplicidade as *causas,* a fim de evitando todas as causas, banir também as graves consequências para sempre!

E, por sua vez, não podereis encontrar as causas, se não aprenderdes a reconhecer com humildade as graças de Deus, Que vos deu na Criação tudo aquilo que pode preservar-vos de qualquer sofrimento.

Enquanto vos faltar a humildade para receberdes, agradecidos, as graças de Deus, permanecereis emaranhados em vosso errado atuar e pensar, até a derradeira queda, que terá de levar-vos à condenação eterna. E esse último momento está diante de vós! Com um pé já vos encontrais passando a porta. O próximo passo vos fará cair em profundezas insondáveis.

48. A ponte destruída

Refleti bem sobre isso, voltai e deixai atrás de vós a insípida existência terrena, sem forma e sem calor, que até agora tendes preferido levar. Tornai-vos finalmente *aqueles* seres humanos que a vontade de Deus ainda quer tolerar futuramente na Criação. Com isso, lutareis *por vós mesmos,* pois vosso Deus, Que em graças vos concedeu a realização de vosso impulso para uma existência consciente nesta Criação, não necessita de vós! Lembrai-vos disso em todos os tempos e agradecei a Ele com cada alento que vos é permitido executar devido ao Seu indizível amor!

A GUARDIÃ DA CHAMA

INGRATOS e sem compreender nada, até mesmo repreensivos, permanecem os seres humanos muitas vezes perante o maior auxílio proveniente da Luz.

É entristecedor presenciar quando, mesmo os de boa vontade, se comportam nessas coisas de modo lamentável, ou, devido a esperanças não realizadas de desejos terrenos errados, duvidando, afastam-se da Luz, que mui frequentemente concede salvação e vantagens exatamente pela não realização.

Mas, obstinadamente, como as mais teimosas crianças, os seres humanos se fecham ao reconhecimento do amor onisciente, prejudicando assim a si mesmos em *tal* medida, que, muitas vezes, nunca mais podem ascender, perdendo-se como um grão de semente imprestável nesta Criação.

O menor de todos os males, com que se sobrecarregam dessa forma durante as suas peregrinações, são encarnações terrenas múltiplas, que se seguem devido à reciprocidade, e que levam séculos, talvez milênios, retardando sempre de novo a possibilidade de ascensão do espírito, fazendo surgir novo sofrimento, resultando em novas correntes de desnecessários entrelaçamentos, tendo todos de chegar, inevitavelmente, até o resgate do último grãozinho de pó, antes que o espírito possa elevar-se do emaranhado criado pela teimosia.

Se a Luz fosse segundo a *espécie humana*, cansada, ela deixaria a Criação cair, pois realmente torna-se necessária incrível paciência para deixar exaurir-se tão repugnante e estúpida teimosia, a fim de que aqueles bem-intencionados, que ainda almejem ascender, não percam as suas possibilidades de salvação e não

49. A guardiã da chama

tenham de sucumbir no redemoinho de uma destruição criada por aqueles que não queiram mais modificar-se.

Contudo, mesmo dos bem-intencionados só uma pequena parte chega à real salvação, uma vez que muitos, tornando-se fracos, desanimam antes e às vezes também pensam ter enveredado por caminhos errados, porque a eles tantas coisas se opõem, acarretando desgostos, aborrecimentos e sofrimentos, desde o início da boa vontade, enquanto que antes não haviam notado tanto disso.

Com a decisão para a ascensão, na firme vontade para o bem, inicia-se para alguns primeiro uma época que os quer lapidar, transformar para o certo, ao deixar vivenciar o seu pensar ou atuar errado de até então! Quanto mais visivelmente isso se evidencia, tanto mais agraciado é tal ser humano e tanto mais forte já o auxílio proveniente da Luz.

É a salvação que já se inicia, o desligamento das trevas que, com isso, aparentemente, ainda o mantêm mais *firmemente* agarrado. Mas o agarrar mais firme e mais duro apenas parece assim, porque o espírito, já despertando e se fortalecendo, *procura afastar-se* das trevas que o seguram.

Apenas o *anseio ascendente do espírito* faz com que a garra das trevas pareça mais dolorida, porque a garra até aí não pôde ser tão sentida, enquanto o espírito voluntariamente se enquadrava ou se aconchegava a esse agarrar. Anteriormente ele não oferecia uma contrapressão, pelo contrário, cedia sempre sem opor-se.

Somente com a vontade de se elevar, tem de tornar-se sensível o estorvo proveniente das trevas, fazendo-se sentir incisivamente no espírito que almeja ascender, até que, por fim, ele se *arranca* à força, a fim de tornar-se livre dos laços que o retêm. Que esse arrancar não possa processar-se sempre sem dores, está implícito na própria palavra, pois um *arrancar* não pode ser feito suavemente. Para um *desprender-se* calmo, porém, não resta tempo. Para isso, esta Terra já caiu demasiadamente profundo e o Juízo universal se encontra em plena realização final.

Sobre tudo isso o ser humano não reflete. Alguns pensam que sua decisão não pode estar certa, porque anteriormente nem intuíam tais obstáculos, e talvez até pudessem ter-se sentido bem.

49. A guardiã da chama

Assim, com tal pensar errado, deixam-se cair novamente nas garras das trevas. Com isso, não se opõem mais a elas e, por essa razão, não intuem mais aquele agarrar como algo hostil. Serão arrastados para baixo, sem mais intuir isso de modo doloroso, até serem sacudidos pelo brado do Juízo, ao qual não podem eximir-se, mas então... será tarde demais para eles.

Eles somente serão sacudidos para o horroroso reconhecer de sua queda nas profundezas insondáveis da decomposição definitiva, da condenação. E, com isso, iniciam-se então os tormentos, que nunca mais diminuirão, mas sim terão de aumentar até o pavoroso fim de poderem ser autoconscientes, portanto de poderem ser seres humanos, o que poderia ter-lhes trazido a bem-aventurança por toda a eternidade.

Refleti, seres humanos, que estais profundamente envolvidos pelas trevas, que vós próprios vos envolvestes nelas! Se quiserdes salvar-vos, tendes de libertar-vos delas e, para isso, a minha Palavra vos mostra o caminho, dando-vos a possibilidade, através do saber, e a força para conseguir a libertação e a salvação!

Tão logo vos tiverdes decidido a escapar da queda das trevas, as quais vos arrastam juntamente para todas as profundezas, agarrando-vos firmemente, já chega com essa decisão um raio de Luz e força para vosso auxílio, como um relâmpago.

Atastes inúmeros nós nos fios do vosso destino, através do pensar errado de até agora e do atuar que tanto vos arrasta para baixo. Até agora, porém, estando nas garras das trevas, nem mais pensastes neles, também não os pudestes ver nem intuir, por estarem ainda *acima* de vós. Fechando vosso caminho e vossa ligação para as alturas luminosas.

Com os esforços para cima, porém, evidentemente os reencontrareis todos em vosso caminho e tereis de desamarrá-los um após outro, para que o caminho para a ascensão se torne livre para vós.

Isso então se apresenta para vós como infortúnio e sofrimento, como dor de alma, quando se trata dos nós das vossas vaidades, e tantas coisas mais. Na realidade, porém, essa é a única possibilidade de libertação e salvação que, aliás, não pode ser diferente, visto que vós próprios, de antemão, já preparastes o caminho de tal forma para vós, e agora tendes de voltar por ele, se novamente quiserdes alcançar as alturas.

Assim é o caminho para a vossa libertação e salvação; *assim*, o caminho para a ascensão às alturas luminosas! Diferentemente nem pode ser. E uma vez que agora vos encontrais nas trevas, é lógico que, *naquele* momento em que vos esforçais, com a vossa decisão para cima, para a Luz, tudo se oponha a vós de modo estorvante!

Precisais refletir apenas um pouco para compreender a exatidão do fenômeno e chegar também por vós próprios a tal conclusão!

Muitíssimos, porém, pensam que no momento de sua vontade para a ascensão tudo tenha de mostrar-se a eles de modo ensolarado e alegre, que tudo deva ser conseguido por eles sem luta, que o caminho seja logo aplainado e até doces frutos, já desde o início, sejam sem esforço colocados no colo como recompensa.

E se então for completamente diferente, cansam-se logo em sua vontade, abandonam-na e recaem com preguiça em seu antigo curso, se é que não se mostram até hostis para com aquele que lhes indicou o caminho, que conduz à libertação e que, segundo sua opinião, só lhes causou inquietação.

Assim é a maioria desses seres humanos terrenos! Estúpidos e preguiçosos, arrogantes, exigentes e ainda reclamando recompensa e agradecimento, quando *permitem* que lhes seja *oferecido* o caminho que os conduza para fora do pântano em que indolentemente se revolvem, para, por fim, nele afundar.

Vós, porém, que sinceramente quereis lutar por vós, não esqueçais jamais que vos encontrais nas *trevas,* onde uma boa vontade é imediatamente atacada. Também os que estão em torno de vós procurarão depressa fazer valer direitos, quando ousardes desligar-vos deles. Mesmo que antes jamais alguém se tenha preocupado com o que a vossa alma queria, mesmo que ninguém tenha prestado atenção se ela já estava perto de morrer de fome e sede, mesmo que ninguém se tenha mostrado disposto a confortar-vos... no momento em que ousardes pôr o pé no único e verdadeiro caminho para a libertação de vós próprios, *aí* de repente eles se manifestam, para que vós não os abandoneis.

49. A guardiã da chama

Aparentemente eles estão agora preocupados com a sorte de vossa alma, apesar de já terem dado mais do que uma prova de que, na realidade, a vossa alma *e* também a vossa existência terrena lhes tenham sido completamente indiferentes!

É tão chamativo, que, quando se observa isso mais vezes, até parece ridículo, e mostra nitidamente que todos esses queridos parentes terrenos ou outros conhecidos nada mais são do que instrumentos cegos das trevas, a cujo impulso obedecem, sem estarem conscientes disso. Se não lhes derdes ouvidos, então mostram em seu comportamento que realmente *não* foi preocupação por vós que os moveu a isso, pois verdadeira preocupação teria de encerrar amor pelo próximo. Amor, porém, não se evidencia, quando vos molestam com observações maldosas ou conversas maliciosas sobre vós, quando até procuram prejudicar-vos de algum modo.

Irrompe também, nítida e rapidamente, o ódio que todas as trevas guardam contra tudo que se esforça pela Luz! Observai e aprendei a reconhecer agora as trevas *nisso*. Exatamente *nisso* vereis também que escolhestes o caminho *certo,* pois as trevas *têm* de se *revelar* pelo modo que é próprio delas, *unicamente* delas!

Aprendereis facilmente a distinguir! E passando por vós, o verdadeiro ódio das trevas e também dos seus escravos dirige-se então, por fim, contra aquele que oferece aos seres humanos a Palavra para a salvação!

Atentai nisso! Pois assim reconhecereis logo todos os asseclas de Lúcifer já condenados no Juízo.

Afastai-vos deles e não procureis mais ajudá-los com a Palavra, pois ela não mais lhes deve ser oferecida! Tendes de *excluí-los* dela de agora em diante, se vós próprios não quiserdes sofrer danos por irdes irrefletidamente ao seu encontro.

Vosso amor se destina à *Luz* e a todos os que se esforçam para a Luz com vontade pura e humilde, não, porém, àqueles que têm de ser expulsos desta Criação por serem nocivos.

Antes de tudo, o chamado é dirigido mais uma vez à *feminilidade!* A feminilidade, com sua intuição mais fina, tem a capacidade para distinguir com infalível segurança aquilo que pertence à Luz e onde ainda existe esperança para isso, e aquilo que fica entregue às trevas, irremediavelmente perdido, e com elas tenha de sucumbir.

Para isso, porém, essa feminilidade tem de ser purificada primeiro e erguer-se do pântano, ao qual, levianamente, conduziu a humanidade inteira! E também só quando tiver caído dela a vaidade é que poderá intuir de novo *corretamente*.

A feminilidade de todos os desenvolvidos deixou-se seduzir facilmente *demais,* para descer do degrau que o Criador lhe destinou benevolentemente e, ao invés das bênçãos de Deus, espalhar a destruição, torcer tudo quanto é nobre e que devia ter *mantido* íntegro e também límpido.

Ela arrastou a dignidade da mulher para a poeira! Todo o seu pensar esteve subjugado aos mais baixos cálculos, e todo o encanto de seu ser, que lhe foi dado como presente pelo Criador, para com ele manter acordada nas almas a saudade da beleza das alturas luminosas e estimular o impulso para a proteção de tudo quanto é puro, esse encanto em si sublime foi arrastado com escárnio para a sujeira profunda pela feminilidade terrena, a fim de ser explorado pecaminosamente apenas para *finalidades terrenas!*

Nunca uma criatura da Criação caiu tão profundamente como a mulher da Terra!

Através da força da Luz, o efeito recíproco atingirá agora com ímpeto desenfreado cada mulher que não quiser despertar para a atuação pura e elevada, que o Criador outrora cheio de graça lhe colocou na mão, aparelhando-a também para isso!

A feminilidade, a mulher, é que o Criador escolheu outrora para guardiã da chama da sagrada saudade da Luz em todas as Suas Criações e, para isso, dotou-a com a capacidade da mais fina intuição! Ela se originou para receber as irradiações da Luz sem obstáculos e retransmiti-las da maneira mais pura para o homem bem como para o ambiente a ela circunjacente.

Por esse motivo, ela exerce influência, não importa onde quer que chegue. Para isso ela é agraciada em sua espécie. E essa dádiva abençoada ela utilizou ao contrário.

A influência que Deus lhe presenteou, ela exerce para alcançar finalidades egoísticas e muitas vezes condenáveis, ao invés de soerguer seu ambiente, de manter viva a saudade da Luz nas

49. A guardiã da chama

almas, durante suas peregrinações através dos densos planos, que devem servir para o desenvolvimento e o amadurecimento em direção às alturas espirituais!

Com isso, elas deviam ser o amparo e o apoio dos peregrinos, oferecendo elevação e fortalecimento através do seu ser e mantendo aberta a ligação com a Luz, a fonte primordial de toda a vida!

Elas já poderiam ter transformado esta Terra num paraíso dentro da matéria grosseira, vibrando alegremente na mais pura vontade do Todo-Poderoso!

A guardiã da chama da sagrada saudade da Luz, porém, falhou, como até agora jamais falhou uma criatura, porque ela foi provida de dons cuja posse nunca poderia ter deixado cair! E ela arrastou consigo uma parte inteira do Universo para o pântano das trevas!

Longo é o caminho e grande o esforço que agora ainda tem diante de si *aquela* mulher que almeja cooperar no futuro. Contudo, novamente lhe será proporcionada a graça de uma força aumentada, bastando que ela queira sinceramente! Mas ela que não imagine ser tão fácil. A elevada distinção de lhe ser permitido tornar-se novamente a guardiã da saudade da Luz, de mantê-la viva na matéria, através da pureza de sua dignidade de mulher, *quer ser conquistada* com um contínuo estado de vigilância e inabalável fidelidade!

Desperta, mulher desta Terra! Torna-te novamente pura e fiel em teu pensar, em teu atuar e mantém a tua vontade firmemente ancorada na santidade da vontade de Deus!

VISÃO GERAL DA CRIAÇÃO

MUITOS leitores ainda não fizeram uma imagem clara das gradações entre os primordialmente criados, os criados e os desenvolvidos. Em muitas ideias a esse respeito, ainda se percebe uma grande confusão. E, no entanto, tudo é bem simples. A confusão surge apenas porque o ser humano mistura um pouco as expressões e presta muito pouca atenção aos limites bem definidos.

Por isso, é melhor que ele imagine a Criação *até agora* explicada, em suas gradações, simplesmente conforme segue:

1. A parte espírito-primordial
2. A parte espiritual
3. A parte material.

A tal respeito pode também ser dito:

1. A Criação primordial
2. A Criação
3. A Criação posterior.

Daí resulta automaticamente o pensamento de que na Criação primordial se encontram os primordialmente criados; na Criação, os criados e na Criação posterior, os desenvolvidos.

Isto em si não está designado erradamente, caso se queira mencionar a Criação inteira apenas em largos traços; entrando em pormenores, porém, a separação tem de ser mais definida e ainda ampliada, mesmo que nada se altere nas expressões básicas.

Nas explicações mais detalhadas, apresentam-se ainda muitos degraus intermediários, que não podem ser contornados, a fim de que seja proporcionada uma imagem sem lacunas.

50. Visão geral da Criação

Quero hoje deixar de mencionar uma parte enteal, porque de qualquer maneira o enteal existe em todas as partes, só que entre a parte espiritual e material ainda se encontra uma grande *camada* enteal de caráter *especial*, que, no entanto, não precisa ser considerada como uma parte da Criação por si, pois essa camada existe, em seu atuar, em primeiro lugar para a movimentação e, com isso, para o aquecimento e formação das matérias, não constituindo, por essa razão, uma parte isolada da Criação.

Como *parte* da Criação, essa camada enteal não precisa ser mencionada, mas sim como uma *espécie* da Criação, que, impulsionando e formando, pertence à parte material da Criação.

Falo propositadamente das bases da Criação *até agora* explicada, pois ainda estou longe de haver terminado com isso, e com o tempo terei de ampliar muito mais ainda tudo quanto já foi dito até agora, como já o fiz sempre pouco a pouco. Aí se faz necessário intercalar novas divisões entre o até então explicado, ampliando assim a vossa visão. Dizer tudo de uma só vez teria sido demasiado para o espírito humano.

Mesmo nessa maneira por mim preparada, ele ainda terá de empregar toda a força, a fim de poder adquirir razoavelmente um saber disso.

Falemos hoje não de Criação primordial, de Criação e de Criação posterior, mas simples e fundamentalmente da parte espírito-primordial, espiritual e material. Assim, o ser humano não poderá mais provocar confusão tão facilmente.

Eu mesmo, contudo, *tive* de mencionar *todas* as denominações possíveis, a fim de que estas possam ser utilizadas para separações mais definidas das gradações.

Elas devem penetrar pouco a pouco, e sempre de modo mais nítido e definido, no saber humano e, não obstante a variedade, não devem mais ocasionar confusões.

Como primeira e mais forte na Criação vem, portanto, a parte *espírito-primordial* da Criação. Esta se compõe de *duas* divisões básicas. A divisão superior, mais elevada, do reino espírito-primordial encerra os *primordialmente* criados propriamente ditos, os quais surgiram de imediato, *plenamente maduros*, das irradiações de Parsival, não necessitando nenhum desenvolvimento. Esta divisão alcança até Vasitha, cuja atuação se efetiva do limite para baixo.*

A segunda divisão encerra desenvolvidos no espírito-primordial. Por isso, são encontradas lá também pela primeira vez crianças, que não aparecem na divisão superior, pois crianças só podem existir lá onde se processa um desenvolvimento.

Ambas as divisões, porém, têm em comum o *espírito-primordial*. Contudo, apenas a divisão *superior* pode ser denominada *Criação primordial* no sentido certo, e os espíritos primordiais que lá se encontram podem ser considerados como verdadeiros primordialmente criados!

Com isso, amplio um pouco mais a Criação, para melhor compreensão do espírito humano da Criação posterior.

Não podemos, portanto, falar propriamente de uma Criação primordial que, para baixo, atinge até Patmos, assim como fizemos até agora por causa da maior simplicidade, mas sim, considerando mais exatamente, temos de já aqui falar de uma *Criação primordial* superior, que surgiu plenamente madura, e, na sequência, de uma Criação espírito-primordial desenvolvida, ao passo que ambas as divisões juntas formam o *reino espírito-primordial* ou a parte espírito-primordial da Criação.

Espírito-primordial ou *reino espírito-primordial* é, portanto, o grande nome coletivo da parte superior da Criação, imaginada como *espécie* da Criação, ao passo que a denominação Criação primordial, no sentido mais apurado, só cabe à parte mais elevada.

Se quisermos continuar penetrando no saber da Criação, então não devemos mais considerar, como até agora, espírito-primordial e Criação primordial como *um só* conceito.

A Criação primordial é, sim, espírito-primordial, mas existe ainda no espírito-primordial também um mundo onde ocorre desenvolvimento, que se encontra abaixo da própria Criação primordial, resultando, junto com esta, no reino espírito-primordial, no qual, portanto, existem espíritos primordiais primordialmente criados que, sem transição, puderam imediatamente estar plenamente maduros, constituindo os mais fortes e mais poderosos,

---

* Dissertação – "Os Planos Espírito-Primordiais V".

50. Visão geral da Criação

seguindo-se depois os espíritos primordiais desenvolvidos, que têm de iniciar sua existência como crianças.

A primeira divisão, a Criação primordial, abrange três degraus principais ou planos; a segunda divisão do reino espírito--primordial, quatro; em conjunto, portanto, *sete* degraus básicos que, por sua vez, se dividem em muitas ramificações.

Depois desse reino espírito-primordial, abrangendo tantas divisões, segue-se o grande reino *espiritual*.

O espiritual não é acaso uma espécie mais fraca proveniente do espírito-primordial, mas sim uma espécie *estranha* ao espírito--primordial, que, contudo, é em si mais fraca e, por isso, necessita de maior distância da Luz Primordial para poder formar-se e em parte tornar-se consciente.

Por isso, ele desce mais ainda, a fim de poder formar um reino mais afastado da Luz, mas não faz parte do espírito-primordial, e sim existe por si.

Tudo é fácil e evidente e, contudo, difícil de dizer, a fim de introduzir os espíritos humanos num saber que se encontra acima de sua origem.

E, no entanto, tendes agora de compreender as conexões de todos os acontecimentos, a fim de não balançardes como um penduricalho ignorante no circular desta Criação, como guizos dissonantes de um pião, porque não conseguis seguir quais crianças crédulas.

A expressão "Tornai-vos como as crianças!" não quereis cumprir, e assim resta para a vossa salvação, como último de todos os auxílios, somente aquele único caminho: o *saber* da Criação!

Dela tendes de ter pelo menos tanto conhecimento, que fiqueis capacitados a ajustar-vos ao vibrar consoante às leis, que, erguendo, vos eleva consigo ou, destruindo, vos lança fora, para longe, como debulho, na decomposição.

Atualmente o vibrar está reforçado para fins da grande purificação, e é sustentado pela onipotência de Deus! Por isso, obriga irresistivelmente cada criatura a vibrar em conjunto, harmoniosamente, ou a sucumbir na tremenda dor do mais desmedido desespero, que, como consequência da obstinada teimosia, surge da falta de esperança, causada pelo reconhecimento final de que se encontra no caminho errado, sem possibilidade de retorno. Por esse motivo, procurai apropriar-vos do saber da Verdade, que vos concede apoio e conduz ao alvo sem desvios.

Que na minha Mensagem tendes, realmente, a Palavra da Verdade, podeis reconhecer imediatamente se, vigilantes, olhardes ao vosso redor, pois toda a vossa vida terrena de até agora, assim como o novo vivenciar de cada momento, tanto exterior como interiormente, tornar-se-á completamente clara para vós, tão logo a iluminardes e considerardes em face da minha Mensagem.

Nenhuma questão fica aí sem solução para vós, uma grande compreensão brota em vós para o atuar até agora misterioso de leis férreas na Criação, que vos conduzem mediante os efeitos da vossa vontade, e, como coroação de vossos esforços, surge o maravilhoso pressentir de uma sabedoria, de uma onipotência, de um amor e justiça, que só podem ser de *Deus,* Cuja existência assim encontrareis!

Voltemos, contudo, à Criação.

Ao reino espírito-primordial se liga, portanto, a seguir, o reino *espiritual.* Espiritual que deve ser imaginado como uma espécie *diferente,* não acaso como um resto mais fraco do espírito-primordial.

Também no espiritual se originam, imediatamente, sem transição de desenvolvimento, depois de transpostos os limites necessários para a possibilidade de formação do espiritual, numa distância determinada da Luz, espíritos de maturação completa, que devem ser denominados *criados,* para diferençar dos primordialmente criados no espírito-primordial.

Os criados são, portanto, os mais fortes e os mais poderosos no espiritual, como são os primordialmente criados no espírito--primordial, que já antes pôde formar-se.

E como anteriormente, no espírito-primordial, assim existe também no espiritual uma segunda divisão, que necessita de desenvolvimento e onde, por isso, também se encontram crianças ao lado dos que amadureceram mediante desenvolvimento. As duas divisões juntas formam a parte espiritual da Criação.

A essa parte espiritual, liga-se ainda um grande círculo de bem determinada espécie enteal, que circunda a parte material,

50. Visão geral da Criação 401

influenciando-a, perfluindo-a, movimentando-a e trazendo assim aquecimento e formação. A parte material da Criação tem, por sua vez, duas divisões. A primeira divisão, a matéria fina, forma-se imediatamente sob a influência do enteal, uma vez que é fácil de penetrar. A segunda divisão, a matéria grosseira, por causa da densidade maior, tem antes de passar por um processo de desenvolvimento com a ajuda dos enteais. Naturalmente também essas duas divisões básicas ramificam-se em muitas partes colaterais.

Cada divisão das espécies da Criação subdivide-se em muitos planos; cada um deles, por sua vez, é tão multiforme, que, sozinho, parece um grande mundo por si.

Disso, contudo, somente vos esclarecerei com exatidão *aquilo* que se encontra dentro dos limites do vosso espírito humano! Isso já é tão grande, que vosso espírito tem de movimentar-se de modo especial, constantemente, sem interrupção, para compreender aqui na Terra apenas uma *parte* de modo certo. Mas essa parte vos faz progredir tanto, que não podeis perder-vos facilmente.

Somente com o verdadeiro *saber* podeis ainda sair penosamente do pântano da presunção do raciocínio, pois agora não podeis mais tornar-vos *crianças* em espírito. Para vos entregardes a uma condução elevada, despreocupadamente, confiando infantilmente, sem oposições, falta-vos hoje tudo, pois a atividade erradamente dirigida e exagerada de vosso raciocínio terreno não o permite mais!

Assim, resta-vos somente o *único* caminho para a salvação: *o caminho do verdadeiro saber,* que conduz da crença à convicção!

E *para que* possais seguir por ele, quero ajudar-vos com a Mensagem que dei. Esforçai-vos, porém, em assimilar esse saber e mantê-lo vivo, de modo que nunca mais possais perdê-lo, mas sim que siga convosco em todos os vossos caminhos!

E com isso se confirmará então o ditado que já desde tempos remotos permaneceu vivo na voz do povo:

"Quanto mais o ser humano se torna capaz de penetrar no verdadeiro saber, tanto mais se torna aí reconhecível para ele o fato de que na realidade... nada sabe!"

Dito por outras palavras:

"O verdadeiro sábio torna-se pequeno em si diante daquela grandeza, cujos vestígios encontra ao tornar-se sábio! Isto é, ele se torna humilde e perde a presunção, que mantém preso o espírito humano; torna-se livre e ascende."

Procurai gravar em vós hoje o que, aliás, já disse em minhas dissertações, mas do que, segundo parece, não formastes uma imagem certa, pelo menos não todos ainda; que, depois dos primordialmente criados do reino espírito-primordial, não vêm logo na gradação os criados, mas antes ainda os espíritos primordiais desenvolvidos constituem, na parte inferior do reino espírito--primordial, um grande degrau intermediário.

Só então vêm os criados, como supremos no reino espiritual, que não são espírito-primordiais, mas sim espirituais, como uma espécie completamente diferente, aos quais então se ligam, por sua vez, os espíritos desenvolvidos.

Lá, porém, ainda nos encontramos longe, muito longe das matérias, diante das quais vibra o círculo da espécie singular de forças enteais, das quais só mais tarde quero falar mais pormenorizadamente, uma vez que atuam bem estreitamente ligadas convosco e sem o auxílio delas nem poderíeis permanecer na matéria.

Sem esses auxílios seria também impossível o vosso desenvolvimento. Teríeis de permanecer germes espirituais com o anseio ardente de poderem tornar-se conscientes através da graça de Deus, do único, Todo-Poderoso!

Vós, porém, agradeceis aos sempre prontos auxiliadores do círculo enteal em volta das matérias, pelo seu indispensável atuar, de modo desdenhoso, com a afirmação doentia de que eles devem ser colocados no reino das histórias e das lendas, porque obstruístes vossa capacidade de vê-los e ouvi-los.

Ristes tantas vezes de modo escarnecedor, quando a esse respeito foi falado, e nem pressentis como *vós próprios* vos tornastes ridículos e como tivestes de parecer repugnantes aos auxiliadores para vós tão necessários!

Nisso muito tendes de reparar e recuperar, a fim de consertar novamente os degraus da escada para a ascensão do espírito, que

50. Visão geral da Criação

quebrastes de modo leviano e presunçoso. Contudo, sem eles não podereis ascender! O pé do espírito *necessita* desse apoio e não pode saltar sequer um desses degraus.

Nestas breves explanações nem mencionei a esfera da imediata irradiação de Deus, que em grandeza supera amplamente todos os círculos da Criação reunidos, e a qual havíamos denominado esfera divina. Provavelmente nunca mais voltarei a esse assunto, uma vez que o ser humano se encontra demasiadamente distante dela, e assim sempre permanecerá. Ele precisava de minhas descrições de até agora sobre isso somente a fim de poder formar para si, pelo menos uma vez, uma imagem conjunta, partindo da origem de toda a existência em direção para baixo.

Aprendei, seres humanos, que o tempo urge!

ALMA

MUITAS pessoas, que assimilaram muito bem a minha Mensagem, ainda não estão, apesar disso, suficientemente esclarecidas a respeito da expressão "alma"! Mas é indispensável que também reine clareza a esse respeito.

Exatamente sobre a alma, a humanidade sempre falou demasiadamente, e assim formou uma imagem comum que, em sua superficialidade, se transformou num conceito genérico, que nada traz em si.

Quando se profere a palavra alma, surge diante dos seres humanos uma pintura desbotada e gasta. Descorada e vazia, passa por eles sem nada dizer. Nada pode dizer à pessoa individualmente, porque foi usada de modo excessivo.

Contudo, exatamente pelo fato de que ela nada mais pode dizer, dela se apoderaram de bom grado *aqueles* seres humanos, que, com vazia eloquência, querem fazer brilhar sua luz ilusória sobre campos que não puderam ser abertos ao saber humano, porque o ser humano de hoje se conserva fechado diante disso.

Também fazem parte deles *aqueles* seres humanos que afirmam ocupar-se seriamente com isso. Conservam-se fechados devido à sua vontade errada de procurar, que não é uma procura, porque iniciam tais trabalhos com opiniões preconcebidas e demasiadamente delimitadas, as quais querem comprimir na concepção do raciocínio preso à Terra, que jamais pode obter a possibilidade de assimilar por si algo disso.

Dai a um olho presbita uma lente que tenha sido lapidada para miopia... vereis que aquele olho nada pode distinguir com ela.

Não diferentemente se passa com esses que procuram, pois tentam executar suas atividades partindo de princípios errados.

51. *Alma*

Se aí, aliás, algo possa ser encontrado, aparecerá apenas borrado e desfigurado, de qualquer forma não como corresponde aos fatos.

E no desconhecido, aparentemente turvado e parecendo sempre distorcido, devido aos meios auxiliares insuficientes, foi também empurrada a expressão "alma", mas de tal maneira, como se houvesse a esse respeito um firme saber.

Houve essa ousadia porque cada um dizia a si próprio que não existiria ninguém que pudesse contestar tal afirmativa.

Mas tudo isso se arraigou tão firmemente, que agora ninguém quer abandonar, porque aquela imagem inconsistente e sem delimitação se mostra sempre de novo com a palavra alma.

O ser humano pensa aí, certamente, que ao se deixar uma imagem o mais abrangente possível não se pode errar tão facilmente como quando os limites são firmemente traçados.

Aquilo que é muito abrangente, porém, ao mesmo tempo nada expressa de determinado, é indistinguível, senão inconsistente e turvo, como no presente caso. Nada vos dá, porque não é propriamente o certo.

Por esse motivo, quero expressar mais uma vez com palavras claras o que a *alma* realmente *é,* a fim de que, finalmente, vejais aí bem claramente e não continueis a utilizar, de modo tão inconsistente, expressões cujo verdadeiro sentido nem conheceis.

Que se tenha falado tanto sobre a alma decorre também do fato de o *espírito* do ser humano não se ter movimentado suficientemente, para mostrar que ele *também* existe.

Que se tenha falado sempre apenas da alma e imaginado preferencialmente o espírito como um produto do raciocínio preso à Terra, foi de fato o melhor e mais eloquente testemunho do real e triste estado de todos os seres humanos na época atual!

A alma foi considerada como o mais íntimo; mais além não se ia, porque o espírito realmente dorme ou é demasiadamente fraco e indolente para poder fazer-se notar como tal. Por isso, representava com aparente direito o papel secundário. Ele, o espírito, que propriamente é *tudo* e também o único que realmente *vive* no ser humano ou, melhor dito, que *devia* viver, mas infelizmente dorme.

Que o espírito tivesse de satisfazer-se com um papel secundário depreende-se bem nitidamente das muitas denominações conhecidas. Com a expressão espíritos entende-se, por exemplo, em primeiro lugar, os fantasmas; diz-se que "fazem assombrações" por aí.

Por toda parte em que na voz do povo é utilizada a expressão "espírito", sempre se associa algo que, ou não é bem-vindo e se gostaria de evitar, ou é algo duvidoso, não bem limpo ou até malévolo, em suma, que se mostra e se efetiva de maneira inferior. A não ser que a expressão "espírito" seja relacionada com o raciocínio.

Nesses casos, quando a expressão é relacionada com o raciocínio, encontra-se aí até uma espécie de respeito. *Tão* torcido é o querer saber nesses domínios. Precisais apenas refletir na interpretação, segundo os conceitos atuais, das duas expressões: *Espiritualizado* e *cheio d'alma!*

Sem refletir, colocareis também aqui, segundo o velho costume, a expressão "espiritualizado" mais perto da atuação terrena mais fria, e, na verdade, da atividade masculina, particularmente do saber intelectual; e a expressão "cheio d'alma", vós a intuireis mais feminina, mais cálida, mais elevada e ao mesmo tempo, porém, também mais confusa, difícil de ser articulada em palavras, sendo menos terrena. Portanto, com outras palavras: mais interiorizada, porém incerta, isto é, sem limites fixos, extraterrenal.

Experimentai apenas, e já encontrareis a confirmação dentro de vós!

Esses são os frutos das concepções tão erradas de até agora dos seres humanos, que tinham de acarretar conceitos errados, porque a ligação do *espírito* com a pátria espiritual foi cortada e, com isso, também os suprimentos de força provenientes da Luz!

Ele teve de fenecer e cair no esquecimento, porque permaneceu aqui na Terra amuralhado nos corpos e assim, evidentemente, tinham de alterar-se todas as concepções de modo correspondente.

Uma pessoa que desaparece por toda sua vida na prisão logo é esquecida pelo público, enquanto todos os que não conviveram com ela diretamente nada sabem a seu respeito.

51. Alma

Diferente não é com o espírito durante o tempo de sua prisão na Terra!

Através da Mensagem, porém, já sabeis que *tão somente* esse espírito faz do ser humano um ser humano, que o ser humano apenas através dele pode tornar-se ser humano!

Isso, por sua vez, vos dá a prova de que hoje todas as criaturas terrenas que mantêm preso o espírito também não podem ser consideradas pela Luz como seres humanos!

O animal nada tem do espírito, por isso também nunca pode tornar-se ser humano. E o ser humano que enterra o seu espírito, impedindo-o de atuar, justamente aquilo que o torna um ser humano, ele, na realidade, não é um ser humano!

Aqui chegamos ao fato que ainda não tem sido suficientemente observado: eu digo que o espírito cunha o ser humano, tornando-o um ser humano. Na expressão *"tornar* ser humano" encontra-se a indicação de que *somente* em sua *atuação* o espírito transforma a criatura em ser humano!

Não basta, portanto, trazer dentro de si o espírito para ser um ser humano, mas sim uma criatura só se torna ser humano, quando deixa *atuar* dentro de si o espírito *como tal!*

Tomai isso como base para vossa existência terrena! Transformai isso no conceito básico para a vida futura aqui na Terra! Fora da matéria grosseira isso se mostrará então por si mesmo, tão logo não mais tiverdes vosso corpo terreno.

Quem, porém, deixa o seu espírito *atuar* dentro de si como tal, esse também nunca poderá deixar ressurgir o que é das trevas, tampouco se deixaria agarrar pelas trevas.

A vós foi permitido reconhecer e também tendes de ver o fim para onde tudo conduz, quando o espírito nos seres humanos não pode chegar à atuação, por estar amordaçado e afastado de todo e qualquer suprimento de força proveniente da sacrossanta Luz de Deus!

Como pela Luz é considerado como ser humano apenas *aquele* que deixa atuar dentro de si o espírito, assim também deverá ser aqui nesta Terra! *Essa é a base para a ascensão e para a paz!*

Pois quem deixa o espírito chegar à atuação dentro de si, *só* pode seguir o caminho para a Luz, que cada vez mais o enobrece e o eleva, de modo que, por fim, difunde bênçãos ao seu redor, onde quer que chegue.

Quero agora, mais uma vez, dizer o que é a alma, a fim de que deixeis cair todas as antigas concepções e, no futuro, tenhais nisso um firme apoio.

O melhor é se disserdes primeiro a vós próprios que o *espírito* torna o ser humano um *ser humano* perante as criaturas de matéria grosseira na Terra.

Do mesmo modo, porém, e com razão, podemos declarar que o *espírito* é o próprio *ser humano,* que tem de desenvolver-se em diversos invólucros, desde o germe até a perfeição, porque traz constantemente dentro de si o impulso para isso.

O ponto mais afastado do seu desenvolvimento, que também é *aquele* ponto mais distante da Luz, onde o espírito sob a pressão do invólucro mais pesado, mais denso, tem de desenvolver sua própria vontade com a máxima intensidade, podendo e devendo com isso chegar também ao incandescimento, a fim de então poder subir novamente para mais perto da Luz, é, em Éfeso, a matéria grosseira desta Terra.

Devido a isso, a estada na Terra torna-se o *ponto decisivo* de todas as peregrinações! É, portanto, de importância muito especial.

E justamente na Terra, devido à vontade errada, o espírito foi algemado e amuralhado pelos próprios seres humanos, sob a influência das trevas sorrateiras, de modo que ele, naquele lugar onde devia chegar ao máximo incandescimento mediante atividade mais viva e mais forte, foi de antemão obrigado à inatividade, o que acarretou o falhar da humanidade.

E por isso é que também nesse ponto decisivo, tão importante para o espírito humano, a atividade das trevas é a mais viva, e por isso será travada *aqui* a luta, cujo fim tem de causar a total derrota e destruição das trevas, se ainda uma vez deva ser dada ajuda à humanidade terrena, para que não sucumba totalmente. —

A atividade das trevas foi, portanto, sempre mais viva aqui na Terra, porque aqui é o ponto decisivo da peregrinação do espírito humano, e porque, em segundo lugar, exatamente aqui as trevas se tornaram capazes de intervir de modo mais

51. Alma

imediato, visto que aqui o ser humano se encontra mais distante do ponto de partida da força auxiliadora proveniente da Luz, podendo, por isso, tornar-se mais facilmente acessível a outras influências.

Não obstante, isso não é nenhuma desculpa para o decadente espírito humano, pois este precisaria apenas *querer* em sincera oração, a fim de conseguir imediatamente uma ligação pura com a força da Luz. Além disso, justamente o corpo de matéria grosseira, devido à sua densidade, é uma proteção especial para ele contra influências de espécie diferente daquelas que ele próprio procura atrair através de seus desejos.

Tudo isso, porém, já vos é conhecido através da Mensagem, se o *quiserdes* encontrar nela.

Imaginai, portanto, o *espírito* como sendo a legítima espécie humana, o qual, como núcleo, veste vários invólucros para fins de evolução e desenvolvimento da própria força, que tem de aumentar até a mais alta prova de resistência por intermédio do corpo de matéria grosseira, a fim de poder chegar ao vitorioso aperfeiçoamento.

Ao mesmo tempo, porém, essas provas de resistência cada vez mais crescentes são, reciprocamente, também os beneficiadores degraus de desenvolvimento, e a Terra, dessa forma, o extremo plano decisivo.

Digamos, portanto, calmamente, *o espírito é o próprio ser humano,* todo o restante são apenas invólucros, mediante os quais ele se fortalece e, com a crescente obrigação de movimentar-se, incandesce cada vez mais.

A incandescência que o espírito adquire dessa forma não se apaga quando deixa os invólucros, mas ela conduz o espírito, elevando-o para o alto, para o reino espiritual.

Pois exatamente na obrigação de movimentar-se, sob o peso de seus invólucros, ele torna-se por fim tão forte, que pode suportar conscientemente a pressão mais forte no reino espiritual, o que não conseguia como germe espiritual.

Esse é o curso de seu desenvolvimento, que se processou por causa do espírito. Os próprios invólucros devem ser considerados nisso apenas como meio para o fim.

51. Alma

Por isso também nada se altera, quando o ser humano terreno deixa o corpo de matéria grosseira. É, então, ainda o mesmo ser humano, apenas sem invólucro de matéria grosseira, com o qual fica também o assim chamado manto astral, que foi necessário para a formação do corpo terreno de matéria grosseira, e o qual se origina da matéria grosseira média.

Tão logo o pesado corpo terreno estiver desprendido junto com o corpo astral, o espírito continua envolto apenas com os invólucros mais delicados. *Nesse estado* o espírito é então chamado "alma", para diferenciação do ser humano terreno em carne e sangue!

Na progressiva ascensão, o ser humano também abandona, pouco a pouco, todos os invólucros, até que por fim conserva apenas o corpo espiritual, com um invólucro espiritual, e assim entra como espírito sem invólucros de outras espécies no reino do espírito.

Isso é um acontecimento evidente, visto que então mais nenhum invólucro estranho é capaz de retê-lo, e, por isso, ele *tem* de ser conduzido para cima, de modo natural, devido à espécie de sua própria constituição.

Essa é, portanto, a diferença, que muitas vezes vos ocasiona dificuldades na vontade de compreender, porque não tivestes clareza, e a ideia disso por essa razão permaneceu turva.

Na realidade, no ser humano somente entra em cogitação o *espírito*. Todas as outras denominações se orientam meramente de acordo com os invólucros que ele traz.

O espírito é tudo, é o *essencial;* portanto, o ser humano. Trazendo com outros invólucros também o invólucro terreno, então se chama ser humano terreno; abandonando o invólucro terreno é considerado então pelos seres humanos terrenos como alma; abandonando ainda os invólucros delicados, então ele permanece unicamente espírito, que sempre foi em sua espécie.

As diversas denominações orientam-se, portanto, meramente de acordo com a espécie dos invólucros, os quais nada poderiam ser sem o espírito que os incandesce.

Nos animais é um pouco diferente, pois estes têm em si algo de enteal *como alma,* cuja espécie os seres humanos *não* possuem!

51. Alma

Talvez por isso tenham-se originado tantos erros, por pensarem os seres humanos que os animais *também* têm uma alma, a qual lhes permite agir. Por essa razão, no ser humano, que além da alma tem espírito, espírito e alma teriam de ser algo distinto e talvez até poder atuar separadamente. Isso, porém, é *errado,* pois da espécie da alma animal o ser humano nada tem em si. No ser humano, unicamente o espírito incandesce todos os invólucros, até mesmo quando está amuralhado e atado. Na algemação do espírito pelo raciocínio, o calor vivificador do espírito é dirigido para trilhas erradas, que o espírito não deformado jamais escolheria, se lhe tivesse sido deixado caminho livre.

Mas, sobre todas as torções e erros dos seres humanos, a *Mensagem* dá esclarecimento nítido; antes de tudo, sobre *como* o ser humano tem de pensar e agir, se quiser atingir as alturas luminosas.

Hoje se trata apenas de esclarecer mais uma vez a expressão "alma", para que o pensar errado sobre isso possa chegar a um fim.

O melhor para vós, seres humanos, seria se eu prosseguisse nisso mais um passo, dizendo-vos que *apenas o animal* tem uma *alma,* que o conduz. O ser humano, porém, tem espírito!

Com isso, a diferença fica *exatamente* marcada e de maneira certa.

Se até agora ainda utilizei a expressão alma, foi só porque ela está arraigada em vós tão firmemente, que tão depressa não podeis deixá-la.

Agora, porém, vejo que isso somente faz com que os erros continuem, se eu não fizer um profundo corte de separação nisso. Portanto, gravai firmemente em vós como base:

O *animal* tem *alma,* mas o ser humano tem *espírito!*

Está certo assim, mesmo que agora vos pareça estranho, porque decantastes a alma tantas vezes. Mas, acreditai-me, é somente o fato de estardes amarrados à expressão conhecida que vos faz surgir um sentimento elevado ante a palavra alma, como consequência das cantigas que sempre procurastes tecer em volta da expressão alma.

Em lugar disso decantai, pois, o *espírito,* e logo essa expressão ressurgirá resplandecentemente diante de vós, muito mais clara e mais pura do que a expressão alma jamais poderia transmitir. Acostumai-vos a isso e então também tereis avançado mais um passo no saber que conduz à Verdade!

Contudo, unicamente como *base para vosso pensar,* deveis trazer agora essa diferença conscientemente dentro de vós. De resto, podereis continuar com a expressão alma também para os seres humanos, uma vez que para vós seria muito difícil, de outro modo, manter corretamente separados os degraus indispensáveis ao desenvolvimento.

A alma é o espírito já desligado da matéria grosseira, *com* invólucros fino-materiais e também enteais.

Ele tem de permanecer para vossa conceituação tanto tempo alma, até tirar de si o último invólucro e estar apto a entrar, como sendo somente espiritual, no reino espiritual.

Se tiverdes isso *assim* dentro de vós, então a expressão alma também pode ser utilizada e mantida em relação aos seres humanos.

Melhor seria se colocásseis o curso evolutivo do germe espiritual nas três divisões:

Ser humano terreno — Alma humana — Espírito humano!

Enquanto tiverdes o conceito certo disso, pode passar; do contrário, porém, não seria aconselhável, porque de fato somente o animal tem uma "alma" no *mais verdadeiro sentido.* Uma alma que é algo por si só! O ser humano, porém, não tem, além do espírito, uma alma autônoma por si.

Mas, com relação aos seres humanos, não fica bem dizer, ao invés de alma, o espírito com invólucros, tampouco o espírito envolto ou, mais tarde, o espírito sem invólucro, o espírito descoberto.

Isso em si seria certo, mas demasiado complicado para a formação de um conceito.

Por isso conservemos o de até agora, como também já o fez Jesus, quando falava de alma. Compreendereis agora muito melhor ainda a sua indicação de que a alma tem de desligar-se, pois desligar a alma outra coisa não quer dizer do que abandonar

51. Alma

os invólucros ainda existentes, que retêm o espírito e, assim, livrá-lo do peso deles, para que o espírito possa, então libertado disso, prosseguir na ascensão.

Contudo, para os seres humanos terrenos de outrora, ele não podia falar assim intelectivamente, tinha de expressar-se mais simplesmente e por isso conservar a maneira e o modo habituais.

Também hoje ainda pode permanecer assim, contanto que saibais exatamente os verdadeiros fatos.

Gravai bem em vós:
O animal tem alma, mas o ser humano tem espírito!

NATUREZA

Assim como com a expressão "alma" foi formado um conceito genérico e confuso entre os seres humanos, da mesma forma acontece com a expressão "natureza". Também esta palavra foi utilizada excessivamente como um grande conceito coletivo para tudo, com o que se gostaria de encerrar o assunto de maneira cômoda, sem precisar quebrar a cabeça com isso. Principalmente para aquilo que o ser humano já sabia de antemão não poder chegar a uma solução clara. Quantas vezes é utilizada a palavra "natural", sem que com isso seja imaginado algo de concreto. O ser humano fala em "ligado à natureza", de bela natureza, de natureza alvoroçada, de instintos naturais, e assim prossegue nas inúmeras denominações com as quais se quer designar algo em grandes traços, que tenha maior ou menor conexão com a natureza.

O que *é,* no entanto, natureza? Pois justamente esta expressão básica teria de ser *primeiro* compreendida de modo bem nítido, antes de ser utilizada para tudo quanto é possível.

Se, porém, fizerdes uma vez essa pergunta, então sem dúvida vos serão dados muitos esclarecimentos, com maior ou menor firmeza nos informes a esse respeito; no entanto, de tudo isso podeis ver claramente que os seres humanos aí formam para si múltiplas imagens, às quais falta um saber uniforme.

Por essa razão, vamos também aqui abrir um caminho para um quadro fixo na imaginação desta palavra "natureza".

O melhor é separarmos em nossa capacidade de imaginação o conceito sobre isso em *divisões,* a fim de assim chegar mais facilmente à compreensão do todo.

Tomemos, por isso, primeiro, a *forma grosseira* da "natureza", a aparência exterior! Para simplificar, começo aí excepcionalmente

52. Natureza

pelo pensar humano-terrenal e, só então, inverto tudo finalmente, para que o curso certo vindo de cima seja novamente colocado diante dos vossos olhos.

A natureza, considerada no sentido mais grosseiro, portanto vista por vossos olhos terrenos de matéria grosseira, é a matéria incandescida, e com isso vivificada e formada. Como matéria, imaginai as diversas camadas da materialidade.

A isso pertencem, em primeiro lugar, todas as imagens que os vossos olhos terrenos são capazes de perceber, como paisagens e também todas as formas fixas e móveis das plantas e dos animais; expresso mais amplamente: tudo quanto fordes capazes de perceber com o vosso corpo terreno, com vossos sentidos de matéria grosseira.

Fica excluído disso tudo, porém, o que os *seres humanos formaram artificialmente,* submetendo o que existe a alterações, tais como casas e quaisquer outras configurações. Isso deixou então de fazer parte da natureza.

Aí já nos aproximamos automaticamente de uma diferenciação básica: o que o ser humano *altera,* portanto o que não deixa em sua constituição básica, não mais pertence à natureza no *verdadeiro* sentido!

Uma vez, porém, que também digo que a natureza, em sua aparência mais exterior, é a matéria grosseira incandescida, e com isso vivificada e formada, e como já sabeis através da minha Mensagem que forças *enteais* incandescem as matérias, vós próprios, então, podereis concluir, sem mais nada, que somente pode ser *natureza aquilo* que estiver na mais estreita conexão com *forças enteais.*

Refiro-me aqui *àquelas* forças enteais que se fecham como círculo em volta das matérias.

É essa uma espécie totalmente singular, da qual teremos de falar em breve, visto que ela, como uma espécie singular da Criação, tem de ser separada do grande conceito coletivo do enteal, que se encontra em *todas* as esferas como base, alcançando até os limites onde principia a inentealidade de Deus.

Com o tempo tenho de ampliar muito mais ainda as atuais noções do enteal que já pude dar-vos, se quiser completar a imagem que sereis capazes de assimilar com o crescente amadurecimento de vosso espírito.

Natureza é, portanto, tudo aquilo que pôde formar-se e ligar, e que não foi modificado em sua espécie básica pelo espírito humano, na matéria incandescida por forças enteais, as quais ainda tenho de descrever-vos mais detalhadamente.

Não modificar a *espécie básica,* que o enteal deu, esta é a condição para a expressão *certa:* natureza!

Portanto, também a expressão "natureza" está ligada de maneira inseparável com o *enteal,* que traspassa a matéria. Disso também podeis concluir de maneira certa que a natureza não está acaso ligada à matéria, mas sim apenas ao *enteal;* que o que é natural e sobretudo a natureza constituem o efeito não torcido da atuação enteal!

Assim, passo a passo, nos aproximamos cada vez mais da verdade, pois podemos, prosseguindo, concluir que natureza e espírito devem ser interpretados separadamente! Natureza se encontra na atuação de uma bem determinada espécie enteal, e espírito é, como sabeis, algo completamente diferente.

O espírito, através de encarnações, é, sim, muitas vezes, colocado dentro da natureza, porém ele não *é* a natureza e tampouco uma parte dela, como também a natureza não é uma parte do espírito humano!

Sei que não é fácil poderdes reconhecer nitidamente, por meio dessas breves palavras, do que se trata aí, mas se vos aprofundardes nisso de modo certo, *podereis* compreendê-lo e, finalmente, vosso espírito *deverá,* sim, em primeiro lugar tornar-se *móvel* nos esforços para penetrar na Palavra que eu vos posso dar.

Justamente os *esforços* necessários para isso vos trazem a mobilidade que preserva, protegendo vosso espírito do sono e da morte, arrancando-o das garras das trevas que avançam sorrateiramente.

Mesmo que tantas vezes procurem censurar-me, com artimanhas do raciocínio e de modo malévolo, dizendo que eu, com as referências, através de minha Palavra, sobre o perigo sempre presente do adormecer e da morte espirituais, esteja oprimindo e amedrontando os seres humanos com ameaças, apenas para assim ganhar influência, mesmo assim nunca cessarei de colocar

52. Natureza

figuradamente diante de vós os perigos que ameaçam o vosso espírito, para os conhecerdes e não mais cairdes cegamente nas armadilhas e seduções, pois *eu sirvo a Deus* e não aos seres humanos! Com isso dou o que é *útil* aos seres humanos e não apenas aquilo que lhes é agradável terrenamente e assim os mata espiritualmente!

Justamente os meios com que procuram atacar malevolamente a minha Palavra, a serviço das trevas que se defendem desesperadamente, *justamente isso prova* que eu na verdade sirvo a *Deus* e não procuro ser agradável aos seres humanos com palavras, a fim de conquistá-los para minha Palavra!

Os seres humanos *têm* de ser arrancados de sua comodidade espiritual, que eles próprios escolheram, e que é capaz apenas de adormecê-los, ao invés de vivificá-los de modo fortalecedor, como Jesus já disse outrora com a exortação de que só aquele que nascer de novo dentro de si poderá entrar no reino de Deus, e também com as suas repetidas referências de que *tudo* tem de tornar-se *novo*, a fim de poder persistir perante Deus!

E também os próprios seres humanos sempre falam dessas graves palavras, com entonação enfática, decorrente da mais sincera convicção sobre a verdade daquilo que elas encerram. Mas quando a eles se apresenta a exigência de que eles próprios *primeiro* têm de tornar-se novos no espírito, então proferem um queixume atrás do outro, pois nunca tinham pensado em si mesmos nesse sentido!

Agora se sentem acossados em sua comodidade e, no entanto, esperavam que seriam admitidos no céu com coros de júbilo, sem mesmo fazer algo aí, a não ser usufruir todas as alegrias!

Procuram agora sobrepujar com gritarias o incômodo exortador, na convicção de que o conseguirão mais uma vez, como já com Jesus, a quem primeiro macularam e assassinaram moralmente como criminoso, rebelde e blasfemo perante todos os seres humanos, de modo que, mesmo depois disso, segundo aparentes direitos das leis humanas, ele ainda pôde ser julgado e morto.

Mesmo que hoje seja diferente em muitas coisas, não falta na Terra a sutil astúcia do raciocínio, a serviço das trevas, para desfigurar habilmente também aquilo que é mais simples e mais claro, e com isso influenciar incautos e indiferentes, da mesma forma como também existiram, em todas as épocas, as solícitas e falsas testemunhas, que, por inveja e ódio, ou pela expectativa de lucro, são capazes de muita coisa!

Mas a sagrada vontade de Deus é mais poderosa do que os atos de tais pessoas; Ele não se engana em Sua inflexível justiça, conforme é possível entre os seres humanos!

Assim, *por fim,* também todas as trevas terão de servir com sua vontade má somente à Luz, para com isso testemunhar a favor da Luz!

Os seres humanos, porém, que se esforçam sinceramente para compreender a Verdade de Deus, aprenderão a reconhecer nisso a grandeza de Deus, a Sua sabedoria, o Seu amor, e a servi-Lo alegremente!

Acautelai-vos com a indolência de vosso espírito, com a comodidade e a superficialidade, ó seres humanos, e lembrai-vos da parábola das virgens prudentes e das tolas! É suficientemente clara em sua grande simplicidade, de modo que *cada* pessoa é capaz de compreender facilmente o sentido. Tornai isso ação dentro de vós, então tudo o mais virá por si mesmo. Nada poderá perturbar-vos, pois seguireis calmamente e com passos firmes pelo vosso caminho.

Contudo, voltemos agora à expressão "natureza", cujo conceito quero proporcionar-vos, por ser necessário.

Já expliquei em largos traços a primeira e mais densa divisão. Tão logo o ser humano, em sua atividade, deixar como base a natureza permanecer realmente natureza, não procurando interferir nela nem modificá-la em suas espécies, mas sim simplesmente trabalhar de modo construtivo, através da promoção de um desenvolvimento sadio, isto é, não torcido, *então* encontrará e receberá também a plena coroação de suas obras, o que até agora nunca poderia esperar, porque tudo quanto é violentamente desviado do natural só pode ocasionar, no crescimento, coisas ainda mais torcidas, que não possuem consistência própria nem durabilidade.

Um dia isto também servirá para as ciências como base de grande valor. Só na maneira como a natureza, através de sua

52. Natureza

atividade enteal consentânea com as leis da Criação, cria as ligações das matérias, só *nisso* se encontram uma força e uma irradiação construtivas, ao passo que em outras ligações, que não correspondam exatamente a essas leis, e que foram geradas pela mente humana, formam-se irradiações reciprocamente prejudiciais, talvez até destruidoras e desintegradoras, de cujos verdadeiros efeitos finais os seres humanos não têm nenhuma ideia.

A natureza, em sua perfeição consentânea com as leis da Criação, é o mais belo presente que Deus deu às Suas criaturas! Ela *só* pode trazer proveitos, enquanto não for torcida por alterações e dirigida a trilhas erradas pelo querer saber próprio desses seres humanos terrenos.

Passemos agora a uma segunda divisão da "natureza", que não é visível, sem mais nada, pelo olho de matéria grosseira.

Essa divisão compõe-se principalmente de matéria grosseira média; portanto, não da mais densa e pesada, que, através de sua espécie pesada, tem de ser imediatamente reconhecida pelo olho terreno.

O olho de matéria grosseira, quando se trata da matéria grosseira média, apenas pode *observar* os *efeitos* dela na matéria grosseira pesada. A isso pertence, por exemplo, o fortalecimento de tudo o que foi formado pelo incandescimento, seu desenvolvimento com o crescimento e o amadurecimento.

Uma terceira divisão da "natureza" é então a reprodução, que ocorre automaticamente numa bem determinada maturidade de desenvolvimento e incandescimento. A reprodução na matéria grosseira incandescida nada tem a ver, portanto, com o espírito, mas sim pertence à *natureza!*

Por isso, também o impulso para a reprodução é denominado *corretamente instinto natural.* Uma bem determinada maturidade da matéria incandescida pelo enteal produz irradiações, que, no encontro das espécies positiva e negativa, unindo-se, impulsionam retroativamente sobre a matéria grosseira e induzem-na à atividade.

O espírito nada tem a ver com isso, mas sim essa atividade é um *tributo à natureza!* Encontra-se inteiramente apartada do espiritual, como já antes me referi.

52. Natureza

Denominemos, pois, esse intercâmbio, de irradiações e união, de *tributo à natureza*, então isso estará certo, pois é a espécie de toda a matéria, incandescida pelo enteal até um bem determinado grau, que assim procura sempre, de modo consentâneo com as leis da Criação, produzir renovação, que, de uma parte, contém *conservação* e, de outra parte, condiciona a *reprodução*.

Essa lei da natureza que se evidencia é o efeito de determinadas irradiações. Traz consigo conservação pelo estímulo a isso ligado e renovação das células.

Essa é, em *primeiro* lugar, a principal finalidade desse tributo, que a natureza exige das criaturas que se movimentam. A natureza não conhece nenhuma diferença nisso, e todos os efeitos são úteis e bons.

Só que também aqui o ser humano, por si só, novamente aumentou tudo ao doentio, deformando e desfigurando, apesar de que justamente ele poderia ter encontrado um equilíbrio normal na espécie de bem determinadas atividades terrenas.

Ele, porém, não presta atenção àquilo que a natureza exige dele, em suas advertências ou avisos silenciosos, mas sim, exagerando tudo de maneira doentia, quer dirigir ou dominar a natureza com sua teimosia ignorante; quer forçá-la muitas vezes de uma maneira que tem de prejudicar, enfraquecer ou até destruir a matéria grosseira, e assim também nisso causou devastações, como fez na Criação inteira.

Do ser humano, inicialmente apenas perturbador, surgiu um *destruidor* em tudo o que pensa e faz, onde quer que esteja.

Com isso se colocou *abaixo* de toda criatura.

Aprendei primeiro a conhecer profundamente a *natureza*, da qual vos afastastes já há muito, então será possível que vos torneis novamente *seres humanos,* que vivem na vontade criadora de Deus, colhendo assim saúde através da natureza, para atividade alegre e construtiva na Terra, o que unicamente pode ajudar beneficiadoramente o espírito em seu necessário amadurecimento!

GERMES ESPIRITUAIS

GERMES espirituais! Muitas vezes já falei disso, expliquei o curso evolutivo e o caminho deles, e disse também que os seres humanos terrenos se desenvolveram dos germes espirituais. É, portanto, o *vosso* desenvolvimento, seres humanos, que descreverei.

Hoje quero aproximar-vos um pouco mais do ponto de partida de vossa tomada de consciência.

Já falei de uma segunda divisão inferior, na parte espiritual da Criação, onde os espíritos não puderam surgir logo completamente maduros, mas têm de desenvolver-se desde crianças.

Os desenvolvidos da Criação posterior, aos quais também vós, seres humanos terrenos, pertenceis, *não* se originam ainda dessa parte, mas sim apenas de um sedimento dela, que não possui a força para desenvolver-se por si mesmo, sem impulsos externos.

Esse sedimento compõe-se de sementes espirituais, os germes espirituais, dos quais se originam os desenvolvidos espíritos humanos das matérias.

O sedimento desce da parte espiritual da Criação e entra dessa maneira num círculo enteal que envolve as matérias.

Sobre o processo, consentâneo com as leis da Criação, que aí se realiza, das atrações, dos incandescimentos e das modificações das irradiações a isso ligadas, não falo ainda, mas quero apenas referir-me aos *auxiliadores* que aí se encontram em atividade e aos fenômenos individuais, capazes de proporcionar uma *imagem* que vos seja compreensível.

Pois tão logo eu mostre *formas* definidas na descrição, podereis então imaginar algo bem determinado, que corresponda aproximadamente aos fatos e conceda um apoio para vossa compreensão terrena.

53. Germes espirituais

Não quero, portanto, esclarecer *como* tudo se cumpre, vibrando na lei da Criação, mas sim como se *mostra* na formação.

Nesse círculo enteal, onde o germe espiritual mergulha, encontram-se enteais de variadíssimas espécies, não misturados uns com os outros, mas sim situados em planos isolados entre si, segundo a espécie de atividade em que vibram.

Aí encontramos, na parte superior do círculo, vindos do espiritual, entes femininos maravilhosamente delicados que, vibrando nas irradiações do amor e da pureza, recebem os germes espirituais, envolvem-nos com cuidados maternais num manto enteal e conduzem esses germes espirituais assim envolvidos, que ainda dormem completamente inconscientes, às mãos de outros entes femininos, que se encontram mais próximos da matéria fina.

Estes, por sua vez, envolvem os germes num segundo invólucro, já de outra espécie, correspondente *àquele* ambiente em que eles próprios se encontram, conduzindo os germes, que assim se tornaram novamente um pouco mais pesados, para baixo, para a camada superior da matéria fina.

Todos esses delicados entes femininos apoiam auxiliadoramente os processos automáticos consentâneos com as leis. São de beleza perfeita e já em tempos remotos eram conhecidos de muitas pessoas, às quais, uma vez ou outra, podiam mostrar-se. Eram chamados de fadas bondosas, que cuidam beneficiadoramente das almas humanas em desenvolvimento.

Nos limites da matéria fina, outros entes femininos aguardam os germes espirituais vindos de cima, a fim de *cuidar* deles com bondade. Para *proteção* encontram-se aqui presentes, ainda, entes de espécie masculina, que não atuam nos cuidados, mas agem de maneira mais positiva.

Assim, o germe espiritual é cuidado e tratado por auxiliadores enteais, enquanto, ainda inconscientemente, se movimenta cada vez mais para diante, seguindo seu impulso de poder tornar-se consciente, até esbarrar numa densidade na matéria fina, que não lhe permite mais prosseguir impulsionando inconscientemente, com o que a sua descida estaciona. Tem de parar, a fim de acordar para o desenvolvimento, antes de poder prosseguir.

Também isso é um acontecimento absolutamente natural, condicionado pela espécie do ambiente, mas é um importante ponto

53. Germes espirituais

decisivo para os germes espirituais. Estes se encontram agora num plano da matéria fina, cuja densidade os detém, causando fim à sua trajetória inconsciente.

Encontram-se, portanto, de repente, maciamente deitados numa camada que não mais os deixa prosseguir. Só o despertar de uma vontade, mesmo que ainda fraca, porém já *consciente*, pode desenvolver a força para atravessarem de modo reconhecedor o ambiente e prosseguirem.

Justamente aqui tenho de continuar vagarosamente e com especial cuidado os meus esclarecimentos, para que os seres humanos possam formar uma imagem certa disso para si, sem que nada seja desviado.

Pois aqui, onde os germes espirituais têm de ficar literalmente retidos, em sua primeira trajetória inconsciente, devido a uma bem determinada densidade da matéria fina, que é traspassada por correntezas enteais, passa-se muita coisa com o espírito humano com vistas ao caminho de mergulho nas matérias para a finalidade de desenvolvimento e, do mesmo modo, com vistas ao caminho de volta para cima, quando do amadurecimento ocorrido mediante o desenvolvimento.

Justamente *essa* camada é um importante plano limítrofe na existência do espírito humano. Por isso também quero falar dela um pouco mais demoradamente.

Ela parece ao espírito humano, na ascensão, já incomensuravelmente alta e maravilhosa em sua beleza. Encontra-se diante dos olhos coberta por uma luz suave, por uma luz que parece suave, mas que é muito mais clara do que o brilho do nosso Sol aqui na Terra. Os raios despertam, estimulam e fortalecem.

Esse plano parece um único parque sem fim. Um jardim florido se sucede a outro em distâncias intermináveis, repletos de belas flores de todos os tamanhos e também de muitas cores, cuidados por entes delicados, protegidos e vigiados por figuras masculinas sérias, que caminham ao longo das fileiras disciplinando, vigiando e examinando.

Floridos caramanchões se encontram por toda parte, convidando para o repouso e descanso e... para a silenciosa e grata introspecção.

53. Germes espirituais

A massa mais densa, que forma o solo, é a matéria fina que deteve os germes espirituais e na qual eles ficaram retidos durante o seu curso.

E então acontece o maravilhoso: o manto enteal, no qual os delicados entes femininos tinham envolvido cada um dos germes espirituais, em sua saída do reino espiritual, desenvolve-se sob as radiações desse plano, ancorado no chão de matéria fina e cuidado por jardineiras enteais, em flores maravilhosas, em cujo cálice dorme tranquilamente o germe espiritual, fortalecendo-se mais e mais.

Sacudido por causa da espécie dos efeitos, que, apesar de toda a delicadeza desse plano, são, em relação ao reino espiritual, mais grosseiros, e por causa do ressoar mais forte de todos os movimentos do acontecimento, pode o germe espiritual, num bem determinado amadurecimento, ao romper o botão, despertar simultaneamente para a sucessiva tomada de consciência. Essa conscientização, contudo, ainda não é o estado autoconsciente.

Da *consciência* do espírito que está despertando, para a *autoconsciência* do espírito amadurecido ainda é um grande passo! O animal também é consciente, contudo, nunca autoconsciente! Mas não nos detenhamos nisso agora.

Portanto, o romper de cada botão é provocado pelo amadurecimento do germe espiritual, como efeito natural e automático, e o estalo do rompimento desperta simultaneamente o germe espiritual para a consciência da existência.

Esses são acontecimentos que mais tarde poderão ser explicados exatamente em todos os pormenores, a fim de encontrar nisso a regularidade da lei, que também aí está presente e que faz com que tudo se torne simples e natural, conforme constantemente se pode reconhecer na Criação inteira.

A flor, em cujo cálice o germe espiritual amadureceu, necessitou apenas de uma parte do invólucro enteal do germe espiritual, enquanto que a outra parte permaneceu em volta do germe espiritual e, no despertar para a consciência, tomou a forma de uma criança humana. Portanto, ao romper o botão, encontra-se no cálice da flor uma criança com forma humana.

Também aqui tenho de intercalar novamente algumas explicações, antes de poder prosseguir:

53. Germes espirituais

O germe espiritual já passou até agora pelos cuidados de *dois* entes femininos diferentes, antes de chegar às mãos das jardineiras. A ambas as espécies podemos chamar de fadas. A primeira, que recebeu o germe espiritual na saída do reino espiritual, envolveu--o com um manto delicado da mais delicada espécie desse plano ou desse círculo; a segunda, por sua vez, com uma outra espécie. O germe espiritual já havia recebido, portanto, ao ficar retido na matéria fina, dois invólucros diferentes através das fadas, isto é, dois presentes das fadas!

Desses acontecimentos surgiram mais tarde as narrativas referentes aos presentes das fadas nos berços das crianças.

O invólucro exterior desenvolveu-se então, na matéria fina mais densa, sob as irradiações despertadoras, num botão de flor protetor, e o invólucro interior mais delicado, no despertar, imediatamente num pequeno corpo com forma humana. Quero esclarecer também por que o invólucro mais delicado teve de transformar-se num *corpo humano*.

Já disse em minha Mensagem que na conscientização do *espírito* origina-se também a forma humana, uma vez que a peculiaridade do espírito condiciona a forma humana.

Isso está dito em largos traços. Agora tenho de ampliar também esta explicação e indicar que nesse despertar do germe espiritual para a primeira conscientização o próprio germe espiritual ainda *não* se constitui em forma humana, mas somente o delicado invólucro enteal, que recebeu através da primeira fada.

Esse invólucro adquire forma humana porque o germe espiritual já no despertar incandesce inconscientemente esse invólucro. Uma vez, portanto, que ele é incandescido *espiritualmente*, mesmo que de modo inconsciente, ele adquire, por esse motivo, naturalmente, também de acordo com a espécie da incandescência, a forma humana.

O próprio espírito, porém, recebe só gradualmente, com a *auto*conscientização adquirida em sua peregrinação através das matérias, uma forma humana, mais ou menos bonita, conforme a espécie e o alvo do seu desenvolvimento. Ao mesmo tempo também se transformam correspondentemente seus invólucros exteriores, enteais e fino-materiais.

53. Germes espirituais

No estado exclusivamente consciente do germe espiritual, porém, os invólucros enteais e fino-materiais são *sempre bonitos,* uma vez que somente podem ser *des*figurados pela autoconscientização do espírito, que assim recebe também seu livre-arbítrio!

Refleti cuidadosamente sobre essa frase. Encontrareis nela muitíssimas soluções.

Encontrareis aí também a explicação por que todos os entes, que vibram servindo conscientemente na vontade de Deus, são, sem exceção, da mais delicada beleza e de perfeita configuração, pois todos eles trazem em si algo espiritual, mas não podem deformar sua configuração através de uma autoconsciência de curso errado.

Nessa explicação encontrareis também uma diferenciação daquilo que até agora denominamos com o grande nome coletivo "enteal". Apresento-vos aí hoje, pela primeira vez, um bem determinado degrau, que por enquanto, porém, só pode ser dado em bem largos traços, para não nos estendermos em demasia.

Existem enteais que trazem em si algo espiritual e que servem vibrando conscientemente na vontade de Deus, e também enteais que trazem em si exclusivamente o que é enteal, nos quais falta o espiritual. A estes últimos pertencem, por exemplo, os animais!

A fim de logo evitar aqui perguntas desnecessárias, para que se possa propiciar uma compreensão certa aos seres humanos, quero dizer que entre os auxiliadores enteais na Criação encontram-se ainda muitas divisões. Isto, porém, farei sempre somente caso a caso, tão logo se ofereça uma oportunidade para tanto. Assim será mais fácil compreendê-lo. Composições da Mensagem a esse respeito os seres humanos poderão então fazer por si mesmos mais tarde.

Agora só quero dizer ainda que também entre os enteais que trazem em si algo espiritual podem ser feitas diversas divisões. A absoluta maior parte vibra *somente* servindo *na vontade de Deus,* e é completamente independente de tudo o mais.

Uma pequena parte, porém, que se encontra muito longe das alturas luminosas, atuando estreitamente ligada à matéria mais grosseira, como os gnomos, etc., podiam, como muitas outras

53. Germes espirituais

coisas, ser influenciados temporariamente pelos espíritos humanos desenvolvidos que vivem na matéria grosseira.

Mas essa possibilidade de atuação do espírito humano já foi *anulada* e também esses pequenos auxiliadores enteais estão hoje servindo exclusivamente dentro da vontade de Deus, durante o Juízo e a época do reino de Mil Anos.

Não devo, contudo, entrar ainda nesses pormenores, pois assim vos afastaria demasiadamente das linhas básicas, ao passo que agora, antes de tudo, quero formar para vós um *saber básico*, que vos outorgue o apoio de que necessitais para a ascensão e para o aperfeiçoamento de vosso espírito, em prol de seu amadurecimento rumo às alturas luminosas.

Tudo o mais ainda tem de permanecer de lado, até que a grande purificação tenha passado. Até lá, porém, não dispondes mais de tempo para pormenores, que conduzem a distâncias que vos darão vertigens!

Antes de tudo, deveis poder *salvar*-vos dos labirintos do falso querer saber; isto é o mais necessário para vós agora, conforme vós próprios mais tarde reconhecereis.

Não deveis, no entanto, tomar tudo isso demasiadamente terreno, quando fizerdes para vós uma imagem desses acontecimentos, pois o pesadume da matéria terrena não existe aí. E, não obstante, encontrareis acontecimentos de espécies semelhantes também nesta matéria *grosseira* da Terra.

Considerai apenas a borboleta, que se desenvolve sob a proteção do casulo, rompendo-o tão logo se tenha tornado madura para tanto.

No germe espiritual, o invólucro de proteção recebe a forma da flor, que tem de desenvolver-se por intermédio da ligação com as características do solo da matéria fina. Também o porquê e o como se deixam esclarecer exatamente de acordo com a lei, de modo que então reconhecereis que isso só pode ser exatamente dessa maneira e forma, *nem* podendo ser *diferente*.

Mas ainda serão necessários anos de esclarecimentos, até chegar ao ponto em que vós, seres humanos, então admirados reconheçais a grande simplicidade que traspassa a Criação em milhares de efeitos e que, no entanto, permanece sempre a mesma em todas as coisas, desenvolvendo-se segundo *uma lei básica*.

Perplexos, vereis que as dificuldades de reconhecer se originaram somente através de vós. Vós mesmos as preparastes e tornastes tudo difícil para vós, seguistes por desvios e caminhos errados, que tinham de cansar-vos, fazendo com que, sem o auxílio proveniente da Luz, não pudésseis mais alcançar o alvo!

Contudo, se a presunção do vosso raciocínio não tivesse pregado aquela peça tão ruim, mas bem merecida, das confusões artificiais, teríeis então chegado fácil e rapidamente à plena maturidade, com infantil confiança, guiados fielmente pela Luz, num caminho que só continha alegria para vós.

Agora, no entanto, é muito difícil para vós, pois todas as pedras com que obstruístes o caminho, vós próprios tendes antes de removê-las, e também não podeis alcançar com um salto a estrada certa, mas tendes de caminhar de volta, por todos os desvios e caminhos errados, até aquele lugar em que vos desviastes, a fim de reiniciar o trajeto pela estrada certa.

Por isso também tive de seguir-vos primeiro em todos os vossos desvios e caminhos errados, a fim de alcançar-vos, chamar-vos, e, então, conduzir cuidadosamente de volta aqueles que seguissem meu chamado, uma vez que vós próprios não sois capazes de sair do labirinto.

Não da Luz, diretamente, mas *por vossos próprios caminhos* tive de chegar a vós, ao querer trazer auxílio.

Em breve também compreendereis tudo isso através do reconhecimento, não falta muito para tanto. Então, muita coisa se tornará mais fácil para vós. —

Mesmo que *tudo* nesta Criação seja importante e tenha uma finalidade, mesmo assim existe uma linha reta para vós, que concede um apoio ao desenvolvimento de vosso saber e com o qual podeis caminhar para cima, firmemente.

E unicamente esse apoio quero dar-vos *primeiro,* por ser urgentemente necessário.

Ofereci-vos hoje uma imagem completamente nova daquele plano que permanece para vós, seres humanos terrenos, o ponto

53. Germes espirituais

de partida propriamente, e que, por isso, representa um grande papel. Sabeis agora *como* despertais e *onde* isso ocorre.

E esse plano, que vos proporciona e possibilita a vinda ao mundo, que, portanto, concede uma pedra fundamental à vossa própria existência como ser humano, ele também é importante para o espírito maduro, que se desenvolveu de modo certo no sentido da vontade de Deus, tornando-se capaz de ascender.

Como aqui floresce o primeiro invólucro em forma humana, assim o espírito maduro recoloca nesse plano o mesmo invólucro, o primeiro invólucro que, na ascensão, é o último a ser abandonado!

Ele fica nesse plano, a fim de dissolver-se, desintegrar-se e reintegrar-se na mesma espécie da qual se originou primeiro com o presente da fada.

Contudo, o invólucro de um espírito maduro traz consigo novas forças, refresca e fortalece a espécie igual, por ter sido fortemente incandescido pelo espírito autoconscientizado no sentido certo e ascendente, trazendo em si essa incandescência!

Dessa maneira, essa espécie de invólucro torna-se mais vigorosa no círculo do enteal em redor das matérias e pode auxiliar ainda mais eficientemente o novo formar e despertar de muitos germes espirituais humanos.

Depois de abandonar o último invólucro de delicada entealidade, o espírito, como tal, autoconsciente, sai então desse plano dos jardins e reingressa no reino espiritual, que outrora deixou como germe espiritual inconsciente, cedendo apenas ao seu indefinido impulso de desenvolvimento, produzido pelo anseio de conscientização.

Esforçai-vos, seres humanos terrenos, para poderdes ingressar plenamente maduros no reino do espírito! Com isso então vos reunireis *àqueles* que puderam desenvolver-se no espiritual, sem precisar primeiro mergulhar nas matérias.

Então também não sereis menos fortes do que aqueles, pois tereis vencido muitos obstáculos e no esforço desse vencer vos transformastes em chama! Haverá então alegria com relação a vós, como já está indicado na parábola do filho pródigo.

GERMES ENTEAIS

Falei do despertar dos germes espirituais para a consciência da existência. Assim como no último sedimento do espiritual existem germes espirituais, da mesma forma existe no enteal, por último, um sedimento de germes enteais inconscientes; e como os germes espirituais mergulham na mais delicada camada da matéria fina, assim também mergulham os germes enteais na mais delicada camada da matéria grosseira, onde mais tarde agem como auxiliadores enteais desenvolvidos.

Também esses germes enteais recebem invólucros e, tornando-se assim mais pesados, mergulham numa camada um pouco mais densa da matéria grosseira, onde ficam literalmente retidos.

Antes de passar às explicações, tenho de apresentar algo do que já falei certa vez ligeiramente, porém propositadamente evitei até agora descrições mais minuciosas, pois o espírito humano poderia facilmente chegar a ideias confusas, se eu dissesse muita coisa prematuramente.

Mencionei que na Criação, além das coisas que tomaram forma, fluem ainda *correntezas* que traspassam a Criação.

Contudo, com a expressão "correntezas" também já temos a forma em si, pois de fato é assim: são correntezas, que traspassam a Criação como os rios traspassam a Terra, e da mesma forma como as correntezas de ar!

E como essas duas espécies grosso-materiais de correntezas na Terra, em sua diversidade, assim também temos duas espécies de correntezas atravessando a Criação: as correntezas enteais e as correntezas espirituais!

54. Germes enteais

Nada existe sem forma na Criação. Temos formas individuais e formas coletivas. Às formas coletivas pertencem as correntezas específicas que atuam ao lado, ou melhor, *com* as formações singulares ou individuais. Cada uma dessas correntezas tem bem determinadas incumbências, que correspondem exatamente à sua espécie. Podemos dizer também que se originam da espécie.

Assim, uma correnteza espiritual conduz, entre outros, também os germes espirituais, enquanto estão inconscientes, ao caminho que os leva à possibilidade de desenvolvimento.

Nesse caminho, o impulso interior do germe espiritual para a conscientização age *impulsionando* e *empurrando,* e o rio da correnteza espiritual age *carregando.*

Na época em que os primeiros germes espirituais se aproximaram *daquela* parte do mundo a que a Terra pertence, a matéria ainda não era tão densa quanto hoje, já que só mais tarde a vontade humana, desenvolvendo-se de forma errada, produziu maior densidade e peso, o que teve como consequência um maior afastamento da Luz e movimento mais lento e estorvante.

Bastou ao germe espiritual, na leveza da matéria de outrora, o próprio impulso e o fato de ser carregado pela correnteza, para alcançar o primeiro alvo do desenvolvimento. E também o desenvolvimento progressivo era mais fácil, uma vez que para o caminho seguinte já bastava uma *fraca* tomada de consciência como impulso, a fim de poder prosseguir mais um trecho do caminho.

Tudo isso se tornou muito mais difícil atualmente.

Aqui tenho de intercalar algo novamente. O processo de descida dos germes espirituais realiza-se *sem interrupção* para a Criação. Quando eu disse anteriormente que é necessária uma bem determinada maturidade da matéria para a recepção dos germes espirituais, e que isso não pode repetir se mais com a maturidade crescente, não me referia à Criação inteira, mas meramente a corpos celestes *isolados,* como, por exemplo, *a Terra!*

Para esta, por fim, só podiam vir almas humanas mais velhas, já encarnadas anteriormente, as quais têm de finalizar suas peregrinações no fechamento dos círculos, mas não germes espirituais, isto é, almas que nunca estiveram na densa matéria grosseira.

54. Germes enteais

Partes da Criação, porém, estão sempre prontas para poder receber germes espirituais que já atingiram a consciência do existir, mas que para obterem a autoconsciência precisam primeiro desenvolver-se na vivência.

Enquanto o espírito humano possuir somente uma consciência do existir, tem de conservar o nome de germe espiritual, mesmo se o seu invólucro já puder ter forma humana. Só com o desenvolvimento progressivo para a autoconsciência é que ele cessa de ser *germe* espiritual humano e se torna *espírito humano!*

É necessário dizer isso aqui, a fim de evitar interpretações falsas ou noções erradas. Por isso já mencionei, em minha última dissertação, que é longo o caminho da consciência do existir até a autoconsciência humana, a qual requer primeiro o *livre* e consciente arbítrio de decisão, mas com isso também a plena responsabilidade.

À medida que progrido com minhas explicações, tenho de efetuar sempre mais rigorosas separações de noções, ao passo que até agora podia deixar muitas coisas ainda em noções genéricas. Não se trata, portanto, de uma espécie de jogo de palavras, como alguns astutos seres humanos de raciocínio, em sua indolência espiritual, estavam prontos para designar alguns trechos de minha Mensagem, com o que mostravam, pois, bem nitidamente, apenas sua completa ignorância e falta de noção quanto à seriedade e grandeza da coisa, mas sim se trata de uma urgente e inevitável necessidade, se o ser humano quiser mesmo penetrar no movimento da Criação.

Aí não podem bastar-lhe, para sempre, algumas expressões terrenas; pelo contrário, tem de dignar-se a aprender, com o tempo, limites cada vez mais exatos e pesar claramente o verdadeiro sentido de cada palavra.

Assim também temos de fazer, se quisermos prosseguir e não ficar parados ou deixar atrás de nós campos não esclarecidos.

Também nisso tem de haver movimento, ao invés do apego rígido e teimoso! Quando primeiro esclareço algo em largos traços, posso denominá-lo de modo diferente do que quando entro em pormenores, tendo de diferençar mais e mais, o que primeiro eu podia tomar como noção genérica.

54. Germes enteais 433

Preciso *sempre* dar primeiro noções genéricas, para *mais tarde* entrar em pormenores, quando a noção genérica houver tido em vossa capacidade de compreensão uma imagem razoavelmente clara; de outro modo jamais poderíeis alcançar uma compreensão, tendo em vista a imensa grandeza da Criação. Perderíeis rapidamente o terreno firme do autêntico saber e cairíeis nas habituais incoerências dos seres humanos, que identificam os adeptos das numerosas seitas e também das igrejas.

Por isso, deixai tais seres humanos falar sossegadamente, pois com isso apenas dão testemunho de sua própria superficialidade e do seu temor diante do esforço de um maior aprofundamento, e segui-me alegremente, *assim* como vos dou. Então só vos advirá vantagem disso, pois eu não apenas torno tudo mais fácil ao espírito humano, como, acima de tudo, possibilito a compreensão do que é grandioso, pelo menos *naquelas* partes com as quais ele se encontra em ligação, e das quais depende sua atividade.

Assim como as correntezas espirituais transportam os germes *espirituais,* da mesma forma as correntezas enteais conduzem os germes *enteais* em seus trajetos. Sobre o ponto de partida, as espécies e as atuações de todas essas correntezas se poderá falar de maneira especial somente mais tarde. Tomemos hoje simplesmente, como início, a noção de que todas essas correntezas semelhantes às do ar e das águas da Terra são fecundadoras, conservadoras, purificadoras, em suma: beneficiadoras em todos os sentidos.

Essas correntezas, aliás, já eram em parte conhecidas dos seres humanos terrenos de outrora.

Voltemos, porém, depois dessas divagações à finalidade da dissertação de hoje.

Os germes enteais são transportados pelas correntezas de espécie enteal. Apesar da *espécie básica* enteal das correntezas, encontram-se presentes, contudo, bem diversas e até múltiplas espécies individuais, e, por isso, cada vez mais correntezas laterais vão-se separando, pouco a pouco, da correnteza original e principal, no seu curso através dos diversos planos, as quais procuram um caminho próprio; pois, com a crescente distância da Luz, as espécies individuais isoladas se separam como ramificações laterais, que, por fim, encerram em si somente *uma* bem determinada espécie enteal e, obedecendo à lei, só transportam consigo a respectiva espécie igual de germes enteais. Assim, tais germes enteais vão ao encontro de seus pontos de destino, cumprindo a lei da Criação. Eles estão separados naqueles germes que se encontram estreitamente ligados às flores, a outras plantas, bem como à água, ao ar, à terra, às pedras, ao fogo e a muitas outras coisas específicas nas matérias.

Em cada plano isolado e também em cada plano intermediário, são sempre depositados pelas correntezas em trânsito os seres que pela sua espécie igual são adequados ao respectivo plano, isto é, permanecem lá onde têm de agir, porque é lá que se tornarão conscientes. Isso tudo ocorre como consequência naturalíssima e simples das leis, de tal forma que nem poderia ser diferente.

Em cada plano intermediário, despertam determinadas espécies de enteais para a consciência, de uma forma que sempre corresponde à sua força, e principiam lá a agir, formando, cuidando e protegendo.

Por fim, porém, permanecem nas correntezas apenas entes que só poderão chegar ao estado consciente nos astros das *mais grosseiras materialidades*. E como derradeiros sedimentos há também germes enteais, que na matéria grosseira não podem despertar imediatamente, sem mais nada, mas sim precisam de um desenvolvimento especial.

Contudo, isto é por enquanto apenas uma grande imagem que vos apresento e que entendereis de maneira melhor inicialmente como sendo uma carta geográfica *plana,* na qual observais os caminhos dos rios e dos córregos com suas muitas ramificações e percursos, aparentemente escolhidos por eles próprios.

Só *então* podereis *arredondar* a imagem e observar que veios de água também traspassam a parte interna e não fluem apenas na superfície, como também correntezas de ar. Assim, tereis ganho finalmente a imagem de uma parte dos acontecimentos *dessa* espécie na Criação.

Se os seres humanos terrenos servissem *direito,* vibrando na vontade de Deus, a Terra em si seria uma cópia harmoniosa,

54. Germes enteais   435

mesmo que grosseira, da Criação. Só devido à degeneração dos seres humanos é que não pôde tornar-se assim até agora.

Falemos, pois, finalmente dos *germes* enteais, os quais havíamos tomado como alvo. Assemelhando-se muito com o desenvolvimento do germe espiritual dos seres humanos terrenos estão em primeiro lugar as pequenas fadinhas[*] das flores da Terra! Estas, vistas por vós, despertam em cálices de flores terrenas. Contudo, não é assim conforme supondes. Elas encontram-se, sim, nos botões das flores, as quais formam seu invólucro protetor mais grosseiro até o seu despertar, porém existe ainda algo mais nisso.

Na realidade, encontram-se maciamente deitadas numa camada, para vós terrenamente invisível, de fina e delicada matéria grosseira. Ao mesmo tempo, porém, também num botão de flor da Terra. A delicada camada de matéria grosseira, invisível para vós, traspassa não só os botões, como também toda a Terra e suas adjacências.

Nessa camada, efetua-se o verdadeiro desenvolvimento das fadinhas das flores para tornarem-se conscientes, enquanto o botão da flor terrena fica apenas como proteção mais grosseira e *exterior*, e do qual as fadinhas das flores, apesar de certa ligação, são bastante *independentes*.

Elas também não fenecem quando as flores morrem, mas sim o desenvolvimento delas prossegue através dos cuidados auxiliares dispensados às novas flores terrenas e em parte também às novas pequenas fadinhas. Sua força intensifica-se conforme sua capacidade.

Assim prossegue cada vez mais, até um ponto que as faz elevarem-se em plena maturação para um novo campo de atividade, pois acontece ao germe enteal a mesma coisa que ao germe espiritual... ambos encontram-se sob *uma* uniforme e atuante *lei de Deus* de desenvolvimento!

As pequenas fadinhas, durante seu desenvolvimento, também não se encontram indefesas e abandonadas aos perigos de que suas moradias, sendo ainda botões, pudessem ser devoradas por

---
[*] *Nota de tradução* – Elfos femininos.

animais ou destruídas pela mão humana brutal, conforme parece do ponto de vista grosso-material.

Certamente, as flores são *cuidadas* por fadinhas desenvolvidas, mas em cada flor não mora uma pequena fadinha, mas sim apenas naquelas que estão especialmente protegidas e inacessíveis aos perigos, até quanto se possa falar em inacessibilidade. Enquanto não se tiverem tornado conscientes, são transportadas imediatamente ao aproximar-se qualquer perigo.

Menciono primeiro as fadinhas das flores, porque elas sempre estiveram e continuam nas vibrações da vontade de Deus. *Não* podem ser influenciadas pela vontade humana, pois tecem e respiram sempre nas vibrações da Luz!

Neste fato repousa o segredo de que *cada* flor, inclusive a mais simples, é transluzida de beleza, pois as fadinhas das flores encontram-se na Luz! Possuem em sua delicadeza formas femininas e, por estarem na Luz, são de uma beleza maravilhosa.

Vós mesmos já deduzireis, com base na Mensagem, que também existem elfos que possuem formas masculinas, correspondentes à sua atividade.

São mais densos, positivos, porque se ocupam com a matéria mais dura. O elfo das árvores possui, por exemplo, forma masculina.

Segundo cada atividade, decorrem a forma e a espessura.

Assim também os gnomos, em sua ocupação com a terra e as pedras, possuem forma masculina. São mais densos, ao passo que as ondinas das águas têm formas femininas.

Vós mesmos podeis tirar maiores conclusões, encontrando com isso sempre o certo, se tomardes a Mensagem como base, na qual encontrais as leis da Criação.

O que aqui ficou dito refere-se aos enteais desenvolvidos, pertencentes ao vosso ambiente na Terra! Tudo o que é estreitamente ligado à matéria *mais grosseira*, só pode contar realmente com êxito rápido e visível em atuação positiva e densidade maior; por isso, o masculino é sempre a parte executante positiva voltada para o mais denso, isto é, para o que está mais embaixo, ao passo que o feminino é a parte receptora negativa voltada para o mais delicado, isto é, para o mais elevado!

54. Germes enteais

Assim é a divisão da Criação, segundo a vontade de Deus, e só quando o ser humano se enquadrar e vibrar dentro dela é que lhe advirá uma verdadeira ascensão, que de outra maneira não poderá conseguir! Pois então toda a sua atividade vibrará na Cruz da Criação, na qual o positivo e o negativo, agindo ativamente e recebendo passivamente, se encontram em equilíbrio!

E sempre de novo é a *mulher* humana que *não* cumpre o seu lugar na Criação!

Se refletirdes serenamente sobre tudo isso, podereis chegar a conclusões inimaginadas e a esclarecimentos que até agora vos pareciam insolúveis. Mas o vosso raciocínio não se enquadrará tão depressa, mas sim quererá sempre disseminar dúvidas, a fim de confundir-vos e com isso manter-vos no domínio que ele nos últimos séculos pôde ter sobre vós quase incontestavelmente.

Certamente haverá muitas pessoas às quais acode de modo interrogativo o pensamento: e as fúrias? Não possuem elas também formas femininas, e, no entanto, são de espécie bastante positiva em sua atuação?

Por isso quero entrar já no assunto e explicar-vos:

As fúrias possuem formas masculinas e femininas; ambas, porém, não obstante suas múltiplas manifestações, têm *um* só objetivo: a destruição!

Contudo, as fúrias *não* são enteais. Coisas desse teor não promanam da vontade da Luz! As fúrias não passam de produtos da vontade malévola dos seres humanos. Pertencem aos demônios que logo terão de perecer, assim que a vontade dos seres humanos melhorar, voltando-se para a Luz!

De fato, elas são muito perigosas e serão soltas no Juízo, a fim de precipitarem-se sobre a humanidade inteira. Mas apenas conseguirão causar danos lá onde puderem inscrir-se, isto é, onde encontrarem nos seres humanos uma maldosa espécie igual ou medo.

Com isso, também as fúrias têm de servir à Luz, pois acabarão com os seres humanos terrenos maus, favorecendo assim a grande depuração. Terminada esta, as fúrias não encontrarão mais alimento e terão de perecer por si mesmas.

Mas quem tiver medo no Juízo, a esse falta a convicção na Palavra da Verdade e, com isso, também a confiança na onipotência de Deus e em Sua justiça, que se mostra tantas vezes no amor auxiliador!

Tal pessoa torna-se então com *toda a razão* uma vítima de sua mornidão ou indolência; *deverá* ser agarrada e destruída pelas fúrias no Juízo!

Portanto, também *isso* é, por fim, um acontecimento simples, que em sua terribilidade tem de seguir os caminhos da sagrada lei de Deus!

As fúrias soltas! Isso quer dizer, elas não serão retidas, será deixado caminho completamente livre para elas durante certo tempo.

Os seres humanos não serão protegidos nisso, mas sim abandonados ao furor.

É inteiramente natural, porém, que *aqueles* seres humanos que tiverem uma convicção certa e forem ligados à Luz não poderão ser atacados, visto não encontrar-se no íntimo deles nenhuma ressonância em que as fúrias pudessem agarrar-se, a fim de confundi-los.

Os ligados à Luz encontram-se durante o furor como num invólucro, que não pode ser traspassado, e onde todo ataque da vontade malévola acabará por ferir a si mesmo. Tal invólucro formou-se automaticamente nas horas de perigo como decorrência da firme confiança em Deus.

No entanto, os seres humanos que em sua presunção ou ilusão se julgam fiéis, e com isso somente fiéis à igreja, mas não fiéis a *Deus,* o que os tornaria vivos em si, serão jogados de um lado para outro, como folhas murchas na tempestade, e terão de perecer no turbilhão, a não ser que ainda a tempo cheguem a reconhecer que estavam vazios na rigidez de sua crença e se esforcem diligentemente em absorver vida da Luz da Verdade, a qual resplandece acima de todas as tempestades.

Permanecei vigilantes e fortes, para que as fúrias não possam encontrar apoio em vós! Tornai-vos em vossa atuação iguais aos muitos pequenos auxiliares enteais, que são para os seres humanos o exemplo do servir com fidelidade!

O CÍRCULO DO ENTEAL

JÁ POR diversas vezes falei do círculo enteal da Criação, que se fecha em redor das matérias, como transição do espiritual para a matéria.
Esse enteal é, em si, uma espécie muito singular e forma propriamente o círculo final para a Criação inteira e, ao mesmo tempo, também a ponte para a Criação posterior.
Imaginemos, mais uma vez, tudo quanto se encontra fora da esfera divina, portanto abaixo do Supremo Templo do Graal, em três grandes divisões:
Como mais elevada e primeira delas, citamos a Criação primordial; como segunda, a Criação; e, como terceira, a Criação posterior.
Considerado rigorosamente, o Supremo Templo do Graal não pertence à Criação primordial, mas sim é algo inteiramente à parte, que está situado *acima* da Criação primordial. Ele *está situado*. Escolho justamente esta expressão de propósito, pois ele não paira, mas sim está firmemente ancorado!
Também a parte que se encontra fora da esfera divina, onde se origina a Criação primordial, está firmemente ligada ao Supremo Templo do Graal na esfera divina, como um anexo, e com isso ancorada inalteravelmente no divino.
Até aí, partindo de cima, encontra-se um fluxo *descendente* e *ascendente* de ondas de Luz divina. Somente no Supremo Templo do Graal se processa uma mudança nisso e começa então, fora do Templo, fluindo para baixo, o *circular*, que origina e movimenta todas as Criações. Elas também são *seguradas* aqui por ondas descendentes e ascendentes!
Assim é a grande imagem da forma de todos os movimentos.

55. O círculo do enteal

Sobre a Criação primordial já falei pormenorizadamente e mencionei as duas divisões básicas. São espírito-primordiais. Uma parte surgiu imediatamente formada e consciente, ao passo que a outra somente pôde desenvolver-se para tanto. Exatamente assim é na Criação que, conceitualmente, por ser espiritual, separamos do espiritual primordial.

Também esta se separa em duas divisões. A primeira pôde formar-se imediatamente e a segunda teve de desenvolver-se para tanto.

Após esta vem, como remate, o já mencionado círculo *daquele* enteal, sobre o qual ainda não vos tornastes esclarecidos, porque sempre só toquei de leve nele nas explicações de até agora.

Vamos denominá-lo hoje como uma divisão especial da Criação: *o círculo do enteal!*

Com relação a esse *círculo,* deve ser entendido, de agora em diante, algo completamente diferente daquilo que denominamos simplesmente como *os enteais.* Os que até agora foram por mim assim denominados são ondas de Luz que em sua atividade tornada em forma afluem para *baixo* e novamente para *cima,* e as quais, portanto, em linha reta ou em correntes, estão em ligação com o Supremo Templo do Graal. Não são as forças *circulantes!*

Nisso reside a diferença. Também as forças circulantes têm forma em sua atividade, porém são de uma espécie diferente, que só podiam surgir por *cruzamentos* de irradiações. Não sabeis ainda nada disso, conquanto já conheçais muitas.

Esse movimento circular tem sua origem, isto é, seu início, na separação do positivo do negativo, portanto do ativo do passivo, que se processa no Supremo Templo do Graal e que no começo de minha preleção de hoje denominei como a *mudança* das correntezas, que se realiza no Templo mediante a separação.

Com o início do esfriamento das irradiações da Luz, separa-se o positivo do negativo e formam-se por causa disso *duas* espécies de irradiações, enquanto que até o Supremo Templo do Graal só *uma uniforme* irradiação se encontra em atividade, formando a esfera divina, onde tudo que se tornou forma encerra em si, unidos harmoniosamente, o positivo e o negativo!

55. O círculo do enteal

Formai uma imagem de tudo isso, conforme estou delineando em traços bem simples; assim compreendereis de maneira mais rápida e também mais segura. Só depois podereis tentar aprofundar-vos cada vez mais com a vontade de compreender.

Se agirdes assim, então o conjunto se tornará pouco a pouco bem vivo diante de vós e podereis em espírito, como espectadores cientes, deixar passar diante de vós o flutuar e o tecer da Criação.

Contudo, se quiserdes tentar o inverso e, logo ao escutar as primeiras palavras, procurar seguir-me com a força do vosso raciocínio, já ficareis retidos em minhas primeiras frases e nunca podereis chegar a um alvo.

Tendes de receber *simplesmente* e só *depois,* seguindo pouco a pouco os traços isolados, podereis fazer tudo ficar vivo em vós. Dessa maneira tereis êxito.

Portanto, falemos hoje do círculo do enteal, que forma o remate para tudo quanto é *móvel.*

Assim como o sedimento do espiritual é conhecido por vós como germes espirituais, da mesma forma pode, conquanto de maneira bem diferente, o círculo do enteal ser denominado também de sedimento, que flui e goteja das ondas enteais, do *circular* das Criações que se movem por si, para se reunir e se manter no fim das Criações, mediante a atração das espécies iguais básicas.

Com isso deparamos novamente com uma ampliação dos conceitos da Criação.

Temos assim partes *que se movem por si,* às quais pertencem a Criação primordial e a Criação, seguindo-se depois a Criação posterior, que não pode mover-se por si mesma, mas que tem de ser impulsionada.

As partes que se movem por si impulsionam, através do próprio calor, a Criação posterior, que tem de ser movimentada, sendo impulsionada através do influxo de calor alheio. Por isso, partes isoladas dela também podem esfriar, quando o que as aquece é retirado, o que na Criação primordial e na Criação nem é possível, porque possuem calor próprio.

Observai rigorosamente todos os pormenores que com isso digo, pois eles, progressivamente, formam a base para muitos esclarecimentos ulteriores que se tornarão muito úteis em toda a existência terrena dos seres humanos.

Esse círculo de sedimento enteal encontra-se *abaixo* dos germes espirituais, portanto abaixo do círculo do sedimento espiritual e constitui o remate de tudo quanto é móvel, pois também o círculo do sedimento espiritual, como o último do espiritual, e o círculo do sedimento enteal, como o último do enteal, possuem movimento próprio, mesmo que inicialmente ainda inconsciente, e, com isso, também calor. *É importante saber isso.*

Seguem-se depois as diversas materialidades. São assim chamadas, porque podem servir apenas como invólucros e não possuem calor próprio nem movimento. Têm de ser aquecidas primeiro, antes de transmitir calor, e tornam-se novamente frias e imóveis, se lhes for retirado o doador de calor. Esta é uma particularidade que *só* as materialidades apresentam.

As expressões matéria e materialidade não foram, acaso, denominadas assim, com base nas matérias[*] com que o ser humano terreno se envolve, mas sim acontece o contrário: o ser humano terreno captou essa denominação e de acordo com o sentido certo transferiu-a para os produtos terrenos com os quais se envolve.

O círculo do enteal, porém, não constitui apenas o *remate* do que é móvel e que contém calor próprio, mas sim, uma vez que nele ainda existe calor e movimento, ele penetra mais para dentro da materialidade, que com isso se torna aquecida e impulsionada da inércia para o movimento circular, que a faz aquecer-se e incandescer-se cada vez mais, devido ao atrito condicionado pela densidade de sua espécie.

No movimento assim forçado, ela se *forma* e deixa traspassar mui facilmente as irradiações do enteal impulsionador, que com essa atividade aumenta o aquecimento, para difundir sempre mais calor e, consequentemente, movimento para o formar. —

Após esta grande imagem, entremos nos pormenores. Com isso, voltamos ao círculo do enteal, que serve de ponte para as camadas de todas as materialidades sem calor e, portanto, sem movimento.

---

[*] Nota de tradução – A palavra alemã "Stoff" significa "matéria" e também "tecido (pano)".

55. O círculo do enteal

Nesse círculo do enteal concentram-se, segundo a lei, as espécies iguais singulares de todos os germes enteais, formando assim grupos que também podem ser denominados centrais ou aglomerações.

Assim, por exemplo, encontram-se separados entre si os grupos *daqueles* germes que, ao penetrarem nas materialidades, coparticipam, através de seu desenvolvimento e de seu despertar, na formação e conservação do fogo, da água, do ar, da terra, e depois das pedras, plantas e também animais.

Já vos falei do processo de *penetração* dos germes enteais e quero apenas chamar especialmente a atenção *para o fato* de que todos esses acontecimentos são conduzidos cuidadosamente por auxiliares enteais, que agem *servindo* como corrente no fluxo descendente das ondas luminosas do Supremo Templo, as quais novamente os ajudam a subir.

Tudo isso já vos é conhecido; podeis reunir facilmente o saber básico disso através de minha Mensagem, mas tendes de proceder aí como crianças que se esforçam em juntar *direito* as peças de um jogo de armar, até que se forme um bem determinado quadro.

Assim deveis utilizar o saber da Mensagem, pois esta contém as pedras básicas para *todo* o saber; dá esclarecimento a respeito de *todos* os acontecimentos na Criação inteira!

Se quiserdes ter clareza sobre qualquer coisa na Criação, nos efeitos das leis primordiais da Criação, que contêm a vontade de Deus, precisareis apenas pegar entre todas as pedras preciosas, que se encontram na Mensagem como um tesouro para vós que quer ser descoberto, qualquer das muitas pedrinhas isoladas que contenham algo da questão que vos preocupa.

A essa primeira pecinha isolada procurai, como nos jogos de armar ou de montar, *juntar coisas da Mensagem* que se encaixem e por fim obtereis um quadro grande, totalmente individualizado e acabado, e que vos dá resposta exata, em forma de imagem, daquele tecer da Criação que quereis saber.

Se observardes este meu conselho, conseguireis sempre obter esclarecimentos de tudo, numa forma que se tornará compreensível *em qualquer caso,* e que nunca vos deixará errar.

Colocai as pedras isoladas *de tal maneira* que combinem *exatamente com a primeira pedra* que pegastes do tesouro para a vossa pergunta. É totalmente indiferente se tal pedra signifique o centro ou se tenha de ficar somente na beirada. As demais, atinentes a ela, só se deixarão encaixar ou inserir *de tal maneira* que finalmente resulte exatamente o quadro de que necessitais para resposta e esclarecimento de vossa pergunta.

As pedras nunca se deixam colocar de modo diferente, e vereis imediatamente quando tiverdes colocado qualquer peça num lugar errado. Tal peça não combinará de modo algum com o conjunto e vos obrigará, por isso, a situá-la onde pertence ou a eliminá-la por completo, caso não combine.

Pensai sempre somente num jogo de armar, que, com a colocação lógica das peças individuais, dadas para isso em formas determinadas, produz quadros completos ou montagens.

Assim vos dei a minha Mensagem, que contém *tudo,* mas que vos obriga a *colaborar pessoalmente nisso!* Ela não se deixa assimilar indolentemente como acabada, mas sim, para cada uma de vossas perguntas, vós mesmos tendes de compor e alcançar o quadro completo, esforçando-vos nisso.

Esta é a particularidade *da Palavra viva,* que vos orienta e educa, e que força o vosso espírito ao movimento!

Se quiserdes compor um quadro errado ou superficial, logo ficareis retidos e vereis que não se evidencia nenhuma harmonia nele, por haverdes colocado talvez uma pedrinha em lugar errado ou de uma maneira que não combine com *aquele* quadro ou montagem que pretendeis. Por isso, não podeis terminá-lo e tendes que tentar sempre de novo, até ficar firme e bem ordenado diante de vós.

Cada pedra pode ser aproveitada para *muitos* quadros e não apenas para um, porém vós mesmos sereis forçados, devido à sua particularidade, a colocá-la diferentemente em cada quadro, sempre de maneira a encaixar-se exatamente com as outras pedras.

Se o quadro resultar num todo por si, então podeis confiar que o vosso trabalho foi acertado na procura!

Jamais vos faltará uma pedra, nem a menor peça, pois a Mensagem contém *tudo* de que necessitais! Bastará que

55. O círculo do enteal

experimenteis, até vos familiarizardes com esse trabalho, então vós próprios estareis firmes na Criação inteira!

Dou-vos com as palavras da minha Mensagem as caixas de montagem completas, com as mais bem lapidadas pedras preciosas, para que vós mesmos possais montar. Elas foram previamente moldadas para tudo quanto precisardes. Mas unicamente vós é que deveis executar a montagem, pois assim é desejado!

Assim, sabeis agora como tendes de agir, e posso prosseguir nos meus esclarecimentos sobre o círculo do enteal e seus efeitos nas matérias, para as quais ele, que propriamente é o remate de tudo quanto é móvel, constitui ao mesmo tempo uma ponte através de sua atuação.

Nesse círculo, entre outras espécies, aglomerou-se também uma espécie *daquele* sedimento enteal, do qual se forma a alma do animal em suas múltiplas ramificações.

Justamente esta parte necessita de um curso de aprendizado todo especial, que tem de ser ligado à *observação,* a fim de despertar uma clareza completa nos seres humanos terrenos, mas quero pelo menos dar a tal respeito algumas indicações.

A alma de cada animal *forma-se,* ela primeiro se compõe, conforme está expresso no termo "formar".

A fim de diferençar e dar uma possibilidade mais fácil de compreensão, reporto-me mais uma vez ao espírito humano. O espírito do ser humano terreno já traz tudo em si no germe espiritual e precisa apenas desenvolver-se para a conscientização.

A alma dos animais de matéria grosseira, porém, primeiro se compõe, ela se *forma,* para só então, pouco a pouco, fortalecer-se no desenvolvimento. É no fortalecimento que ela consegue formar-se de maneira cada vez mais firme e perdurável.

A alma dos animais pertencentes à materialidade grosseira só pouco a pouco é que pode adquirir uma forma estável. Após desprender-se do corpo material, a alma animal perde novamente, na maioria dos casos, mais cedo ou mais tarde, a sua forma, sendo absorvida pela aglomeração de espécie igual, por ser da mesma espécie e ainda não possuir forma estável, embora traga um calor *maior.* Daí a expressão "almas grupais".

55. O círculo do enteal

Apenas uma coisa pode conservar a forma da alma do animal, a mais forte que existe: *o amor!* Se um animal tem amor por um ser humano, então é elevado com isso, e através dessa união voluntária com o espírito recebe um suprimento de forças, que também conserva mais firme sua alma. Sobre isso, contudo, só falarei mais tarde. Não existem animais apenas provenientes do círculo de remate do enteal; existem também aqueles em planos mais altos, sim, até nos mais elevados.

Nos planos supremos encontram-se, por sua vez, animais *sapientes,* os quais em seu servir são completamente puros.

Também pode acontecer que animais de planos mais altos venham a encarnar-se na Terra para finalidades bem específicas. Contudo, não vamos tratar disso agora, mas sim permaneçamos junto dos animais conhecidos na Terra, cujas almas se formam no círculo enteal em redor das materialidades.

A tal respeito, quero dar ainda apenas *uma* indicação, referente ao vosso ambiente terreno mais próximo e visível, isto é, de matéria grosseira.

Todas as formas *presas a lugares fixos* na Terra *não* possuem *alma própria,* a qual teria de ficar demasiadamente dependente daquilo que se lhe aproxima, e dessa forma estaria exposta a qualquer arbitrariedade na matéria grosseira.

Tal desequilíbrio é inteiramente impossível na sábia organização do Criador em Sua obra.

Por isso, tais formas não têm almas próprias, e sim servem apenas como moradas de seres que são totalmente independentes das formas, e apenas as protegem e tratam.

A essas formas pertencem as plantas e as pedras! Dessa maneira vos advirá novamente uma revelação, que vos pode ser útil, e com a qual reconhecereis nitidamente concepções erradas.

Apenas os seres *independentes de lugar,* portanto como os animais, que podem mover-se livremente de seus lugares, têm em si um núcleo *próprio, móvel,* que os conduz.

Nos animais esse núcleo é a alma enteal; nos seres humanos é o espírito! Plantas e pedras, porém, servem apenas como moradas para enteais independentes e diferentes que, por conseguinte, não podem ser denominados almas das respectivas formas.

OS PLANOS ESPÍRITO-PRIMORDIAIS
I

PARA todos os que já assimilaram direito a minha Mensagem, *somente* para esses, vou agora novamente ampliar um pouco mais a imagem da Criação, para aumentar-lhes o saber sobre ela.

Sereis assim iniciados em conhecimentos mais elevados, que até agora não tinham sido dados aos seres humanos, porque não os teriam compreendido, em virtude de ainda estarem espiritualmente muito imaturos para poder assimilá-los. E *por si mesmo* um ser humano nunca poderia chegar a tais conhecimentos. Isso será dado como graça da Luz! Até agora já falei diversas vezes dos primordialmente criados, que atuam na Criação primordial, no reino espírito-primordial.

Ao invés de espírito-primordial, poderia eu, com o mesmo direito, utilizar também a expressão elevado espiritual e pleno espiritual; da mesma forma poderia denominá-lo *supremo* espiritual. Tudo isso estaria certo.

Mas preferi a palavra espírito-primordial. Trata-se do *mais forte* do espiritual, que se acha capacitado, sob a máxima pressão da Luz que o espiritual, como sendo espiritual, em geral pode suportar, a tornar-se plenamente consciente e, assim se mantendo, também atuar.

No tornar-se autoconsciente, já surge simultaneamente também a forma, sem haver primeiro um vagaroso processo de desenvolvimento, como se torna necessário nos círculos de movimentação mais baixos, mais esfriados e, por conseguinte, mais densos e também mais lentos desta Criação.

Depois que o mais forte do espiritual, formando-se imediatamente, pôde separar-se, permanecendo na contiguidade mais próxima do plano divino, retido pela forte atração deste, na pressão da Luz, o restante foi impelido adiante por essa pressão, porque não estava capacitado a resistir, e teve de ceder à pressão demasiado forte, depois que o mais forte dele havia tomado forma.

A espécie espiritual impelida adiante, e que permaneceu sem forma, conseguiu, com a maior distância da Luz, esfriar-se ainda mais, surgindo assim outra vez um novo mundo, pois, com esse esfriamento, a parte que *dessa vez* se apresentava como a mais forte, no restante do espiritual, podia, ao tomar forma, separar-se novamente, a fim de atuar conscientemente nesse plano mais esfriado.

O segundo, porém, da mesma maneira que o primeiro superior, contém em si ainda muitas gradações, as quais se constituíram segundo a *velocidade* da capacidade de conscientização com que se formaram.

As diferenças foram condicionadas, por sua vez, pela heterogeneidade também existente na *igual espécie,* segundo a capacidade de força, *maior* ou *menor,* de suportar a proximidade da pressão da Luz.

Também aí existem, portanto, finas diferenciações. Cada plano de uma determinada igual espécie tem por isso, dentro de seus limites, ainda inúmeros círculos, que se encontram bem próximos do ponto mais elevado desse plano ou que só podem atuar mais afastados.

Isso ocasiona frequentemente transições quase imperceptíveis, que dessa maneira se estendem sem interrupção através de toda a Criação e proporcionam ligações maravilhosas, sem lacunas, para a passagem da força da Luz, ou degraus, conforme também podemos chamá-los, os quais, porém, apesar de sua delicadeza, nunca podem ser transpostos para cima, se não for atingida para isso a correspondente força de constituição na igual espécie!

Contudo, os espíritos humanos desenvolvidos, aos quais pertencem os seres humanos terrenos, não têm sua origem, nem no primeiro plano de concentração espiritual acima referido, nem no segundo, e sim promanam do *último sedimento* do espiritual, que não contém tanta força em si para poder formar-se, com a tomada de consciência, no segundo plano do espiritual.

56. Os planos espírito-primordiais I   449

Ele também não pôde manter-se lá, porque não pôde mais resistir à pressão da Luz também nesse lugar já distante, depois que se desprendeu e se formou *aquela* parte que estava apta para isso nesse segundo plano. Assim, a parte restante, como último sedimento, teve de seguir mais além ainda, para uma possibilidade mais baixa de esfriamento.

Mas também aqui não lhe foi possível, como parte mais fraca e como último sedimento do espiritual, chegar *por si mesmo* à conscientização, sem receber um impulso externo. Por essa razão, restaram somente *germes* de espírito humano, capazes de desenvolvimento e, devido à sua espécie espiritual, também preenchidos com o impulso para isso, porém não suficientemente fortes para acordarem *por si mesmos* e assim se formarem com a tomada de consciência.

Somente *lá,* portanto, é a *origem* do espírito humano terreno, como tal, na grande Criação; lá se formou e lá se encontra também o Paraíso dos espíritos humanos que se desenvolvem para a perfeição, portanto o plano de sua verdadeira origem e ao mesmo tempo de seu regresso com a perfeição!

Visto de cima para baixo, ele se encontra numa profundidade imensurável, mas visto da Terra para cima fica, apesar disso, ainda em altura indizível, pois os planos da materialidade se estendem para muito longe, constituindo as planícies de desenvolvimento e os campos de atuação dos espíritos humanos.

A incapacidade de poder acordar por si, até mesmo nesse local extremo e mais distante da Luz, que é o último ponto de apoio do espiritual, obriga esses germes espirituais, obedecendo ao impulso interior de desenvolvimento, a seguir mais além, numa peregrinação através das matérias finas e grosseiras, mais e mais afastadas, a fim de se desenvolverem lentamente para a conscientização espiritual, já que os atritos e impactos provocados pela densidade e pelo peso delas contribuem para o despertar e o fortalecimento, e obrigam a isso.

Essa é a imagem aproximada da evolução de vosso espírito humano.

Unicamente para as pessoas consideradas sérias e suplicantes, dou a ampliação da visão da maravilhosa Criação que, como obra de Deus, em límpida grandeza, vos rodeia com a atuação das leis mais perfeitas e, por conseguinte, inabaláveis e automáticas.

Além disso, terão de vir também, mais tarde, as descrições separadas sobre a origem e formação de tudo aquilo que se encontra em *cada* reino da Criação, correspondendo à espécie, como as plantas, os animais, solos, rochas, mares, ar, fogo, etc., que temos de considerar aqui na Terra apenas como cópias grosseiras, da mesma forma que os próprios seres humanos terrenos.

Trata-se de um campo imenso, e, contudo, não deve ficar nenhuma lacuna, mas tudo só a seu tempo. Agora dou primeiro apenas aquilo que está ligado com o ser humano terreno em linha bem reta.

É bastante desagradável saber de que maneira indigna a humanidade terrena desde milênios se esforça em reduzir e subjugar dentro de si, de modo destruidor, o mais precioso que ela possui, sim, aquilo que a torna realmente um ser humano, o *espírito*, de tal forma que o ser humano terreno chega até mesmo a envergonhar-se, às vezes, de falar sobre algo *espiritual,* de admitir uma vivência espiritual; no entanto, torna-se doloroso vivenciar sempre de novo que os seres humanos, em sua inacreditável e ridícula estupidez, ainda consideram como *sagacidade* e até como erudição a deliberada e tão forçada estreiteza.

Apenas *um* consolo há nisso: o saber da *transformação* dessas coisas, que já está tão iminente, como ninguém pressente e nem iria acreditar, e o conhecimento do fato que uma parte desses mesmos seres humanos ficará então envergonhada ao olhar retrospectivamente para o tempo do desencaminhamento ultrajante, que tanto os afastou da verdadeira condição humana e da dignidade humana, enquanto a outra parte então nem entra mais em conta, pois não existirá mais.

Apenas baseado *nessa* perspectiva, prossigo ainda em meus esclarecimentos. —

Quero levantar ainda mais o véu para o espírito humano, depois de haver dado uma imagem bem resumida do caminho da Luz até ele, e que ela, por ocasião de cada auxílio, teve de percorrer, com diversas ancoragens, para finalmente ser recompensada

56. Os planos espírito-primordiais I

por esses homúnculos terrenos, com sua injuriosa presunção, como até agora sempre aconteceu.

Já muitas vezes desceram até vós informações dos planos; no entanto, assimilastes delas apenas míseras partículas, moldando--as à vossa maneira humana, de modo que as reproduções são encontradas meramente como fragmentos muito desfigurados em lendas e poemas. Confusos e impossíveis de interpretar de acordo com a lei da Criação, misturados com diversos acontecimentos puramente terrenos... resultando disso uma mistura que vos parece sublime, mas que perante a Verdade se mostra ridícula e só pode ser desculpada pela vossa ignorância.

Anteriormente à minha Mensagem, os seres humanos ouviram falar, uma vez ou outra, da existência de tais planos, porém não conseguiram distingui-los e por isso originaram-se as mais absurdas imagens, na costumeira presunção humana de sua pretensa inteligência.

É compreensível que pessoas sérias, meneando a cabeça, se mantivessem adequadamente afastadas disso, enquanto que entre entusiastas e fantasistas surgiam as mais desastrosas aberrações, sem levar em conta que, predominantemente, as muitas pequenas criaturas megalomaníacas procuraram sobressair nisso sem esforço, a fim de, ao menos *uma vez,* poderem satisfazer sua propensão doentia, sempre aderida a elas, de pretendida notoriedade!

Um repugnante pântano de matéria fina foi tudo quanto daí sobreveio, e que se tornou muito perigoso aos espíritos humanos, porque impediu o recebimento da Verdade ininfluenciadamente e, dessa forma, o reconhecimento do *verdadeiro* caminho para a ascensão!

Apesar de tudo, porém, trata-se por fim *realmente* do *próprio livre*-arbítrio e da consequência da indolência do espírito que cada um criou, impedindo assim o reconhecimento.

Quem se esforça *um pouco* que seja, muito em breve *terá* de reconhecer, claramente, pela intuição, que existe verdade nos poemas.

Tomemos, pois, a lenda a respeito de Parsival! Partindo *desta pequena Terra,* em pensamento, procura o ser humano pesquisar e encontrar algo a respeito de Parsival, para descobrir a origem, o surgimento dessa lenda.

Certamente os poetas da Terra imaginaram pessoas terrenas, que lhes deram um impulso externo para a *forma* do poema; contudo, em seu trabalho de aprofundamento espiritual, colheram inconscientemente algo de fontes que eles próprios não conheciam.

No entanto, como procuraram por fim melhorá-lo com o raciocínio, para assim torná-lo *terrenamente* belo e facilmente compreensível, o pouco que eles puderam receber dos planos desconhecidos foi também comprimido, diminuído e deformado na matéria grosseira.

Não vale a pena entrar nisso de modo especial, mais pormenorizadamente. Dou apenas o *fato,* e cada pessoa pode tomar para si o que o seu espírito consegue.

Contudo, faz-se necessário, de antemão, indicar ainda alguma coisa, que, para muitos, terá de esclarecer alguns erros, e, para aqueles que puderem ser iniciados em conhecimentos mais elevados, facilitará muita coisa, já que devido a isso conseguem, logo de início, sair de todo o errado que se aninhou na Terra.

Existe, na realidade, um Templo, onde se encontrava Amfortas, sendo considerado lá, por algum tempo, o guardião superior. Nesse Templo encontra-se um cálice, denominado "Graal", que é fielmente guardado por cavaleiros. Lá, outrora, Amfortas falhou realmente e um grande auxiliador foi prometido.

Mas isso não ocorreu aqui na Terra, nem no Supremo Templo da Luz, na Criação primordial.

O Templo, do qual se fala *aí,* encontra-se também ainda hoje no ponto mais elevado de um plano, no qual *criados* têm seu campo de atuação com relação aos desenvolvidos. Estes possuem, na mais pura vontade e adoração a Deus, apenas uma *cópia* do Supremo Templo da Luz, o qual, do lugar mais elevado da Criação primordial, irradia para baixo e, como verdadeiro Supremo Templo do Santo Graal, forma também o portal de partida da esfera das irradiações divinas.

Nessa *cópia* situada mais embaixo atuou outrora Amfortas, e decaiu quando se rendeu à má influência de Lúcifer. Seu erro foi,

56. Os planos espírito-primordiais I

ao seguir essa influência por curto tempo, ter procurado entregar--se à usufruição cômoda da vida faustosa de cavaleiros.

Com isso saiu do ritmo do necessário movimento de seu plano, que a lei primordial da Criação automaticamente obriga que seja observado por aquele que deseja permanecer na mesma altitude. Caiu na estagnação por curto tempo e provocou com isso, de modo estorvante, uma lacuna para o perfluir da força da Luz.

Assim, sua queda foi inevitável, arrastando-o para baixo. A lacuna era a ferida que ele apresentava. Em face da súplica dos fiéis cavaleiros, foi anunciada a vinda de um auxiliador puro, que pudesse deter a perdição.

E Parsival cumpriu a promessa, peregrinando através de todas as partes da Criação, assim como cumpre todas as promessas que desde sempre foram feitas às criaturas da Criação inteira.

Contudo, esse cumprimento foi totalmente diferente daquele que é transmitido no poema.

A descrição da Criação traz também aqui completo esclarecimento e exclui tudo quanto até agora foi errado.

São, portanto, apenas partes de uma notícia proveniente da *cópia* mais baixa do *Supremo Templo da Luz,* que puderam chegar aos espíritos abertos desses poetas terrenos e que foram recebidas por eles durante seu trabalho, mas que não vieram do próprio Supremo Templo luminoso do Graal, pois lá era impossível anunciar Parsival, visto que Parsival era e é o *primeiro* em toda a Criação, e só por meio dele a Criação toda pôde originar--se. Ele é uma parte do espírito de Deus, Imanuel, ancorada no espírito-primordial, para criar o espírito-primordial.

Da irradiação de sua Luz originaram-se primeiro os primordialmente criados, e com eles também o Templo e tudo o que se formou. Não podia, por conseguinte, ser prometido a ninguém, pois ele próprio foi o primeiro, e tudo o mais só pôde surgir *depois* dele. Exceto ele, ninguém jamais foi Rei do Santo Graal!

Por esse motivo, também de modo bem evidente, aquele Templo de que os poetas falam tinha de situar-se *mais embaixo* do que o verdadeiro Supremo Templo do Graal, pois Parsival só mais tarde percorreu o mundo, a fim de livrá-lo da má influência de Lúcifer, algemando-o para a época do reino de Deus de Mil Anos na matéria.

Assim, em sua peregrinação por todas as partes da Criação, ele chegou também àquele Templo, que no poema é erradamente descrito. Ele entrou lá *como Rei do Santo Graal,* que é desde o começo e será por toda a eternidade, porque ele próprio promana da Luz. Também não permaneceu lá, e sim colocou em lugar de Amfortas um novo guardião supremo do cálice, que veneram como *cópia* do Santo Graal.

No sagrado Supremo Templo da Luz, que circunda o verdadeiro Graal, é inteiramente impossível a falha de um de seus guardiões, visto que Parsival lá se encontra presente; nele está ancorada uma parte inenteal da própria Luz que, partindo de Imanuel, foi conduzida para baixo, através da Rainha Primordial Elisabeth, por ocasião da sentença de Deus: Faça-se a Luz!

OS PLANOS ESPÍRITO-PRIMORDIAIS
II

Parsival! Quão conhecida é esta palavra, como tal, entre os seres humanos terrenos, dos quais, no entanto, ninguém possui a menor ideia quanto à sua realidade.

Um poema, uma lenda! Com isso acertam, caso se refiram *àquilo* que hoje sabem a respeito dessa palavra, pois na realidade outra coisa não é senão uma lenda, que se tornou poema, e que ainda se conservou como fragmento de um saber anterior.

Conforme eu já disse a tal respeito, trata-se sempre apenas de pequenos fragmentos vindos de planos espirituais até a matéria grosseira desta Terra, há longos, longos tempos.

Os poetas das *hoje* conhecidas lendas do Graal não são, de maneira nenhuma, os primeiros que se ocuparam com isso e que, no aprofundamento de seus trabalhos, mais uma vez puderam pressentir alguns vislumbres de Luz.

Longe, bem longe está o tempo em que as *primeiras* indicações sobre o Supremo Templo da Luz e seus habitantes desceram dos planos espirituais até a Terra e com elas a notícia do Santo Graal.

Com respeitoso assombro e infantil confiança, foi recebida outrora pelos habitantes da Terra, que ainda atuavam em comum com os enteais, sem perturbação, e que de bom grado se deixavam aconselhar por estes. Sem saber, os seres humanos também ajudavam por sua vez os enteais com as irradiações de suas centelhas espirituais, e assim cada vez mais desabrochava a Criação na matéria grosseira, em conjunto com as centelhas espirituais, as quais prometiam florescer maravilhosamente.

Outrora, muito antes das grandes transformações da Terra, hoje conhecidas, antes ainda de os seres humanos fazerem do raciocínio o seu ídolo e chegarem assim à renegação da Luz e à queda, havia uma ligação estabelecida com o Supremo Templo luminoso, pois as irradiações podiam fluir livremente até a Terra e nessas irradiações seres humanos terrenos podiam pressentir Parsival.

Mas depois, partindo dos seres humanos, estabeleceu-se o domínio do ídolo raciocínio, e com isso foi cortada a ligação com o Supremo Templo da Luz, o que acarretou como consequência automática a ignorância a respeito disso, a impossibilidade de pressentir espiritualmente através da intuição.

Por fim secou também a capacidade de recepção com relação aos *enteais,* e toda a vivência natural no saber a respeito dos auxiliares enteais caiu no reino das fábulas, de modo que o desenvolvimento, que até então se realizava em linha reta para cima, inesperadamente foi rompido.

Se os seres humanos tivessem permanecido *assim* como eram no tempo por mim aludido, em que a primeira notícia sobre o Supremo Templo luminoso e sobre Parsival já tinha vindo à Terra, seriam hoje de fato, em contínua ascensão, senhores de toda a matéria grosseira, no melhor sentido construtivo. Também nenhum ser humano teria de ser aniquilado pelas transformações que tiveram de ocorrer de tempos em tempos com o desenvolvimento amadurecedor.

As grandes *catástrofes* sempre foram uma necessidade do desenvolvimento, mas não o extermínio de tantos povos, que até agora quase sempre ficou ligado a elas.

Se os seres humanos não tivessem, leviana e criminosamente, abandonado a ligação com os auxiliares enteais e as alturas luminosas, seriam sempre avisados a tempo, antes de cada calamidade, e guiados para longe das regiões em perigo, a fim de escapar ao extermínio! Pois assim também acontecia outrora, quando os seres humanos se deixavam guiar obedientemente pelos auxiliares que o Criador lhes outorgou do mundo enteal e espiritual; mundos com os quais procuravam, alegremente agradecidos, manter ligação.

Mais tarde, porém, privaram-se desses inestimáveis auxílios, devido à presunçosa e pretensa inteligência do raciocínio, e

57. Os planos espírito-primordiais II

forçaram com isso, várias vezes, seu doloroso extermínio, como também agora o forçam novamente, visto não quererem mais ouvir os últimos chamados provenientes da Luz, julgando saber tudo ainda melhor, como tantas vezes!

A calamidade, o desespero e o extermínio são sempre o efeito recíproco, consentâneo com as leis da Criação, de uma atuação errada, não sendo isso enfim tão difícil de compreender, bastando que se *queira!* Reside aí uma evidência tão simples e clara, que mais tarde mal podereis compreender como foi possível não perceber semelhante coisa e não atentar nisso rigorosamente, a fim de não somente poupar-se de todos os sofrimentos, como até transformá-los em alegrias.

Vós próprios vedes hoje bem nitidamente que nenhum ser humano pode realmente opor-se a isso. Nenhum povo e nem mesmo a vontade unida de toda a humanidade conseguiria semelhante coisa, pois tudo na Criação permanece somente criatura dependente perante a vontade de Deus! *Jamais* será diferente.

Assim, tratou-se sempre somente da atuação errada de submissão ao raciocínio atado e enleador, a cujas consequências naturais já tantas pessoas isoladamente e povos inteiros tiveram de sucumbir, porque se mantiveram fechados a toda e qualquer possibilidade de uma salvação através de condução superior.

Podeis reconhecer nisso, facilmente, a grande simplicidade da atuação das leis divinas, e ver também o que os seres humanos perderam.

Dei-vos hoje com isso, de passagem, uma visão daquele grande atuar da Criação, o que já fez o ser humano quebrar tanto a cabeça, para que vós, através da Mensagem, possais ver que toda infelicidade, toda angústia e todo sofrimento o ser humano tem de atribuir somente a si mesmo, e muita coisa poderia ter evitado, se não tivesse enveredado teimosamente por caminhos errados.

Através da Mensagem, podeis reconhecer claramente e *fundamentar cada* fenômeno que ocorre na Criação. Sabeis os efeitos imutáveis das leis da Criação, que vos descrevi, conheceis sua simplicidade e sua grandeza, facilmente distinguíveis.

Cada vez mais constatareis que eu, com a Mensagem, vos dei a chave para o correto esclarecimento de *cada* processo e, por conseguinte, de toda a Criação! Deixai vosso zelo e vossa incansável vigilância descobrir isso com o tempo, e então tereis o caminho para a vida eterna, precisando apenas seguir por ele, para alcançá-la. — Os seres humanos já tinham recebido, portanto, em tempos remotos a primeira e certa notícia sobre Parsival. O saber disso propagou-se entre eles de boca em boca, de pai para filho.

Contudo, no retrocesso da pureza da ligação com o atuar da Criação, obscureceu-se também pouco a pouco a transmissão do saber original; foi alterado imperceptivelmente pelo raciocínio crescente e por fim mutilado, restando somente como lenda, que não tinha mais nenhuma semelhança com o saber de outrora.

Seres humanos que se esforçavam por ideais nobres ocupavam-se sempre de novo com esses fragmentos de lendas e procuravam, aqui na Terra, criar algo de *matéria grosseira* daquilo, porque julgavam que a origem dessas tradições tinha de ser encontrada num modelo *terreno* de épocas remotas.

Isso eles queriam renovar e tentaram fazê-lo frequentemente em grandes intervalos de tempo. Dessa forma, decorre que também hoje novamente alguns pesquisadores julgam encontrar uma *origem* numa das pesquisas terrenas de séculos passados, sem, contudo, acertarem.

O ser humano *não* se livra da confusão, por mais que se esforce, pois lhe falta a conexão com a realidade, que quero dar-lhe novamente, a fim de extirpar tudo o que está errado.

Parsival! Impossível separá-lo de Imanuel, pois Imanuel está nele e atua através de Parsival. Pode-se dizer também que Parsival é um dos invólucros de Imanuel formado pela Rainha Primordial Elisabeth, através do qual Imanuel atua no ápice da Criação, que só pôde surgir através dele e que do contrário não existiria, nem poderia existir, pois Imanuel em Parsival é a origem e o ponto de partida da Criação.

Ele é a vontade criadora de Deus, e Deus está com ele e nele. Que algo tão grandioso pudesse ser rebaixado até *aquela* figura, que a humanidade terrena imagina hoje como Parsival,

57. Os planos espírito-primordiais II

só é possível junto a essa humanidade terrena, que comprime tudo no pó através de seu raciocínio, pois ele próprio nasceu do pó.

Tudo o que essa humanidade, com seu raciocínio, procura compreender, comprime dessa forma também, em processo natural, no pó, rebaixando-o, portanto, ao domínio da capacidade de compreensão *terrena*. Com isso, tudo fica também colocado no estreito limite da matéria grosseira; o sublime é envolvido na densidade e no pesadume de uma lenta movimentação, na região de extremo esfriamento, não podendo ter, bem evidentemente, nenhuma semelhança com a realidade daquilo que foi tão rebaixado, realidade essa totalmente diferente e que se processa em *tais alturas*, que o *espírito* humano não é capaz de compreender e muito menos o raciocínio preso à Terra.

Com a expressão "arrastar no pó" não se quer dizer aqui comprimir na imundície, mas sim, exclusivamente, uma *terrenalização!*

A expressão pó e nascido do pó deve ser tomada como conceito de matéria grosseira, o que para tantas pessoas talvez se torne ainda mais compreensível, por ser muito empregada na voz do povo. —

Portanto, *este* é Parsival! O *primeiro* na Criação! Traz em si um núcleo inenteal de Deus, está ligado com Imanuel e assim também permanecerá por toda a eternidade, pois Imanuel atua através dele e desse modo rege as Criações. Devido a isso, Parsival é o Rei dos Reis, o Filho da Luz, também denominado Príncipe da Luz!

Agora, colocai ao seu lado a figura apresentada pelos poemas! Que caricatura impossível vedes diante de vós! Mas pode-se compreender como tudo isso surgiu, caso se pudesse ter uma visão do todo e separá-lo em *três grandes divisões*.

Deixai, porém, que cada uma das três divisões se torne imagem viva, cada uma por si, diante de vosso espírito. Somente assim podereis ter uma visão geral do *todo* e compreender aquilo que procuro tornar claro para vós dessa forma.

A *primeira, fundamental* para a compreensão, é:

Imaginar Parsival como Filho da Luz, que chega à Criação vindo *de cima*, e não, acaso, que é elevado de baixo para cima;

imaginá-lo como o começo e o fim da Criação, o alfa e o ômega de todo o tecer fora do divino, e assim o Rei do Santo Graal, o Rei da Criação!

A *segunda:*
A grande obra de purificação de Parsival, que o conduz pessoalmente através dos Universos, seu reconhecimento de todos os males, condicionado irrestritamente através do próprio vivenciar, e que tinha de finalizar com a algemação de Lúcifer, para proteção das Criações e de todas as criaturas que restarem depois da purificação.

A *terceira:*
A queda e o grande falhar dos desenvolvidos, isto é, dos espíritos humanos na matéria, o que torna necessária a destruição de sua vontade própria errada e imediata instituição da vontade de Deus na estruturação do reino de Mil Anos, até se dar o enquadramento espontâneo da vontade de toda a humanidade na vontade de Deus e assim ser assegurado, integralmente, o imperturbável desenvolvimento progressivo das Criações, no vibrar traspassado de Luz dos círculos de movimento. —

Quem compreender direito as três divisões *isoladamente* e pelo menos for capaz de formar isso claramente como uma imagem, esse pode entender muito bem como os poemas errados de hoje se foram originando pouco a pouco. Notícias parciais dos três acontecimentos desceram até a Terra num ou noutro lugar, prenunciando muita coisa a tal respeito.

Na incompreensão, tudo foi comprimido pelos seres humanos nos conceitos grosseiros da mais densa matéria, transposto para a Terra e assim transformado numa mistura, de onde saíram os últimos poemas.

Tendes de seguir exatamente as minhas palavras, também tendes de *cumpri-las* e fazer imagens vivas das três divisões, como acontecimentos colossais isolados, dos quais apenas notícias parciais puderam chegar à Terra, através dos canais abertos para isso, os quais estão demasiadamente entupidos, deixando passar, de mais a mais, apenas coisas turvas, aquilo que já está misturado com os pensamentos próprios dos seres humanos, os quais se depositaram nesses canais como lodo.

57. Os planos espírito-primordiais II

Já desde milênios, nada mais pode chegar até a Terra de maneira clara e pura.

Refiro-me agora, em tudo, somente a *processos dentro da Criação,* que resultaram forçosamente do desenvolvimento da vontade errada de criaturas que falharam, e prossigo em meus esclarecimentos por enquanto *só nesse* caminho! Tudo o mais deixo ainda de lado. Aqui, portanto, não está incluída a pretendida obra de salvação do Filho de Deus, Jesus, com relação aos seres humanos terrenos, pois isso foi uma obra de amor à parte.

Tendes de seguir-me rigorosamente, do contrário não podereis compreender. Talvez seja muito bom se, por essa razão, eu também vos esclarecer como é o processo, quando falo para vós:

Eu vejo o acontecimento *inteiro* diante de mim, pois o abranjo com a vista em sua atuação completa, até as mais finas ramificações. Vejo tudo *simultaneamente com o saber.*

Procuro agora, com aquilo que quero esclarecer, abrir uma estrada reta, na qual possais compreender as coisas principais de *tal maneira* que recebais uma imagem fundamental *daquilo* que deveis assimilar na dissertação. Contudo, tenho de comprimir primeiro tudo isso em formas *tão* estreitas, que se coadunem com a capacidade de compreensão do espírito humano desenvolvido. Conseguindo isso, ainda tenho de procurar as palavras adequadas e as formas de expressão, que façam surgir em vós *aquela* imagem que quero dar.

Tudo isso, porém, não acontece em *sequência,* e sim *simultaneamente* em mim, e então vos apresento, numa forma acessível, os acontecimentos que para vós são inconcebíveis e ilimitados, nos quais o passado e o futuro se realizam no presente, processo cuja espécie o espírito humano nem é capaz de imaginar!

Gota por gota recebereis assim daquilo que para vós é inconcebível, porém de tal forma que essas gotas, juntas, resultem numa bebida aprazível e fortificante, que vos fortaleça no saber, ajudando-vos para cima, se é que queirais receber esse fortalecimento como alimento em vosso caminho.

Muita coisa frequentemente ainda tenho de deixar de lado, a fim de colocar bem mais tarde em outros lugares, porém sempre de tal maneira, que complete aquela imagem à qual realmente pertence, pois demasiadamente ramificado, demasiadamente vivo e móvel para o espírito humano terreno é todo o tecer da Criação *acima* dele, para que possa compreender algo, mesmo em imagens, a não ser que receba em descrições especiais, tornadas acessíveis para ele.

Dai a vós mesmos a décima parte *daquele* esforço que *eu* tenho de dar a mim mesmo, só para vos tornar isso acessível, e tereis alcançado dessa maneira *tudo* para *vós!*

Mais tarde, talvez ainda descreva como *é* no Supremo Templo da Luz, e a seguir ilumine os planos que puderam desenvolver-se mais afastados, até por fim descer ao lugar onde os germes dos espíritos humanos permanecem como último sedimento do espiritual, a fim de, em peregrinação através de todas as matérias, alcançarem o desenvolvimento, cujo impulso e anseio para a realização todos trazem em si.

Primeiro apresento imagens de como as *coisas são,* e mais tarde, talvez, como surgiram outrora, pois o fenômeno é grande demais. Primeiro deveis saber como *é,* pois precisais *disso,* já que tendes de contar sempre com o presente e com o futuro que daí resulta. Se vos mantiverdes firmes *nisso,* então poderemos seguir adiante no saber.

Por hoje aprendei a reconhecer as três divisões básicas que estão ligadas ao nome de *Parsival.*

OS PLANOS ESPÍRITO-PRIMORDIAIS
III

PRIMORDIALMENTE criados! A expressão vos é familiar, porém nada podeis imaginar a respeito, ou aquilo que imaginais nunca poderá corresponder ao fato em si.

Por isso, quero aproximar-vos da compreensão disso, a fim de que possais tornar-vos sabedores, até onde é possível a um ser humano.

Se eu quiser falar-vos a respeito do reino dos primordialmente criados, tenho de começar novamente por Parsival, *de quem se originou a Criação primordial.*

A respeito de Parsival já sabeis o principal. Sabeis de onde veio e o que ele é.

Ao núcleo de Luz inenteal da trindade divina se une o plano da imediata irradiação da força de Deus, inconcebível para tudo quanto é criado, a esfera do ambiente vivo da incontida irradiação da força de Deus, de eternidade a eternidade. Assim sempre foi.

E quando a *Criação* teve de surgir da vontade de Deus-Pai, tudo só pôde desenvolver-se dentro do necessário curso da ação ou dos acontecimentos, que hoje conseguis imaginar logicamente através da Mensagem.

A Criação teve de surgir através da *vontade criadora* de Deus-Pai! A vontade criadora de Deus-Pai é, como tal, Imanuel, sendo pessoal no criar, apesar de estar ou permanecer inteiramente no Pai e o Pai estar nele, no seu criar.

Creio que *assim* muita coisa se torna cada vez mais compreensível.

Da mesma forma que a *vontade* criadora, Imanuel, é *pessoal,* assim também o *amor,* na atuação, tornou-se *pessoal* em Jesus.

Ambos, como partes do Pai, são um só com Ele, e o Pai está neles. Desde a eternidade até toda a eternidade.

Jesus é o amor de Deus; Imanuel é a vontade de Deus! Por isso, a Criação vibra em seu nome. Tudo quanto nela acontece, tudo quanto nela se realiza está inscrito nesse nome, o qual mantém a Criação, do menor ao maior fenômeno! Nada existe que não se origine desse nome e que não tenha de cumprir-se nele.

Vós, seres humanos, não pressentis a grandeza que reside nisso, pois esse nome é a lei viva em sua origem e, no cumprimento, ele mantém o Universo com tudo o que está nele contido.

Nesse nome se encontra o destino de cada indivíduo, pois tendes de julgar-vos nele, uma vez que estais todos ancorados firmemente nele.

E o nome *é!* Ele é *vivo* e *pessoal,* pois o nome e o seu portador são um só, inseparáveis.

A obra da Criação tinha de pertencer à *vontade criadora,* portanto a Imanuel, que *é* a vontade criadora em Deus!

E como a Criação tinha de originar-se somente *fora* da imediata irradiação da Luz Primordial, existente já desde a eternidade, e impossível de ser contida, resultou a necessidade de *colocar* uma pequena parte da própria vontade criadora de Deus *para fora dos limites* da irradiação imediata. Uma parte que permanecesse eternamente unida com a vontade criadora no inenteal e, apesar disso, permanecendo fora da esfera divina, atuasse por si mesma, para que através de sua irradiação a Criação pudesse formar-se e conservar-se.

E essa pequena parte, que foi colocada para fora, proveniente da vontade criadora de Deus, a fim de que a Criação pudesse formar-se de sua irradiação e também se conservar, é *Parsival!*

Seu núcleo inenteal, proveniente de Imanuel, recebeu forma através da Rainha Primordial Elisabeth, isto é, um invólucro, que se tornou uma âncora para ele, a fim de poder permanecer *fora* da esfera divina! E esse invólucro, essa forma, é o receptáculo sagrado no qual Imanuel está ancorado, atuando através dele.

Em Abdruschin esteve, em determinada época, *Parsival* na Terra, ao passo que, na hora do cumprimento, Imanuel, como tal, toma posse do invólucro terreno de Parsival, após penosas purificações desse invólucro.

Só então, pouco a pouco, a força inteira pode descer para o invólucro, a fim de cumprir, como graça, as promessas divinas, feitas aos seres humanos.

Assim desenrolo mais uma vez o imensurável acontecimento perante o vosso espírito, como base para a compreensão a respeito de Parsival!

É infinitamente penoso proporcionar uma imagem clara para a compreensão terrena, e não devo esquivar-me quanto ao número de dissertações, se eu quiser alcançar isso.

Por essa razão, já antecipei claramente, na primeira dissertação, que os esclarecimentos *só* se destinam *àqueles* seres humanos que já puderam vivenciar a Mensagem *plenamente* dentro de si! Somente *eles* estão aptos a seguir-me, caso se empenhem com toda a força, sempre de novo, até conseguirem compreender, pois dou tais explicações fracionadamente, de tal maneira que sejam acessíveis ao espírito deles.

Antes de tudo, *não* deveis imaginar a expressão *"filho"* em *sentido humano;* não como um filho numa família humana.

"Filho" significa para o divino uma "parte"; uma parte especialmente atuante do Pai. Filho e Pai constituem *um só* todo, jamais podendo ser separados!

Não imagineis isso, portanto, segundo a maneira humana, pois *teria* de resultar numa imagem completamente *errada!* Ela vos conduziria a conceitos errados, que excluem por completo a realidade e que, já por isso, nunca deixariam que vos aproximásseis da Verdade!

Talvez fosse melhor dizer: tudo é *somente* Deus-Pai, Ele atua na trindade como um só!

Provavelmente em imagem isso se aproxime bem mais da vossa compreensão. E considerado a partir da origem, é descrito *mais acertadamente,* pois só existe *um* Deus! Aquilo que o Filho de Deus faz, o faz partindo do Pai, no Pai e para o Pai! Sem o Pai ele não seria nada, pois é uma parte do Pai, e o próprio Pai está nele e atua nele.

Também aqui talvez possamos aproximar-nos um pouco mais da compreensão terrena, se imaginardes assim: o Pai não atua, acaso, *partindo* do Filho, isto é, não atua *através* dele, mas sim *dentro* dele! Nisso se encontra o que para a compreensão humana é mistério e apesar de meus esforços continuará sempre sendo mistério, visto não poder ser descrito com palavras terrenas. Palavras são enfim somente palavras, nitidamente limitadas; elas não podem reproduzir aquilo que é móvel e em verdade vivo, e que se encontra em tudo quanto se refere a Deus e ao divino.

Aquilo que se dá junto de Deus nunca pode dar-se em relação aos seres humanos. O filho na família humana existe por si, e o pai existe por si; são e permanecem *dois,* poderão no máximo ficar *unidos na atuação,* mas nunca ser um só. Na expressão Filho de Deus é diferente! Exatamente o contrário! Deus-Pai e Deus-Filho *são um só,* e apenas *na atuação* podem ser considerados como dois, como também os dois Filhos de Deus, Imanuel e Jesus, são um só no Pai e apenas na atuação são dois, na *espécie* de sua atuação.

Com isso tentei explicar-vos mais uma vez a *origem* de Parsival, que através de Imanuel está em Deus e, com isso, Deus está nele.

Agora também procurarei mostrar-vos, em imagem, como ele *é,* como pessoa. E *depois,* em sua atuação.

Será difícil para vós imaginar que também o Supremo Templo luminoso teve de surgir da irradiação de Parsival, Templo esse que o envolve protetoramente no espiritual primordial da Criação primordial. O Supremo Templo, que deve ser compreendido como um anexo *àquele* Supremo Templo que se encontra desde a eternidade no limite da esfera divina, onde os anciãos, os eternos, têm sua pátria e sua atuação no divino. No *divino,* portanto na irradiação imediata de Deus, e não, acaso, no próprio Deus.

No meu conjunto de explicações, *não* incluo o Supremo Templo que se encontra no divino, visto nada ter a humanidade a ver com ele, mas falo sempre somente do Supremo Templo existente *no espiritual primordial,* e que é o ápice e o ponto de origem da Criação inteira.

O Supremo Templo no espiritual primordial, da Criação primordial, pode ser considerado como um anexo do Supremo Templo no divino. Em sua extremidade superior, encontram-se a

58. Os planos espírito-primordiais III

grade de ouro e a cortina intransponível para os primordialmente criados, a qual constitui o limite.

Nesse limite, imaginai Parsival como o primeiro e o superior da Criação inteira, do qual ela se originou. Num amplo recinto de colunas, que se fechou em torno dele, na mais fiel e mais pura vontade de todos os primordialmente criados e em seu amor à Luz!

Os primeiros primordialmente criados, os superiores da Criação primordial, somente puderam tornar-se conscientes ao sair da irradiação criadora de Parsival, fora do limite da esfera divina, portanto fora da imediata irradiação de Deus!

Repito tantas vezes as expressões e as denominações, a fim de que se gravem em vós, como noções permanentes!

Portanto, Parsival encontra-se lá como o primeiro. Ele saiu da esfera divina! De sua irradiação desligaram-se primeiro, tornando-se conscientes, os primordialmente criados superiores, e do amor e fidelidade deles para com a Luz, para com Parsival, formou-se, através da vontade, o maravilhoso recinto, o Supremo Templo!

Mas hoje quero apenas mencionar passageiramente esse formar e tecer vivo. Talvez eu dê, mais tarde, uma explicação mais minuciosa a esse respeito. Agora só é necessário mencionar isso para a imagem completa que quero dar.

O próprio Parsival é para vós apenas Luz flamejante; seu núcleo inenteal, proveniente de Imanuel, deixa tudo o mais na completa sombra, se é que se possa falar de sombras no Supremo Templo luminoso. Por essa razão, isso é dito apenas *figuradamente*, pois de sombras, na realidade, não há nem vestígio.

Para o olho dos espíritos primordiais, dos primordialmente criados, porém, constitui-se a forma, a forma espírito-primordial do Filho da Luz, transluzida resplandecentemente pelo núcleo inenteal dele.

Que devo eu dizer-vos a respeito disso, que nem pode, aliás, ser abrangido com palavras terrenas?

Uma cabeça resplandecente, da mais perfeita forma, envolta no movimento eterno da Luz viva, que subjuga cada criado que a olhe e o faz perder os sentidos. O corpo está envolto por um invólucro irradiante, que se parece com uma couraça de escamas

58. Os planos espírito-primordiais III

flexíveis; sobre a cabeça, estendidas protetoramente, as asas da Pomba... assim podeis imaginá-lo; poderoso, senhoril, invencível, inatingível, força de Deus personificada, fulgor de Deus tornado forma: Parsival, o Filho da Luz, no espiritual primordial, no ápice da Criação! *O portal puro* que se abriu do divino para a Criação, que conduz de Deus para o ser humano!

O nome Parsival tem, entre outros sentidos, o seguinte significado: *de Deus para o ser humano!* Ele é, portanto, o portal ou a ponte de Deus para o ser humano. Ele não é o *tolo* puro,[*] mas sim o *portal* puro da vida para a Criação!

Para a obra de limpeza da Criação, outorgada por Deus-Pai, e que se tornou necessária por causa da queda dos espíritos humanos na matéria, a *vontade* de Parsival, como uma parte sua, tomou forma para peregrinar através de todas as partes do Universo, a fim de colher experiências e conhecer todas as fraquezas e feridas dos espíritos humanos.

Parsival permaneceu sempre no Supremo Templo, ao passo que sua vontade viva, como uma parte sua, tornou-se forma e peregrinou pelas partes do Universo, aprendendo.

A *forma* de sua vontade para essa missão tinha de ser, naturalmente, devido à espécie estranha, principalmente em relação a todas as coisas erradas, primeiro como uma criança, depois como jovem, aprendendo e amadurecendo até o homem, o que, naturalmente, dentro da vibração das leis da Criação, também se manifestou na configuração exterior, correspondendo à espécie do respectivo plano.

Quando Parsival, em sua peregrinação para baixo, alcançou o limite onde começava a matéria, isto é, a região dos espíritos humanos desenvolvidos dos germes espirituais, chegou ao local onde se mostravam pela primeira vez os efeitos das correntezas das trevas, que também já tinham tocado em Amfortas.

Nesse limite se encontra o Templo onde Amfortas foi rei--sacerdote. Esse Templo é a cópia mais baixa do verdadeiro

---

[*] *Nota de tradução* – Trata-se aqui da palavra "Tor". Conforme os artigos utilizados, "Der" ou "Das", muda o significado. *"Der* reine Tor" significa o *"tolo"* puro. *"Das* reine Tor" significa o *"portal"* puro.

58. Os planos espírito-primordiais III

Supremo Templo do Graal, é o que se encontra mais afastado deste e de sua espécie. E, por isso, também o mais próximo da Terra, conquanto para a imaginação humana numa distância quase inapreensível. Nesse Templo realmente se encontram, como guardiões do cálice e como cavaleiros, os mais puros dos espíritos humanos desenvolvidos.

Ao entrar nesse plano, a colocação necessária de um invólucro da mesma espécie de matéria, se bem que aí ainda bem leve, foi para Parsival igual a uma venda, que apagou passageiramente todas as lembranças de tudo situado mais acima.

Vindo da Luz, estava ele em sua pura ingenuidade diante do mal, que desconhecia por completo, e somente pôde tomar conhecimento dele através do sofrimento indispensável. Teve de aprender arduamente, através disso, do quanto são capazes os espíritos humanos.

Assim, tornou-se, sim, profundamente sabedor disso, mas nunca pôde compreender tal coisa, por lhe ser completamente estranha.

Aqui, portanto, as correntezas provenientes das trevas, que evidentemente haviam tomado forma, investiram pela primeira vez contra o estranho que peregrinava, o qual, nas lutas decorrentes, fortaleceu-se e despertou para o reconhecimento de si mesmo.

É este o caminho árduo e cheio de sofrimentos, do qual a humanidade terrena recebeu notícias, porque se realizou na matéria, se bem que somente no limite mais alto. Por isso também puderam surgir os enganos, porque o espírito humano na Terra jamais pode imaginar semelhantes acontecimentos ocorridos muito acima da sua espécie.

Mas a respeito de tudo isso darei mais tarde explicações mais minuciosas, que proporcionarão Luz e, com isso, clareza.

OS PLANOS ESPÍRITO-PRIMORDIAIS
IV

MUITA coisa o ser humano impôs a si próprio como empecilho, impedindo um desenvolvimento de seu espírito, que por si aspira ao caminho *para cima,* caso não esteja algemado ou preso à Terra por qualquer coisa.

Contudo, o mal principal permanece no raciocínio, cultivado excessivamente de modo unilateral, que se refestela arrogantemente num trono de soberano que não lhe cabe.

Parece-se com um animal, que só dominado é que presta bom serviço, ao passo que se torna *prejudicial* em qualquer caso, assim que lhe for dada autonomia.

Como uma fera, que primeiro se mostra mansa e dá alegria a quem a alimenta e cuida, mas que chegando a determinado tamanho se torna perigosa também a quem a criou.

Ela se transforma então na tirana do tratador, que precisa temê-la e que acaba perdendo por completo a costumeira liberdade de movimentação na jaula, morada desse animal. O animal domina-o de repente, dentro do alcance de sua movimentação.

O mesmo acontece a cada ser humano com relação a seu raciocínio. E como este não ficou adstrito somente à morada que lhe foi destinada, portanto ao respectivo corpo humano, mas sim forçou para si *completa liberdade de movimentação,* que na Terra é ilimitada, assim *a humanidade inteira* teve de submeter-se à sua vontade.

Em nenhuma parte, a humanidade está segura contra ele, pois em todo lugar ele espreita como perigo, pronto a usar suas garras afiadas, ou seus dentes destruidores, onde um ser humano *não* se mostre disposto a sujeitar-se a ele.

59. Os planos espírito-primordiais IV

É assim que a situação se apresenta *hoje* na Terra! O animal, que primeiro foi tratado afetuosamente, e que cresceu adquirindo uma força colossal, nenhum ser humano pode mais forçá-lo a um serviço *útil*. E assim comete tristes devastações, nas quais já vos encontrais em parte, e que ainda se alastrarão de modo pior, porque sois incapazes de dominar tal animal.

Muitos seres humanos cairão vítimas dele, apesar do fato de que poderiam ter dominado facilmente o animal, se o tivessem educado *direito* no devido tempo.

A força, que o animal gasta agora para as devastações, ele deveria utilizar proveitosamente, sob a compreensiva condução de vosso espírito, para o embelezamento e soerguimento de vós próprios e de vosso ambiente, para a paz e a alegria de todos.

Ao invés de devastações, jardins floridos se estenderiam diante de vós, convidando para a atividade bem-aventurada, através do trabalho cheio de gratidão de pacíficos cidadãos terrenos.

Teríeis de ficar sujeitos, *todos juntos,* a esse monstro criado por vós, se o próprio Deus agora não lhe estabelecesse os limites, despojando-o de seu poder e conduzindo-o novamente para caminhos nos quais só possa atuar de maneira *útil!*

Mas antes tendes de vivenciar ainda quanta desgraça causastes com isso, tendes de ver e sofrer as graves consequências que ela traz consigo e arrasta atrás de si, a fim de por meio disso ficardes completamente curados de tais atuações e aspirações erradas, e no futuro não possa ressuscitar em vós nenhum desejo nesse sentido!

Assim Deus vos castiga, ao conceder-vos a realização de tudo quanto procurastes forçar teimosamente contra o Seu mandamento, depois de não só terdes deixado de dar atenção a todos os mensageiros que com amor vos foram enviados da Luz para advertir, mas sim de tê-los perseguido com vosso ódio e por fim assassinado com fúria cega. Porque incomodavam os vossos planos, apesar de que *só eles* vos poderiam ter ajudado realmente.

E, com essa vossa falha, tornais impossível também que vosso *espírito* possa soltar-se, para poder desenvolver-se gradualmente e receber ligação com aquela espécie que *lhe* é própria, com o plano espiritual na irradiação de Luz da graça divina.

O domínio do raciocínio jamais permitiu isso, pois dessa maneira sua falsa glória artificialmente levantada se teria derretido rapidamente como um boneco de neve sob o raio do sol. Ele teria descido inexoravelmente do trono e *precisaria servir* novamente, ao invés de arvorar-se em senhor.

Eis a razão da resistência redobrada, que nem mesmo temeu o assassínio, onde seu prestígio de alguma forma pôde correr perigo. — Assim, acontece que nem mesmo hoje podeis pensar diferentemente, e tudo quanto ouvis e que vos é anunciado comprimis nas formas *terrenas* por vós já bem conhecidas, fazendo surgir ideias que nem de longe correspondam à realidade, pois o animal se encontra *sobre* vós, mantendo-vos subjugados, animal esse que criastes e cuidastes, sem torná-lo submisso a vós! Ele se colocou separadoramente entre vós e todo o espiritual, e não deixa mais traspassar nada em direção àquilo que está mais elevado do que esse animal ambicioso, isto é, vosso raciocínio terreno, o cintilante e sedutor, e, no entanto, o mais perigoso e mais seguro instrumento para vossa queda na mão de Lúcifer.

Libertai-vos disso agora e erguei-vos *acima* dele! Do contrário jamais podereis compreender os valores que vos são oferecidos pela Luz e também não podereis aproveitá-los para vós próprios.

Tornai a ser *assim* como eram antigamente os seres humanos terrenos, antes de a presunção do raciocínio os ter enlaçado e calcado *naquele* solo, apropriado à estreiteza deles.

Os seres humanos outrora vibravam *com* e *no* seu ambiente, e por isso podiam ser elevados espiritualmente no vibrar, sem que precisassem temer perder o chão e o pensar terrenais.

Como vos tornastes tão pequenos em relação àqueles que, encontrando-se no começo do seu desenvolvimento, ainda considerais hoje como incompletos no sentido humano.

Eles eram mais válidos na Criação do que sois vós hoje, e, por isso, mais valiosos e úteis perante o Criador do que vós, em vossa desditosa torção, que só é capaz de deixar atrás de si destruição, ao invés de elevação do que existe.

Tendes de chegar novamente a esse ponto, tendes de desenvolver de novo as asas dentro de vós, as quais se atrofiaram

59. Os planos espírito-primordiais IV

completamente, se não quiserdes cair, pois o vosso espírito será agora *libertado* de todos os empecilhos, impetuosamente, pela força da Luz! Os empecilhos serão destruídos. E então ai do espírito que não puder se *manter, vibrando;** terá de cair, visto não possuir mais força para o voo, por falta de qualquer exercício e atividade, que criminosamente lhe tirastes.

Numa coisa tem o ser humano terreno de atentar especialmente, visto ter pecado gravemente a tal respeito: a ligação com os auxiliares enteais *jamais* deve ser *interrompida!* Caso contrário abris uma grande lacuna que *vos* prejudica.

Não deveis considerar como deuses os *grandes* e fortes enteais, pois não são deuses, mas sim servos fiéis *do Todo-Poderoso,* e no servir são *grandes!* Mas nunca estão sujeitos *a vós.*

Aos *pequenos* enteais, porém, nunca deveis olhar presunçosamente com superioridade, pois eles não são *vossos* servos, mas sim, como os grandes, servem unicamente a *Deus,* ao Criador. Somente em sua atividade se aproximam de vós; vós, porém, deveis aproximar-vos deles.

Podeis aprender muito com eles, especialmente no seu fiel servir, que eles dedicam, agradecidos, ao seu Criador. Vós, seres humanos, *necessitais* incondicionalmente dos grandes e pequenos auxiliares, pois somente numa *atividade conjunta* e harmoniosa com eles vossas almas podem amadurecer direito e chegar à ascensão.

Aprendei por isso a *dar atenção* a *todos* os auxiliares enteais, pois eles podem ser os vossos melhores e mais fiéis amigos!

Então vibrareis novamente mais leves, mas tendes de *livrar--vos* primeiro de *toda a estreiteza* ocasionada por vosso raciocínio terreno. Principalmente se quiserdes compreender *aquilo* que vos anuncio a respeito das regiões luminosas, que, se raciocinardes somente de maneira *terrena,* jamais poderão tornar-se compreensíveis a vós, pois são de uma espécie que só pode ser assimilada por *vosso espírito!*

Só quando vos tiverdes *aberto* para isso é que sabereis o que vos dei com minhas explicações. Falo, aliás, já hoje sobre essas

---

* *Nota de tradução* – A palavra alemã *"Schwingend"* significa "vibrando" e também "voando".

coisas, porém vos são comunicadas para uma compreensão *posterior,* pois eu *cumpro,* como em tudo que vos digo! Cumpro, porque foi prometido outrora que eu revelaria a Criação, tanto aos desenvolvidos como aos criados, que vos daria a chave para a compreensão de qualquer fenômeno da Criação.

Administrai todo o saber *fielmente.* Ao anunciar-vos tudo isso, vós vos tornais *guardiões de todas as chaves!* Se deixardes surgir manchas sobre elas ou torcerdes apenas uma pequena parte, elas não abrirão mais esses segredos da Criação, e os portais ficarão novamente fechados.

Com isso vos tornastes aptos a desfrutar *conscientemente* todas as graças da Criação para a eternidade, à medida que seguis de modo certo e vos torneis um membro útil nesta Criação, pressuposto que não invejeis nada dos outros, pois há espaço e possibilidade de vida para *todos* que, seguindo a lei do movimento, vibrarem harmoniosamente com os outros!

Vós, pequeno grupo, sois agora o *fermento* que preparei para a humanidade, que deve traspassar e incrementar tudo, que traz movimento espiritual nas massas pesadas, para que não tenham de sucumbir e perecer inutilmente.

Guardai fielmente as chaves, que vos dou com minhas palavras, e transmiti-as sempre, para aqueles que vierem *depois* de vós, de maneira certa!

Tão logo estiverdes livres da pressão do domínio do raciocínio, *então* todas as minhas palavras se tornarão claras para vós; as que já vos falei e as que ainda falarei. *Então* também assimilareis aquilo que ficastes sabendo a respeito da Criação primordial e dos primordialmente criados, que se encontram no lugar mais elevado de todas as Criações, no Supremo Templo do Santo Graal.

O *primeiro* círculo ao redor de Parsival, em direção à Criação, compõe-se de *quatro* primordialmente criados, que, tornando-se imediatamente autoconscientes através das irradiações de Parsival, puderam formar-se como os primeiros. Em jubilosa atividade, recebendo e transmitindo, tornando a receber e retransmitindo, vibram eles incessantemente.

Ao redor de Parsival, encontram-se *vários* círculos de primordialmente criados. Todos, porém, inclusive o primeiro círculo,

59. Os planos espírito-primordiais IV 475

encontram-se a grande distância de Parsival e de seu trono, distância essa que, por causa da pressão, não podem transpor.

Os quatro do primeiro círculo são os mais fortes de todos os primordialmente criados. São capazes de suportar maior pressão da Luz do que os outros, sem terem de perder a consciência.

São eles:

Od-shi-mat-no-ke, o servo e protetor da Luz da trindade perfeita. Ele é a corporificação mais ideal de um soberano real.

Leilak, a corporificação da coragem do homem e da força do homem.

Esses dois mencionados são compreensíveis ao ser humano quanto à sua espécie. De maneira diferente, porém, ocorre com os dois que cito agora, pois essas espécies estão fora da imaginação humana.

O Leão. Este se aproxima mais da imaginação humana, se eu disser que o Leão, como cavaleiro do Graal, é a corporificação do mais nobre *heroísmo,* cuja irradiação apoia e favorece a fidelidade de heróis na Criação.

Merkur, o condutor primordialmente criado das forças de todos os elementos. Estes estão ancorados nele. —

O ser humano julgará ter entendido, sem mais nada, o que foi dito por mim, mas não é assim. Não pode entender, se eu não lhe der uma explicação mais ampla sobre a espécie peculiar do Leão.

Para fazer isso, tenho de subir mais, até a esfera divina. Os seres humanos sabem, figuradamente, que nos degraus do trono de Deus animais montam guarda; animais alados, poderosos, encontrando-se entre eles também um Leão.

Esses animais não são lenda, mas sim se encontram de fato lá. Nunca os mencionei, porque teria sido demasiado para o começo. Por isso, também só deve ser falado deles, quando os espíritos humanos estiverem mais amadurecidos do que hoje.

O que hoje digo a esse respeito é também apenas para aqueles que já assimilaram a minha Mensagem e procuram torná-la realmente viva dentro de si. Portanto, é somente para os seres humanos terrenos *mais maduros!*

Então o ser humano se perguntará como é que *animais* chegam à esfera divina, e ainda mais até os degraus do trono de Deus, sim, *àqueles* degraus aonde nunca pode chegar um espírito humano, por mais agraciado que seja.

Isso, porém, é muito simples de esclarecer: o ser humano formou um conceito errado do *animal,* porque aí vê diante de si apenas os animais da Terra, aqueles que podem desenvolver-se na matéria grosseira!

E isso é errado! Quer o ser humano, quer o animal, ambos são *criaturas* da Criação, uma tão necessária quanto a outra, ou uma tão dispensável quanto a outra.

Os animais nos degraus do trono de Deus têm uma espécie bem diferente daquilo que os seres humanos imaginam como animais. São animais *sapientes!* Mas disso já não podeis fazer mais nenhuma ideia, e também nunca conseguireis fazê-la acertadamente, pois isso tudo está demasiado distante para o espírito humano dos desenvolvidos.

Animais *sapientes,* cuja fidelidade e devotamento são completamente incorruptíveis! Com eles não há hesitação nem vacilação, mas sim apenas um servir entusiasmado e imutável! Servir por meio da ação imediata, sem reflexão, sem necessitar primeiro de uma vontade para isso. Um vibrar vivo na lei, como algo evidente e necessidade de ser!

Eles estão muito mais acima do que o espírito humano desenvolvido, já pelo fato de em sua intangível pureza de atividade e força se encontrarem na esfera *divina.*

Não se trata, portanto, neste caso, de animais no sentido *humano,* mas sim de uma espécie peculiar de irradiação tornada forma e denominada animal, como uma outra espécie de irradiação, aliás, mais inferior, é denominada *ser humano!* A tal respeito tornam-se necessárias ainda explicações especiais, que só podem seguir muito mais tarde.

Assim como o Leão nos degraus do trono da trindade divina inenteal origina-se das irradiações dela, nelas vivendo e atuando, da mesma forma o Leão na Criação primordial originou-se da irradiação do núcleo também inenteal de Parsival e do seu invólucro incandescido, e se formou, no plano espírito--primordial da primeira Criação primordial, como cavaleiro do Santo Graal!

59. Os planos espírito-primordiais IV   477

Trata-se de uma semelhança de espécie, de forma diferente, pois o Leão da Criação primordial traz em si ainda algo mais, da espécie espiritual humana, do que falarei pormenorizadamente mais tarde. Ele já é, em si, uma composição, ao passo que o Leão sapiente nos degraus do trono de Deus, como tal, não contém em si nenhuma outra composição.

O Leão da Criação primordial já está preparado para a irradiação *na Criação,* como uma espécie necessária de transição. Sua atividade de irradiação é multilateral, e, apesar disso, mais delimitada do que a do Leão da esfera divina.

Dele promana tudo quanto é heroico, que se mostra na Criação num ou noutro lugar.

Não devo hoje entrar em minúcias a esse respeito, pois isso desviaria demasiadamente daquilo que quero dizer nesta dissertação.

Quero apenas mencionar, de passagem, que das irradiações desse heroísmo também foi outorgada uma parte ao espírito daqueles seres humanos *terrenos* que agiram como verdadeiros *heróis.*

Isso já era bem conhecido dos antigos germanos e dos gregos, como também de muitas outras estirpes humanas de tempos mais remotos, que ainda mantinham uma ligação consciente com os enteais.

Na morte terrena de um desses heróis, os enteais conduziam a parte da irradiação do heroísmo, de natureza enteálica, para o Valhala, o castelo mais elevado no círculo enteal da Criação, ao passo que o espírito tinha de ir para o plano a ele destinado. Apesar disso, ambas as partes permaneciam interligadas por meio de fios, quando o espírito havia atuado no *bom* sentido.

Essas duas partes só eram separadas se o espírito decaísse, para que a parte enteal não pudesse ser arrastada junto com ele. Caso contrário, ambas as partes uniam-se novamente nas encarnações terrenas.

Essa outorga do heroísmo é um presente especial para os seres humanos terrenos, cujo recebimento é preparado por meio de uma determinada maturidade do respectivo espírito e também por meio de uma determinada *caminhada* dele.

Para certas missões na Terra é necessária uma parte dessas irradiações enteais do Leão, porque nelas está ancorada uma agressividade, vibrando, no entanto, *na pureza,* e ligada ao incondicional desprendimento de si mesmo, o que o espiritual, como tal, não traz em si, já que seu alvo mais elevado reside na atuação construtiva e cheia de paz.

O heroísmo integral e legítimo na Criação está ancorado no Leão, que, como cavaleiro do Santo Graal, se encontra no primeiro círculo dos primordialmente criados.

Assim, levantei hoje ao mesmo tempo a ponta de um véu dos animais nos degraus do trono de Deus. São quatro animais alados, sapientes, que guardam o trono: uma Águia, um Leão, um Touro e um Carneiro. O Carneiro, porém, tem semblante humano, pois o Carneiro encerra em si o *espiritual humano!*

Os quatro animais sapientes nos degraus do trono de Deus originaram-se das irradiações *imediatas* de Deus e podem viver nelas sapientemente. Encerram em si as *espécies básicas para as Criações,* ao passo que os arcanjos vibram numa outra espécie de irradiação. Não é em sem razão que o dia do nascimento do Filho do Homem na Terra, segundo a lei, cai no signo de Carneiro!

No entanto, desvendar esses mistérios não é objeto da dissertação de hoje. Recebei com gratidão a Deus aquilo que me é permitido oferecer-vos, procurai compreender tudo, não salteis, brincando, de um lado para o outro. Não podeis permitir-vos isso nessas coisas, pois elas são demasiado poderosas e elevadas para jogos de pensamentos, segundo o costume humano.

Quanto mais *dedicada* e *seriamente* vos esforçardes em *compreender* realmente a Verdade da minha Palavra, tanto mais posso revelar-vos. No vosso esforço está a chave para o portal do meu saber! Por isso, empenhai-vos, para que eu possa dar-vos a mãos-cheias!

OS PLANOS ESPÍRITO-PRIMORDIAIS
V

EXPLIQUEI o primeiro círculo dos primordialmente criados em torno de Parsival, isto é, ainda não expliquei, mas sim apenas falei deles.

Antes de prosseguirmos, tenho de descrever algumas coisas mais pormenorizadamente, do contrário vos faltará algo para o círculo do grande vibrar e não podereis torná-lo vivo em vós. Sem lacunas tem de ser tudo, mesmo que só vos possa ser dado em *imagens*. Por esse motivo, só podemos prosseguir bem lentamente.

Por essa razão, temos de deter-nos mais uma vez junto aos primeiros primordialmente criados, que mencionei em minha última dissertação. São as colunas mais fortes *para* as Criações e *dentro* delas.

E novamente tenho de subir até a proximidade mais imediata de Deus, se, aliás, se possa falar de proximidade, pois não existe nada que se possa dizer que esteja na proximidade de Deus, medindo-se a proximidade segundo a noção terrena.

Mesmo a maior distância que existe nas noções humanas ainda não chega para dar aproximadamente uma imagem *daquela* distância que se quer designar como proximidade imediata de Deus. É infinitamente mais distante, pois aquilo que pode ser denominado como verdadeira proximidade de Deus é um mar ondulante de chamas, ainda sem possibilidade de formação.

Portanto, utilizo aqui somente a *expressão*, para a designação de "proximidade", e não o *conceito*. Nessa proximidade, nos degraus do trono, que são planos inteiros, encontram-se os quatro animais em sua espécie de vibração totalmente peculiar.

A Rainha Primordial Elisabeth não pode ser inserida em qualquer gradação, pois ela é *inteiramente por si,* e através dela o lírio puro.

Os arcanjos, por sua vez, são de uma outra espécie da irradiação imediata de Deus, diferente daquela dos quatro animais. As espécies separam-se em sua formação. Pode-se dizer também: a formação *é* a separação, pois é um acontecimento *automático* e vivo.

No entanto, falemos hoje somente dos quatro animais. Esses animais trazem em si as condições preliminares para a *Criação!* Eles encerram em si, portanto, todas as irradiações *concentradas* de que as *Criações* necessitam para adquirir formas, para se constituírem.

Por isso, já repousa nesses animais a base para a Criação. Quatro animais, que formam um quadrado nos degraus do trono de Deus, sorvendo e assimilando todas as irradiações criadoras de Deus. Quer dizer, eles não apenas formam um quadrado, mas *são* o quadrado da Criação ou o quadrado do círculo da Criação que se segue.

Não quero deter-me demasiadamente nisto, mas sim apenas mencionar rapidamente o que hoje ainda é essencial para nós, a fim de explicar a conexão do quadrado dos animais com a Criação.

O quadrado dos animais, ou melhor dito, *"entes",* encerra, portanto, tudo quanto as *Criações* necessitam, é *para isso* o primeiro ponto de concentração das irradiações da trindade de Deus situada acima dele.

Através da Rainha Primordial passam irradiações bem diferentes, como também outras, por sua vez, passam através de todos os arcanjos.

Somente esse quadrado dos quatro entes tem, portanto, relação imediata, de cima para baixo, com o círculo da Criação que se segue, estando ligado a ele. Tudo o mais, que tem sua pátria no plano das irradiações divinas e por isso foi e é eterno, inclina-se, para tudo o que foi criado, *apenas auxiliando,* soerguendo, beneficiando, no vibrar do amor divino, que para eles é absolutamente natural. Contudo, *não* estão firmemente *ligados* com a Criação. Ligado a ela está apenas o quadrado dos quatro animais.

60. Os planos espírito-primordiais V

Nesta fina diferenciação se encontra *muito!* Gravai-o, por essa razão, de modo especial em vós. Muita, muita coisa se tornará, devido a isso, mais clara para vós e que até aqui vos permanecia incompreensível.

Dos quatro entes alados sapientes nos degraus do trono de Deus, — que são: o Carneiro, o Touro, o Leão e a Águia —, o Carneiro é *aquele* ente que tem *semblante humano,* pois o Carneiro encerra em si *o espiritual* da Criação, do qual *os seres humanos* na Criação se formam e se desenvolvem!

Isto *também* se relaciona com a expressão: o cordeiro de Deus e a ferida que ele tem, pois mostra em si logicamente a ferida do falhar e da decadência dos espíritos humanos na Criação, porque dele se originaram, embora não diretamente, mas sim *indiretamente.* O que flui do espiritual humano não sai da Criação pulsando harmoniosamente de volta, mas sim é retido nas matérias, porque muita culpa pende nele.

Amplio com isso, mais um pouco, o campo do saber para vós. Mas não desvia nada do que pudestes saber até agora, pois, não obstante isso, tudo permanece e vibra em perfeita consonância com o novo, embora algo no primeiro momento não pareça ser assim.

Agora quero passar para os pormenores. Parsival ultrapassou o limite da irradiação imediata da trindade de Deus, portanto ultrapassou o limite do plano divino.

Com isso levou a irradiação do seu núcleo inenteal de Deus para fora e irradiou então além do plano divino, como uma pequena parte de Imanuel, para o vazio sem Luz, iluminando, aquecendo, fazendo tudo movimentar-se e conservar-se em movimento, por ser a fonte da vida.

Formaram-se imediatamente, em distância adequada, as primeiras quatro colunas das Criações, numa espécie de ligação que contém tudo quanto é necessário à Criação. Não são formados como os entes nos degraus do trono de Deus, mas sim têm forma humana, e são de um tamanho e de uma beleza completamente inconcebíveis para a noção humana.

Permanecendo diante de Parsival, como cavaleiros do Graal, portanto como poderosos guardiões e fiéis vigias do bem confiado

60. Os planos espírito-primordiais V

por Deus em Parsival, o sagrado receptáculo de Sua parte inenteal, eles cumprem simultaneamente os efeitos dos quatro entes nos degraus do trono. Como quadratura do circular da Criação! São as seguintes as suas espécies na atividade para as Criações:

1. *Od-shi-mat-no-ke:* a figura ideal do espiritual humano, inacessível a outros, por ser perfeito! Por isso se evidencia como um soberano real. Traz em si *unicamente* a espécie do Carneiro, portanto atua conforme a espécie *deste* na Criação primordial; poder-se-ia dizer que o Carneiro está ancorado nele.

2. *Leilak:* a figura ideal da coragem do homem, da força do homem. Traz em si uma ligação das espécies do Carneiro, — por isso a forma espiritual humana, — e do *Touro.*

3. *O Leão:* a figura ideal do heroísmo. Traz em si a ligação do Carneiro com o *Leão.*

4. *Merkur:* o soberano de todas as forças dos elementos. Traz em si a ligação do Carneiro com a *Águia.*

Todos os quatro primordialmente criados, ao lado das outras espécies que se manifestam, têm de estar unidos basicamente ao *Carneiro,* porque são *espirituais* e *conscientes,* propriedades ancoradas no Carneiro.

Assim como os quatro entes, nos degraus do trono, são as colunas e os vigias poderosos no divino, naturalmente fora da divindade inenteal, da mesma forma os quatro primordialmente criados do primeiro círculo em volta de Parsival, no espiritual primordial da Criação primordial, são as colunas e os vigias poderosos, cuja atividade conjunta resulta numa completa união, irradiando tudo quanto é necessário para a Criação.

A vivificação dessas radiações vem do núcleo de Luz de Parsival, de cuja irradiação puderam formar-se, como as primeiras colunas básicas necessárias, que ao mesmo tempo são os guardiões mais poderosos do santuário.

Não é fácil explicar-vos tal grandeza e mobilidade, configurá-la em imagens fixas para vós, pois a realidade *não* é fixa, mas sim está em constante movimento fluente, em movimento que recebe, irradia, retrai e novamente retorna a Parsival. Tudo sem interrupção, *simultaneamente.* Já isso não sois capazes de imaginar.

60. Os planos espírito-primordiais V   483

Nesses quatro primeiros primordialmente criados se encontram concentradas, portanto, todas as forças criadoras que fluem de Parsival, unidas e fortalecidas pelas mesmas espécies de irradiação dos quatro animais; são conservadas pela Luz viva de Parsival em movimento propulsor ou impulsionador e guiadas pela vontade dos primordialmente criados, emanada de suas espécies.

Talvez consigais imaginar *dessa forma* um processo, que mais se aproxima da verdade, expresso com palavras terrenas!

Segurai primeiro firmemente isso, incutindo-o em vós, assim como o formei em palavras terrenas.

Não salteis novamente com vossos pensamentos nem vos pergunteis onde está, pois, o feminino, que, segundo minhas dissertações anteriores, sempre deve estar meio degrau acima!

Não cismeis a respeito de onde se encontra Maria e Irmingard, que, no entanto, não podem estar mais abaixo do que os primordialmente criados! Também aqui não existe nenhuma lacuna, mas sim tudo está coordenado exatamente.

Os quatro primordialmente criados mencionados são, antes de tudo, as *colunas principais* da construção da Criação, e a *partir destas* segue então para baixo, ou para maiores distâncias, conforme as explicações sobre a Criação por mim já dadas, pois esses quatro trazem em si todas as forças da Criação reunidas, ao passo que todos os demais são *auxiliares*.

Novamente, dou aí também primeiro somente a linha *reta* para baixo, que conduz aos espíritos humanos desenvolvidos, e deixo de lado todas as ramificações, nem as mencionando; assim também Loherangrin, por exemplo, por não ser nenhum *ponto de partida* de uma irradiação, que atue na Criação formando de modo incisivo. Mais tarde ainda voltarei a isso. Primeiro dou os pontos de apoio na construção da Criação!

Maria, em tudo isso, nem entra em cogitação; da mesma forma Irmingard. Vindas de cima, elas se encontram, sim, *ancoradas* nas Criações, mas *não* estão firmemente *ligadas* a elas. Nisso existe novamente uma grande diferença.

Apesar das ancoragens, não estão ligadas a elas, mas sim inteiramente livres delas e de suas correntezas. As correntezas da

60. Os planos espírito-primordiais V

Criação podem, através dessas ancoragens, *aproximar-se* delas, de maneira a se tornarem claramente reconhecíveis, mas nunca conseguem *penetrar* nelas, pois para isso falta a necessária *ligação*.

Maria e Irmingard agem sem que possa ser exercida ação sobre elas! Agem auxiliando e soerguendo, fortificando, purificando, curando ou também repelindo, mas não se *ligam* em suas irradiações com a Criação. Prestai bem atenção nisso!

Maria veio, sim, como uma parte do amor de Deus, que é Jesus, e como uma parte de Imanuel para uma sagrada união. Ela nada tem a ver com a feminilidade, *como tal,* mas se encontra, como amor de Deus, diante de *toda a humanidade!*

A feminilidade da Criação, como tal, relaciona-se *somente* a Irmingard. E esta veio para o Supremo Templo do Graal, na Criação primordial, *descendo* do plano divino, e tomou posse de um invólucro espírito-primordial, que já estava preparado para ela.

Sem tomar em consideração o fato de que nela se ancorou, por um ato da vontade de Deus, uma centelha inenteal, a fim de que Imanuel pudesse agir agora como *trindade* em toda a Criação. A trindade de Imanuel na Criação é: Parsival — Maria — Irmingard, isto é, justiça, amor e pureza.

Imanuel age, portanto, na Criação, em última e mais sagrada realização simultaneamente *em* Parsival, Maria e Irmingard.

Isso é um renovado ato de amor, que Deus realizou para auxílio e maior proteção *daquela* humanidade que sobreviverá ao Juízo, a fim de que a Criação não tenha de sofrer então novamente dano pela fraqueza dos espíritos humanos.

Portanto, não vos confundais com desnecessário pensar. Falo agora *apenas* da Criação primordial emanada de Parsival! A ela não pertencem Maria nem Irmingard, porém elas *agem* lá segundo suas espécies. —

Depois das quatro colunas constituídas pelos primordialmente criados, encontra-se um segundo círculo, um pouco mais afastado, digamos, pensando de modo terrenal, meio degrau mais afastado. Esse segundo arco ou plano é preenchido pela atuação das três primordialmente criadas *femininas: Johanna, Cella, Josepha.*

60. Os planos espírito-primordiais V

Mas não deveis imaginar que essas primordialmente criadas se encontram paradas simplesmente num arco, mas sim elas agem conforme suas espécies peculiares em grandes jardins ou planos, que surgem em redor delas e através delas, juntamente com muitos entes auxiliadores e habitantes da Criação primordial, os quais vibram e agem na mesma espécie e em redor de cada um desses guias primordialmente criados femininos e masculinos.

Dessa maneira, no séquito de cada um dos quatro primeiros primordialmente criados encontra-se um grande número de cavaleiros, e no das primordialmente criadas femininas um grande número de coparticipantes femininas.

Mas não devemos deter-nos nisso por enquanto, senão a imagem que quero dar-vos se estenderá a distâncias imensas, não mais compreensíveis para vós.

Quero hoje apenas mencionar, passageiramente, de que maneira a atuação das três primordialmente criadas femininas vibra, penetrando na Criação inteira por meio de sua irradiação.

Cada uma tem uma atuação peculiar, e, no entanto, a atuação das três se engrena de *tal maneira*, que quase pode parecer uma só. Mal se reconhece um limite aí. Puramente *feminina* é a atuação, da qual elas são as corporificações ideais.

Primeiro, *Johanna:* em *palavras* determinadas não se pode expressar sua atuação, pois com isso se diminuiria logo a noção. Por isso quero dizer, brevemente, que se refere ao *lar!* Tornar o lar aconchegante, atraente, harmonioso. Contudo, o lar em sentido *amplo* e não apenas como uma pequena morada de seres humanos terrenos!

Esta, aliás, também está incluída, pois a atuação manifesta-se tanto nas coisas grandes como nas pequenas, sim, até mesmo nas coisas mínimas, mas aqui se trata *do fato em si* e não somente de uma pequena forma disso.

Por exemplo, também a intuição de bem-aventurada ligação com o solo pátrio, que pode inflamar povos inteiros para o mais sincero entusiasmo, quando um inimigo cobiçoso procura atacá-lo.

Eu poderia citar milhares de coisas, porém mesmo assim jamais reconheceríeis a verdadeira grandeza que reside na atuação de Johanna, e que ela também procura incutir em cada espírito humano como legado sagrado, capaz de elevá-lo para as alturas e de conceder-lhe firme apoio. E tal legado é dado em primeiro lugar à *feminilidade*, por isso repousa nela muitas vezes o destino de um povo inteiro.

A atuação de *Cella* não é de natureza menos delicada. Ela planta cuidadosamente no espiritual o respeito silencioso perante o desenvolvimento da maternidade! Com toda a intangibilidade e grandeza que reside nisso! Da maneira mais sublime e com respeitoso temor, que em tal proximidade se evidencia por todos que ainda têm espírito puro!

Josepha prepara a base *para* que os *invólucros,* isto é, os corpos, sejam respeitados, como um bem confiado pela graça de Deus, e tratados correspondentemente. Naturalmente não apenas os corpos terrenos, mas sim *todos* os invólucros da Criação, que são dados sempre, em primeiro lugar, para auxiliar o desenvolvimento do núcleo espiritual ou enteal, e que, como tais, também têm de ser considerados sempre com pureza!

Também invólucros doentes contribuem para o desenvolvimento *desse* núcleo, que em invólucro sadio talvez não chegasse tão depressa ao despertar.

A atuação de Josepha equivale à das outras e é igualmente *importante* nos caminhos de todas as peregrinações pela Criação. Trata-se de condições básicas para um amadurecer normal, desejado por Deus, de todas as criaturas nas Criações. Elas traspassam tudo, como que com fios delicadíssimos, e mostram-se em seus efeitos nas formas mais diversas, pois são móveis, não pronunciados, repousando sem forma no espírito. Tudo isso impele e impulsiona, mas só pode ser compreendido *direito,* e alcançar uma realização benéfica, com a intuição.

Se a capacidade intuitiva estiver obstruída pelo domínio do raciocínio, consequentemente se abre também um abismo entre todos os servidores que atuam na Criação primordial segundo a vontade de Deus, causando com isso forçosamente a perturbação das vibrações necessárias da Criação.

A atividade irradiante das três primordialmente criadas, Johanna, Cella e Josepha, é um trabalho *conjunto,* grande, básico, entrelaçado e, contudo, separado.

60. Os planos espírito-primordiais V

Continuemos agora, novamente, meio degrau adiante, o que naturalmente significa, na realidade, distâncias que para vós mal podem ser imaginadas. Lá encontramos novamente uma primordialmente criada: Vasitha.

Ela é a guardiã vigorosa da saída da parte mais elevada e mais pura da Criação primordial, em cujo ápice, irradiando sublimidade e paz, ergue-se o maravilhoso Supremo Templo do Santo Graal.

Com Vasitha e seu ambiente fecha-se a parte mais elevada da Criação primordial. Ela está no portal e indica para todo o espiritual, que tem de prosseguir devido à necessidade de seu próprio desenvolvimento, o caminho para fora, rumo à ponte, que é igual a um gigantesco arco-íris, e que transpõe abismos profundos em direção àquelas regiões que necessitaram de um maior esfriamento e distanciamento da Luz de Deus, a fim de poderem tornar-se conscientes para uma existência própria, a fim de se formarem dentro delas e desabrocharem em floração perfeita.

Lá se encontra Vasitha, indicando com a lança, enquanto seu olhar aguçado traspassa examinadoramente tudo o que não seja capaz de permanecer na primeira parte da Criação primordial, tendo então de passar por ela. Sua palavra indicadora dá força e escolta fiel a todos!

Assim partem os que podem formar-se como criados, juntamente com aqueles que ainda ficam no último sedimento, e têm de seguir primeiro o caminho do desenvolvimento lento, a fim de poderem tornar-se conscientes de sua existência. Partem para distâncias incomensuráveis, com a saudade da Luz de Deus! — Fazei ainda, finalizando, um breve resumo do que foi dito:

O caminho das irradiações de Deus para a Criação, e com isso naturalmente para todos os seres humanos, passa pelo quadrado dos quatro animais, conhecidos até agora por vós apenas de nome, e que se encontram nos degraus do trono. Os quatro primeiros primordialmente criados da Criação trazem em si essas irradiações dos animais; eles formam, portanto, para o circular da Criação, o quadrado no espiritual primordial. O círculo da Criação é, então, impulsionado e mantido em constante movimentação pela força da Luz, que atua de modo vivo, proveniente do núcleo inenteal de Parsival.

Deixai esta imagem básica firmemente ancorada em vós, para que eu, ampliando as descrições, possa juntar imagem com imagem, a fim de aumentar vosso saber, sem que vossa visão se confunda com isso. Conseguireis, se quiserdes!

OS PLANOS ESPÍRITO-PRIMORDIAIS
VI

Evoco hoje novamente, perante a visão de vosso espírito, a imagem da Criação primordial, conforme vos dei até agora. Vedes após Parsival os primeiros quatro primordialmente criados, que ocupam o mais alto dos sete degraus existentes no espírito-primordial: Od-shi-mat-no-ke, Leilak, o Leão e Merkur. No degrau seguinte, mencionei três primordialmente criadas femininas: Johanna, Cella, Josepha e, um pouco mais longe, no terceiro degrau ou plano, Vasitha, como guardiã vigorosa.

Com isso, tornei conhecidos, em suas espécies básicas, três degraus ou planos da Criação primordial mais elevada. Mas antes de ampliar e alargar a imagem, quero mencionar basicamente ainda os outros quatro degraus, pois são *sete* degraus ou divisões principais no espiritual primordial, que denomino Criação primordial, como também existem mais adiante, nas matérias, sete degraus ou partes do Universo.

Encontrareis em todos os lugares a divisão por *sete,* como fato natural, onde age a *vontade* de Deus, a qual também tem no seu próprio nome o número sete: Imanuel.

Entremos agora no quarto degrau dos reinos do espírito--primordial.

Encantadora luz, infinitamente benfazeja, perflui esse plano maravilhoso, que se estende em distâncias cintilantes, como um imenso mar, claro como cristal.

Semelhante a uma ilha, surge nesse flutuante tecer um lugar luminoso das mais admiráveis rosas. Grato júbilo perpassa os terraços, que, formando uma colina radiosa de indizível beleza, concedem riqueza perfeita em cores, que força o olhar mais exigente para uma enlevada adoração. Irradiando bênção, as cores vibram em seu mais delicado resplendor, formando encantadores jardins, para servirem de fonte de toda a esperança e de toda a vida. No meio deles, brincam inúmeras crianças rosadas, passeiam alegres e felizes figuras femininas adultas.

Contudo, não se trata dos espíritos, que mais tarde chegam à encarnação nas Criações. Trata-se, sim, de pontos de partida de irradiações, que na espécie determinada da Ilha das Rosas agem sobre a feminilidade humana da Criação, como auxílio para o seu desenvolvimento em todas as peregrinações através das matérias; crianças atuam sobre crianças, de acordo com o tamanho, espécie e até cor; e adultos atuam sobre *aqueles* adultos que se assemelham às suas *formas,* de acordo com o tamanho dos espíritos que estão amadurecendo.

Os tamanhos dos corpos na Ilha das Rosas são, portanto, um equivalente à diversidade dos respectivos graus de amadurecimento também daqueles *espíritos* humanos que podem desenvolver-se pouco a pouco dos germes, nas peregrinações através das matérias, para uma plena conscientização.

Por isso, na Ilha das Rosas, no espírito-primordial, também existe tudo o que se repete mais tarde no espiritual e nas matérias, como uma cópia ou também como imitações.

Na realidade, em todas as partes do Universo, *é* a repetição, de acordo com a lei, de tudo o que já existe no espiritual primordial, porque nunca pode ser diferente na simplicidade e clareza das leis divinas, incompreensíveis para os seres humanos. Repete-se por isso, no espiritual, exatamente tudo quanto já se realizou no espiritual primordial.

Também, no espiritual primordial, tudo o que, na proximidade da poderosa pressão do núcleo inenteal, não pôde formar-se imediatamente para a autoconsciência nem lá manter-se saiu, sim, da parte superior da Criação primordial, passou por Vasitha rumo a uma distância maior, a um plano seguinte, para manter-se num maior esfriamento e com isso poder atingir a autoconsciência. No meio disso, encontram-se também germes do *espiritual primordial,* que já no quarto degrau de esfriamento se desenvolvem para o estado consciente, como, portanto, aqui na Ilha das Rosas.

61. Os planos espírito-primordiais VI

Se eu falo em degraus da Criação ou planos, isso significa degraus de *esfriamento,* pois nenhuma outra coisa faz surgir degraus, os quais, ao invés de degraus de esfriamento, também podem ser chamados degraus de distância; na realidade, devido a isso, também segundo as noções *terrenas,* são degraus ou graduações.

Por causa disso encontramos, então, na Ilha das Rosas, *pela primeira vez,* chegando de cima, *crianças* e *desenvolvimento* no espiritual primordial! É importante para vós saber disso, porque significa um grande setor da Criação.

Primeiro encontram-se, pois, nos degraus superiores do espiritual primordial, aqueles que puderam tornar-se autoconscientes imediatamente, portanto os mais fortes e, com isso, os mais poderosos, as colunas; depois seguem, nos degraus mais distanciados, aqueles que ainda podem *desenvolver-se* no espiritual primordial. Por isso, encontramos aí, pela primeira vez, *crianças espírito-primordiais.*

No seguinte grande setor da Criação, no *espiritual,* que é um pouco mais fraco do que o espiritual primordial, por poder tornar--se autoconsciente somente em distância ainda maior do que o núcleo inenteal de Parsival, repete-se o processo exatamente como se deu na Criação primordial.

Primeiro tornam-se imediatamente autoconscientes as partes mais fortes do espiritual, enquanto que as outras têm de ser impelidas para distâncias ainda maiores, a fim de que possam amadurecer em lento desenvolvimento para a autoconsciência.

Também aí existem, portanto, somente nos degraus referentes aos germes espirituais, *crianças* espirituais, que podem crescer para maior maturidade espiritual ou também permanecer crianças, pois os germes espirituais que não atingem plena maturidade, isto é, que não se tornam adultos espiritualmente, *não* são *aniquilados* nem rejeitados, enquanto permanecerem *puros!*

Esse é um ponto que eu ainda não mencionara. Permanecem crianças *espiritualmente* e irradiam como tais sobre crianças, até que, por fim, amadureçam pouco a pouco e se tornem adultos. O que é puro, *nunca* poderá cair na decomposição.

Ainda uma coisa quero mencionar aqui. O espiritual primordial nesta Criação não é acaso a parte mais forte e o espiritual a parte mais fraca de uma *espécie totalmente igual,* mas sim o espiritual é uma *espécie completamente diferente* do espiritual primordial! Ambas as espécies têm em si uma parte mais forte e uma parte mais fraca. O espiritual é, sim, um *sedimento* do espiritual primordial, unicamente por ser de espécie *diferente,* a qual, por essa razão, pode desprender-se e só em distâncias maiores do núcleo de Luz inenteal de Parsival formar-se.

Se fosse de espécie igual, o espiritual primordial não teria passado adiante essa espécie igual; pelo contrário, ele a teria *segurado* segundo a lei da atração da igual espécie, mesmo se devido a isso ela não pudesse formar-se conscientemente.

Quanto mais longe vou em meus esclarecimentos, tanto mais tenho de estender a estrutura da Criação. Com isso modifica-se uma ou outra imagem que tenhais formado até agora, mas elas só se dividem sempre em mais e mais imagens, sem que a verdadeira imagem básica tenha de ser mudada de alguma forma.

Isto é como na narração de uma grande viagem. Se primeiro apenas são reproduzidas as principais vivências, uma após outra, então se apresenta uma imagem aparentemente bem diferente daquela em que se intercalam uma após outra todas as vivências intermediárias isoladas, muito embora a viagem em si permaneça inalterada. —

No entanto, voltemos novamente para a Ilha das Rosas.

No alto da ilha, brilha numa irradiação rosada um maravilhoso Templo. Todo aquele que o avista sente paz no coração e o peito quase rompe de felicidade!

E nessa paz, no melodioso tinir das cores, mistura-se o canto jubiloso de pássaros mansos, que cintilam em cada movimento, como se fossem cravejados de brilhantes, aumentando ainda mais o resplendor circunjacente.

A expressão humana bem-aventurança é demasiado fraca para comprimir apenas aproximadamente numa forma o enlevo de Luz aqui reinante, a fim de que possa tornar-se compreensível ao espírito humano terreno. E por sobre tudo paira uma sagrada sublimidade.

61. Os planos espírito-primordiais VI   493

Iguais a taças de rubi, florescem rosas vermelhas amplamente abertas ao redor do Templo. *Ilha das Rosas!* A ancoragem do amor de Deus para a Criação. Nessa ilha, age e tece a estrutura básica do amor que cura, que une, que equilibra, e que daqui se irradia para o Universo! A ilha encontra-se sob a proteção da Rainha Primordial Elisabeth, como todo o feminino na Criação inteira.

Maria desce, muitas vezes, sob a proteção da Rainha Primordial Elisabeth, para essa ilha e visita o Templo, a fim de outorgar diretamente sempre forças novas às que servem na ilha, as quais, como intermediárias, transformam essa força em sua espécie e depois a enviam para auxílio de todas as criaturas.

Em determinadas épocas, a visão daquelas que servem na Ilha das Rosas se amplia ainda mais e elas enxergam Parsival no sagrado Supremo Templo do Graal. Recebendo diretamente de sua força, em sagrado cumprimento de bem-aventuradas promessas.

Na mesma altura daquele plano, surge ainda uma segunda ilha, proveniente da tecedura da Luz. A *Ilha dos Lírios!*

Como na Ilha das Rosas, as rosas florescem em ardente resplendor, assim irradiam aqui predominantemente somente os lírios, em inenarrável pureza, por distâncias imensas. Também aqui sobe em forma de terraços até uma elevação, onde existe um Templo.

Nesse Templo, há um brilho fascinante, que se iguala ao delicado reluzir de pérolas, apresentando, porém, ao mesmo tempo, uma cintilação rosada, que se estende com rigorosa severidade sobre a ilha, igual a um benfazejo frescor do mar.

A quem for permitido avistar esse Templo, a esse a contemplação sempre forçará a uma humildade devocional, pois brilha com rigorosa severidade; com luminoso frescor, estende-se a soberba serenidade da pureza, que, refrescando, fortalecendo, penetra nos espíritos, impulsionando-os para a adoração libertadora da sublimidade divina.

Também aqui tudo surgiu com uma beleza inconcebível para os seres humanos, também aqui vibra maravilhosa melodia, que se eleva para o Criador como uma oração viva de agradecimento, ressoando eternamente em louvor a Ele!

Também aqui a soberana é a Rainha Primordial Elisabeth, e Irmingard, o lírio puro, desce, em bem determinadas épocas, sob sua proteção, à ilha, a fim de renovar a força da pureza para aquelas que lá servem e que, transformando-a, enviam-na para conforto e elevação de todas as criaturas.

Os habitantes da Ilha dos Lírios pertencem também, como os da Ilha das Rosas, exclusivamente à feminilidade. E aqui novamente estão representados todos os tamanhos.

Também aqui reina somente o que é *construtivo,* de acordo com a vontade de Deus, exatamente como na Ilha das Rosas; contudo, na Ilha dos Lírios o construtivo é de outra espécie, é *exigente* devido à pureza e à justiça, *requerendo severamente,* de modo inflexível.

Como na Ilha das Rosas, aquelas que servem na Ilha dos Lírios também avistam em determinadas épocas Parsival e recebem sua força.

E mais uma terceira ilha eleva-se do plano de Luz do quarto degrau do espiritual primordial. É a *Ilha dos Cisnes!* Fica um pouco mais abaixo, entre as duas já citadas ilhas.

Produz frutas deliciosas, que são consumidas pelas virgens dos cisnes que aí vivem. Aqui se concentram as irradiações das Ilhas das Rosas e dos Lírios, e são retransmitidas para as Criações, inalteradamente, num servir exemplar.

Por essa razão, a Ilha dos Cisnes poderia ser chamada também ilha ou entroncamento do *servir exemplar,* do servir *altruístico.* Aqui o servir é difundido e elevado com o mais puro amor! Os habitantes da Ilha dos Cisnes não são espíritos, mas *seres* executantes, que atuam *unindo* as irradiações da Ilha das Rosas e da Ilha dos Lírios.

Conforme sua espécie encantadora, tais seres vibram bem-aventuradamente nas irradiações imediatas da Ilha das Rosas e da Ilha dos Lírios e, com sua maneira particular de servir exemplarmente com o mais puro amor, dão às irradiações do amor e da pureza uma ligação íntima e, embora ligadas, retransmitem-nas inalteradamente.

Guardiã responsável pela Ilha dos Cisnes é *Schwanhild!* Schwanhild é responsável perante a Rainha Primordial Elisabeth,

61. Os planos espírito-primordiais VI   495

a qual também é a protetora e a soberana da Ilha dos Cisnes. Essa responsabilidade outorga a Schwanhild força redobrada e uma existência mais elevada.

Do mesmo modo que as virgens dos cisnes, ela usa um vestido flutuante que, como plumagem de cisne, se ajusta resplandecentemente ao corpo, que em suas proporções harmoniosas supera a imaginação de todos os artistas terrenos.

As virgens dos cisnes têm, como particularidade, olhos somente *azuis* e como ornamento de cabeça usam uma estrela azul brilhante. Distinguem-se especialmente por seu canto maravilhoso e comovedor, e vibram na harmonia dos sons que fluem para baixo, para todas as partes da Criação.

A adoração das virgens dos cisnes se expressa no Templo dos Cisnes por meio de seu canto cativante, acompanhado suavemente por acordes maravilhosos de harpa. Por isso, a harmonia dos sons constitui também uma parte do elemento de vida de cada virgem da Ilha dos Cisnes. Elas vivem nisso, vibram alegremente nas ondas dos sons puros, sorvendo-os como bebida vital, que lhes proporciona uma atividade cheia de alegria.

Desse canto especialmente comovedor das virgens dos cisnes, a notícia já penetrou até embaixo, na matéria. Por causa disso, ainda hoje se fala, uma vez ou outra, de um canto do cisne, que, devido à sua particularidade, atua de modo comovente. Como sempre, também aqui ficou conservada apenas uma *parte* das antigas mensagens, tendo sido torcidas pelo raciocínio e materializadas.

Agora também se tornará compreensível a muitos dentre vós, por que motivo, na época das realizações mais sagradas na Terra, quando a Rosa e o Lírio agem na Terra, torna-se necessária, como ligação, uma virgem dos cisnes da Ilha dos Cisnes num corpo terreno para isso preparado, a fim de não deixar nenhuma lacuna no vibrar.

Tão grande é a graça de Deus, que Ele deixa surgir milagre após milagre, para que o auxílio à humanidade no reino de Mil Anos seja inteiramente perfeito!

Inclinai-vos humildemente perante a Sua grande bondade.

OS PLANOS ESPÍRITO-PRIMORDIAIS
VII

NA ÚLTIMA vez, falei da Ilha das Rosas, da Ilha dos Lírios e da Ilha dos Cisnes. Esses pontos de apoio são como três cintilantes pedras preciosas num aro de ouro, caso comparemos todo o plano do quarto degrau a um aro ou a uma faixa de ouro, onde as três pedras preciosas se encontram admiravelmente engastadas.

Naturalmente ainda existe mais vida nesse degrau, como também em todos os demais planos, porém menciono primeiro os pontos de apoio *mais brilhantes,* que são de efeito incisivo e *decisivo* para os espíritos humanos.

Assim também é no próximo, no quinto degrau da Criação primordial. Se os degraus de até agora foram *planos fundamentais de saída* de todas as forças de irradiação para tudo o mais, o quinto degrau é a região ou plano dos *preparos,* dos *preparativos* dos auxílios para tudo quanto se encontra *abaixo* da Criação primordial. Nesse quinto degrau atuam os preparadores fortes, que conduzem todos os auxílios ao *gênero humano!*

Vós me entendereis melhor se eu vos mencionar um nome daí: *Is-ma-el!*

Aqui ele vive, daqui parte a sua atuação. Is-ma-el, que já outrora educou Abdruschin nesta Terra, que por causa dele encarnou-se na Terra, que depois também como João, o Batista, anunciou Jesus e que tinha de preparar todas as sete partes do Universo para a vinda de Parsival!

Ele é o *superior* nesse degrau, rodeado de numerosos auxiliares, e *ele* recebeu as Mensagens da Luz para sua grande e extensa atuação, que sempre cumpriu fielmente. *Ele* deu aos seres

62. Os planos espírito-primordiais VII

humanos também a grande revelação dos acontecimentos atuais, que se tornou conhecida em geral como Apocalipse de João.

Com essa grande atuação preparatória de todos os acontecimentos incisivos da Luz para as Criações, esse quinto degrau está cheio e transbordante de vida flamejante. —

O sexto degrau, que é o seguinte, mostra, por sua vez, para os seres humanos, um ponto forte e brilhante, sobremaneira saliente: *o Castelo Branco!*

O Castelo Branco não deve ser imaginado conforme as noções terrenas. Tem essa denominação por ser o *lar protetor dos dois recipientes puros.* Nele encontram-se, sob fiéis cuidados, os dois recipientes espírito-primordiais femininos das mais sagradas realizações da Luz na Terra.

São os dois recipientes espírito-primordiais para as mães terrenas de Jesus e Abdruschin.

Ambos os recipientes espírito-primordiais necessitavam, porém, ainda de um invólucro *espiritual,* sem o qual não poderiam ter cumprido sua missão *na Terra.* Essa parte *espiritual* foi a mãe terrena de cada um deles.

Cada invólucro espiritual foi aí um ser humano por si, portanto uma mulher terrena autoconsciente, com a qual a mulher *espírito-primordial* escolhida tem de ser primeiro ligada, cada vez, para um nascimento terreno da Luz de Deus!

Um nascimento terreno da Luz de tal significado necessita dos maiores e mais extensos preparativos de cima para baixo e, após esforços de séculos, pode um tão mesquinho espírito humano terreno, através de suas fraquezas, tornar necessárias novamente modificações, ainda no último momento.

Quando eu falo de um recipiente espírito-primordial e de um recipiente espiritual, ou de um invólucro, então isso se refere cada vez a uma *mulher* por si. Os dois recipientes espírito-primordiais são duas mulheres escolhidas para isso *na Criação primordial,* que, mediante determinada condução superior, puderam desenvolver-se do espiritual primordial, conscientes de sua meta e sempre permaneceram sob os mais fiéis cuidados no Castelo Branco.

Os recipientes ou invólucros *espirituais* são aquelas mulheres terrenas que puderam ser escolhidas e também preparadas para isso, a fim de unirem-se intimamente com aqueles invólucros ou mulheres da Criação primordial para a finalidade da mais sagrada realização.

Quero mais uma vez resumir o que é difícil para vós, a fim de que fique bem claro diante de vós:

No Castelo Branco do sexto degrau do espiritual primordial estão duas mulheres escolhidas, as quais trazem para baixo todos os nascidos da Luz, que em cumprimento de promessas divinas mergulham nas matérias; a finalidade delas é ligarem-se a uma mulher terrena, já que essa transição nas encarnações terrenas dos nascidos da Luz torna-se necessária, porque não é possível nenhuma lacuna na atuação das leis primordiais divinas da Criação.

As duas mulheres trazem nomes que se encontram na lei: *Maria,* vibrando no *amor,* e *Therese,* vibrando na *vontade.* Assim, Maria, na lei do número e em sua espécie, é destinada para o *amor* de Deus, e Therese, para a *vontade* de Deus!

Para o nascimento terreno, elas foram estreitamente ligadas, em cada caso, com o *espírito* de uma mulher humana terrena.

Essa mulher humana terrena naturalmente tinha de ser semelhante no vibrar. Para o nascimento do amor, foi necessário um espírito humano terreno vibrando no *amor;* para o nascimento da vontade, foi necessário um espírito humano terreno vibrando na *vontade.*

As mulheres terrenas que tinham de trazer os nascidos da Luz para a matéria grosseira encontram-se ligadas *apenas* com os recipientes espírito-primordiais, através de fios, não, porém, com os próprios enviados da Luz.

Nisso precisais atentar bem, a fim de compreenderdes direito todo o processo!

O espírito das mães terrenas encontra-se ligado, portanto, apenas indiretamente com os enviados da Luz, através dos recipientes espírito-primordiais, com os quais elas são atadas temporariamente de modo direto, através de fios cuidadosamente tecidos. Os recipientes espírito-primordiais trazem para baixo os enviados da Luz, para as mães terrenas, e ligam-se a estas somente na época da encarnação, permanecendo então ligados até quarenta dias após o nascimento terreno.

62. Os planos espírito-primordiais VII

Durante *essa* época, também ocorre através do recipiente espírito-primordial uma ligação da Luz com o espírito das mães terrenas; depois, contudo, essa ligação é novamente desfeita, quando o recipiente espírito-primordial se desliga e se retira.

Com isso, o espírito humano terreno feminino fica novamente entregue a si mesmo, visto *não* existir ligação *direta* com o núcleo de Luz de seu filho.

Tudo é tão simples e natural, porém mesmo assim difícil de condensar em palavras terrenas, a fim de trazê-lo à compreensão na matéria grosseira. —

O último degrau da Criação primordial, o sétimo, mostra a Ilha dos Escolhidos!

Sobre isso não tenho muito que dizer nesta dissertação, pois já vos basta o nome: *Patmos*!

Dessa ilha dos agraciados muito já foi falado e muito ainda será falado, pois ela é ao mesmo tempo a ilha das promessas ou a montanha das sagradas anunciações!

Igual ao Supremo Templo do Graal, que se ergue no divino, no limite extremo, tendo ao mesmo tempo uma cópia como ápice na Criação primordial, assim é também Patmos, no limite extremo do espiritual primordial, tendo uma cópia no ponto mais elevado do espiritual contíguo; e como imagem refletida pode-se ver no espiritual o que acontece em Patmos no espiritual primordial. Dessa forma, em ambos os reinos, não obstante a separação, ocorre sempre uma vivência em comum e se dá a ligação.

Assim, em Patmos, no ápice do espiritual humano, também existe um criado, que tem o nome de Is-ma-el e que vibra e atua nas radiações de Is-ma-el no espiritual primordial.

Talvez possamos voltar mais tarde com mais pormenores ainda sobre isso, pois hoje ultrapassaria sobremodo a finalidade da dissertação. Por isso quero apenas concluir ainda o grande reino da Criação primordial em linha reta descendente.

Ao último degrau da Criação primordial, o sétimo, segue-se um invólucro protetor, que atua como uma camada de separação entre o espiritual primordial e a parte da Criação espiritual contígua, que, em sua extensão, para o sentido humano terreno, não é menos imensa do que o espiritual primordial.

Também esse invólucro protetor constitui um plano por si, de grande extensão. Não é acaso desabitado, mas sim povoado por muitos entes; só não é estada permanente de espíritos autoconscientes.

Ele forma a limitação intransponível e inquebrantável do espiritual primordial, da Criação primordial, e ao mesmo tempo também uma passagem.

Mas para atravessá-la, torna-se necessária uma escolta de entes que povoam esse plano, os quais, em sua atuação, assemelham-se novamente a um invólucro protetor em relação ao transeunte, como seu plano em relação à Criação primordial inteira.

E tal escolta, através do plano de proteção, esses entes podem conceder, por sua vez, apenas sob bem determinadas condições, que vibram de modo inflexível nas leis da Criação.

Portanto, somente com o cumprimento de determinações bem especiais, torna-se possível atravessar o plano de proteção. O cumprimento das condições, que se encontra em parte na *espécie* e em parte também na *qualidade* dessa espécie, isto é, no respectivo estado de amadurecimento, resulta, por sua vez, como conseqüência necessária e natural, no atravessar; provoca-o automaticamente.

Assim, por toda parte existe um movimento exatamente articulado, como numa engrenagem incrivelmente bem trabalhada e artisticamente composta, que é mantida em andamento por leis vivas e atuantes.

Aquilo que nisso conserva *direito* o seu caminho será lapidado e purificado, empurrado e elevado, mas sempre para a altitude de uma capacidade pura; no entanto, aquilo que se desvia do caminho certo e leviana ou até malevolamente se coloca ao lado da engrenagem será golpeado e ferido, até que esteja novamente no seu caminho certo e possa então vibrar conjuntamente sem atritos, ou até que seja triturado e moído entre as rodas em constante movimento.

Adaptai-vos, por isso, ó seres humanos, à engrenagem inflexível da grande obra-prima desta Criação, inapreensível para vós, e no vibrar uniforme sereis felizes por toda a eternidade!

EPÍLOGO
COMO ASSIMILAR A MENSAGEM

O SER humano terreno comete *um* grande erro, quando procura o saber espiritual: deseja prosseguir dando saltos, ao invés de caminhar passo a passo, com calma e certeza absoluta. Mal percebe qualquer impulso que o queira conduzir para a busca de valores espirituais, pergunta logo pelas coisas mais elevadas, que estão muito acima da capacidade de compreensão de um espírito humano.

Com isso, já se torna, de antemão, incapaz de assimilar algo. Perturbado, sem coragem, logo deixa de procurar. Não raro lhe sobe até o rancor em sua alma, e zomba, tripudia e escarnece de outros pesquisadores, contra os quais investe hostilmente. Contudo, tal hostilidade se baseia propriamente na sensação de um reconhecimento opressivo de que ele próprio não foi capaz de encontrar valores nas coisas espirituais. *O saber de sua impotência* leva-o a uma hostilidade, a que se associam inveja e despeito.

Quem escarnece não é superior, mas somente um enraivecido. No escárnio e no desdém, encontra-se uma confissão franca da própria insuficiência, da própria fraqueza, da incapacidade em relação a uma determinada coisa, para cuja compreensão falta ao escarnecedor a respectiva capacidade. Ou é a inveja que se manifesta através dele. Inveja de que outro possa compreender algo que lhe permanece incompreensível.

Também é peculiar ao espírito humano que lhe falte o escárnio e o desdém no caso em que se imagina mais sabedor. Estando convencido realmente do seu saber, falta-lhe qualquer impulso para o rancor e a hostilidade. —

Mas então pode também o medo fazer com que o espírito humano se torne cheio de ódio. Antes de tudo, o medo de ser rebaixado na opinião pública, o medo de que se torne conhecido que seu próprio saber, até então por ele tão orgulhosamente mostrado, receba um golpe através de uma coisa que *ele* mesmo não é capaz de seguir ou que não possa seguir, sem classificar seu querer saber de até então como falho, senão errado.

Esse é, com certeza, o motivo *mais forte* para um espírito humano terreno dirigir ataques, escárnios, zombarias e adotar até mesmo os mais repugnantes métodos de combate, não recuando perante mentiras e calúnias, e passando até mesmo à agressão, caso não consiga êxito de outra maneira.

Assim é nas coisas mínimas bem como nas máximas. Quanto mais um ser humano, com seu querer saber, exerça influência sobre os seus semelhantes, quanto mais estes tenham conhecimento desse querer saber, tanto mais energicamente ele se fechará sempre perante novos conhecimentos provenientes de lado desconhecido, tanto mais desesperadamente trabalhará contra eles.

Muitos seres humanos terrenos gostariam de abrir-se a um novo saber, mesmo que este se opusesse ao seu querer saber imaginário e errado, contanto que ninguém saiba de suas concepções anteriores.

Mas se seus semelhantes têm conhecimento disso, então sua vaidade não admite que ele se associe a um novo saber que modifique o seu, pois com isso mostraria ter andado errado até esse momento. Rejeita-o então e às vezes também contra sua própria convicção íntima, o que frequentemente o faz passar horas difíceis!

Covardemente procura então palavras bem soantes que devam encobrir a sua vaidade, e o raciocínio astuto ajuda-o nesse sentido. Faz com que declare, com ares de dignidade, que se considera responsável perante aqueles que o seguiram até agora em seus caminhos. Por "amor" aos outros rejeita o novo saber, a fim de não se espalharem inquietações naquela paz que as almas de seus fiéis encontravam nos pensamentos de até então.

Aqueles que assim falam são hipócritas condenáveis, pois sua paz tão louvada não passa de *sono* que aprisiona o espírito

63. Epílogo: Como assimilar a Mensagem 503

humano e o impede de mexer-se, segundo a lei divina do movimento, e de desenvolver o espírito, a fim de que lhe cresçam as asas para o voo rumo às alturas luminosas, e das quais eles, em seu sono de paz, têm de ficar afastados!

No entanto, muitas pessoas correm de bom grado atrás desses indivíduos nocivos às leis de Deus, porque a comodidade, que eles ensinam, é muito sedutora para os indolentes espíritos humanos! É o caminho largo de toda a comodidade rumo à condenação, às regiões da decomposição. Não foi sem motivo que o Filho de Deus, Jesus, se referiu tantas vezes ao caminho estreito, duro e pedregoso rumo às alturas, e advertiu contra a estrada larga da comodidade! Ele conhecia bem demais a preguiça e a indolência desses espíritos humanos e as seduções dos asseclas de Lúcifer, que aproveitam as fraquezas!

O ser humano tem de se mexer, se quiser atingir as alturas luminosas. O Paraíso o espera, mas não desce até ele, se ele não anseia atingi-lo. Contudo, ansiar não significa apenas pensar, pedir, mendigar, conforme fazeis hoje; ansiar significa *agir, movimentar-se*, a fim de chegar até lá!

Os seres humanos, porém, somente mendigam, e ainda supõem que serão conduzidos para cima por aquelas mãos, que outrora eles odientamente perfuraram com pregos! A todos vós será mostrado somente o *caminho*, ó indolentes; percorrê-lo, vós próprios é que tendes de fazê-lo! Para conseguir isso, tendes de esforçar-vos.

Quantas vezes Cristo disse isso, e, contudo, pensais que os pecados vos possam ser perdoados sem mais nada, diretamente, bastando pedirdes por isso. Viveis segundo *vossos* desejos e exigências, e ainda mendigais que vos seja concedido auxílio divino para tanto. Esperais esse auxílio, porém, novamente *daquela forma como vós* quereis, impondo até condições nisso.

Indolência e presunção, para onde quer que olhardes. Nada mais. Também é *preguiça do espírito*, quando, no início do despertar espiritual, dando saltos, já perguntais pelas coisas mais elevadas. Com isso quereis apenas ver, no começo, se vale a pena seguir o caminho, que requererá esforços de vós. Não vos dais conta de como um ser humano se torna ridículo com tais perguntas, perante aquele que possa dar-vos resposta. Pois tais perguntas só podem ser explicadas por alguém que venha consciente de cima, que esteve nas coisas mais elevadas.

E quem vem de cima sabe, também, que não há sequer um espírito humano que possa pressentir tais coisas e menos ainda conseguir assimilá-las *conscientemente.*

Eu vos trouxe aquela Mensagem, da qual os seres humanos terrenos necessitam, se quiserem ascender espiritualmente! Aprofundai-vos direito nela! Contudo, na melhor das hipóteses a achareis bela... e logo perguntareis por coisas que jamais podereis compreender. Por isso, também não trazem proveito para vós.

Quando, porém, tiverdes assimilado direito a Mensagem inteira, vivenciando e experimentando dentro de vós cada palavra, a fim de convertê-las em ações, como algo natural de vossa existência na Terra, então ela será vossa como vossa carne e vosso sangue, dos quais necessitais na Terra para o cumprimento de vossa peregrinação terrena.

Se agirdes *dessa forma,* então, consequentemente, não mais fareis semelhantes perguntas, pois então vos tereis tornado *sabedores,* tão sabedores quanto pode tornar-se um espírito humano. E com isso também terminará, ao mesmo tempo, o desejar insensato, pois no saber vos tereis tornado verdadeiramente humildes, tereis colocado de lado as fraquezas de vossa vaidade humana, do orgulho, da presunção de vosso querer saber próprio e os muitos defeitos que um espírito humano adquiriu.

Por conseguinte, quem faz essas perguntas, e outras parecidas, dorme ainda na indolência de seu espírito e apenas imagina com isso acentuar a atividade do espírito e o forte impulso para a procura. Não é diferente de uma criança que gostaria de realizar uma corrida e ainda nem sequer aprendeu a andar!

Também não podeis tomar da Mensagem partes isoladas, que vos convenham ou interessem no momento, pois interesse não basta para o aprendizado espiritual, é suficiente apenas para o raciocínio, não para o espírito, que exige mais.

Tendes de tomar t u d o ou nada.

Pode bem, do interesse, surgir verdadeira procura; porém não facilmente e bem raramente. Também o excesso só prejudica,

63. Epílogo: Como assimilar a Mensagem

pois induz a dar saltos, que paralisam as forças. Prosseguir com serenidade, palavra por palavra, frase por frase; não apenas ler e aprender, mas sim, como na vida, procurar assimilar em imagens tudo o que vos dei. Aprofundai-vos nas minhas palavras, então, sim, só então podereis ter um pressentimento de que possuís a Palavra da vida nas mãos, a própria Palavra viva, que não foi composta com coisas aprendidas ou imaginadas.

Somente quando vos esforçardes em viver de acordo com a lei divina do movimento harmonioso, então a Palavra poderá tornar-se viva em vós, a fim de fazer-vos subir às alturas luminosas, que são a vossa verdadeira pátria. Antes, porém, destruí todas as muralhas que a indolência de vosso espírito, durante milênios, consolidou tão firmemente em redor de vós, que amarrou e prendeu as vossas asas espirituais, a ponto de bastar-vos o dogma rígido e morto, sim, de até parecer-vos grandioso, e com o qual vós hoje, *somente* de forma vazia, procurais servir *aquele* Deus, que é a própria *vida!* —

Apesar disso, ainda vos esclareci, por fim, mediante descrições, aquilo que chamais as últimas coisas, mas que na realidade são as *primeiras,* de maneira que agora não resta mais nenhuma pergunta a ser feita durante a existência inteira. Dei-vos isso como *recompensa,* pois para reconhecer as descrições tendes de *antes* vos ter submetido àquele *esforço* de assimilar vivamente, dentro de vós, palavra por palavra da Mensagem inteira! Quem omite esse trabalho jamais poderá compreender-me, mesmo que julgue isso possível.

Evitai, portanto, todos os saltos; pelo contrário, ide ao fundo de cada uma de minhas palavras, desde o início, e frase por frase. Ser humano algum é capaz de esgotar aqui na Terra o valor da Mensagem, pois ela se destina a todas as partes do Universo. Não tomeis indiscriminadamente partes isoladas da Mensagem. Ela é *um todo,* indivisível, como as leis de Deus desta Criação. Nada pode o espírito humano abalar ou torcer nisso, sem prejudicar a si próprio. Também não podeis anexar a ela nada de fora, nem podeis colocar em lugares isolados algo estranho, que vos seja mais agradável, não importando se isso se origine de uma doutrina conhecida por vós ou se provenha de vós mesmos.

63. Epílogo: Como assimilar a Mensagem

Desde a primeira até a última palavra, tendes de deixar inalterada minha Mensagem, se ela deva trazer-vos proveito. Primeiro tendes de vivenciá-la *dentro de vós*, a fim de então, exteriorizando-a, transformá-la em vossa vida! Se agirdes assim, então caminhareis direito e as alturas luminosas se abrirão diante de vosso espírito, a fim de que as atravesseis em direção ao mais elevado reino de radiantes atividades dos espíritos humanos bem-aventurados, reino esse que denominais Paraíso. Lá pressentireis então o espiritual primordial e intuireis a força do divino, que ofereci em descrições. E então não querereis mais perguntar, porque em meio à vossa felicidade estareis sem desejos! Então não vos atormentará mais o raciocínio, porque vivenciareis tudo.

ABDRUSCHIN

ÍNDICE

1. No país da penumbra 9
2. Cismadores 16
3. Mártires voluntários, fanáticos religiosos 21
4. Servos de Deus 24
5. Instinto dos animais 28
6. O beijo de amizade 30
7. A ferramenta torcida 33
8. A criança 45
9. A missão da feminilidade humana 53
10. Onipresença 64
11. Cristo falou...! 66
12. Lei da Criação: "movimento" 78
13. O corpo terreno 87
14. O mistério do sangue 95
15. O temperamento 102
16. Vê, ser humano, como tens de caminhar através desta Criação, para que fios do destino não impeçam, mas auxiliem tua ascensão! 109
17. Uma nova lei 117
18. Dever e fidelidade 124

19. Beleza dos povos	128
20. Está consumado!	132
21. No limite da matéria grosseira	136
22. O reconhecimento de Deus	143
23. O nome	156
24. O enteal	161
25. Os pequenos enteais	169
26. Na oficina de matéria grosseira dos enteais	178
27. Peregrina uma alma...	188
28. Mulher e homem	200
29. Almas torcidas	213
30. O guia espiritual do ser humano	224
31. Fios de luz sobre vós!	235
32. A Rainha Primordial	246
33. O circular das irradiações	253
34. Evitai os fariseus!	267
35. Possesso	274
36. Pedi, e vos será dado!	285
37. Agradecimento	293
38. Faça-se a Luz!	303
39. Inenteal	316
40. Natal	318
41. Não *caiais* em tentação!	328
42. Conceito de família	333

43. Doce lar	340
44. Fiéis por hábito	348
45. Vê o que te é útil!	360
46. Onisciência	368
47. O sexo fraco	374
48. A ponte destruída	381
49. A guardiã da chama	389
50. Visão geral da Criação	396
51. Alma	404
52. Natureza	414
53. Germes espirituais	421
54. Germes enteais	430
55. O círculo do enteal	439
56. Os planos espírito-primordiais I	447
57. Os planos espírito-primordiais II	455
58. Os planos espírito-primordiais III	463
59. Os planos espírito-primordiais IV	470
60. Os planos espírito-primordiais V	479
61. Os planos espírito-primordiais VI	489
62. Os planos espírito-primordiais VII	496
63. Epílogo: Como assimilar a Mensagem	501

AO LEITOR

A Ordem do Graal na Terra é uma entidade criada com a finalidade de difusão, estudo e prática dos elevados princípios da Mensagem do Graal de Abdruschin "NA LUZ DA VERDADE", e congrega as pessoas que se interessam pelo conteúdo das obras que edita. Não se trata, portanto, de uma simples editora de livros. Se o leitor desejar uma maior aproximação com as pessoas que já pertencem à Ordem do Graal na Terra, em vários pontos do Brasil, poderá dirigir-se aos seguintes endereços:

Por carta:

ORDEM DO GRAAL NA TERRA
Rua Sete de Setembro, 29.200 – CEP 06845-000
Embu das Artes – SP – BRASIL
Tel.: (11) 4781-0006

Por e-mail:
graal@graal.org.br

Pela Internet:
www.graal.org.br

Fonte: Times
Papel: Pólen Soft 70g/m^2
Impressão: Mundial Gráfica Ltda.